矢島正浩
YAJIMA Masahiro

上方・大阪語における
条件表現の史的展開

笠間書院

目　次

はしがき………_1_

I　はじめに

序章　本書が目指すこと
1. 目的……………………………………………………………………… 7
2. 方法……………………………………………………………………… 8
　　2.1　条件表現を歴史的に研究すること……_8_
　　2.2　上方・大阪語を研究すること……_9_
　　2.3　「相対的な把握」ということ……_10_
3. 検討対象の時代範囲・調査資料……………………………………… 11

第1章　条件表現研究史
1. 歴史的研究の方法と問題点…………………………………………… 19
　　1.1　問題の所在……_19_
　　1.2　松下（1928）……_21_
　　1.3　阪倉（1958）……_23_
　　1.4　阪倉（1993）……_26_
　　1.5　小林（1996）……_29_
　　1.6　小林氏と松下・阪倉氏との相違……_31_
　　1.7　まとめ……_36_
2. 条件表現の推移の概要・解釈とその問題点………………………… 37

- 2.1 阪倉（1958）と小林（1996）の成果……37
- 2.2 残された問題……41
3. 現代語の条件表現に関する研究……43
    - 3.1 （参考）各接続辞の意味・用法を明らめる方法……43
    - 3.2 本質的機能の究明・構造的把握に向かう方法……45
    - 3.3 文法事実の徹底的な観察から体系的記述に向かう方法……48
    - 3.4 地理的分布に注視する方向……49
    - 3.5 原因理由文について……52
4. 研究史から見える条件表現の変容……54
    - 4.1 古代語の方法……54
    - 4.2 古代語と現代語の方法の相違……55

II 条件表現の変化を促したもの

第2章 仮定的条件文に起きた変化

1. 問題の所在……61
    - 1.1 条件表現史研究で明らかにされてきたこと……61
    - 1.2 条件表現史研究の問題点……62
2. 条件表現に起きた変化の概要……64
    - 2.1 古代語における状況……64
    - 2.2 中世・近世中期における状況……65
3. 前件の時制の違いから見た変化……68
    - 3.1 前件の時制……68
    - 3.2 変化の概要……71
4. 変化の内実……73
    - 4.1 前件が「発話時以前」……73
        - 4.1.1 反事実的条件文……73
        - 4.1.2 既定的なことを［非事実／不確定なこと］として捉え直すもの……75

- 4.2 　前件が「発話時」「発話時以降」……78
- 4.3 　前件が「非特定時」……81
- 4.4 　（参考）近世期におけるタラ・ナラの用法の相違……87
5. 条件表現体系の推移を促したもの……………………………………89

第3章　事実的条件文に起きた変化

1. 問題の所在………………………………………………………………95
   - 1.1 　検討すべきこと……95
   - 1.2 　事実的条件文の用法……96
2. 「平家物語」と近世中期資料の使用に見る傾向差 ………………… 100
   - 2.1 　使用状況および変化の概要……100
   - 2.2 　「平家物語」における使用状況……101
       - 2.2.1 　已然形＋バが時制の助動詞を取る場合……101
       - 2.2.2 　已然形＋バが動詞類を取る場合……102
   - 2.3 　近世中期資料における使用状況……105
       - 2.3.1 　已然形＋バが時制の助動詞を取る場合……105
       - 2.3.2 　已然形＋バが動詞類を取る場合……107
       - 2.3.3 　トの発生……111
3. 近世期以降の事実的用法の変化……………………………………… 112
   - 3.1 　接続辞の移り変わり……112
   - 3.2 　「非特定時」の用法と非条件的用法の増加傾向……113
       - 3.2.1 　已然形＋バが動詞類を取る場合……114
       - 3.2.2 　タラの場合……115
       - 3.2.3 　トの場合……118
4. 変化と変化をもたらしたもの………………………………………… 119

第4章　原因理由文に起きた変化

1. 問題の所在…………………………………………………………… 125

    1.1　中世末期における原因理由文の変化……*125*
    1.2　本章で論じること……*126*
2.　方法の設定………………………………………………………………*127*
    2.1　前件の時制に着目すること―観点（イ）……*127*
    2.2　主節で意志・命令表現を取るものを弁別すること―観点（ロ）……*130*
3.　観点（イ）―前件の時制の弁別―から見える原因理由文に起きた変化
　　　　　　　　　　　　　　　　　　　　　　　　　　　　　　　……*132*
    3.1　前件の時制別使用例……*132*
    3.2　前件の時制別使用状況……*135*
    3.3　前件の時制の区別から見える原因理由表現方法の変容……*137*
4.　観点（ロ）―構文の型の相違―から見える原因理由文に起きた変化…*138*
    4.1　構文の型別、接続辞の使用傾向……*138*
    4.2　「発話時以降」の原因理由を受ける構文の型別、接続辞の使用傾向
　　　　　　　　　　　　　　　　　　　　　　　　　　　　　　　……*141*
    4.3　X構文が従属節でウを取ることの意味……*145*
    4.4　Y構文が従属節で推量類を取ることの意味……*148*
5.　原因理由文に起きた変化の意味………………………………………*152*
    5.1　原因理由文と他の確定条件表現との関係……*152*
    5.2　原因理由文の前件の取り方の変化と条件表現史……*156*

Ⅲ　近世期以降の変化

第5章　タラの拡大
　　　　――ナラ領域への進出をめぐって――

1.　問題の所在……………………………………………………………*161*
    1.1　仮定的用法における諸形式の交代の概要……*161*
    1.2　課題の整理……*162*
2.　課題1について………………………………………………………*163*

- 2.1 条件句の分類および小林（1996）の指摘の意味するところ……*163*
  - 2.2 調査による裏付け……*166*
- 3. 課題2について―非活用型条件句における状況から―……………… *167*
  - 3.1 非活用型のナラ条件句の分類……*167*
  - 3.2 各接続辞使用の概況……*169*
  - 3.3 非活用型条件句の上接語別使用状況……*171*
  - 3.4 断定＋タラが進出する用法……*172*
    - 3.4.1 近世期資料中で断定＋タラを取る場合……*172*
    - 3.4.2 ［体言］＋断定＋タラの初期の例から……*175*
  - 3.5 ナラを維持する場合……*178*
    - 3.5.1 指示代名詞に続く場合……*178*
    - 3.5.2 指示代名詞以外の非活用型述語の場合……*179*
- 4. 課題2について―活用型条件句における状況から―……………… *180*
  - 4.1 活用型条件句で起きた変化と準体助詞ノ……*180*
  - 4.2 ノ＋断定＋タラの特徴……*181*
  - 4.3 活用語＋ナラを維持する場合……*183*
- 5. 近世後期以降の上方・大阪語に起きた変化………………………… *184*
- 6. おわりに……………………………………………………………… *187*
- 付記　江戸・東京語における条件表現の接続辞について（参考）……… *189*

第6章　打消条件句の推移とその特殊性

- 1. 問題の所在……………………………………………………………… *193*
- 2. 打消条件句の形式上の特徴…………………………………………… *194*
- 3. 各接続辞盛衰の概要…………………………………………………… *196*
- 4. 打消条件句の用法……………………………………………………… *197*
  - 4.1 近世中期資料の未然形＋バ……*197*
  - 4.2 ナラ用法……*198*
  - 4.3 タラ用法……*200*
  - 4.4 トの発達……*203*

  4.5 仮定形＋バの本来的用法……203
5.〔様相〕条件句と接続辞バ……204
  5.1 〔様相〕条件句の接続辞使用の傾向……204
  5.2 〔様相〕表現による仮定的用法……207
    5.2.1 ナラ用法……207
    5.2.2 タラ用法……209
6.〔様相〕条件句の接続辞使用の物語ること……212

第7章　原因理由文の推移とその意味

1. 問題の所在……215
2. 中世以降の接続辞の推移……216
3. 構文の表現レベルから見た接続辞の推移……218
  3.1 これまでの研究が注目してきたこと……218
  3.2 従属節と文の表現レベル……219
  3.3 文の表現レベルと接続辞の関係……223
4. 資料による相違について……229
5. 従属節を構成しない表現の増加について……233
  5.1 接続詞的用法の発達……233
  5.2 理由を表さない用法の増加……234
6. 変化とその背景……238
付記　江戸・東京語における原因理由文の接続辞について（参考）……240

Ⅳ　接続詞的用法の発達

第8章　上方・大阪語における接続詞的用法 ソレナラ類の推移

1. 問題の所在……245

        1.1　検討すべきこと……245
        1.2　検討の対象……246
　2.　条件表現およびソレナラ類の歴史……………………………………249
        2.1　条件表現における条件形の歴史（概要）……249
        2.2　ソレナラ類の歴史（概要）……250
　3.　上方・大阪語のタラ拡大傾向と連動する接続詞的用法の変化…………252
        3.1　接続詞的用法にソレナラが発達した状況……252
        3.2　ソウシタラの発生・発達事情……254
        3.3　ソレヤッタラの発生・発達事情……257
　4.　ソレデハ使用の特殊性………………………………………………259
        4.1　明治・大正期のソレデハの使用状況……259
        4.2　ソレデハ発生の要因……262
　5.　まとめ………………………………………………………………263

第9章　後期江戸語における接続詞的用法 ソレデハの発達

　1.　問題の所在……………………………………………………………265
　2.　使用状況の概観………………………………………………………266
        2.1　ソレナラとソレデハの用法整理……266
        2.2　ソレナラとソレデハの使用状況……269
　3.　条件表現全体とソレナラ・ソレデハとの傾向差について……………272
　4.　ソレデハの発達………………………………………………………273
        4.1　ソレデハの使用初期の用法……273
        4.2　用法上の変化・発達……275
        4.3　ソレデハの『浮世風呂』における使用者について……278
        4.4　ソレデハの使用者と用法との関係について……280
　5.　まとめ―ソレデハ拡大の様相と、文化・文政期に起きたこと―………283

第10章　上方・大阪語／江戸・東京語における　　　　　　　ソレダカラ類の発達

1. 問題の所在 …………………………………………………………… *285*
   1.1　検討の方向性……*285*
   1.2　方法の設定……*286*
2. 原因理由文を構成する接続辞の推移 ……………………………… *287*
   2.1　概要……*287*
   2.2　地域差ならびに影響関係……*288*
3. 接続詞的用法を構成する接続辞の推移 …………………………… *292*
4. 近世期資料における接続詞的用法
   ―指示詞・断定辞・接続辞の関係より― ………………………… *294*
5. 明治以降資料における接続詞的用法 ……………………………… *297*
   5.1　指示詞・断定辞・接続辞の関係より……*297*
   5.2　大阪語における接続詞的用法カラの進出―規範性・標準性との関係―
   　　　　　　　　　　　　　　　　　　　　　　　　　　　……*300*
6. 総括 …………………………………………………………………… *303*
   6.1　ソレダカラ類の推移について……*303*
   6.2　文法史の捉え方に関わって……*305*

V　当為表現の推移

第11章　上方・大阪語における二重否定形式　　　　　　　当為表現の推移

1. 問題の所在 …………………………………………………………… *309*
   1.1　当為表現と文法化……*309*
   1.2　当為表現と条件表現―本章で問題とすること―……*311*
2. 本章の検討対象 ……………………………………………………… *312*

3. 打消条件句と当為表現 ……………………………………………… *315*
　3.1　用法と前項部・条件形との関係……*315*
　3.2　二重否定形式条件句の推移……*318*
　3.3　仮定形＋バの各形式と用法の関係……*321*
　3.4　二重否定形式条件句と当為表現……*322*
4. 当為表現の推移—B領域の前項部と後項部の関係について—……… *323*
5. まとめと課題 ………………………………………………………… *327*

第12章　上方・大阪語における「評価的複合形式」の推移

1. 問題の所在 …………………………………………………………… *329*
　1.1　検討すべきこと……*329*
　1.2　「評価的複合形式」の用法……*331*
2. 「評価的複合形式」の使用状況（概要）……………………………… *332*
3. 〈適当〉表現 ………………………………………………………… *336*
　3.1　形式別使用状況（概要）……*336*
　3.2　［勧め］用法にタラが用いられること……*338*
　3.3　［許容］用法に各条件形が用いられること……*340*
4. 〈不適当〉表現 ……………………………………………………… *343*
　4.1　形式別使用状況（概要）……*343*
　4.2　［禁止］用法のテハ→タラ……*344*
　4.3　［非許容］用法のタラ拡大……*345*
5. 「評価的複合形式」の推移の意味 …………………………………… *347*
　5.1　「評価的複合形式」と文法化……*347*
　5.2　タラの拡大が物語ること……*349*

第13章　上方・大阪語／江戸・東京語における当為表現の推移

1. 問題の所在 …………………………………………………………………… *353*
2. 条件表現全体の推移 ………………………………………………………… *354*
3. 当為表現の条件形における推移 …………………………………………… *356*
   3.1　肯定的当為表現……*356*
   3.2　否定的当為表現……*359*
4. 当為表現の後項部における推移 …………………………………………… *361*
   4.1　肯定的当為表現……*361*
   4.2　否定的当為表現……*363*
5. 当為表現の歴史と東西言語の影響関係 …………………………………… *365*
   5.1　前項部・条件形の使用状況と条件表現史の関係……*365*
   5.2　後項部使用状況の背景……*367*
6. おわりに ……………………………………………………………………… *369*

VI　言語資料と条件表現

第14章　言語資料として見た近松世話浄瑠璃

1. 問題の所在 …………………………………………………………………… *373*
2. 近松世話浄瑠璃の文体変化―前期と後期の相違― ……………………… *375*
   2.1　タラとタラバ、ナラとナラバ……*375*
   2.2　接続辞に上接する活用語……*378*
3. 浄瑠璃と音数律 ……………………………………………………………… *383*
   3.1　仮定的条件文と七五調……*383*
   3.2　紀海音との比較から……*387*
4. まとめ ………………………………………………………………………… *389*

第15章　落語録音資料と速記本
　　　——五代目笑福亭松鶴の条件表現の用法から——

1. 問題の所在 ………………………………………………………… *391*
   1.1　昭和初期大阪落語の資料価値……*391*
   1.2　五代目笑福亭松鶴を対象とすること……*393*
   1.3　ここで検討しようとしていること……*394*
2. 検討対象とした資料 ……………………………………………… *395*
   2.1　調査資料……*395*
   2.2　資料の扱い方について……*396*
   2.3　速記本の成り立ちとその過程に関わって特に本稿が問題とする点……*398*
3. 音声資料対文字資料における条件表現の使用概況 ……………… *399*
4. 非活用型条件句について―前接語別に見た使用傾向から― …… *401*
   4.1　第5章の指摘から……*401*
   4.2　松鶴落語の状況と時間軸への位置づけ……*404*
5. 活用型条件句について―トの使用頻度差に着目して― ………… *406*
   5.1　トの用法整理……*406*
   　5.1.1　検討対象の限定―〔一般性〕をもった表現への注目―……*406*
   　5.1.2　〔知識系〕と〔判断系〕の区別……*407*
   5.2　トの用法別使用状況から見る音声資料と文字資料……*409*
6. 条件表現の用法から見た五代目松鶴落語の資料性 ……………… *412*

第16章　原因理由文の用法に見る五代目笑福亭松鶴落語

1. 問題の所在 ………………………………………………………… *415*
2. 『上方はなし』の成り立ちおよび本章で注目すること ………… *416*
   2.1　『上方はなし』における「速記」とは……*416*
   2.2　速記者についての推測……*418*
3. 原因理由文の使用上の特徴 ………………………………………… *420*
   3.1　文字資料で多用される傾向……*420*

         3.2　音声資料における噺家による違い……*421*
             3.2.1　四～六代目笑福亭松鶴の場合……*421*
             3.2.2　他の噺家の場合……*423*
    4.　五代目松鶴落語による音声資料対文字資料の使用状況……………*425*
         4.1　使用概況……*425*
         4.2　演目別使用状況……*427*
    5.　類似表現の使用傾向より……………………………………………*429*
         5.1　注目点……*429*
         5.2　非活用型の従属節を取る傾向から……*430*
    6.　近代大阪語における原因理由文の特徴と五代目松鶴落語の資料性……*432*

Ⅶ　おわりに

終章　条件表現史研究から日本語史研究へ

1.　条件表現の変化とその意味……………………………………………*437*
     1.1　〔一般性〕の捉え方に関わって……*437*
     1.2　中世から近世にかけて起きた変化……*438*
     1.3　従属節の構成法に見る変化……*440*
     1.4　阪倉（1958）の再理解……*442*
2.　近世期以降に顕著となる変化……………………………………………*445*
     2.1　上方語らしさ、大阪語らしさの獲得……*445*
     2.2　接続詞的用法や当為表現の発達……*450*
     2.3　中央語から地域語へ―社会的位置づけの変化と影響力の発信源の
          交代と―……*451*
3.　言語資料・位相の問題……………………………………………………*452*
4.　おわりに―その他に残された課題を整理しながら―……………………*453*

参考文献………*457*
本書と既発表論文との関係………*468*
あとがき………*470*
事項索引………*473*
書名・人名索引………*478*

はしがき

　「雨降れば客なし」という文は、現代語と古代語という異なった言語環境で解釈した場合、それぞれ違った内容がイメージされる。すなわち、現代語であれば、「雨が降れば、(一般的に)客はない(ものだ)」、古代語であれば「雨が降るから、客がないのだ」などのように。前者であれば、「雨」が実際に降るという事実があろうとなかろうと、それとは無関係に、「雨」が降る状況を前件に示し、その場合に多くの人に起こるであろう順当な認識を後件に続けている。それに対して、後者は、「雨」がすでに降ったことを踏まえているか、降ることを前提として、それと因果関係にある後件を述べる。細かいようで、大きな違いが、そこにはある。現代語と古代語とで、なぜ、このような違いが生じるのであろうか。

　これまでの条件表現の史的な研究では、この已然形＋バの用法変化という重大な関心事を中心にして、古代から中世末期までを主たる対象としながら、活発な議論が展開されてきた。中でも阪倉篤義氏による「近代語における仮定条件の表現といふのは、現に問題とする一つの事態の背景に、つねに一般性をもつた因果性を予想するといふ発想の形式をとるにいたつた」(阪倉1958)という捉え方が、同時期の条件表現の変化を説明するにあたって重要な指摘を含むものとして、広く認められるところとなっている。ただし、この指摘を正確に理解するのは、実のところ相当に困難を伴う。已然形＋バが「一般性をもつた因果性を予想するといふ発想の形式」の一つであるとして、その形式をとるにいたるとは、そもそもどういう変化が起きたということなのか、そしてまたそれはなぜ生じたというのであろうか。

　条件表現の世界では、それとあわせて大きな変化が起こった。すなわち、かつて未然形または已然形にバを続ける方法をその体系の基本構造としていたものが、現代語ではタラ・ナラ・ノデ・カラなど、さまざまな接続辞を併用する方法へと移り変わったのである。こういった体系の組み替えは、阪倉

氏の指摘とどのようにつながっていて、全体として、どのような必然性において説明されるのであろうか。これらのことの全体を説明しおおせることこそが、現代語と古代語とにおいて、「雨降れば客なし」の解釈にそれぞれの傾きが生じることを真に理解することへと導くものであろう。

　また、日本語の史的研究の多くがそうであるように、条件表現も、これまでは、いわゆる中央語を対象とした研究が中心であった。試みにその枠組みから外れた資料を調査すると、中央語で見出される傾向とは異なる様子にあることが、さまざまな点において観察される。例えば、現代標準語の仮定表現は、上記したタラ・ナラの他にも、トやテハなど複数の接続辞を併用するものとされ、そしてそれは、「近代語のいわゆる分析的傾向の発達という一面」から生じることとして説明されるものである（小林1996）。現代標準語へと連なる中央語が近・現代東京語であるとして、それを対象として観察する限りは、確かにその捉え方が当てはまる。しかし、この併用状況も、京畿地方の表現方法について、かつて中央語にあった時代から、地域語へとその位置づけを変える時期まで観察範囲を広げると、東京語のそれとは違って、タラ一色とも言えるような、一見、単純な姿へとその方法を変えていく様子がうかがえるのである（『方言文法全国地図』128・167図など）。つまり、条件表現の推移には、「分析的傾向」という括りでは捉えきれないように見える側面もあるということである。このことについては、どのように説明されるべきなのであろうか。

　本書は、こういったことへの関心から、近世以降の条件表現の使用原理は古代語のそれとどのように相違しているのか、さらにまた、どういった事情があって、現代大阪語へと続く条件表現の方法を選択するにいたったのかについて、説明を試みるものである。

　そのために、まずは広く文献中の使用例に実際の使い方についての情報を求め、それらが時代とともにどのような推移を示すのか、その全体像をまず捉えたい。その上で、その変化がなぜ起こったのか、それにはどのような事情が関与するのかを考えていく。その際、次の課題をめぐって検討することとした。

（1） 従属節を構文史研究の観点から研究すること
　　　・古代文と近・現代文とでは、一文の構成のしかたということにおいて、全く等質なものだったのであろうか。そのことを疑ってみることで、これまでの従属節（前件）と主節（後件）の意味配置の相違という観点から接続辞の特徴を捉える方法だけでは見えなかったことを明らかにする。
（2） 上方・大阪語を研究すること
　　　・古代語から、地域的な断絶なく、近世上方語、近・現代大阪語を一つの連続面に位置づける検討によって、これまでの近世前中期上方語～後期江戸語・東京語史研究では見過ごされてきた変化や、その原理を問う。
　　　・上方・大阪語は、近世後期以降、中央語としての地位を江戸・東京語に譲り、中央語でなくなるという、この言語固有の事情を背負う。このことについて自覚的に言語変化を捉えることで、新たな説明が可能であることを指摘する。
（3） 語彙化や文法化の観点から捉えられる面を整理すること
　　　・さまざまな言語事項について広く語彙化や文法化の現象が観察される。その観点から、条件表現領域で起きた変化のうちで、より適切な説明を与えることができる部分を顕在化させる。同時に、広く日本語史に通じる変化の面があることを明らかにする。

なお、ここで「上方・大阪語」という言い方をするのは、本書が「上方語」（近世）から「大阪語」（現代）まで、同一空間に起きた歴史を捉える方針のもとに行う論であることを示すとともに、「上方語」の中でも近世から現代に至る「大坂（大阪）語」を対象とすることを明示する意図によるものである（序章注1参照）。

以上（1）～（3）の観点から検討した結果、おぼろげながら見えてきたことを、本書は以下の構成において論じている。

第Ⅰ部では、これまでなされてきた条件表現に関わる研究のうち、特に体系を問題とした研究を中心に取り上げ、概観するとともに、その問題点や、研究に際して注意すべき点を整理している。

　第Ⅱ部では、第Ⅰ部の検討に基づき、前件の時制に着目する方針に定めつつ、古代から近世中期までの文献中の条件表現を観察し、実際の使用の様子を明らかにした。なぜ、古代語の方法が解体されなければならなかったのか、条件表現の原理に関わる部分で起きた変化に注視し、変化の道筋と原理について考察している。

　第Ⅲ部は、新しい表現方法を得た上方語が、その後、どのようにして現代大阪語の方法へと姿を変えていくのかを記述する。それは、近世後期以降の上方・大阪語が、同期以降に中央語の位置を江戸・東京語に譲ったという事情が、条件表現の使用に、どのような影響をもたらすのかを明らかにする作業でもある。

　第Ⅳ・Ⅴ部は、近世期以降、条件表現の用法変化の一つとして顕著な接続詞的用法、当為表現の発達を取り上げる。それらの表現において構成要素となる条件表現は、条件表現の全体の歴史とは一部連携を見せつつも、語彙化・文法化によって、基本的には独自の推移を示すことを見る。語彙化・文法化を経ることで固定的な形式を取る分、上方・大阪語と江戸・東京語のそれぞれの影響を相互に受けやすい一面もある。言語の変化に関与する要素を、言語内的・外的要因から明らかにしている。

　第Ⅵ部は、文献を用いて研究を行うことの意味を、条件表現を指標としながら考察している。文献による研究の限界について検討しつつ、その点を自覚的に行う研究によって、条件表現史に対する新たな理解へとつながる可能性があることを論じている。

　以上の検討を通して、条件表現の変化を推し進めた事情を明らかにするとともに、近世期以降の日本語文法史研究に対して、広く応用可能な、新たな研究の観点の提示を試みるものである。

I
はじめに

　最初に、本書の目的と方法について記し、続いて研究史を概観する。

　研究史については、条件表現の体系性を問題としたものに的を絞り、以下の問いを軸としながら整理を行う。

　これまで、条件表現について、どのような研究がなされてきたのか、特に影響の大きかった松下大三郎・阪倉篤義・小林賢次の各氏が、いかなることを注視し、結果としてどういう共通点と相違点をその方法において有するのか。あるいは現代語を対象とする条件表現の研究では、どういったことに重点を置いて分析されるのか、またその成果を踏まえながら、歴史的研究はどういうことに留意すべきなのか。

　これらの問いに沿って研究史を整理しながら、おおよそ、これまで明らかにされてきたところを把握するとともに、本書で課題とすべきことを明確にし、研究方法の指針を得る。

序章

本書が目指すこと

1. 目的

　本書は、近世期以降の上方・大阪語における条件表現について、その歴史を記述し、表現法の原理がどのように移り変わってきたのかを検討するものである。中世以前から現代までの連なりにおいて、そのことを捉えることによって、この変化が何によって起きたものであるのかを解き明かしたい。

　そのために、最初に、各接続辞が、条件節の有するどのような特徴と関わりを持つことによって使い分けられるのか、文献で用いられる実際の使用例を精査することから始める。その観察を踏まえて、いかなる全体像をもつ変化として、それらは捉えられるのかを記述していく。

　その把握に基づいて、条件表現の変化を引き起こしたしくみについて、次の3つの観点から検討する。

- 条件表現の一文としての構成法の変化、すなわち主節（後件）に対する従属節（前件）の位置づけ・働きの変化は、条件表現の移り変わりとどう関わるのか。
- 言語の地域的な位置づけの変化、すなわち上方・大阪語が中央語の位置にあったこと、さらに中央語でなくなることが、条件表現の使用にどのように影響するのか。
- 語彙化や文法化などの問題は、条件表現史とどのように関わるのか。

　以上の検討をとおして、古代語の条件表現の方法は、なぜ変わらなければならなかったのか、近世期以降の上方・大阪語の条件表現は、どういう必然

性があって、その方法を選択するにいたったのかについて考えていく。

2. 方法
2.1 条件表現を歴史的に研究すること

　条件表現の歴史については、これまで、已然形＋バの用法変化という重大な関心事を軸に、数多くの研究がなされてきた。古代語の未然形＋バ・已然形＋バという体系が、いかにしてその均衡を失い、どういった事情で現代のような複数の接続辞を用いる方法に連なるのか。おのずと、まずは古代語の表現方法について検討がなされ、それとともに、已然形＋バが、いわば仮定形＋バへとその位置づけを変える中世末期までが研究の中心となってきた。もちろん、近世以降の実態についての記述もなされつつあるのではあるが、体系的に捉えようとする試みは、必ずしも多くない。近世期以降、具体的にどのように現代語の方法にいたるのか、その過程について、現在はさらに記述を重ねていかなければならない段階にあると考える。

　また、従属節を研究する意味についても確認しておきたい。

　文法史研究は、これまで、国語史の一環としての研究、品詞論的な枠組みにおける語法史的研究、作品の文体に即した解釈文法の研究に中心があった時代が続き、ようやく、近年、構文史的な研究も盛んになりつつある。しかしその数は多いとは言えず、今後の展開が待たれる領域でもある（以上、山口1995参照）。条件表現についても同様であり、接続辞の移り変わりについての解明とともに、その接続辞を取る従属節（前件）と後続する主節（後件）の意味配置の関係を問うことに、これまでの研究の主たる関心が払われてきた。一文の構成のしかたという観点に立つ方法、すなわち、主節との関係における従属節として条件表現を捉えた、構文史研究として行う方法は、依然として限られた状況にある。この視点から推移を捉えることで、初めて起こったことの意味が見えてくる部分があるものと考える。

　なお、本書は、条件表現のうちでも順接条件を対象とする。改めて言うまでもなく、条件表現は順接と逆接の両領域から成る体系を有するものであり、変化の検討には、本来、その全体像を視野に入れて考察しなければならない。本書は、まずは、その追究のための第一歩として、順接条件の記述を中心に

行うものである。

2.2　上方・大阪語を研究すること

　上記したとおり、条件表現史の検討を通じて、中世期以前の日本語がどのように近・現代語に連続していくのかを明らかにすることに本書のねらいがある。その際、上方・大阪語[*1]を対象とすることには二つの意味がある。

　一つは、地域的な連続性が確保できるということである。近世上方語、近・現代大阪語を対象とすることによって、これまで、解明されてきた古代から続く日本語の歴史を、地域的な断絶なく、現代までの流れにおいて捉えることを可能にする。これまで、多くの日本語の史的研究は、近世中期までを上方語、近世後期以降は江戸・東京語を対象とするものであった。それはそれで、中央語史研究という目標において、明確な意義があることはもちろんである。しかし、古代語から続く歴史の中で、近世期の上方語から近・現代大阪語を一つの連続面として位置づける検討の重要性も、また言を俟たないものであろう。それによって、これまでの前中期上方語〜後期江戸語・東京語史研究では見えてこなかった変化や、その変化を起こすにいたらせた原理を問うことができ、言語の歴史研究に厚みをもたらすことが可能となる。

　さらに、もう一点、この地域の言語にしかない固有の事情も注目される。上方・大阪語は、近世後期以降、具体的には宝暦〜寛政期以降、中央語としての地位を江戸・東京語に譲り、中央語ではなくなる[*2]（田中1983、松村1986

　[*1]　本書は、調査対象とする言語を「上方語・大阪語」とせずに「上方・大阪語」とする。これは、1つは、本書の、「上方語」と「大阪語」とを別々のものではなく同一空間に起きた連続する歴史として描こうとする目的に対応させる狙いがあることと、もう1つは、上方語の中でも大坂（大阪）語だけを対象としている本書のいわば「制約」付きの方針に対応した表現とする意図によるものである。

　[*2]　例えば『御国通辞』（寛政2年）などの方言書では、各地域方言と対比して示す中央語として、それまでの上方語から江戸語を上げるようになるものが、この時期以降増加する。また例えば上方系の表現ワア行五段動詞連用形のウ音便も江戸語で用いられていたものが、天明期以降、江戸の一般社会では急速に衰える事実など（小松1982）に、中央語としての江戸語の特徴が確認される。

などによる）という歴史をもつ。このことが言語変化にどのような影響を及ぼすのか。この点を変化記述の際に自覚的に問題とした研究は、これまで活発になされてきたとは言いがたい。本研究は、条件表現をケーススタディとした、「中央語史」研究—中央語である[*3]こと、中央語でなくなることが言語変化にもたらすものの考察—の一面を持ち合わせるものでもある。

2.3 「相対的な把握」ということ

　本書は、調査対象の多くを文献資料に求める。言うまでもなく、各資料にはそれぞれの成立目的に応じた話題の偏りがあり、ふさわしい文体を纏って表現活動が行われている。そうであるとすると、それらで得られる条件表現にも偏りが生じてしかるべきであり、その使用状況を数値化して並べても、そのまま歴史とはなり得ないのではないかという危惧が生じる。

　この点については、まずは各時代・地域で口語的要素がかなう限り多く含まれると考えられる資料を用い、その資料で行われる表現活動全体において、どのような接続辞を、どの用法で、どの程度用いるのか、という全体の中に個々を位置づける捉え方によって対応してみたい。似通った資料同士で、ある特徴を持った接続辞が多い、少ないという差が見出せるのであれば、それはその資料の成立期・地域の違いが、その多寡の傾向を生じさせたと考えることができる。そこに歴史の一端を見出そうとする方法である。

　それは、そもそも各接続辞が、互換可能な表現領域を相当の広さにおいて相互に有している、すなわち排他的なカテゴリーを構成するものではなかっ

　[*3]　中央語という捉え方を論点としていく以上、京都語を取り上げなければならないことは当然のところである。その点では、本書は中央語を部分的に捉えたものに止まっていることは明示しておかなければならない。なお、大坂語が中央語としての資格を備えていたことに関わっては、例えば松村（1986：34）に「この時代（「近世前期以降」の意：矢島注）においては、大坂も商業都市として繁栄するようになり、その地の町人階級の進出とともに、その中から独自の上方文化を産出するようになる。その結果、大坂のことばも京都のことばと並んで、京坂語すなわち上方語として全国に知られるようになり、一種の共通語としての資格を得るようになっていった」などが参照される。

たと考える立場に支えられる。例えば三井（2009）は、『方言文法全国地図』の分布状況から、バ・タラ・ト・ナラなどの諸形式が、地域によってその用法範囲を大きく異にしている様子について整理している。このことは、各接続辞が本来、相互に互換性のある領域を相当程度有するものであること、さらに、共通語で見られる各接続辞の使い分けは併用パターンの一つに過ぎないことを物語っている。いずれの形式を用いて表現してもよかったはずの代替可能な表現領域が、ある程度の広がりをもって存在するとすれば、その表現領域に当該の接続辞がどの程度の使用割合であったかということは、その資料・時代における特徴を担うものとして、一定の意味を持つと考えるのである。

　その考え方に基づいて、調査資料についても意図的な選択を行う。言語の史的研究においては、本来、それぞれの成立目的に従って使用される言語を、言語史記述に転用する以上、調査を通じて得られる言語の姿には、様々なフィルターがかかっていると考える必要がある。そこで、上方・大阪語の史的なありようの特徴であると判断していい根拠を得るために、その調査に用いるものと同じ性格を持った、江戸・東京語の資料を取り上げ、比較対象とする。この方法により、相対的に明らかにされる条件表現の姿は、その言語資料を育んだ地域の特性を何らかの形で反映したものとなる。比較の目的をそこに据えることにより、豊富に存在する江戸・東京語資料であっても、資料選択は逆に限定されることになる（具体的な調査資料は3節で述べる）。

　こうして、調査によって得られた結果を俯瞰的に捉えることによって、中世以前から近世への流れ、近世から近代、さらには現代へとどのような流れを認めていいのか（時間的把握）、上方・大阪語は江戸・東京語とはどう異なるのか（空間的把握）が可能となると考える。

3. 検討対象の時代範囲・調査資料

　上方・大阪語資料については、主として大阪（大坂）の話しことばが反映されるものとした。同じ上方語でも、広い京畿地方においてはさまざまな相違を含む。可能な範囲で大阪（大坂）語を拾い上げる方針とし、必要に応じて、一部の時代・資料においては、京都語などの他地域の様子も参照する。

この場合、地域的相違によって生じる問題は問わないとし、本書の課題からは除外しておきたい。なお、中央語ということに関わって行う議論については、大阪（大阪）語を調査対象の中心とした本稿の方法で一定の見通しを得られるものとみているが、さらに京都語の実態を十分に踏まえて精度を上げる必要があるものと考えている。

　時代の下限については、現代語までを視野に入れはするが、基本的には昭和の初期頃までを検討の中心とする。理由は、それ以降、標準語の影響力が甚大となってくることにより、大阪語はもちろん、東京語も、地域語としての生命力が強力に脅かされることによる（杉本1988：302など）。それ以降については、それまで連続してきた歴史とは直接結びつけることはせず、参考までの取り扱いとする。

　本研究では、地域に根差した口頭語史を編むことを、まずは目指したい。したがって、調査資料には、日常会話の写実が何らかの形で意識された表現を基調とするものを選定する方針とする。近世期から昭和初期までは、口語的要素を多く含んだ文芸資料を取り上げる。多く「語り」や「浮世物真似」など、話芸としてある写実型の資料群である。特定の役の台詞・口真似を写す、いわば聴覚型の資料といえる。上方語資料には、近世中期資料として元禄期以降の浄瑠璃・歌舞伎・噺本類を、近世中期以降は洒落本・滑稽本を取り上げる。特に、噺本・洒落本・滑稽本は社会風俗を当代の俗語によって描き出す「物真似」芸であり、能狂言・歌舞伎にさかのぼることのできる、日本固有の文化の流れに位置するものである。そこには「立派な上方語・江戸語」が紹介されているのではなく「自分たちの生活を映し出すことば」が用いられているものである（本田1994参照）。

　明治以降でその流れを受け継ぐのは落語資料である。落語は、近世期の噺本と連続するものであり、その「落語の登場人物のものとしてかたられることば」は、その人物らしさが「かなりの程度で再現されているとみてよい」（野村1994）ものである。そもそも、「洒落本、滑稽本の会話文と江戸古典落語とは、狂講なる祖を一つにしている」（中村1982第八巻：215）のであり、いわゆる舌耕文芸と戯作とは不可分の関係にある。近代大阪語資料が必ずしも

容易に広く入手できる状況にない中にあって、ある程度の量も確保できる落語資料は、言語研究において大きな利点があると考える[*4]。なお資料には、明治期を中心に速記本を取り上げ、明治末期以降大正・昭和前期は、SPレコードに録音された音声の文字化資料を利用する。

　昭和中期以降については、談話資料を用いる。一つは、条件表現の歴史のたどり着く先という意味での現代という局面のあり方を、文献類によらずに、捉えることをねらいとしている。同時に、談話資料の調査を通じて、近世以降の話芸資料を用いて得られた歴史が、連続性をもって現代語まで続いていることを確認する意味も持ち合わせるものである。もちろん、文芸活動は、口語性を含むとはいえ、人々に享受されることを意図して整えられた所産であり、人々が日常生活を営む際に発する談話とでは、その言語の相が異なるのは言うまでもない。特に両者に相違が見られることがらについては、歴史の連なりとして単純化して捉えるのではなく、異質なる部分を含んだものであることを織り込んで検討する。

　中世期以前の条件表現については、基本的には先学の研究成果を踏まえる方針である。具体的に実態を参照する必要がある際には、中世期の一あり方として、覚一本平家物語（*『平家物語』（上・下）新日本古典文学大系（岩波書店））における状況を引くこととする。

　江戸・東京語資料の選定方針は、基本的に上方・大阪語資料のそれと同じとする。この方法を採ることによって、同じ表現活動を行う場合に、上方・大阪語と江戸・東京語とで、何がどの程度に異なるのかについて、もっとも

---

　*4　全体としていわゆる聴覚型の資料を用いる方針を採ることにより、書記活動に伴う規範意識からなるべく離れた言語史の記述を目指すものである。もちろん、本書の試みは一つの限られた方法に過ぎない。例えば、視覚型の資料である小説類（近代大阪語資料としての検証が村上2010などによってなされている）などの調査を加えることで、話芸としての落語資料が有する限界などを見極めながら、さらに多角的に、正確さを加えた歴史記述を行えるものと考える。

有効な情報を、端的に得ることができる。もちろん、今日、我われが利用し得る資料から捉えられる江戸語・東京語の全体像からすると、限られた一面を捉えることになるが、本書の意図（2.3参照）に即す限りにおいては、むしろ必要な限定でもある。

　江戸語資料は明和期以降のものとし、噺本、洒落本、滑稽本、人情本を用いた。明治期以降の東京語については落語資料とする点、大阪語と同様である。同様の方法が継承されるものと考える明治初中期小説も、一部用いている*5。昭和中期以降、談話資料を用いた点も、大阪語にならっている。

　上記手続きによって、主たる研究対象資料として次を選定した。

Ⅰ．上方・大阪語資料
■近世中期資料：
○歌舞伎**狂言本**…けいせい浅間嶽・おしゅん伝兵衛十七年忌（元禄11・享保3）＊『上方歌舞伎集』（岩波書店）所収／好色伝受（元禄6）＊『好色伝受本文・総索引・研究』（笠間書院）所収

○歌舞伎**台帳**…心中鬼門角（宝永7）＊『歌舞伎台帳集成』第一巻（勉誠社）所収

○**近松**世話**浄瑠璃**…全二四曲（作品名略）（元禄16〜享保7）＊『近松全集』（岩波書店）所収

○紀**海音**世話**浄瑠璃**…椀久末松山・おそめ久松袂の白しぼり・傾城三度笠・八百やお七・三勝半七二十五年忌・心中二ツ腹帯（宝永7〜享保7）＊『紀海音全集』（清文堂出版）所収

○**噺本**…軽口御前男・軽口あられ酒・露休置土産・軽口星鉄炮・軽口福蔵主・軽口出宝台（元禄16〜享保4）＊『噺本大系』第6・7巻（東京堂出版）所収

　＊5　本田（2006：80）に、三馬の方法が、そのまま仮名垣魯文・二葉亭四迷に流れ込んでいることが指摘される。明治期東京語としての資料性の検証の意味も含め、取り上げる。

■ **近世後期資料**：
○洒落本…月花余情・陽台遺編・妣閣秘言・新月花余情・聖遊廓・郭中奇譚（異本）・短華蘂葉・脺のすじ書・十界和尚話・南遊記・粋の曙・色深狹睡夢・北川蜆殻（宝暦7～文政10）＊『洒落本大成』（中央公論社）所収
○滑稽本…穴さがし心の内そと（幕末～明治初期）＊『近代語研究』第四集（武蔵野書院）所収／臍の宿替（安政頃）＊『江戸明治百面相絵本八種』（太平書屋）（安政頃）／諺臍の宿替＊『諺臍の宿替』（太平書屋）（幕末～明治初期）

■ **近代～現代資料**：
○明治落語速記資料…＊金沢（1998：8-9）に示される19話より（明治23～27）
○明治大正落語音声（SPレコード文字化）資料…＊『二十世紀初頭大阪口語の実態—落語SPレコードを資料として—』平成2年度科学研究費補助金一般研究（B）研究成果報告書（研究代表者・真田信治）に掲載の31話より（明治36～大正末年頃録音。「報告書Ⅰ」と記す）／四百ぶらり（三代目桂文団治）・大和橋・脱線車掌（初代桂ざこば）・天王寺詣り（四代目笑福亭松鶴）・ぬの字鼠・大安売り（三代目桂米団治）・親子茶屋（初代桂文治郎）・十七倉（初代桂春輔）・ひやかし（笑福亭圓歌）＊平成17・18年度科学研究費補助金（基盤研究（C））研究成果報告書『近代関西言語における条件表現の変遷原理に関する研究』（研究代表者・矢島正浩）より（大正9～大正末年頃録音。「報告書Ⅱ」と記す）
○昭和落語音声（SPレコード・ラジオ録音文字化）資料…古手買い・阿弥陀池・寄合酒・いかけや（初代桂春団治）・くしゃみ講釈・船弁慶・天王寺詣り（五代目笑福亭松鶴）＊「報告書Ⅱ」より（昭和4～13年録音）／＊『二代目桂春団治「十三夜」録音文字化資料』平成10年度科学研究費補助金（基盤研究（C））研究成果報告書（研究代表者・金沢裕之）に掲載の11話より（昭和26,27年録音。「報告書Ⅲ」と記す）
○昭和談話資料…日本放送協会編（1981）『全国方言資料第四巻近畿編』（日本放送出版協会）「大阪府大阪市」「京都府京都市」（昭和28年録音）／国立国語研究所編（2001,2002）『日本のふるさとことば集成』（国書刊行会）第11巻「京都府京都市」（昭和58年録音）、第13巻「大阪府大阪市」（昭和52年録音）
○平成談話資料…『関西・若年層における談話データ集』平成9・10年度科学研究費補助金（萌芽的研究）研究成果報告書（研究代表者・真田信治）（平成5～

8年録音)

Ⅱ. 江戸・東京語資料
■近世後期資料：
○**噺本**…鹿の子餅・聞上手・鯛の味噌津・無事志有意（明和9～寛政10）＊『江戸笑話集』日本古典文学大系（岩波書店）
○**洒落本**…遊子方言・辰巳之園・通言総籬・傾城買四十八手・傾城買二筋道（明和7～寛政10）＊『黄表紙洒落本集』日本古典文学大系（岩波書店）
○**滑稽本**…浮世風呂（文化6～10）＊『浮世風呂　戯場粋言幕の外　大千世界楽屋探』新日本古典文学大系（岩波書店）・八笑人（文政3～嘉永2）＊『花暦八笑人』岩波文庫（岩波書店）
○**人情本**…春色梅児誉美（天保3～4年）＊『春色梅児誉美』日本古典文学大系（岩波書店）
■近代～現代資料：
○**明治小説**…安愚楽鍋（明治4～5）＊『明治開化期文学集（一）』明治文学全集（筑摩書房）／浮雲（明治20～22）＊『坪内逍遥二葉亭四迷集』新日本古典文学大系明治編（岩波書店）
○**明治大正落語速記**資料…鼻無し・狸（以上、橘家円喬「百花園」明治28年）・無筆・粗忽長屋（以上、柳家小さん「百花園」明治28）・親の無筆（禽語楼小さん「百花園」明治28）自動車の布団（三遊亭金馬「文芸倶楽部」大正10）雷飛行（古今亭今輔「文芸倶楽部」大正10）ちりとてちん（柳家つばめ「文芸倶楽部」大正12）猿丸太夫・唐茄子屋（以上、柳家小さん「柳家小さん十八番」大正13）＊以上『口演速記明治大正落語集成』第3・7巻（1980・81年講談社）に基づく。
○**明治大正落語音声**（SPレコード文字化）資料…菅原息子（初代三遊亭圓遊明治・36）地口（四代目柳亭左楽・明治39）吉原一口噺・昔の三大話し大根売（以上、四代目橘家圓蔵・明治39）素人車（二代目三遊亭圓遊・明治39）塩原多助の伝（六代目朝寝坊むらく・明治40）癖・魚売人（以上、四代目橘家圓喬・明治42頃）専売（初代柳家小せん・明治44年）西洋の結婚（二代目橘家三好・明治末年）長屋の花見・寿限無（以上、三代目蝶花楼馬楽・明治末年）専売芸者（二代目柳家つばめ・大正5年）水師営の会見・結婚の夢（五代目柳亭左楽・大正5・14年）變里目（三代目古今亭

今輔・大正7年）石鹸・菅原息子（初代三遊亭圓歌・大正14年）＊以上『近現代東京落語・録音文字化資料（私家版）』所収（明治36～大正14。「報告書Ⅳ」と記す）
○**昭和落語音声**（SPレコード文字化）資料…二十四孝・けちくらべ・癪にさわる・警句漫談區畫整理（以上、五代目三升家小勝・昭和3・4）暦の隠・"七福神の新年会・初天神・初乗"（以上、八代目入船亭扇橋・昭和10）義太夫息子・祇園祭・唐茶屋・夜櫻・しやれ小町（以上、八代目桂文治・昭和3～5年）春雨宿（六代目雷門助六・昭和4）牛若丸（七代目林家正蔵・昭和5）小言念仏・居酒屋・續居酒屋・無精風呂・ジャズ息子（三代目三遊亭金馬・昭和4～6）チップ一萬両（八代目林家正蔵・昭和初期）支那そば屋（六代目春風亭柳橋・昭和8）強盗・喧嘩長屋（以上、柳家金語樓・昭和4・5）南極のラジオ（正岡容・昭和3）＊以上「報告書Ⅳ」所収（昭和3～10）
○**昭和談話**資料…日本放送協会編（1967）『全国方言資料第二巻関東・甲信越編』（日本放送出版協会）「東京都」（昭和27録音）／国立国語研究所編（2002）『日本のふるさとことば集成』（国書刊行会）第6巻「東京都」（昭和55録音）

※上記、ゴチック体は、本文で引用の際の典拠を示す際に表示する部分であることを示す。
※本文中の引用例の所在は、第Ⅵ部を除いて（上方語や江戸語等の区別（第10・13章に限る）・ジャンル・作品（・巻）・頁・行（落語資料はテキスト名も））の順で示す。引用に際しては、読みやすさの便宜を考え、影響のない範囲において、句読点の加除や漢字・仮名表記の変更等、手を加えるところがある。

以上である。特に断らない限り、本稿で示す調査結果は、上記の資料を調査対象としたものを示している。また、それ以外の資料についても、検討の必要に応じて、適宜、取り上げている。
なお、書記言語としての特性が明瞭である地の文・書状・歌謡の類は、すべての検討の対象から除く方針である。また、明らかにその地域の言語でない方言を意図的に表現する箇所[*6]も、当該地域の言語としての使用例からは除いた。したがって、以下本文中で示すデータは、当該資料中の条件表現例の一部が示されたものであることになる。

*6　例えば上方・滑稽本資料『諺臍の宿替』中には、江戸語的表現を基調とする（「打消の助動詞にナイを用いる／断定の助動詞にダを用いる／連母音［ai］を音訛形［e:］とする」などの方法で一貫する）噺が少数含まれるが、それらは調査対象外とする。あるいは『浮世風呂』における上方者の会話例なども、江戸のことばの特徴を見る際のデータからは除外するなどの処理を行う。

第1章

条件表現研究史

1. 歴史的研究の方法と問題点
1.1 問題の所在

　条件表現の歴史的な変遷については、今日、さまざまな研究によって、おおよそその推移の実体が明らかにされつつある。仮定条件に関しては、未然形＋バの形式が次第に衰えて消滅に向かう代わりに、ナラ（バ）・タラ（バ）が勢力を強めること、已然形＋バが、漸次、仮定条件を表すにいたること、それと並行して確定条件では已然形＋バが役割を減らす一方で、原因理由を表す表現が発達することなど、各種資料の実態調査を踏まえ、厳密な跡付けが進められている。

　ところで、このような大きな変化が、条件表現においてなぜ起こったのか。阪倉（1958）は、このことについて次のように説明する。

　　古代語における仮定条件表現が、事実の生起そのことを前件として提出し、それに導かれる事態を個別的に推測するものであつたに対して、近代語のそれは「あり」といふ存在を意味する要素をふくんで、前件が一つの事実として提出されるかたちをとることによつてもうかがはれるやうに、仮定条件表現そのものが、恒常仮定的性格をおびるにいたつたことを意味する。そもそも前述のやうに、中世において、本来恒常仮定を表現した「用言＋ならば」が、完了性未然仮定に用ゐられ出したことが、その表はれにほかならなかつた。（中略）近代語における仮定条件の表現といふのは、現に問題とする一つの事態の背景に、つねに一般性をもつた因果性を予想するといふ発想の形式をとるにいたつたといふことである。

管見の限り、この捉え方に対する異論は存在しない。近年の条件表現に関わる史的研究は、いずれもこの見通しを前提とした上で、それぞれの立場から検討が進められており、ほぼ定説化しているといってよい状況にある。

　この見解は、しかし、すべてを正確に理解するには難解な点を含む。例えば、上に引く「恒常仮定」、あるいは、「完了性未然仮定」などが何を指すのかは必ずしも明瞭でないところがある。後述するとおり、阪倉氏自身においてさえもどのように捉えようとされていたのか、実は、明らかでないところがあるのである。

　さらに、阪倉氏と並んで、条件表現の歴史的研究において重要な成果を数多くあげられているのが小林賢次氏である。この阪倉氏と小林氏とでは、条件表現の捉え方にいくつかの相違がある。例えば、阪倉氏が設定する「恒常仮定」を、小林氏は項目として立てることをしない。また、後に触れるように「完了性未然仮定」の捉え方にも、両者ではかなり異なっている。しかし、この両者の捉え方がどのように異なり、またその相違が何を意味するのかについて、これまでのところあまり問題にはされてきていないように思われる。条件表現の史的研究において、多くの人が両氏の見解を出発点としている現状がある以上、より正確な研究の蓄積のためにも、両氏の条件表現に対する把握のしかたや、その違いについて、明確にしておくことは重要であろう。

　なお、両氏ともに条件表現を捉えるにあたって、松下大三郎氏の研究との関係を整理しながら論じているところがある。そこで、松下氏も含めた三氏の研究を取り上げて、以下、条件表現の分類のしかたという観点を中心に、それぞれの捉え方を見ていくとする。

　ところで、上に見た「恒常仮定」をはじめとする一般性、恒常性のある表現について、各氏で、捉え方、括り出し方に相違がある。そこで、本稿では、混同を避け、その概念を緩やかに指すものとして〔一般性〕という枠組みを仮に設定して捉えていくこととする。

1.2 松下 (1928)

　松下 (1928) は、〔一般性〕について、条件表現体系のうちに、積極的に位置づけようとしたものとしては最初ともいえる。それまでも、草野 (1901)、山田 (1908) 等において、已然形＋バの表現に〔一般性〕を認める記述がそれぞれ見られるが、いずれも〔一般性〕の性質について特定の定義を与えて、区別していくことに積極的であるわけではない。

　松下氏は、接続助詞バ（松下によれば格助詞バ）はいわゆる原辞の段階のものであり（助辞）、「詞」に付属することで「格」機能を営むものと位置づける。未然形＋バと已然形＋バとを、ともに「拘束格」という動詞の一格とする。前件は、後件の「生ずるに必要な機会を成す」ものであるとし、「その機会を逃さない様に把持する」から「拘束格」とするものである。バが受ける活用が未然形ゆえに仮定条件、あるいは已然形ゆえに確定条件と分けて捉えていくことはせず、同じ已然形＋バによるものでも、その表現内容によって、現然仮定拘束格と確定拘束格とに分かれるとするのである。この現然仮定拘束格に該当するのが「一般的の事」をいうもので、〔一般性〕をもつ条件表現を括り出したものである。「拘束格」の体系を、松下 (1928) より引用する。

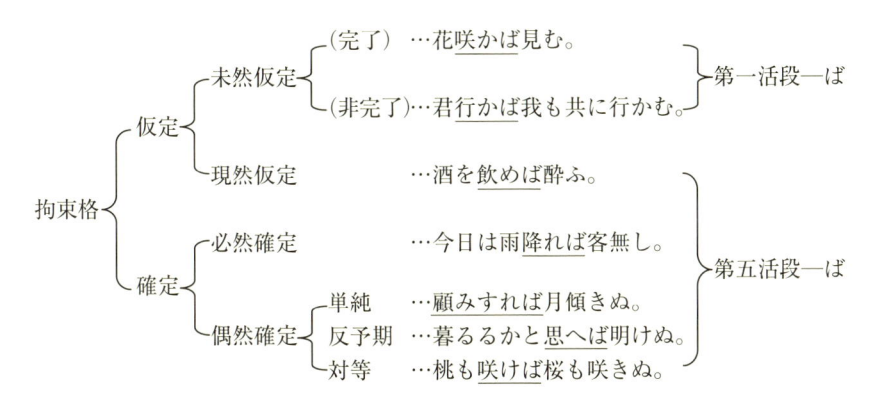

```
                 ┌ 未然仮定 ┌(完了)   …花咲かば見む。         ┐
          ┌ 仮定 ┤          └(非完了)…君行かば我も共に行かむ。├ 第一活段―ば
          │     │                                             ┘
          │     └ 現然仮定          …酒を飲めば酔ふ。
拘束格 ┤
          │     ┌ 必然確定          …今日は雨降れば客無し。    ┐
          └ 確定 ┤          ┌ 単純   …顧みすれば月傾きぬ。     │
                └ 偶然確定 ┤ 反予期 …暮るるかと思へば明けぬ。 ├ 第五活段―ば
                            └ 対等   …桃も咲けば桜も咲きぬ。   ┘
```

　〔一般性〕についての検討において、直接に問題となる現然仮定拘束格は、「其の観念を未然に置いて待ち設けるのではなく、之を現然として仮定する」と定義している。条件句を提示する段階においては、「事実において妥当で

あるか否か」を考えておらず、その段では仮定拘束格だとし、仮定条件の下位分類に属させるのである。ちなみに、氏は松下 (1930) で、現然仮定を常然仮定と言い換えている。これは「(動作を) 時と関係ないものとして一般時へ仮定する」(同書 p.277) 側面を重視してのことと思われる。

なお、松下氏の分類は、仮定と確定とで、それぞれの下位分類の立て方の意味合いが異なっている。仮定条件においては、未然仮定と現然仮定の下位分類を設け、いずれも前件の提示のしかたが基準となっている。それに対し、確定条件における必然確定と偶然確定は、それぞれ前件と後件の意味関係のあり方から見た捉え方である。この点、後述するとおり、松下氏、阪倉氏、小林氏の三者の間で根本的に異なっているところであり、明確に区別しておくべきことと考える。

さらに、松下氏は口語にも目を向け、現然仮定拘束格をなすトやテハについても、バとの相違という視点から分析している。ナラについても、第一活段 (未然形) のナラと第五活段 (已然形) のナレバ出自のものとの二種類を区別し、後者が現然仮定を表すことも指摘する。こうして、ナレバ出自としながらもナラのような未然形と等しい形式が、現然仮定という〔一般性〕のあるものを表す場合があるとするのである[*1]。

このように、松下氏は、口語でのありようへの認識を踏まえることによって、古典語 (文語) としての「已然形」が有する意味に拘泥していない。したがって、たとえ已然形＋バの形をとっても〔一般性〕を有するものは、確定条件ではなく仮定条件として位置づけるべきとするのである。その意味で、共時的な整理を重要視している点に、その特徴があるともいえる。

[*1] この点では、特に小林氏の方法と意味合いの異なったものとなっている。後述の注5参照。なおこのナレバ出自のナラの存在は、後に詳細な調査を踏まえた小林 (1967) によって、否定されている。ナラの出自の妥当性の問題はともかくとしても、形式と用法とを単純に対応させず、同じナラを取っても未然仮定をなすものと現然仮定をなすものと両方を認めていることが、ここでは重要である。

1.3 阪倉（1958）

　阪倉氏は、条件表現を「二つの事態のあひだに、多少とも因果的な関係が見られてゐるもの」とみて、「話し手における、二つの事態のあひだの因果性認定の強弱によるもの」によってさらに下位分類を施し、体系を捉えていく。さらに「語詞の結合における単なる形式の変遷が窮極の問題となるのではなく、むしろ、それを手がかりに、そのやうな形式の変遷をうむにいたつた、内容的な統辞法の、さらにいへば発想法の、変遷をこそと問題とすべき」という点においても特徴的である。また、阪倉（1958）と、阪倉（1993）との間にも術語の用い方に相違があり、その点でも注意を要する。以下、それらについて示していく。

　最初に、阪倉（1958）における条件表現の分類方法を抜粋、引用する。

〇確定条件
　偶然確定…二つの事態（矢島注：前件と後件）が、たまたま同時的、あるいは継起的に存在したことを言ふにすぎないもの。
　　　　　　例、「東の野にかぎろひの立つ見えてかへり見為者(すれば)月傾きぬ」
　　　　　　　　　　　　　　　　　　　　　　　　　　　　　　（万葉集）
　必然確定…前件として述べられた事態が、後件の事態の生起のための原因・理由として作用したといふ認定にもとづいてなされた表現であることが、あきらかなものである。（中略）現にそこに生起した事態について特に言はれてゐるものである点で、事はなほ、特殊であり、その因果関係は、一般性に欠けてゐるといはねばならないだらう。
　　　　　　例、「…寒くし安礼婆(あれば)麻衾ひき被り…」　　（万葉集）
　恒常確定…一般性をもった因果性そのものを、直接に表現したものとかんがへられるのは、（松下）博士が現然仮定（標準日本口語法では「常然仮定」）の名をもつてよばれた、
　　　　　　例、「…玉藻こそ比気波(ひけば)たえすれ…」　　　（万葉集）
　のごとき表現である。ここにおいては「引く」といふ動作が、常に「絶ゆ」といふ事実を導くものとして、その間の因果関係

は、すでに個別的な事実をこえ、時をこえる、普遍性をもつものとして認識せられてゐるとかんがへられる。

○仮定条件
　偶然仮定…二つの事態が、未来時において、同時的または継起的に生起するであらうことを、推量的に述べるものである。
　　　　例、「浜べよりわがうち由可波（ゆかば）海べより迎へもこぬか…」
　　　　　　　　　　　　　　　　　　　　　　　　　　（万葉集）
　必然仮定…二つの事態のあひだの因果関係があきらかに認識されてをり、ただこれが、その未来時における実現を予想または予定するかたちで述べられてゐるのである。したがつてこれら二つにおいては、前件と後件の陳述は、ともに未成立の事態を推測するといふ性質のものになつて、そこにいはゆる「時の呼応」が認められるかたちをとることになる。
　　　　例、「名毛伎世婆（なげきせば）人知りぬべみ…」　　　（万葉集）
　恒常仮定…一つの因果性をもつ事態の存在を時を超越し、事実性を越えて一般的に設定するものである。
　　　　例、「…乱るる心言に出でて伊波婆（いはば）ゆゆしみ」　（万葉集）
　「言はばゆゆしみ」は、「言はん（コト）はゆゆしみ」といふやうに、前件として表はされたところを、推量の意味をも含めた一つの事実として、体言的にとりまとめて表現するものであつたと想像される。

　確定条件の三分類については、松下氏の偶然確定／必然確定／現然仮定にそれぞれ該当するとする（阪倉1958：106-107参照）。一方の仮定条件については、「松下博士は前二者（矢島注：偶然仮定・必然仮定）を完了性未然仮定といひ、それに対して後者（矢島注：恒常仮定）を非完了性未然仮定と名づけられた」（阪倉1958：108-109）としている。
　ここに、阪倉（1958）の把握のしかたを松下（1928）との比較において、表1に示してみる。

表1 阪倉（1958）の、松下（1928）との対照における条件表現把握

（古代語例）	已然形＋バ			未然形＋バ			
松下（1928）	偶然確定	必然確定	現然仮定	未然仮定（非完了）	未然仮定（完了）		
阪倉（1958）	偶然確定	必然確定	恒常確定	恒常仮定	必然仮定		偶然仮定
				～命題表現	～推量（意志・命令）表現		
（現代語例）阪倉1975より	ト・タラ・バ	ノデ・カラ	ト・バ	ト・バ	バ・ナラ		タラ

※網掛けは、対応する後件の構文レベルである。矢島が阪倉（1958）の論中から読み取って解釈したものであり、阪倉氏自身が明言するものではない。

　松下氏は、未然仮定の完了性を口語のタラと、非完了性をナラと対照させて捉えている（松下1928：545-546）。タラに「完了の意が有る」ことを指摘していることから、完了性・非完了性の区別においては、いわば前件でいう内容が具体的に成立する（完了する）のか、そうでないかを問題にしているように理解できる。
　一方の阪倉氏は、基本的には前件と後件の意味関係を重視し、まずは確定条件で行った三分類との対応性を意識しながら、前件と後件の「因果性」の強弱という点において、三段階を区別している。さらに、先に引いた定義のしかたにも見えるように、後件の構文レベルの相違を重視し、それを加味して行う区分方法だと理解される＊2。松下氏の方法とは、質的に相当に隔た

　＊2　木下（1972：68-69）にも、「阪倉氏は、上代には、後件末に形容詞が来る場合を除いては「恒常仮定」の例はあまりないと言われ、中古以降の（例略）などを例に示される。このことは、もしかすると、阪倉氏自身が、この「恒常仮定」を松下博士は非完了性未然仮定と名づけられた、と言われることと共に、わたくしの考え方と根本的に違った理解をしていられるのでないか、と思われる。すなわち、（略）阪倉氏は後件末が現在態であれば、仮定・確定の別なく、恒常的内容と理解されるもののようである」と、松下氏の用語との対照関係の捉え方に対する疑義とともに、阪倉氏が後件の構文レベルを判断基準としていると解釈できることを指摘している。

ったものと捉えるべきであろう。
　両者にこのような違いがあるために、同一例に対し、阪倉氏と松下氏の捉え方において相違が生じる可能性も生む。次に、阪倉（1958）が完了性未然仮定とする、必然仮定性が認められる例を、同論文中から引用してみる*3。

　　例、それがしが命を助けさせらるる<u>ならば</u>、彼の驢馬を御身の手のわに廻
　　るやうに致さうずる。　　　　　　　　　　　　　　（天草本伊曾保物語）

驢馬と同行する狐が、突然出くわした獅子王に食われまいために、策をめぐらし、申し出た発言である。発話の段階では、この申し出を聞き入れてくれるかどうかが不明であり、もし聞き入れてくれるという命題が真に成り立つ場合に、後件の意向であることを述べる（すなわち、「私の命をお助け下さるのなら、あの驢馬をあなた様の手に入るように致しましょう」）との解釈も可能である。このように解釈した場合には、松下に従えばナラを取る非完了性未然仮定と捉えることになりそうである。対する阪倉氏は接続辞の形に拘らず、後件に対する前件の意味関係から判ずる。後件に推量ウズルをとり「未来時における実現を予想または予定するかたちで述べられてゐる」ことから、当該例は完了性未然仮定の例として扱う（阪倉1958：110）。このように、同じ用語を用いたカテゴリー設定でも、区分の基準が異なるために、一つ一つの例の解釈において食い違う部分を生ずる可能性があるのである。

1.4　阪倉（1993）

　さらに問題となるのが、阪倉（1993）では、阪倉（1958）とは異なった捉え方が示されることである。必然仮定の説明に関わる部分では、「地価が下るなら、マンションがふえるだろう」の例を引き、恒常条件との意味的な近さを指摘する。

　＊3　阪倉（1975）は、阪倉（1958）と同内容の論文に、新たに「追記」として「時代ごとの条件法（順接の場合）の形」を書き加えている。そこで、必然仮定にナラ、偶然仮定にタラをあげている点も、松下の説明と食い違う。

> その事態について話し手が認識する一般論的因果関係の表現―これを、ある前件に対して常にある後件が起る、と認識するという意味で「恒常条件表現」と呼ぶこともできよう―に近い位置にあるものである。
> （阪倉1993：66）

　また、偶然仮定については「地価が下って、（同時に）マンションもふえるかもしれない」の例をあげ、前件と後件は並列的な述べ方であるとする。そして、その上で次のように捉える。

> 必然仮定条件の文が、実際の事態の生起するしないにかかわらず一般論として述べるものであるという意味で抽象的な内容の「非完了性」の文であるに対して、この偶然仮定条件の文は、実際の事態が生起する場合を前提として言うものであるという意味で、「完了性」の文とすることができるだろう。
> （阪倉1993：67）

　要するに、阪倉（1993）では、必然仮定は完了性ではなく非完了性であると位置づけが改められたわけであり、結果的に松下氏の考え方と近い捉え方になっているのである。
　さらに、阪倉（1958）では、自身の恒常確定と、松下氏の現然仮定とが対応するとしていたが、阪倉（1993）ではこの点も次のように異なっている。

> 松下が、これ（＝「恒常条件」：矢島注）に当るものを「常然（現然）仮定」の名で呼んで仮定条件の一種と考えたのに対して、ここに「恒常条件」と呼ぶものには、やはり確定・仮定の二種類があると考えたい。
> （阪倉1993：67）

　そして、恒常確定の例として「地価が下ると、マンションがふえる（ものだ）」を示し、恒常仮定の例としては「もし地価が下れば、マンションがふえる（はずだ）」をあげる。そして「前述のように、いずれも必然条件表現との差は、極めてわずかである」と続けるのである。

ここまで見た阪倉（1958）と阪倉（1993）の違いを、松下氏との対応において示すと次のようになる（表2）。

表2　松下（1928）との対照にみる阪倉（1958）と阪倉（1993）の相違

（古代語例）	已然形＋バ			未然形＋バ			
松下（1928）	偶然確定	必然確定	現然仮定	未然仮定（非完了）		未然仮定（完了）	
阪倉（1958）	偶然確定	必然確定	恒常確定	恒常仮定		必然仮定	偶然仮定
（現代語例）阪倉1975より	ト・タラ・バ	ノデ・カラ	ト・バ	ト・バ		バ・ナラ	タラ
阪倉（1993）	偶然確定	必然確定	恒常確定（恒常仮定）	恒常仮定	必然仮定	偶然仮定	
（現代語例）阪倉1993より	ト・トコロ・タラ	ノデ・カラ	ト・バ	バ・ナラ		タラ（タナラ）	

※阪倉（1993）の恒常仮定は、現代語で考える場合には、松下の現然仮定と対応する、恒常確定と並列する位置で捉えているようである。

阪倉（1993）に従えば、先の疑問例（「それがしが命を助けさせらるるならば〜やうに致さうずる」）のようにいわゆる必然仮定として理解されるものは、完了性未然仮定から非完了性未然仮定ということに改められるということになろうか。また、本節の冒頭に引用した、条件表現の推移の解釈も、その説明において重要な概念であった「恒常仮定」が、阪倉氏がどういうことを意図して用いた概念であったのかによって、その内容は、幾分か変わってくることになる。

確定条件と仮定条件とが、対照的に、体系的に把握できるという見通しから構築された区分ではあるが、この点については、異論も出されている（木下1972：68）。そもそも阪倉氏の考え方は、前件と後件で述べられる意味の因果性の強弱を出発点とするものであった。その点で、必ずしも松下氏の示す、前件の提出のしかたそのものから後件との論理関係を見ようとする方法とは、一致していないところがあることについては、我々としては十分承知しておかなければならない。

1.5 小林（1996）

以下に、小林氏の順接条件についての捉え方を、小林（1996）から抜粋、引用する。

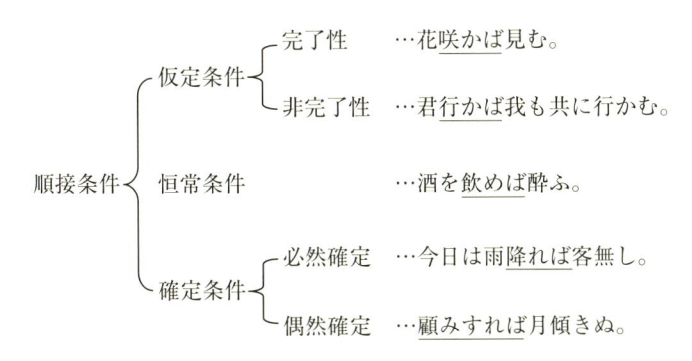

```
                  ┌ 仮定条件 ┬ 完了性    …花咲かば見む。
                  │         └ 非完了性  …君行かば我も共に行かむ。
順接条件 ┤ 恒常条件            …酒を飲めば酔ふ。
                  │         ┌ 必然確定  …今日は雨降れば客無し。
                  └ 確定条件 ┴ 偶然確定  …顧みすれば月傾きぬ。
```

完了性仮定条件…未来時において、動作・作用の完了した場合を仮定するもの。

非完了性仮定条件…現在の事実に関する仮定や、現在あるいは過去の事実に反する仮定（反実仮想）など、完了性以外の一切の仮定をさす。

恒常条件…ある条件が成立する際にはいつでも以下の帰結句の事態が成立するという、恒常的・普遍的性格をもったものとして提示するもの。

必然確定条件…条件句が原因・理由を表し、条件句と帰結句とが必然的な因果関係で結びつくもの。

偶然確定条件…条件句が帰結句の事態の成立する単なるきっかけであったり、帰結句の事態を認識する前提であったりするもの。

「恒常条件」は、前述のように、松下氏が「現然仮定」と呼んで仮定条件の一種として扱い、一方、阪倉氏が「恒常確定」として、確定条件の一種とみなしているものである。その表現内容は、木下正俊氏が、
　　偶然確定、必然確定が、共に唯一回きりの特殊な関係を叙べたものであるのに対して、この恒常確定は時間を捨象し、具体を離れて、

諺、定義、習慣など抽象的な内容をあらはす。

(木下正俊1966「条件法の構造」『国語国文』35・5)

と説いているとおりである。そして、「時間を捨象し」た普遍的な真理としての表現であるために、過去にも未来にも通用するものということになり、したがって、確定条件の表現とも仮定条件の表現ともかかわるものとなる。(中略)以上により、本書においては、「已然形＋バ」による普遍的・一般的表現を仮定条件・確定条件とは異なるものとして設定し、その上でその歴史的な変遷の過程、様相を把握しようと思う。

(以上、小林1996：11-13より抜粋)

基本的には、松下氏の考え方と近いところが多い。しかし、やはり、いくつかの点で重要な異なりがある。相違点を明確にするため、術語の対応関係を整理しておく(表3)。

表3　松下(1928)との対照にみる阪倉(1958・1993)、小林(1996)の相違

(古代語例)	已然形＋バ			未然形＋バ		
松下(1928)	確定条件			仮定条件		
	偶然確定	必然確定	現然仮定	未然仮定(非完了性)		未然仮定(完了性)
阪倉(1958)	確定条件			仮定条件		
	偶然確定	必然確定	恒常確定	恒常仮定	必然仮定	偶然仮定
(現代語例)阪倉1975より	ト・タラ・バ	ノデ・カラ	ト・バ	ト・バ	バ・ナラ	タラ
阪倉(1993)	偶然確定	必然確定	恒常確定(恒常仮定)	恒常仮定・必然仮定		偶然仮定
(現代語例)阪倉1993より	ト・トコロ・タラ	ノデ・カラ	ト・バ	バ・ナラ		タラ(タナラ)
小林(1996)	確定条件		恒常条件	仮定条件		
	偶然確定	必然確定		非完了性		完了性

1.6　小林氏と松下・阪倉氏との相違

　まず、〔一般性〕の性質の扱い方である。〔一般性〕の概念を、小林氏は恒常条件として、仮定・確定とは独立する形で取り扱う。氏は、恒常条件を、「松下氏が「現然仮定」と呼んで仮定条件の一種として扱い、一方、阪倉氏が「恒常確定」として、確定条件の一種とみなしているものである」と、他の二者との関係を位置づける。しかし、以下に述べるとおり、他の二者とは、厳密には、異なったものとして考えるべきであるとみる。

　まず、松下氏の現然仮定は、「其の観念を未然に置いて待ち設けるのではなく、之を現然として仮定する」ものであり、前件の条件句としての性質から特定するものであった。この点、小林氏の恒常条件は前件に対する後件（帰結句）の成立のしかたから捉えるものであり、性格が異なっている。

　また、阪倉氏の方も、同じく〔一般性〕を有するものとして恒常仮定（ただし、この概念の指す範囲は阪倉（1958）と阪倉（1993）とで異なるものであることは、すでに見てきたことであるが）を設定した上で、恒常確定がある。要するに、未然形＋バ、已然形＋バといった前件の形式とは関わりなく〔一般性〕を見出していく方法である。それに対して、小林氏は、已然形＋バという形式をとるものにおいてその性質をもつものがあることを問題としており、結果的に〔一般性〕を限定した範囲で特立することとなっている。したがって、例えば「ある動物が臍を持っているならば、その動物は哺乳類である」のような例[4]の場合、阪倉氏においては恒常仮定（松下氏においては現然仮定[5]）として〔一般性〕を持つものとして位置づけることになるし、小林氏はその性質を認めつつも、恒常条件には該当しないものとして扱うという違いを生むことになる[6]。このように、小林氏の恒常条件は、他の二者に比べて明確な限定のしかたをもつものであることに注意したい。

　以上をまとめると次頁表のごとくとなろう（表4）。

表4 〔一般性〕の捉え方の相違

	「恒常条件」の位置	判定基準	条件句の形式
松下(1928)	仮定条件の下位分類	条件句の意味(「現然として仮定する」)	已然形＋バ(現代語についてはナレバ→ナリャ・ナラ、ト、テハにも)
阪倉(1958)	仮定条件・確定条件の下位分類	［前件＋後件］が普遍性のある因果関係で結ばれるもの	已然形＋バ／未然形＋バ
阪倉(1993)			形式を問わず
小林(1996)	仮定・確定条件と並立	［前件］＋［後件］が恒常的に生起	已然形＋バ

※阪倉氏は論中では明示しないが、判定基準として、さらに、後件の構文レベル(「文末に推量等のモダリティ形式をとらないこと」)を指標に加えている可能性が高い。

＊4　本例は、小林(1996)に対する書評である大鹿(1997)において用いられたものである。大鹿氏は、仮定・確定条件と同レベルで恒常条件を特立してよいかどうかという疑問が生じること、未然形＋バの形式を取りなおかつ〔一般性〕の内容を持つ条件表現と、恒常条件の関係が問題になることを指摘した上で、恒常条件とは条件句と帰結句の成立の関係が恒常的であることよりも実は条件句の性質自体を特定するものではないかとする。なお小林氏は、この指摘に対して、小林(1999)で、「仮定と確定という二分法ではなく、そのいずれともかかわりをもちながら、独自の表現内容を有するものとして、恒常条件を独立させてとらえたものである」こと、「仮定条件の中に、条件そのものが一般性・普遍性(注記略)を有するものが存在することを認め」つつも「「已然形＋バ」の形態をとり、この条件句と帰結句の間の普遍的な真理を表すものと、仮定条件のうち一般性・普遍性をもった仮定(注記略)とは、表現性を異にするものとしてそれぞれ存在する」ことを重要視する立場であることを説明している。

＊5　松下氏の方法によれば、この例が現然仮定となることについては、本章の1.2で「後述」とした部分を参照されたい。

＊6　小林氏の恒常条件の捉え方と同様の見解に立つものに、山口(1972)がある。そこでは、小林氏の恒常条件にあたる概念を「一般条件」と名付け、「いわば確定的であると同時に仮定的でもあるという二重の性質をそなえている」という見方に基づいて特立させる方法を採ること、「已然形＋ば」の用法のうち「未然形＋ば」と意味上つながりがある面を「一般条件」と捉えることで、「已然形＋ば」が仮定の一形式へと変遷していく必然性を明らかにする」立場であることが示されている。

続いて、完了性・非完了性の捉え方についてである。
まず、松下氏の「拘束格の完了的意義」についての考え方を引用する。

> 二活の転活用（…ならば）及びクシク活（…くば、…しくば）は常に非完了態で、クシク行の転活用（…からば、…しからば）は常に完了態である。拘束格の完了的用法にあるものは完了態（…ぬ、…つ、…たり、…り）の動詞でなくても完了の意味を有するが、完了態の動詞を用ゐれば完了の意味が綿密になる。（松下1928：543）

この引用からわかるように、完了、非完了にはそれぞれ対応する形式があるとする方法である。例えば、現代語のナラバは「非完了態」、タラバは「完了態」のごとくである。

それに対して小林氏は、基本的には木下（1972）の考え方を支持し、継承するものであり、松下氏のそれとは少々異なる。中でも、特徴的な点は、完了性仮定に「未来時において、動作・作用の完了した場合を仮定するもの」という定義によって、明確な輪郭を与えていることである[*7]。小林氏の研

[*7] 小林（1999）において、大鹿（1997）の疑問、すなわち、非完了性仮定条件が「完了性以外の一切の仮定」を指すとしたことによって、「種々雑多なものが放りこまれてしまうのではないか」という指摘に対し、おおよそ、次のような見解を示している（要点のみ）。

- ナラとタラとは用法が交錯し、かなりの範囲で交換可能である。いずれの形式を用いているかということは用法弁別の根拠にはなり得ず、客観的な定義が求められること。
- 完了性仮定を未来時に限定することによって、その性格を明瞭なものとして把握できること。
- タナラバ・モノナラバなどの本来非完了性の用法であったはずの形式が、完了性の用法をも有するに至るという歴史的な変遷の相を記述するためにも、完了性仮定そのものを、いわば単純な仮定表現としておさえておくのが有効であること。

繰り返せば、「未来時」に「完了」することが重要点であり、したがってタラのみならずタナラバ・モノナラバなど、形式にこだわることなく該当させる方針であるということである。

究は、歴史的に、本来非完了性の仮定を表すナラが完了性の仮定をも表す段階の様相を捉えていくことも、重要な点であった。その場合、松下氏のように、形式を重視する方法では分析ができない。そのため、意味（時制）の面から完了性仮定に明確な輪郭を与える方法をとる必要があり、上記の方法を選択したものと理解される。

　この方法と、形式を重視する松下氏の考え方とでは、具体例の扱いにおいて食い違いを生じる場合が出てくる。例えば松下（1924）では、拘束格（いわゆる順接条件）と放任格（いわゆる逆接条件）を対照的に体系化して捉える立場から、完了性を有する例として次のものをあげる。

　　　　　　　拘束格　　　　　　　　　　　放任格
「明日行ツタラバ」逢へまい。………「明日行ツタッテ」逢へよう。
「昨日行ツタラバ」逢へたらう。……「昨日行ツタッテ」逢へまい。
「道が遠かつタラバ」車に乗らう。…「道が遠くタッテ」車に乗るまい。

　問題が象徴的に表れるのは、二段目にあげるようないわゆる反実仮想の例である。類似の内容をもつ一段目の例との比較でいうと、前件と後件とは、前件の内容が完了した場合に、それに依拠して引き続いて起こる事態が後件で示されるという意味関係にある点では、両者に違いはない。そういう場合にタラ（バ）が使用される側面を重視し、松下氏は完了性という性格付けを与えたものであろう[*8]。このような考え方を重視する立場からは、同じ反実仮想でも、例えば「もっとたくさん咲いたら、分けてあげたのに」のような例は完了性、「君が来るなら、迎えにいったのに」のような例[*9]は非完了性と区別する方法に整合性を見出していくことになると思われる。

---

　*8　ただし、松下（1928）では、完了性仮定の例としてこの例は用いていない。この点について、小林（1999）は、松下（1928）が、松下（1924）とは立場を改めて完了性仮定は未来時のものを受けるということに整理し直したため、反実仮想の例は削除したものと解釈している。
　*9　例文は、大鹿（1997）の小林（1996）に対する書評において、反実仮想をすべて非完了性とする処置がよかったのかどうかという疑問とともに挙げられたものである。

しかし、一方で、現実には起こらなかった事実を仮に想定する表現というものと、未来における事態の成立時を問題にする表現とでは、意味的に隔たりがあるのは事実である。例えば、先に示す完了性の反実仮想の例も、現代語では「昨日行ったのなら」「もっとたくさん咲いたのなら」のようにタ（ノ）ナラへの置き換えが容易に可能であり、単純にタラの用法と一括しにくい感覚がある。そもそも、古代語においては、反実仮想の条件句には「ませば」「ましかば」、帰結句には「まし」を用いるという特別な傾向も存在した。殊に、変遷を扱う場合には、このような反実仮想の特殊性を重視して、完了性仮定には含めない方法もあり得るわけである。
　小林氏は、これらの反実仮想の例はすべて非完了性とする方法を取る。それによって完了性仮定の枠組みを明確なものにすることで、歴史的にどのような変化が起きたかをはっきりと示し得ることを重視する立場である。
　小林氏の方法は、以上見てきたように、歴史を描くにおいて、重要となる概念を、できる限り明確に限定的に押さえることで、変遷を客観的に、効果的に記述しようとする方針であることに、一貫して特徴があるようである。
　ここまで小林氏の特徴を、主に松下氏との比較において捉えてみた。残る阪倉氏に関しては、二氏との隔たりが大きいので関係付けて捉えることはせずに、阪倉（1958）と阪倉（1993）と氏自身の中でどのように変化しているかに限定して、要点のみを記すことにする。

・完了性・非完了性仮定に関わる阪倉（1958）と阪倉（1993）の相違
　1958では必然仮定を完了性とし、1993では非完了性とする。
　1958では後件の構文レベルを重視。
　　…推量等のモダリティ形式を取れば完了性、命題表現を取れば非完了性の仮定とする。
　1993では前件に対する後件の生起の必然性の強弱・意味を重視。
　　…偶然性が強い「〜した時〜」の意味がある、個別事態生起のものを完了性、必然性が強い「〜すれば〜」の思考的・概念的性格のものを非完了仮定とする。

以上、三氏の完了性・非完了性仮定について検討してきたところを表にまとめておく（表5）。

表5　完了性／非完了性仮定の捉え方の相違

	完了性仮定	非完了性仮定
松下(1928)	A→B（Tは無関係）　現代語タラが該当。	現代語ナラが該当。
阪倉(1958)	偶然仮定・必然仮定　後件に推量等のモダリティ形式。	恒常仮定　後件に命題表現。
阪倉(1993)	偶然仮定　前件に対する後件生起の必然性が弱い。	必然仮定・恒常仮定　前件に対する後件生起の必然性が強い。
小林(1996)	T→A→B	完了性以外すべて。反事実・事実に関する仮定。

※Tは発話時、Aは前件、Bは後件のそれぞれの成立時とする。

1.7　まとめ

　以上のように、近年の条件表現の史的研究に大きな影響をつ松下氏・阪倉氏・小林氏の条件表現の捉え方には、看過できない相違が存在していた。特に今回の検討では、以下の二点に関わる部分で、三氏の相違が大きかったことを述べた。

（a）　〔一般性〕の範囲をどう設定するか、その性質をどの部分に見出すのか、他のそれぞれの条件表現の性質とどのような関係で位置づけるのかという点。
（b）　仮定条件の下位分類としてある、完了性仮定・非完了性仮定を、それぞれどのようなものとして定義づけるかという点。

　三者が拠るところの方法の相違は、各氏の関心のありかが、それぞれで異なっていることに由来するものであろう。すなわち、文語のみならず現代口語にも等しく配慮しながら、基本的には共時的なあり方を正確に把握しよう

とする方法（松下氏）と、已然形と未然形がそれぞれ関与する条件表現の特徴を「確定」と「仮定」とで大きく区別し捉え、古典語を出発点として近・現代語までを相対化して捉える方法（阪倉氏）と、推移そのものに最大の関心を払い、〔一般性〕をいわば特別扱いすることで、起こった現象をよりわかりやすく把握しようとする方法（小林氏）と、いずれに重心を置こうとしているかという違いである。このことは、どの時代の何を対象とする研究かによって、それぞれの事情に応じて最適な方法が模索された結果とみるべきであり、その意味では、このような違いが生じることは当然であるともいえる。問題は、その成果を利用する側にあり、そのことについて自覚的であることが求められることになる。

　ところで、阪倉氏は阪倉（1958）と阪倉（1993）とで微妙に条件表現の捉え方を変えていた。阪倉（1958）は、概括してしまえば上代語を出発点として現代語までを視野に入れた変遷記述であり、阪倉（1993）は対照的に、現代語を出発点として上代語までを視野に入れた変遷記述であったといえる。その指向性の違いがあることにおいて、阪倉（1958）では〔一般性〕を前件と後件の因果関係の恒常性に認めた上でさらに文末の呼応形を重視する方法が必要であり、阪倉（1993）では前件と後件の因果関係の恒常性（必然性）のみを重視する方法が適切であったというそれぞれ異なった判断を生んだものと考える。結果として、阪倉（1993）は、松下氏の考え方との関係が明瞭で捉えやすいものであるのに対し、阪倉（1958）での捉え方は独特な面を含む違いを生んでいたのである。

　本章冒頭に引いた、阪倉氏による条件表現の変遷原理の解釈は、条件表現史の理解において大きな影響力を持つものであった。そこで重要な概念であったはずの「恒常仮定」が、果たしてどのような意味合いのもとで用いられた議論であったのか、また我われ自身、どう捉えるのがいいのか、改めて慎重に検討をしなければならないと考える。

2．条件表現の推移の概要・解釈とその問題点
2.1　阪倉（1958）と小林（1996）の成果

　阪倉（1958）ならびに小林（1996）は、1節で見た条件表現体系の把握に基

づきつつ、条件表現の歴史的な実態について記述を行っている。他にもさまざまな研究者によって個々の具体的な事実が整理されてきている[*10]が、通時的、大局的な姿は、両者によって明らかにされたことと大きく重なり合いを見せる。本書の以下の議論の前提にもなるので、細かなことがらは措き、中世末期を中心にして起こった大きな変化について、阪倉氏・小林氏の両氏によって確認されているところを、簡単にまとめておく。その上で問うべき課題を明確にしておきたい。

最初に阪倉(1958)から要点を抜粋する。

・恒常仮定の表現は上代には「あまり存在しない」ものであったが、平安・鎌倉と時代の推移とともに増加。室町時代に用言+ナラバの形が一般化する。
　　例「もし此事洩ぬる物ならば誅せられむ事疑なし。」　　　(平家物語)
・用言+ナラバが「やがて完了性未然仮定の表現にも用ゐられるやうになる」。
　　例「それがしが命を助けらるるならば彼の驢馬を御身の手のわに廻るやうに致さうずる。」　　　(天草本伊曾保物語)
・已然形+バの形式で表されていた必然確定は、室町時代になると、特に「(その)表現を担ふべき形式がいくつもうまれてくる」のである。例えば「「ほどに」「さかひに」「によつて」「あひだに」「ところで」等々」。
・結果として、已然形+バの担う意味は次第に恒常確定的性格を強くし、「それが不定時の表現であるといふ点よりして、右のやうに必然仮定表現との区別を失ひつつあつた「用言+ならば」よりは、むしろ恒常仮定的な

　[*10]　例えば、通史的に条件表現の変遷を追った代表的な成果に山口(1996)がある。山口(1996)は、条件表現を広く疑問表現や準体法など構文史全体に位置づける立場から、「ある表現形式の使用率・使用頻度や文体的な片寄りなどの観点には余り重点をおかず、文法史としての内的要因に基づく推移そのもの」(小林賢次氏による書評。小林1997参照)を追究する。原理を問うことに力点があり、実際の使用の多寡から変容を記述する方法とは行き方が異なる。本書以下の各章で、必要に応じて言及していくこととする。

意味の表現にはふさはしいものとなるにいたつた」のだと考えられる。
・さらに、已然形＋バは、「恒常仮定から完了性未然仮定へうつつていつた「用言＋ならば」のあとを追うて、次第に、完了性未然仮定に近い意味を表はすのにも、用ゐられだした」のである。

　このように、阪倉氏は、ナラバの発達の観察などを行いつつ、已然形＋バが仮定形＋バへとその位置づけを改めていった状況を概略的に捉えている。
　小林（1996）では、上記を確認しつつさらに詳細な歴史記述を行う。氏によって新たに明らかにされたことは多岐にわたるが、全体像を簡潔にまとめられた同書の第一章の中から、重要と考えられる５点をあげる。要点を記したのち、それに関わる指摘を抜粋・引用する形で示す。

・「反実仮想」をすべて非完了性仮定と捉えることで、推量表現史の変容とともに、一般の仮定条件表現に吸収されていく事実が捉えられること。
　　（矢島注：反実仮想の条件表現の）条件句は一般の「未然形＋バ」で表されることもあるが、仮想性の強い助動詞「マシ」を用いることによって、反事実の仮想であることを明示するものである。
　　　中世以降、助動詞「マシ」の衰退により（これは推量表現の体系の推移としてとらえられる）、こうした特定の表現形式は消滅するに至る。反実仮想の条件表現は、一般の仮定条件の表現の中に吸収されていくのである。（p.19）
・タラバの発達を時制表現史との関係から捕捉すること。
　　完了性仮定の表現には、室町時代以降、「タラバ」の発達が目につきだす。これは、室町時代の口語において、「ツ・ヌ・タリ・リ」あるいは「キ・ケリ」という完了及び過去の表現が、「タ」一本に統合されるという趨勢と深くかかわっている。（p.21）
・已然形＋バが仮定形＋バへと用法の重心を移していったのは、同用法が本来的に有する性質が前提としてあること。
　　「已然形＋バ」の形式は、（略）必然確定・偶然確定の確定条件とともに、恒常条件の用法を有するものであった。恒常条件の用法は、もともと、

㉒瓜食めば〔波米婆〕　子ども思ほゆ　栗食めば〔波米婆〕　まして偲はゆ
　　　　　　　　　　　　　　　　　　　　　　　　　　　　（万葉集・5・805）

のように、偶然確定条件の繰り返しという性格が強く、恒常的性質の軽いもの、また、

　　㉓「人の品高く生まれぬれば、人にもてかしづかれて、かくるゝ事も多く、自然にそのけはひこよなかるべし。　　　（源氏物語・帚木）

のように、帰結句に推量表現をとるなど、仮定条件に近い表現のものを包含するものであった。(p.24)

・已然形＋バが仮定形＋バへと次第に接近していく際に橋渡しとなった用法が、中世期に観察できること。

　院政・鎌倉時代になると、恒常条件の表現は、副詞「モシ」を伴う例も現れ出し、仮定条件の表現に一層近づいてくる（矢島注：例㉔略）。

　　㉕若アリクベキ事アレバミヅカラアユム。クルシトイヘドモ馬クラ牛車ト心ヲナヤマスニハシカズ。　　　　　　　（方丈記）

（略）鴨長明が、自身の行為に関して述べたものであり、普遍的な真理というよりも、やはり習慣的な行為を語ったものとなっている。（略）条件句に「モシ」を伴っている点は、そのような事態が生起しうる場合を仮定することにつながり、恒常条件の表現が仮定条件の表現に接近していく一つの姿を示すものと言えるであろう。

（中略）

　狂言台本に目を転じると、「已然形＋バ」による仮定条件の表現の発達がよくうかがわれる。虎明本から例を示すと、（矢島注：以下例およびその解説のうち㉜についてのみ引く）

　　㉜（妻）／…かんにんめされひ　（おこ）／かんにんすれハ、そんがゆくほどに、堪忍をする事ハならぬ　　　　　（右近左近）

例㉜は〈（このような大事に）我慢をすれば損をする〉という恒常条件を背景として、具体的な場面に適用したものと言うこともできよう。これは、阪倉篤義氏の、

　　近代語における仮定条件の表現というのは、現に問題とする一つの事態の背景に、つねに一般性をもった因果性を予想するという発想の形

式を取るにいたった（阪倉〈一九七五（＝一九五八）〉二六七ページ）

　という指摘に符合するものである。（pp.24-26）
・近世期にトが成立すること。

　　「ト」の成立はかなり新しく、近世初期の頃とみられる。（略）
　　⑩「夏衣よくこそ」とあれば、其言葉を聞とひとしく、ふいと立て行。
　　　　　　　　　　　　　　　　　（醒酔笑・6　元和九年〈1623〉序）
　のような「ト等シク」、あるいは「ト同時ニ」という格助詞「ト」の用法、すなわち同時・即時を表す用法から転じたものである。（p.28）

　以上に明らかなように、小林氏は文献を精査することにより、詳しさ、正確さを加え、歴史を広い視野で捉えることで推移に明確な輪郭を与えている。さらに、推量表現や時制表現の体系的変化が条件表現の変化に連動するものであることを解き、変化のしくみを一段と精密に明らかにされている。

　その上で改めて注意されるのが、両研究者間で少なくとも歴史の骨格部分に対する把握に関しては大きな相違はないこと、両者ともに力を注ぐ中世期までの推移に関してはかなりのレベルまで実態の解明が進んでいると見てよさそうであること、そして、これだけ質・量ともに豊富な研究を行った小林氏が、変遷の原理に対する阪倉（1958）の解釈に対して賛同していることである。他の研究者が研究をする際には、この枠組を前提とし、出発点とすることが求められる状況にあるとさえ言える。

2.2　残された問題

　こうして両氏によって、文献に観察される条件表現史の推移のさまが、かなりの精度をもって明らかにされたことが確認できる一方で、なお考えるべき点も残されている。

　例えば、已然形＋バが仮定形＋バへとその用法を変えていくのはなぜかという、最も肝心な、解き明かされるべき事由については、いま一つ判然としていないのではないかといえる。阪倉氏は、已然形＋バの形式で表されていた必然確定の表現を担うべき形式（ホドニ・サカイニ…）が、新たに生まれてくることによって、結果として已然形＋バが恒常確定の性格を濃くすると捉

える。そして、「それが不定時の表現であるといふ点よりして、右のやうに必然仮定表現との区別を失ひつつあつた「用言＋ならば」よりは、むしろ恒常仮定的な意味の表現にはふさはしいものとなるにいたつた」としていた。そう捉えるためには、まず、なぜ必然確定の用法で、新しくホドニ・サカイニ…が生まれたのかを説明しなければならない。また、その上で、恒常仮定の表現として「用言＋ならば」よりも已然形＋バの方が、なぜ「ふさわしいもの」となるのか、その積極的な事情についても、説明する必要がある。

　小林（1996）の已然形＋バの変質に関わる指摘にも、検討に際して注目すべき点がいくつも示される。例えば、已然形＋バによって表された恒常条件が、もともと「偶然確定条件の繰り返しという性格が強く、恒常的性質の軽いもの」であったこと、仮定条件に近づく段階で「普遍的な真理というよりも、やはり習慣的な行為を語ったもの」が橋渡しとなることなどが指摘される。それはつまり、今日の我われが用いる恒常条件の総体は、かつてのそれとはやや異なった特徴をもつものとして理解すべき用法であることを示唆していよう。すると、その恒常条件としての変質の内実はどういうものであり、それはまたなぜ起きたものであるのかが問われねばならないことになる。

　「なぜ」を問うべき課題は、他にもいくつか残されている。例えば、トが近世期に新たに条件表現に参入することが指摘される。これについては、なぜこの時期だったのかが問われよう。上記の課題も含め、改めて、ここで条件表現の体系的な推移を推し進めた原理を問うことで、いずれも解決が図られるはずの問題である。

　そもそも阪倉氏の解釈は、中世までの文献調査を踏まえた歴史と、現代標準語の用法を視野に入れて行ったものである。近世については、変化を跡付ける実際の使用状況への目配りはなされるものの、具体的な調査結果を踏まえた議論を行っていない。小林氏も、検討の中心を中世末期までに据えられるものである。「近代語における条件表現の論理化」（阪倉1993：134）が近世以降の日本語において具体的にどのように表れるのか、中世までの歴史に対して近世上方語・近代大阪語の状況をつないでみたら何が見えてくるのか、改めて検討されなければならない[11]。

そのことに関わって、もう一点、注意すべきなのが、已然形＋バの領域における必然確定（原因理由文）の扱いである。ここまで取り上げた3氏がそうであったように、歴史を俯瞰的に捉える研究においては、必然確定の領域で個別の接続辞が発達する事実を押さえるが、特に近世以降についてはユエニ・ニヨッテなどの固有形式を発達させることもあり、その検討は、条件表現史の問題からは切り離し、原因理由文だけを取り出して、各接続辞の消長を追う方法がもっぱらである（詳しくは本書の第7章参照）。まずは、条件表現体系に位置づけ、全体との関係で捕捉されることを整理する必要がある。
　こういった検討を通じて、古代語で支配していた原理が中世末期以降に変質するに及んで、新たにどのような言い方をするようになったのかが明らかとなり、また、その新しい原理は、さらにどういった変化を引き起こすのか、その変化はどのように統一的に説明されるのかが明確になるものと考える。

3. 現代語の条件表現に関する研究

　現代語の条件表現の研究について、体系的な把握を目指す研究成果を中心に整理しておく。現代語の場合、原因理由文については、接続辞も、前件と後件の意味関係も固有性が明確であることから、区別して扱われることが多い。ここでも、まずは仮定的条件文を中心に、適宜、事実的な条件文（「きのう、大学に行ったら〜」のように過去の事実を踏まえるものなど）についても触れつつ、取り上げることとし（3.1.〜3.3.）、原因理由文についてはあとでまとめて述べる（3.4）。

3.1　（参考）各接続辞の意味・用法を明らめる方法

　1990年代初頭までの条件表現研究史については、有田（1993）が詳細に整

　＊11　例えば、大島（1990・1991ab）は、阪倉氏、小林氏の方法を踏まえつつ、さらに近世期の噺本を中心に条件表現全体の使用状況を観察し、独自の分類法を提案しながら記述を行っている。大島氏の論に代表されるように、近世期の共時的実態を捉えるものには優れた研究があるのであるが、通時的に変遷の原理を問うアプローチは少ないようである。

理している。有田氏により、これまで条件表現は「(前件において：矢島注)事実をどう捉えるか」「条件文の前件と後件がどのような関係性をもつか」という「大きく二つの観点から研究されてきた」ことが明らかにされている。中でも、各接続辞のそれぞれの意味・用法の違いについては、数多くの研究がある。その研究史については、すでに有田(1993)に適確にまとめられているので、ここではその詳細を繰り返すことはせずに、有田(1993)以降に出された成果などを踏まえつつ、おおよそ、現代標準語の各接続辞の特性がどのように捉えられているのか、私に整理しておくこととする[*12]。数多ある研究成果を包括的・網羅的に総合することを意図するものではなく、あくまでも研究史のある方向性における成果例として記しおくものである。

■仮定的条件文に使用される接続辞の表現特性
　バ　　前件が起こる場合に当然起こるべき／はずとみなされることを後件で表す。
　タラ　前件が実現した後に、起こる（べきと考える）ことを広く後件で表す。
　ト　　前件が起こると自動的に起こることを後件で表す。
　ナラ　前件である状況が起こることを設定し、その場合に話し手が「成立するべき／はず」と考える事態を後件で表す。

■事実的条件文に使用される接続辞の表現特性
　タラ　前件が実現した後に、起こることを後件で表す。
　　　　　　＋個別的具体的（話しことば的）…話者の予測外の体験
　ト　　前件が起こると自動的に起こることを後件で表す。
　　　　　　＋脱「具体性」（書きことば的）…観察的視点からの把握

　各接続辞は、後件（主節）に対する前件（条件句）の意味配置のあり方をそれぞれ表現し分けており、タラにせよトにせよ、基本的な用法は仮定的条件

　[*12]　本文以下に示した各接続辞のまとめは、益岡(1993)をもとに蓮沼・有田・前田(2001)、田中(2004)等を参照しながら、整理を試みたものである。

文・事実的条件文ともに変わらない。

・仮定的条件文：例、あす、彼に会っ<u>たら</u>、これを渡す。
・事実的条件文：例、きのう、彼に会っ<u>たら</u>、これを渡された。

　各接続辞が文法的に有する特性が、以上のような、大きくは、「どうつなぐか」という点で、個々に特性を帯びる形で現れたものと理解できそうである。

　近年は、これらの知見を基盤としながら、そういった相違の根底にある本質的特性の究明、あるいはこれらの個々が総体として織り成す全体像の解明といった方向に研究が展開している。以下、それぞれの流れを代表する成果を選んで整理する。

3.2　本質的機能の究明・構造的把握に向かう方法
　条件節の構造的な把握において、代表的な一つのあり方を示すのが、三上（1953）、南（1974）以来の日本語の階層構造に着目した研究である。その流れに位置するもののうち、近年の成果として益岡（2007）がある。益岡氏は、まず益岡（1993・1997）において、各接続辞の条件設定の階層は、文の概念レベルとの関係において、以下のように捉えられるとしたことを、益岡（2007）で紹介している。

　　○条件設定の階層
　　　レバ形式：一般事態の階層における条件設定
　　　タラ形式：個別事態の階層における条件設定
　　　ナラ形式：判断のモダリティの階層における条件設定

「バ形式の分化」（「〜バ」という形式が、「レバ」「タラ（バ）」「ナラ（バ）」の3形式に分かれていること」）の基本部分は、この捉え方によって説明できるとされる。その上で、益岡（2007）では、3形式の相互の意味的なつながりを認定し、

互いに重なり合う用法を持つことをさらに適切に捉えるために、それぞれの意味連鎖を次のように捉える。

　○3形式の連関
　　レバ形式：**一般的因果関係**　⇒事態の未実現　⇒仮定
　　タラ形式：(因果性から解放)　**事態の未実現**　⇒仮定
　　ナラ形式：(因果性・事態の未実現性から解放)　**仮定**

　こうして特徴付けられる3形式を、事態の非現実性の観点から区別し、ナラ形式はその本質的性質として事態の非現実性（当該の事態の真偽が不明である状況のもとで仮に真である言を設定）を表し、レバ形式・タラ形式はその事態の非現実性については派生的に表すに止まるとする。各接続辞が文法機能として有する本質的な相違が、条件表現として立ち現れる際にその表現領域に違いを生むということである。各形式は、かつては、主として未然形＋バが担っていた領域が、改めて必要とするに至った、表現ツールとしての区分であり、論理性における表現の細分化に対応して併存するものと理解できる。

　各接続辞の個別的な使い分けを関心の出発点とはせず、理論言語学的アプローチを取り、条件文を体系的に整理することを重視するのが有田（2007）である。有田氏は、「既定性」と「話し手の知識」という観点から、条件文に次の3分類が可能であるとする（表6）。

表6　有田（2007：90）の表2より

条件節命題の既定性	条件節命題に対する話し手の認識	条件文の種類
－既定		予測的条件文
＋既定	無知	認識的条件文
	偽であることを知っている	反事実的条件文

　有田氏はまた、述語において基本形とタ形の両方が出現可能な「完全時制節」と、いずれか一方しか、あるいは両方とも現れない「不完全時制節」と

を区別する。そして、完全時制節は既定的であり、不完全時制節は状態形を取ることなどによって既定的になれることを整理した上で、次を指摘する。

a．予測的条件文の条件節は不完全時制節をとる条件形式「ば」・「たら」によって表される。「なら」が不完全時制節をとる場合、制約はあるが予測的条件文に現れうる。
b．認識的条件文の条件節は完全時制節をとる条件形式「なら」・「のなら」か、状態述語あるいは動作性述語の状態形をとる「ば」・「たら」によって表される。
c．反事実的条件文の条件節は完全時制節をとる「なら」か、状態述語あるいは状態形をとる「ば」・「たら」によって表される。

益岡・有田両氏に代表される、構造的な把握を目指す方法論によって、現代標準語の共時体系のあり方について、効果的な捉え方が示された。ただし、これらは、古来の未然系＋バ・已然形＋バの体系を変容させてきた、それぞれの時代における各接続辞の機能をも説明し得るものなのかは別に検討が要るものであるし、また、当然のことながら、それぞれの時代の各接続辞の均衡を、直接に解釈するものではない。その成果を援用しつつ、まずは現代標準語のその構造体系へと、なぜ向かうにいたるのかを問うていくことが、歴史研究には求められよう[*13]。

---

*13　現代語の研究成果は、歴史記述に対してヒントを与えてくれることが少なくない。例えば中世〜近世には、現代標準語ならタラが基本形となる完了性仮定をナラも表し、逆にナラが基本形となる非完了性仮定にタラが用いられることもあった。ナラが完了性の領域でも広く用いられていた段階ののち、タラが完了性仮定の領域に安定的に用いられるというおおよその流れがあるのであるが、その初期段階においてはタナラを一定数用いる時期を経る（以上、小林1996を参考としつつ私に捉え直している）。これらの一連の流れも有田（2007）の成果を参照すれば、ナラの完全時制節性を形式上も徹底する方向の変化であることが見えてくる。現代標準語を対象として得られた成果を古代語の実態とすりあわせ、その食い違いに着目した検討が、新たな把握に結び付く可能性は大きい。

第1章　条件表現研究史

3.3 文法事実の徹底的な観察から体系的記述に向かう方法

　実例に基づいて個々の接続辞の用法を詳しく観察することを基盤としながら、体系的な記述研究を目指すのが前田（2009）である。前田（2009）は、記述の体系を整理する柱として、「現実との事実関係」を捉える「レアリティー」という概念を用いる。それにより条件表現を「仮定的レアリティー」「非仮定的レアリティー」と、さらに「非条件的レアリティー」とに大別した枠組みを設定し、それぞれに下位区分を施したカテゴリーごとに実例を示し分析する。その結果の一つとして、条件文に関与する接続辞のナラ・バ・タラ・トの用法について、次頁のような用例分布の整理を示す（表7）。

　各接続辞は、益岡、有田両氏が指摘する文法的機能の相違に基づいた本質的な違いを有することにより、それぞれの使用域に制約が生まれる。ここに引いた表は、その制約を詳細に記述したものと捉えることができる。

　各接続辞の用法の重心のありかとともに、それぞれの重複する領域も詳細に示される。ナラが比較的に固有の領域を有している一方、バ・タラ・トが相互に行き来可能な領域もまた少なからず広がっている。各形式が特定の用法と一対一で、相互に相補的な分担で存在するのではなく、それぞれが別次元の特性をもって一つのバランスにたどり着いている様子がうかがえる。一見、混在とも言える複数の接続辞の併用を、現代標準語はなぜ得るにいたったのか。日本語史からの検討によって、その必然性を問うていく必要があろう。

　もう一点、前田氏が周辺的として位置づける非条件的レアリティーについてである。「すればいい」「考えてみれば」など、複文を構成しているとは言えない用法が該当するが、それらは、「仮定性も因果関係も持たないため、「条件」とは呼びにくく、ほとんどが固定的でイディオマティックであって、「条件」とは別個の表現として捉えるのが適切だと思われる」とする（p.51）。こういった表現が、どのような経緯で生じてきたのか、歴史的な研究によってその道筋を見極めることができるであろう。複文を構成しているとは言えない用法の出来が、日本語の構文史上、どのような意味を持つのか、日本語史の流れを理解する上でも重要な問いであると考える。

表7　前田（2009：40）に示される条件接続辞の用法の捉え方（番号略）

				レアリティー		なら	ば	たら	と
				前件	後件				
条件的用法	仮定的		事実的	事実	反事実	○	×	×	×
			反事実	反事実	反事実	○	◎	◎	■
			仮説	仮説	仮説	◎	◎	◎	○
			事実的	事実	仮説	○	○	○	○
	非仮定的	多回的	一般・恒常	(不問)	(不問)	×	◎	■	◎
			反復・習慣			○	◎	■	◎
		一回的 様々な状況	連続	事実	事実	×	△	△	◎
			きっかけ			×	○	◎	◎
			発現			×	△	◎	◎
			発見			×	○	◎	◎

		なら	ば	たら	と
非条件的	並列・列挙	○	◎	×	×
	評価的用法	×	◎	◎	○
	終助詞的用法	×	○	×	×
	後置詞的用法	△	○	○	○
	接続詞的用法	○	○	○	○

◎＝使用が十分に可能
○＝一定の用例があり、使えると判断できる
■＝不可能ではないが、用例はほとんどない
△＝近い用例はあるが、制限がある
×＝使えない

3.4　地理的分布に注視する方向

　現代標準語について、各接続辞の機能・用法の分担傾向を問うことが重要であるのは言うまでもないとしても、その分担方法は一つのあり方に過ぎず、別の均衡も無数にあり得ることを教えてくれるのが方言分布である。三井

(2009) は、国立国語研究所編 (1989-2006)『方言文法全国地図』を利用しながら、地域によって各接続辞の用法範囲が異なっている様子を詳細に整理している。その中で、『方言文法全国地図』に描かれる分布を、次のようにまとめる。

128図「きのう手紙を書けばよかった」（反事実条件文・慣用的表現）
167図「あした雨が降れば船は出ないだろう」（仮定条件文・後件：推量表現）

表8　三井（2009）表2より「順接仮定条件表現形式の全国的地域差」

地域 調査文	東北北部	東北南部	関東・中部	近畿・四国北東部	中国・四国南西部・九州北東部	九州南西部	沖縄本島首里
書けば	カケバ	カケバ カクト	カケバ カキャー	カイタラ	カキャー※1	カケバ	カケー
降れば	フレバ	フレバ フルト	フレバ フリャー	フッタラ	フリャー※2	フレバ	フレー
降ったら	フッタラ フレバ	フッタラ フルト	フッタラ フリャー	フッタラ	フッタラ フリャー※3	フレバ	フイネー
行くと	イケバ	イクト	イクト	イクト イッタラ※4	イクト	イクト イケバ※5	イチーネー
行ったら	イッタッケ イッタバ※6	イッタラ	イッタラ	イッタラ	イッタラ※7	イッタラ※8	ンジャレー
行っては	イケバ	イッテ	イッチャー	イッタラ	イッチャー※9	イクト	ンジェー
書くなら→（Nは準体助詞・形式名詞）	カクNダラ カカバ※10	カクNダラ※11	カクナラ カクNナラ カクダラ カクNダラ※12	カクNヤッタラ	カクナラ カクNナラ※13	カクナラ カクNナラ	カチュラー

※1 カクト、カクナラ、カクギー（佐賀等、以下「ギー」はすべて同）※2 フルナラ、フッギー、※3 フルナラ、フッギー　※4 イキャー、イクトサイガ（愛知等）※5 イクギー　※6 イッタレバ　※7 イタギー　※8 イッタレバ　※9 イクギー　※10 カクカラ　※11 カクトキ（山形）※12 カクジャー（山梨）※13 カキャー（高知等）、カクギー

168図「あした雨が降ったらおれは行かない」（仮定条件文・後件：意志表現）
169図「おまえが行くとその話はだめになりそうだ」（仮定条件文・後件：悪い結果）
170図「そこに行ったらもう会は終わっていた」（事実的用法・継起）
225図「そっちへ行ってはいけない」（仮定条件文・後件：禁止表現・慣用的表現）
133図「手紙を書くなら字をきれいに書いてくれ」（仮定条件文・判断の仮定）

この調査結果から、大きくは次の2点が指摘できる。
・方言によって、バ・タラ・ト・ナラなどの各接続辞の用法の範囲が異なること。
・標準語で指摘される語用論的制約が、方言によっては働かない場合があること。

1点目は、各接続辞が対応できる表現範囲は、そもそも相互に重複領域を広く有するものであり、それが各方言で、それぞれの表現ごとに何を優先するかが異なることを示している。つまり、中央語の条件表現の体系も数多ある可能性の中の一つのあり方に過ぎない——もちろん中央語であるがゆえの必然性を背景とするものではあろうが——ということである。

2点目は、例えば、標準語の「行ってはいけない」（225図）のように、後件にマイナス表現を取る場合、標準語ではバは用いることができない（蓮沼1987など）表現で、例えば東北北部（津軽方言）では「エゲバマネヨ」のように、そういった制約は働かないことを指す。先に見た前田（2009）らによって詳細に明らかにされる各接続辞の制約も、あくまでも現代標準語についての指摘であった。これらの制約が、各地方言でも同様なのかどうかということは別に検討されなければならないということである。

このように、地理的な分布から得られる知見は、条件表現の歴史を考える上でも極めて示唆的である。すなわち、接続辞の表現性、語用論的制約は、現代語標準語のそれは一つの方法を示すに過ぎないのであって、歴史を考える上で参考にはなるとしても、そのまま当てはめて考えるわけにはいかない

ということである[*14]。

3.5 原因理由文について

　原因理由文については、本来は仮定的条件文などと同じ条件表現に関係する表現であったものの、少なくとも現代語に関しては、関与する接続辞が独特であり、独立したカテゴリーを形成する。ここで、現代語を対象とした場合の研究の方向性を確認しておく。

　まず、三上（1953）、南（1974）をはじめとする従属節の階層レベルに着目した研究に、長い歴史がある（詳しくは第4章で述べる）。これらは統語構造全体を把握する立場から、原因理由文のみならず、広く従属節全般で用いられる接続辞の機能の解明に成果をあげるものである。

　永野（1952）は、その構文的な相違を背景として接続辞が果たす役割に相違が生じることに注目した記述研究である。永野（1952）は、特にカラとノデの相違について検討し、前件と後件を話し手の主観によってまとめるカラに対して、ノデは話し手の主観を超えて存在する事態における因果関係を客観的にまとめるものだとした。その妥当性について、その後、多くの論文によって議論が継続され（岩崎1995に詳しい整理がある）、永野氏がカラは可能でノデは用いられにくいとする[*15]表現（例、「後から行く ｛??ので／から｝、先に行ってくれ」（後件に命令・依頼表現））が人によって判断が揺れること、実例があることなどの指摘・検証が続けられた。「主観・客観」という術語が外延の広い概念であることも、強度のある議論として受け入れられにくい印象を生じ

　[*14]　彦坂（2005・2007・2011ab）は、条件表現を近世期以降の文献における使用状況と、『方言文法全国地図』の地理的分布とを突き合わせ、中央語からの影響、各地域独自の使用等勘案しながら、解釈を試みている。氏の一連の研究によってみても、それぞれの時代・地域ごとに、条件表現体系の均衡のありようは無数にあり得たことが理解される。

　[*15]　永野氏自身は、カラのあるべきところにノデが使われることが多い事実を踏まえつつ「「ので」を使うと、丁寧な、やわらかい表現になり、下にくる丁寧形の表現とよく照応する」などのように両者の用法には重複領域を広く認める立場ではある。永野（1988）に改めて詳しい補足説明がある。

させている面がある。

　前田（2009）は、前件と後件の意味関係から、原因理由文の枠組みを「原因・理由」「判断根拠」「可能条件提示」に3分類し、それぞれの後件に現れるモダリティのタイプを整理する。実際の使用例から記述的に分析を進め、諸形式がどのような構文の文法的特徴に対応し、どのような主節部の制約を起こすのかを明らかにしている。その成果のうち、後件のモダリティとの関係性を整理した部分を、次に引いておく（表9）。

表9　前田（2009：126）「59)」より（一部加筆）

	述べ立て		働きかけ	表出	
	一回性 過去	推し量り・当為			
から・ので	○	○	○	○	（両方）
ために せいで おかげで もので ものだから	○	×	×	×	事態系
ばかりに だけに	○	×	×	×	
からには 以上 からこそ のだから	×	○	○	○	判断系

※「事態系」は「原因・理由」を、「判断系」は「判断根拠」を表す。
　なお、「可能条件提示」を表せるのは「から・ので」のみである。

　さらに前田（2009）は、各接続辞がそれぞれ従属節でどういったモダリティ形式を取り得るのかを整理し、また、豊富な使用例に基づいて、カラ・ノデをはじめとする各接続辞の統語的違い・後節に現れる文のタイプの違い・意味的な違い・文のレベルにおける違い・文体的な違い・慣用的な用法の違いのそれぞれの観点から詳しく記述する。そして、その詳細を極める観察を

経て、例えばカラとノデの相違については「文の構造レベルの違いを最終的な根拠とする文法的な違い、「ので」の原因・理由としての意味の希薄さによる意味的な違い」を持ちながらも「両者は非常に近い形式であることと、日本語における原因・理由（接続辞の表す意味）が広いものであることが確認された」という所感を得ている（p.147）。

　表現領域に、大きく区別すべきカテゴリーが存在しながらも、基本的には、3.3節で見た仮定的・事実的条件文の場合と同様に、原因理由文も、それぞれにおける接続辞相互の距離は大きくはなく、むしろ共通領域の大きい重複関係において、複数形式が併存するものであることが見えてくる。

　また、現代語における原因理由文が、このように表現の階層レベルという文法的相違（とそれに根差した意味の相違）を軸に検討されてきていることにも留意したい。それは、現代日本語の原因理由表現にとって、従属節の表現レベルを構成し分けることが、本質に関わる重要性を持っていることを意味しよう。当然、かつての日本語においてはどうだったのか、また近代大阪語でも同様だったのか、問われるところである。歴史的検討においては、早くから小林（1973・1977）などにより、前件・後件の種類に着目する方法により、変化の実相が捉えられてきた。その方法を、さらに構文レベルの検討に位置づけ直すことにより、新しい成果が得られることが期待されよう。

4. 研究史から見える条件表現の変容
4.1　古代語の方法

　古代語の順接の条件表現は、未然形＋バが仮定条件、已然形＋バが確定条件を表した。概括的に言えば、未然形＋バは蓋然性が未確定の事態を、已然形＋バでは蓋然性が確定した事態を受け、順当な帰結句を続けるというものであった[16]。いわば、発話時において話者が事態をどう捉えていたのかが示されていたことになる。

　・梓弓おして春雨けふ降りぬ明日さへ降らば若菜つみてむ

　　　　　　　　　　　　　　　　　　　　　　　（古今和歌集・春上20）
　　…この上明日も降ったら若菜を詰もう（詰めるだろう）

・東の野にかぎろひの立つ見えてかへり見すれば月かたぶきぬ

(万葉集・1・48)

　…振り返って見ると月が西に傾いていた

　このように、かつては、「前件の事態の未確定 vs.確定をバが受ける活用形で二分して表現する方法（前者＝未然形＋バ、後者＝已然形＋バ）」が条件表現の基本であったことを、まず確認しておく。

4.2　古代語と現代語の方法の相違

　ところが、中世期以降その体系は崩れ、未然形＋バからナラ・タラが発達、已然形＋バが仮定形＋バと称するべき用法に位置づけを変える一方で、原因理由用法では固有の形式を用い始める。そのあたりの推移を、古代語と現代語の条件表現の体系を対照して捉えてみる。古代語の全体像は小林（1996）の用語を用いて示す[17]（図1）。

---

[16]　福田（2006）は、未然形＋バにおいて「従節の命令事実が事実｛である／となる｝蓋然性 p について、$0<p<1$ という話者のとらえ方」が示され、已然形＋バにおいては「従節の命題事態が事実である蓋然性 p について、$p=1$ または $p=0$ でなければならない」ことが示されるとする（$p=0$ はマシカバのみ該当。なお、本書は第2章の注11に記す事情によりマシカバは未然形＋バと捉えておく）。また、仮定条件を構成する未然形の機能について、例えば橋本（1959）が「未実現の動作」を表すことを明らかにし、確定条件を構成する已然形について、阪倉（1993）が「「すでに成立した情態」を意味する形であるという意味で「既成情態言」」を表すことなどを指摘する。これらを踏まえつつ、未然形＋バは蓋然性が未確定の事態、已然形＋バは蓋然性が確定した事態を受けると捉える。

[17]　図に示す対応関係は単純化して捉えたものであり、例えば、必然確定＝原因理由文あるいは偶然確定＝事実的条件文ではない。「彼にそう言われればやるしかなった」など、バを用いていることもあって現代語においては原因理由文ではなく事実的条件文と捉えやすいが、前件と後件とが必然的な因果関係にあるという点では必然確定と見ることができよう。現代語の語感に従った場合、古代語で已然形＋バが覆っていた領域に対して、異なったカテゴリー設定が複数可能であるということである。

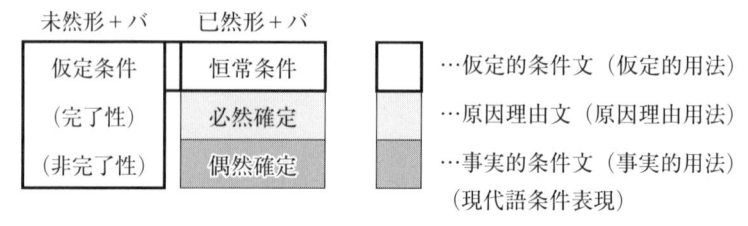

```
未然形＋バ    已然形＋バ
┌─────────┬─────────┬──┐
│ 仮定条件 │ 恒常条件 │  │ …仮定的条件文（仮定的用法）
│ （完了性）│ 必然確定 │  │ …原因理由文（原因理由用法）
│（非完了性）│ 偶然確定 │  │ …事実的条件文（事実的用法）
└─────────┴─────────┴──┘      （現代語条件表現）
```

図1　条件表現の領域分布（古代語）

「恒常／必然／偶然」の区別は、前後のコンテクストから現代語に置き換えた場合に対応する表現区分であり、便宜的なものに過ぎない。

先にまとめた先学による知見（3節）に従えば、現代日本語の条件表現の特徴は、次のように捉えることができる。

（a）　現代標準語の接続辞は、各接続辞の有する文法的機能に由来する表現性をもって、前件と後件の意味関係を構成している。
（b）　ただし、その相違は排他的なものではなく、相互に重複する領域を相当程度に有しており、地域によってその覆う領域には広狭がある。

このことを踏まえつつ、現代語の条件表現体系を、古代語のそれと対照させながら、いかなる接続辞が担うかという観点から整理すると、おおよそ次のようになる（図2）。

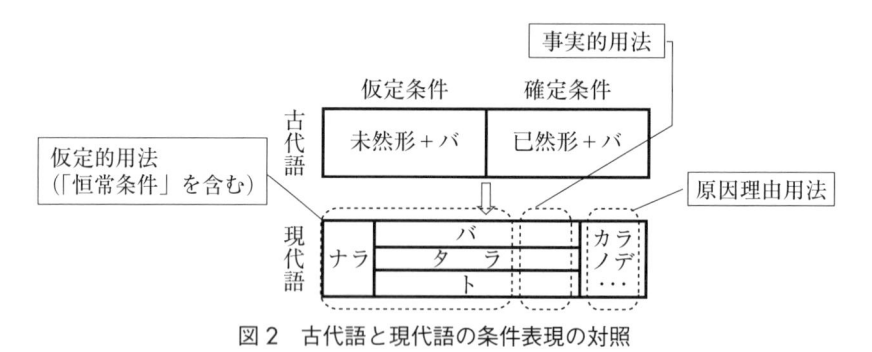

図2　古代語と現代語の条件表現の対照

形式上、事実的用法が仮定的用法と同じ接続辞によって表現され、さらに

原因理由用法のみ明らかに異なる形式を用いる状況がある。少なくとも古代語の条件表現の原理であった、条件句の未確定と確定を活用形で二分して表現する方法が解体されたことは確かである。

　代わりに支配する新たな原理とは何か。ここで併存する各接続辞は、先の（a）に示すように、それぞれの形式が有する文法的な違いを背負い、さらにそれは後件に立ち得る表現の制約を生みながら、接続辞ごとで後件に対する前件の関係を表現し分けるものであった。古代語の原理では接続辞はバ一種類で、それが受ける活用形が未然形・已然形という方法であったのと比べ、現代語のそれが根本的に異なるのは、各接続辞を複数並列させて（それが結果として要求する活用形の違いも込みで）、接続辞が細かく前件・後件の関係を表現し分けている点である。つまり、「接続辞が後件に対する前件の関係[*18]のあり方を表現し分ける方法」へと変化したと捉えることができるであろう。

　かつての方法においては、未然形＋バの領域にある仮定的用法と、已然形＋バの領域にある事実的用法とは、厳然と分かれて配置していた。ところが、新しい原理においては同一形式をもって両用法が領域をまたいで配置する。ここに、新しい表現方法の特徴が象徴的に現れる。このあたりを踏まえながら、先に示した古代語の条件表現の各領域を［　］に入れて示しつつ、現代語のそれに配置し直すと、次のように捉えられよう（図3）。

　　　　条件表現　　原因理由表現

　　　　［恒常条件］

　　　　［仮定条件］　　　　　　　　□…仮定的条件文（仮定的用法）
　　　　（完了性）　　［必然確定］　　□…原因理由文（原因理由用法）
　　　　（非完了性）　　　　　　　　■…事実的条件文（事実的用法）
　　　　　　　　　　　　　　　　　　　　（現代語条件表現）
　　　　［偶然確定］

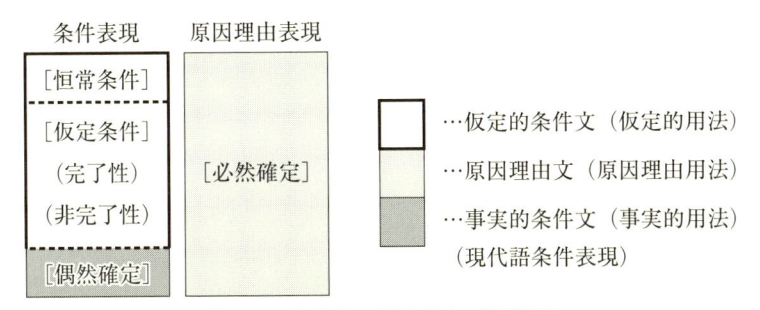

　　　　　　図3　条件表現の領域分布（現代語）

―――――――――――――――

＊18　ここで言う「関係」は、各接続辞の文法的特質に由来する「意味」「構文の表現レベル」などにおいて示す特徴傾向を指す。

以下、本書ではこの図の捉え方に基づき、それぞれの用語（条件表現・原因理由表現／仮定的条件文・仮定的用法…）を、適宜、用いていくこととする。

　本書の主たる検討対象は、近世以降現代に至る上方・大阪語の条件表現である。以下に詳しく検討するように、古代語の表現方法から次第に距離をとって、現代へと続く新しい原理が支配的となる言語が主たる対象となる。したがって、それに伴い、条件表現を捉えていく際にも、各用法領域は仮定的条件文（仮定的用法）・事実的条件文（事実的用法）・原因理由文（原因理由用法）と捉えるのが妥当である。また、古代語で言うところの已然形にバが続く用法についても、おおむね古代語の方法に基づく用法を捉える際は已然形＋バ、新しい原理に基づく場合は仮定形＋バと呼び分けていくこととする。この捉え方においては、例えば、いわゆる恒常性のある、旧来用いられる已然形＋バの領域に配置される表現群（例、冬が来れば寒くなる）は、古代文における用法を基盤とした議論の際には、「恒常条件」「已然形＋バ」といった術語を用い、近世中期以降の新しい方法が中心となる時代の検討においては「仮定的条件文」「仮定形＋バ」の術語を用いて論じていくこととなる。

　以上、先行研究に導かれながら、条件表現史の古代語からの枠組みの変容を整理した。以下、ここで得た見通しに基づきつつ、具体的な変化のさまについて、文献の使用状況を通して観察し、その変化を引き起こしたものについて検討していく。

Ⅱ
条件表現の変化を促したもの

　旧来の条件表現の方法原理を解体し、新しい方法に向かわせた原動力は何か。古代語の条件表現の表現方法の特徴については、これまで多くの先学によって明らかにされてきた知見に拠りつつ、「平家物語」の使用状況をもって確認する。その上で、新しい方法が大きく勢力を伸ばす近世中期の上方資料の使用の様子を中心に観察し、両者を比較することによって表現指向の変化を実例に基づいて記述する。

　その検討から、接続辞に求められるもの、主節に対する従属節の位置づけの2点において大きな変化が起きたことによって、条件表現の変容が起きていることを明らかにする。その根底には、具体的・個別的なできごとに因果関係を見出して表現する方法から、思考内で捉えられる一般的なことがらに因果関係を見出す方法に、表現の重心が移動するという表現指向の推移が関与していることを論じる。

第2章

仮定的条件文に起きた変化

1. 問題の所在
1.1 条件表現史研究で明らかにされてきたこと

　古代語の順接の条件表現は、未然形＋バが仮定条件を、已然形＋バが確定条件を表す方法であった。ところが、中世期以降その体系が崩れ、未然形＋バからナラ・タラが発達、已然形＋バが仮定形＋バと称するべき用法に位置づけを変える一方で原因理由表現が固有の形式を用い始める。

　すでに第1章で見たとおり、この推移に関わっては、多くの優れた研究がある。中でも小林賢次氏の中世を主たる対象とした一連の記述観察は詳細を極め、推移の輪郭はかなりの段階まで明らかにされている。その上で氏は、例えば、已然形＋バが仮定条件の領域に進出しつつある例の解釈として、次のように阪倉（1958）を支持する記述を添える（小林1996：26）。

　　具体的な場面においては仮定条件とみられるものの、〈条件句—帰結句〉の関係においては恒常条件の性格を持っている例は、
　　㉜　（略）かんにんすれハ、そんがゆく程に、堪忍をする事ハならぬ
　　　　　　　　　　　　　　　　　　　　　　　　　　　　（右近左近）
　　のようになかなか多い。例㉜は〈（このような大事に）我慢をすれば損をする〉という恒常条件を背景として、具体的な場面に適用したものと言うこともできよう。これは、阪倉篤義氏の、
　　　　近代語における仮定条件の表現というのは、現に問題とする一つの事態の背景に、つねに一般性をもった因果性を予想するという発想の形式をとるにいたった（阪倉〈一九七五（＝一九五八）〉二六七ページ）

という指摘に符合するものである。

あるいは、次のようなくだりを見出すことができる（小林1996：33）。

> 古代語の「未然形」による仮定表現、「已然形」による確定表現という基本的な体系に対して、近代語においては諸種の表現形式に分化し、近代語のいわゆる分析的傾向の発達という一面を形成する。

氏は、実態の精確な把握に努めることを重視され、その変化を促した理由に踏み込む解釈を行うことには慎重である。ただし、上に引用する記述などから、変化の原理に対する捉え方をうかがうことができる。このような小林氏の見解に対する異論は見当たらず、おおよそ、条件表現の変化の原理については、現状においては上のように理解されている段階にあるといってよさそうである。

1.2　条件表現史研究の問題点

第1章において、これまでの条件表現の史的研究には、次のような課題も残ることを指摘した。

（a）〔一般性〕の範囲をどう設定するか、その性質をどの部分に見出すのか、他のそれぞれの条件表現の性質とどのような関係で位置づけるのかという点。
（b）仮定条件の下位分類としてある、完了性仮定・非完了性仮定を、それぞれどのようなものとして定義づけるかという点。

これらの用語の定義が、各研究者間で微妙に異なっていることを指摘したものである。この用語を精密に捉えた上でない限り、それを用いた議論を理解したことにならない。中世以前の状況を引き継いで実現する近世期の実態を理解しようとする本稿も、まず、そのことを検討するのに最適な術語を明確にすることから始めなければならない。

さらに、その上で、阪倉氏の見解についても再検討したい。すなわち、「現に問題とする一つの事態の背景に、つねに一般性をもった因果性を予想するという発想の形式をとるにいたった」ことが、どういうことを意味するのか、ということである。仮定的条件文には、例えば、已然形＋バが仮定形＋バとその位置づけを変える時期と同じうして、タラが育つ。タラについても、阪倉氏は「あり」を含む形式であることをもって「仮定条件表現そのものが、恒常仮定的性格をおびるにいたつた」(阪倉1958)と捉え、これら全体の変化が「発想」法の変化の下に起こったものとして説明可能であるとする。しかし、タラの具体例を見ると、「恒常的性格をおびる」ものと捉えることが、タラの発達を適切に説明しているかどうかは、疑問の余地がないではない。

　　（１）　明日、もし彼がここに来たら、渡してください。　　　　（作例）

　この文は、「彼」の未来時における個別動作が出来したときに、実現を望むことを述べる。むしろ「恒常性」とは対極の、個別事態の仮定を明示するものとしてタラが発達してきたとの見方が成り立つようにも思われる。
　かつて確定条件を表した已然形＋バが仮定条件に参与するに至る事実は、確かに阪倉氏の捉え方で、道筋そのものは矛盾なく捉えることができそうである。しかし、どういうしくみで已然形＋バがその位置づけを変えたのか、タラ・ナラがなぜ同時期に発達したのか、その理由が、表現指向の変化という発想法の問題に、仮に帰着できるものであったとしても、もう少し具体的な実態と合わせたところでの説明が加えられても良いと考える。
　以上を踏まえ、本章では、「一般性をもった因果性を予想するという発想の形式」によって成り立つ条件節の意味を問い直し、阪倉（1958）の再解釈を行うとともに、その検討を行うことを通じて、中世から近世期にかけて起きた条件表現の体系的推移の原理を明らかにすることを試みたい[*1]。
　なお、条件表現を体系的に捉えるためには、仮定的条件文と事実的条件文、原因理由文の全領域を扱う必要がある。まず本章では仮定的条件文を中心に検討し、次章以下、順に事実的条件文、原因理由文と検討するものとする。

2. 条件表現に起きた変化の概要
2.1 古代語における状況

本章は、中世以降、近世期に起きた条件表現の変化に注視するものである。それに先立って、おおよそ古代語における条件表現がどのように用いられていたのかを把握しておきたい。

中島（2007）に、古代語資料について条件表現の調査を行った結果が示されている。そこに示された調査結果を、小林（1996）の分類方法に対応させつつ私に整理し直したものを、次に示す（表1）。

表1 古代語における条件表現の用法別用例分布

（形式）	（用法）		万葉集		古今和歌集		土佐日記	
未然形＋バ	仮定条件		485		102		3	
已然形＋バ	恒常条件		81	9%	19	8%	0	0%
	確定条件	偶然確定	511	56%	69	31%	13	16%
		必然確定	313	35%	138	61%	67	84%
	（已然形＋バ）計		905	100%	226	100%	80	100%

※中島（2007）の調査結果をもとに矢島が作成

この調査結果のうち、特に注意しておきたいのが「恒常条件」に該当する使用例が、いずれの資料においても少ない点である。已然形＋バを取る従属

---

*1　かつて、矢島（2004b）では、後件の表現レベルの相違から〔一般性〕（考え方や事実の表現）と〔個別性〕（表現者個人の捉え方・態度の表現）を区別する方法によって、その前件がいかなる質の表現と呼応関係をなすかという観点から已然形＋バの特徴を検討した。その結果、已然形＋バが条件表現の各領域で〔一般性〕の表現中に多用されること、逆にナラ・タラ、あるいはニヨッテ・ユエ（ニ）など、新たに条件表現中で多用される接続辞は〔個別性〕の領域で多用されることなど明らかにした。後述するとおり、近世以降、条件節は主節に対する従属度を高める傾向があり、その段階の構文整理について効果的な方法だったものである。ここは古代文との連続性において推移を捉えることに重点を置くため、従属節そのものに注目するという別角度からの分析法を採る方針である。

節のうちの1割弱という、少数派の特殊領域ともいうべき用法であったということである[*2]。

2.2 中世・近世中期における状況

続く中世期から近世期の状況を見る。中世期の状況は「平家物語」、近世中期については序章に示した上方語資料を用いる。「平家物語」は、中世期に起こる条件表現の大きな体系的変化の初期の段階に成った資料であり（小林1996参照）、古来の原理が観察しやすいことが予想される。調査資料には新日本古典文学大系『平家物語』（岩波書店）の覚一本を用いた。以下、調査結果は、会話相当部分のみのものを示す。まず、ここは、上記古代語の状況との比較のために、ここの検討に限り、その方法にならい、小林（1996）の用語・区分に準じて調査結果を示す。分類基準については、のちに詳述するが、仮定的用法のうち前件で「非特定時」を受けるものを恒常条件、事実的用法を偶然確定、原因理由用法を必然確定にそれぞれ対応させている（表2参照）。

表からわかるのは次のことである。

ⅰ）未然形＋バのグループの仮定条件の例について
  ・「平家物語」において、タラ・ナラは未然形＋バの一形式として限られた使用例しかなかったこと
  ・近世中期資料において、タラ・ナラが増加し、その分、それ以外の未然形＋バ類の使用比率が減少していること
ⅱ）已然形＋バの形式によって表現される恒常条件の例について
  ・「平家物語」は古代語の状況と同様、極めて限られた例がそれを担

[*2] 吉田（2000）にも、古代語の確定条件を表す已然形＋バの検討があり、「偶然条件、必然条件、一般条件」に該当する用例を伊勢物語・蜻蛉日記・源氏物語・今昔物語集（本朝部後半）・覚一本/延慶本平家物語を対象として数えた表が示されている。それによると、ここでいう恒常条件に該当する例が、やはり已然形＋バの用法中の極めて少数派であることが読み取れる。本文表1の結果は偶然的なものではなく、実際の使用状況として広く観察されるものであるとみる。

表2 中世期以降の条件表現の用法別用例分布

（形式）	（用法）		（接続辞）	平家物語		近世中期資料	
未然形＋バ系の表現	仮定条件		バ	272	67%	386	26%
			タラ（バ）	20	5%	290	20%
			ナラ（バ）	43	11%	450	31%
			（バ以外）	70	17%	333	23%
	（未然形＋バ系）計			405	100%	1459	100%
已然形＋バ系の表現	確定条件	恒常条件	バ	28	6%	640	36%
		偶然確定	バ	66	14%	279	16%
			（バ以外）	23	5%	39	2%
		必然確定	バ	261	54%	295	16%
			（バ以外）	105	22%	542	30%
	（已然形＋バ系）計			483	100%	1795	100%

※表1との比較を容易にするため「未然形・已然形＋バ系の表現」に「バ以外の接続辞例（ト・テハ・ユエ（ニ）・ホドニ…）」を含める体裁を取っている。

っていたこと
・近世中期資料において、それが大きく増加していること
ⅲ）已然形＋バの形式によって表現される偶然確定・必然確定について
・偶然確定については、この範囲においては目立った変化が認められないこと
・必然確定については、已然形＋バ以外の形式による表現例の占有率が「平家物語」の段階において高まりが認められ、近世中期資料においてはそれがさらに著しくなっていること

上記のⅰ）～ⅲ）から、「平家物語」の段階では、大きくは依然として古代語の各資料における使用状況と通じた条件表現の体系が見えること、ただし必然確定の領域において、他の領域に比べて已然形＋バの占める位置の低

下が認められ、体系の均衡を破る端緒となっている可能性がある*3 ことがわかる。その段階と比べて、近世中期資料におけるそれは、さまざまな点において条件表現の方法が明らかに変わってきていることも読み取れよう。

中でも、ここではⅱ）にあげた点に着目してみたい。前項で指摘したように、恒常条件は、古代語のバ条件句の全用法において占める位置は極めて限られたものであった。その状況は基本的に「平家物語」まで継続していたことがまず確認される。ところが、近世中期資料では急激に増加して状況に変化が起きている。これが何を物語るのか、なぜ起きたのか、条件表現史における体系的変化においてどのような意味を持つものなのか、以下、順次検討していく。

ところで、前件の接続辞の問題を考えていく際に、体言類を述語に取る場合については少々注意が必要である。体言類を受ける条件句は、特に古代語的要素が強い資料であるほど、仮定的条件文においてはナラバという断定ナリの未然形を介する表現を定型的に取る。この断定辞を介入させるという基本形式があるために、特に近世期における変化においては、活用語を受ける条件句の場合とは異なった動きを見せる*4。詳しくは第5章で扱うとし、ここでは、論点を限定するために、検討対象から外しておく。以下は、したがって活用語を受ける条件句のみを議論の対象とする。

---

　*3　ただし、上に引いた中島（2007）がバの用法だけに着目した調査であり、それ以外の諸形式がどの程度用いられていたかは判然としないため、古代語との相違としては位置づけることはできない。あくまでも「平家物語」の用法として、条件表現の各領域を比較した場合に見える特徴としての意味合いに止まるものである。
　*4　そもそもナラは、後述するように、近世期以降は、活用語を受ける活用型条件句も含めて事実に関する仮定を表すものとして用いられる。体言性述語を受ける非活用型条件句の仮定的用法は、本来、事実に関する仮定を表すものであり、近世期以降の条件表現においても、本質的にナラが適した表現領域である。そのため、已然形＋バ（＝ナレバ）が、活用型条件句ほど仮定的用法（恒常条件）に参入していかない（逆に原因理由用法（必然確定）に残りやすい）などの特殊性も生じる（矢島2012b 参照）。そういったことも含めて、一括しない扱いが妥当であると考える。

3. 前件の時制の違いから見た変化
3.1　前件の時制

　第1章の先行研究の検討で明らかになったように、次の二点については、それぞれの研究の目的に応じて、改めて設定する必要があった。

（a）〔一般性〕の選定基準
（b）　完了性仮定・非完了性仮定の扱い

　この点に関わっては、本稿では、「前件の内容の時制」（＝前件の生起時）に着目することで対応しようと考える。その理由は、第1章で詳細に見たとおり、まず前提として（a）（b）ともに前件の時制とそもそも深い関わりをもつ概念であることである。（a）でいう〔一般性〕とは、後述するように時制が特定されない内容をもつことと関わっているのであり、（b）のうちの「完了性仮定」は「未来時」における仮定（小林1996：11）とされるようにテンスとの関係が直接に問われる概念なのである。

　この点に着目する方法は、同時に、比較的に客観的な区別が可能となるという利点もあわせもつ。

　第1章で整理したように、小林（1996）は、〔一般性〕に当たる性質を、「ある条件が成立する際にはいつでも以下の帰結句の事態が成立する」という、前件と後件の間に認められる「恒常的・普遍的性格」とする[*5]。なおかつ、已然形＋バに限定して見出していく方法である。この方法は古代語の分析には効果的であるが、近世期以降の状況を検討するには、已然形＋バ以外の〔一般性〕も検討しなければならないため、適用しにくい面がある。例えば、次の例には〔一般性〕を認めてよいであろうか。

　「免許証を持っている<u>なら</u>運転ができるよ」

＊5　阪倉（1958）も、前件と後件が普遍性のある因果関係で結ばれることを恒常性の定義としている点では、小林氏の考え方と同じである。未然形＋バ、あるいはバ以外の接続辞にも恒常性を見出そうとする点で小林氏と異なる。

「免許証」の意味を一般的に論じたものであれば〔一般性〕は認められそうだが、発話時において聞き手が「免許証」を持っているか否かを問題とする場合は判定に迷う。小林（1996）では、非完了性の仮定条件の定義を「現在の事実に関する仮定や、現在あるいは過去の事実に反する仮定（反実仮想）など、完了性以外の一切の仮定を表す」とする。そうすると、上記の解釈のうちの後者、聞き手の現在の状況についてを話題とした場合は、非完了性の仮定に該当しそうである。しかし、前件＋後件の生起関係に「恒常的・普遍的性格」が認められるのも事実であり、この場合の〔一般性〕の扱いが宙に浮いてしまう*6。

　その点で、前件の動作の成立時に着目する方法は効果的である。すなわち、前件で〔一般性〕を内容とする表現というものは、前件は特定時の動作・作用の完了が対応しないもの、いわば非特定時に成立するものと捉えることができる*7のである。つまり、その分類基準を、前件と後件の生起関係ではなく、前件の内容の成立時に求める方法によれば、〔一般性〕を有する表現とは、前件に非特定時の成立内容を受けると捉えていくことが可能だということである。

　条件表現として実際に用いられるものは、順接条件の場合、前件に対して後件は順当な生起関係にあることが基本であり、前提である。したがって、前件が非特定時の内容を持つ場合は、その条件に対応して成り立つ後件が必然的に続く。つまり、その成立は自動的に恒常性を持ったものとなるのである。

　先の例、「免許証を持っているなら運転ができるよ」でいえば、前件で不特定の人物について運転免許証の保持をいうのであれば、それに順当な後件

---

　*6　小林（1996）は、恒常条件は已然形＋バに見出すものゆえ、当該例は非完了性の仮定条件と捉えることになる。繰り返しとなるが、小林氏は主として古代から中世末までの表現例を分析するために考案される方法であり、当該例などは問題とならないものである。
　*7　松下（1928）の「現然仮定」も、前件の内容に着目して〔一般性〕を特定していくやり方である（第1章参照）。松下は「一般的の事」を「現然として仮定する」という捉え方であり、本稿の「非特定時」の捉え方と通じるところがあるものと考える。

が続く以上、前件と後件の生起関係にも、当然、前件に対応した〔一般性〕が発生する。逆に、特定の人物について、発話時における状況を問題とする発話例であれば、この前件は「発話時」について言うものとなり、同時に、それに順当な認識を続ける表現は、個別事象についての表現となる。つまり、〔一般性〕はない仮定的条件文とすることができる。同時に、この方法により、前件と後件の生起関係からの判定に不可避であった恣意性も排することが可能となるのである。

　この方法で得られる区分について、該当する例をあげながら整理してみる。

「発話時以降」…前件で、発話時以降の未来に生起することがらを表現するもの。
　　例、我死なばこの笛をば御棺(グヮクハン)にいれよ。　　　　（平家・巻四・上216・8）
「発話時」…前件で、発話時、発話場面において存在すること、起きていることがらを表現するもの。
　　例、この様に火をとほしてをいたらわるかろ消して参ろ。
　　　　　　　　　　　　　　　　　　　　　　　（狂言本・伝受30ウ4）
「発話時以前」…前件で、過去に生起したことが、あるいは事実と認知することに反することがらを表現するもの。
　　例、勘当とも分銅ともしつたらなんのやりませふ。
　　　　　　　　　　　　　　　　　　　　　（近松浄瑠璃・二枚4・199・6）
「非特定時」…前件で、一回性の個別事態を超えた一般的なことがらを表現するもの。
　　例、こりや男持ならたつた一人持つものしや。
　　　　　　　　　　　　　　　　　　　　　（近松浄瑠璃・昔暦9・500・4）

　ここで問題とする、前件の内容がいつの時点を描くものであるかということは、帰結句を含んだ前後のコンテクストから特定されるものである。

　・雨が降ったら濡れる。

「雨が降る」ことが思考内で想定することがらとしてあれば「非特定時」となるし、今、洗濯物を取り込むかどうか、まさに降り出しそうな空を見ての発話であれば、「発話時以降」と対応することとなる。

なお、ここでは帰結句の意味内容から相対的に分析・特定される、条件節の提示方法の相違（現代語のナラ・タラの相違に代表される、各接続辞の有する表現性の相違）は問題としない。理由は、近世期が、依然として未然形＋バと已然形＋バの対立が意味を持っていた段階であり、接続辞がその条件節の表現意図を判ずる根拠となし得ない段階であること、そもそも同一表現でも前件と後件の因果関係についてはさまざまな捉え方を許すものであり[*8]、内省の利かない過去の使用例に表現性の相違を特定的に捉えていくことが意味を持たないと考えることによる。

3.2　変化の概要

前件の時間的特徴からみた仮定的条件文の使用例の分布状況を、「平家物語」と近世中期とで比較してみる。ここでは、接続辞の形式の相違は問わず、仮定的条件文に該当するものすべてを一括して示す。

表3　前件の時制の区別にみる用例分布

資料	発話時以前	発話時	発話時以降	非特定時	（計）
平家物語	17	100	136	126	379
	4 %	26%	36%	33%	100%
近世中期資料	60	232	372	1001	1665
	4 %	14%	22%	60%	100%

表からわかるのは、「平家物語」に比べて、近世中期資料では「発話時」「発話時以降」といった特定時の内容を取る頻度が下がり、「非特定時」を取

＊8　例えば、前件「明日雨が降る」後件「大会は中止だ」は、「ナラ」「タラ」「ト」「バ」「テハ」いずれの接続辞でも、それぞれの表現特性を帯びつつ結ぶことができる。

る頻度が高まっていることである。つまり、個別的・具体的な事態について述べることよりも一般的・抽象的なことがらについて述べる頻度の高まりが著しいということである。

さらに、各接続辞別に、前件の時制との関係においてどのような変化を示すのかを簡単に確認しておく。次は、前件の時制別に、各接続辞の使用状況を数えた表である。

表4　前件の時制別接続辞使用状況

前件	資料	已然形+バ	未然形+バ	タラ	ナラ	テ	ハ	ト	(他)	(計)	已然形+バ	未然形+バ	タラ	ナラ	テ	ハ	ト	(他)	(計)
発話時以前	平家物語		13	3		1				17	0%	76%	18%	0%	6%	0%	0%	0%	100%
	近世中期資料	25	12	18	5					60	42%	20%	30%	8%	0%	0%	0%	0%	100%
発話時	平家物語	2	80	1	1	11			5	100	2%	80%	1%	1%	11%	0%	0%	5%	100%
	近世中期資料	49	100	18	41	16	6	2		232	21%	43%	8%	18%	7%	3%	1%	0%	100%
発話時以降	平家物語		95	14	3	18			5	136	0%	70%	10%	2%	13%	0%	0%	4%	100%
	近世中期資料	32	123	174	23	13	5	2		372	9%	33%	47%	6%	3%	1%	1%	0%	100%
非特定時	平家物語	26	84			12			4	126	21%	67%	0%	0%	10%	0%	0%	3%	100%
	近世中期資料	483	151	80	65	187	28		7	1001	48%	15%	8%	6%	19%	3%	0%	1%	100%

表の「平家物語」の様子から、仮定的条件文を主に担ってきた未然形＋バは、前件の時制という点では特別な偏りを示すことなく広く用いられたものであり、已然形＋バは、基本的に「非特定時」の領域で用いられるものであったことが、まず確認される。

続いて、両資料間で起きた変化について見ていく。

最初に、已然形＋バ[*9]についてである。表の数値を加算し、両資料における仮定的条件文の全体に占める已然形＋バの割合を求めると、次のとおりとなる。

---

*9　仮定的条件文を構成するものの中には「已然形＋バ」ではなく、「仮定形＋バ」と呼ぶのが相応しい例も現れるが、ここでは便宜的にすべてを一括して「已然形＋バ」と称する。

「平家物語」〜 仮定的条件文全体：已然形＋バ＝ 379： 28→ 7.4%
近世中期資料〜仮定的条件文全体：已然形＋バ＝1665：589→35.4%

　つまり、表4には、仮定的条件文に関与する已然形＋バの量が、近世中期資料において著しく増加している様子が現れているということである。実際、表から、仮定的条件文における已然形＋バの占める位置は、前件の時制を問わず、いずれにおいても、「平家物語」よりも近世中期資料において大きくその使用率を高めていることが読み取れる。
　中でも、その伸張の度合いが最も大きいのが「非特定時」を前件に取る場合である。先に、表3に関わって、「非特定時」を受ける仮定的条件文が、接続辞の別を問わず、全体として増加傾向にあることを指摘した。そのことと上記のことを合わせると、已然形＋バの同用法での多用が、その変化全体を牽引している可能性が高いことがわかる。
　他の接続辞については、次のようなことが表4から読み取れる。
・未然形＋バが減少し、その分、タラ・ナラ・ト類が使用率を高めている。
・前件の時制との関係でいえば、タラは特に「発話時以降」、ナラは「発話時」において、著しい伸張を見せる。
・トは「平家物語」には見当たらず、近世中期資料のみ使用がある。前件の時制との関係に関しては、特段の傾向を示さない。
・テハは、タラ・ナラ・トに比べて、「平家物語」以降、特別に使用を増加させている様子は見られない。

4. 変化の内実
4.1 前件が「発話時以前」
4.1.1 反事実的条件文
　前件が「発話時以前」である仮定的条件文は、「平家物語」の段階ではすべて反事実的条件文であった[*10]。

（2）　あはれ世の世にてあらましかば、当時は近衛司(こんゑヅカサ)にてあらんずるものを。
　　　　　　　　　　　　　　　　　　　　　（平家・巻十二・下376・6）

（3）　隔てなくうちむかひておはしたらば、命斗(ばかり)は助けたてまつてまし。
　　　　　　　　　　　　　　　　　　　　　　　（平家・巻十・下249・2）
（4）　かゝるべしと知りたりせば、なにしか身命を捨てけむ。
　　　　　　　　　　　　　　　　　　　　　　（平家・巻十二・下375・15）

　「平家物語」の時代には、依然としてマシが用いられることもあったが、必ずしもその形式に限定されるわけではなく、未然形＋バ系統の表現によって表される[11]領域であった。
　近世中期にも未然形＋バ系統のさまざまな形式による反事実的条件文が用いられる。

（5）　身は去年にも相果てばかゝる憂き目は見まいもの。
　　　　　　　　　　　　　　　　　　　　（海音浄瑠璃・八百屋3・215・10）
（6）　勘当とも分銅ともしつたらなんのやりませふ。
　　　　　　　　　　　　　　　　　　　　（近松浄瑠璃・二枚4・199・6）
（7）　昨日にも着くならばせめて死に目にあはふ物。
　　　　　　　　　　　　　　　　　　　　（近松浄瑠璃・万年草5・730・12）
（8）　わしが嫁入てゐたならば斯様なことにもなるまいと。
　　　　　　　　　　　　　　　　　　　　（海音浄瑠璃・三度1・380・5）

　さらに、已然形＋バによる表現もある。かつてはあり得なかったはずの、未然形＋バの領域に関与するに至った已然形＋バの変質を示す証左であり、注意される。

＊10　ただし、それは本調査範囲におけるたまたまの結果であり、次項目に取り上げる「既定的なことを［非事実／不確定なこと］として捉え直す」用法も、古代文には存在する。
　・「名にし負はばいざこととはむ都鳥わが思ふ人はありやなしやと」（伊勢物語・九）
＊11　マシカを已然形と取る立場もある（例えば福田2006）が、反実仮想を構成する他の活用語が未然形＋バを取るので、マシカを未然形とする通説に従う。

（9）　あの人を一年持て<u>ば</u>。今ごろは匙取らいでも楽するもの。

(近松浄瑠璃・夕霧7・571・9)

4.1.2　既定的なことを［非事実／不確定なこと］として捉え直すもの

　もう一点、「平家物語」との違いとして、前件が「発話時以前」を表すもので反事実的条件文ではない、仮定的条件文の例があることをあげることができる。近世中期資料は使用例の半数近くがこれに該当する[*12]。

　ただ、そのうち次のような例は、反事実的条件文に通じる面を持つ[*13]。

（10）　さつきにから聞いておつ<u>たら</u>なぜに出て意見しおらぬ。

(台帳・鬼門角22・下1)

（11）　不義せふものと見すゑ<u>たら</u>。なぜつきはつてもゐもせいで。

(近松浄瑠璃・重井筒5・127・4)

　後件で、実現が望ましかった状況が現実と異なる状況にあることを、疑問文によって表現する。「聞いていたら意見するはず（なのに）」「不審に思ったらそばに付きっきりでいるはず」という当然の認識とは、現実が反していたことを踏まえた表現であり、広い意味での反事実的条件文とも言える。同時に、前件は既定的なことでありながら、あたかも不確定なことがらとして成立を想定し直す意味合いを帯びている。この種の表現では、すでにこの段階で発話時以前の事態をタラで受けることができた点が注意される[*14]。

（12）　国々を廻(まは)り給ハヽ、さぞ色々のことがござらふといへヽ、

　[*12]　近世中期資料で「発話時以前」を受ける60例中、反事実的条件文は33例であり、非事実／不確定なこととして捉え直すものを受ける文が27例である。「平家物語」に（たまたま）該当例がなかったことと合わせ、中世期以前と比べて、近世期はこの種の表現を多用する傾向にあると考えてよいのかもしれない。

　[*13]　タラ18例のうち4例（それ以外は反事実）。なお、本文タラ例は、現代語であれば、反事実であることを明示するタナラ・テイタラなどの形式を用いやすいところである。タナラ自体は近世中期資料に7例あり、うち反事実的条件文は2例である。

第2章　仮定的条件文に起きた変化　　75

(噺本・出宝台7・142・上8)

　先行して相手が「国々を回った」と発話した内容を受け、そのまま仮定的条件文の形をもって表現する例である。「発話時以前」を取る未然形＋バは、12例中9例が反事実的条件文の例であり、残り3例がこの種のものである。これらの未然形＋バでは、発話時における確定事態を不確定事態と見なしながら、それが事実であるという仮定下で、後件が成り立つことを示す。
　已然形＋バにも、既定的な事実であることを不確定なものとして提示する例がある。

（13）　ム丶その覚悟がきはまれ<u>ば</u>もふ落付た満足した。

(近松浄瑠璃・丹波5・217・6)

「ム丶」の感動詞により、相手の覚悟が決まったことを発話の場で認識したことが確認される。前件の「覚悟が極まる」が旧知の情報ではなく、いまこの場で理解した新情報である以上、以下の認識を導く必然確定的な根拠ではなく、後件の成立の条件として述べるものと見るべきであろう[15]。

（14）　笹野三五兵衛さまと云人と後ろ紐から縁組有。無事でござれ<u>ば</u>とふに肥後へ嫁入りする。

(近松浄瑠璃・薩摩・6・658・11)

＊14　事実的条件文で「発話時以前」を前件で受ける際に、タレバがタリャを経てタラになるのは宝暦年間以降のこと（小林1996：205参照）であり、それよりも遥かに先行する。

＊15　この種の表現を、前田（2009：46）は事実的な仮説条件文と捉える。こういった表現が存在する理由として、Akatsuka, Noriko. (1985) 'Conditionals and epistemic scale', Language, 61 の「人が新たに知った情報（＝これは非現実に属すると考えられる）が事実として認知されるようになる移行の過程上にあるもの」との捉え方を引き、また言語学研究会・構文論グループ（1985）の「現実性を可能性として描くことによって直截さを避けたもの、あるいは、具体的な因果関係を一般的な法則に当てはめたもの」という記述を紹介している。

本例も同様である。子どもの頃から縁組しており「無事であれば嫁入りする（はず）」と確定したこととしてあったはずの事態が、無事かどうかがわからない現実が対応するために、「無事であったなら」と既定的なことが不確定事態にずれたところで現実を解釈している。この種の用い方が、近世中期には増加し、一般化することによって、必然確定／偶然確定として用いられている例が、「発話時以前」事態を受けつつも、仮定的条件文として解釈されやすい状況が作り出されることになる。

(15)　髪切たれば出家の身三界の家を出。妻子珍宝不随者の法師。おさんといふ女房なければ。おぬしがたつる義理もなし。

（近松浄瑠璃・網島11・753・8）

　すでに髪を切ったという現実はあった上での発話なので、バが確定した事態を受けることは間違いない。確かに、以下に続く認識は、具体的な事態の生起に対応した表現（髪を切ったのだから、（妻子は持たないはずの）出家の身（も同然）だ）と捉えることも可能である。ただ、その発話に先行して「脇差ずはと抜き放し元結際より我黒髪。ふつゝと切て」とある。その事実だけをもって、「出家」と認定されるべきとし、妻子とも無関係とする主張は、話し手の認識としては確定事態でも、受け手によっては不確定要素を残す。この例の場合、例（13）（14）の類が一般化する状況下では、「髪を切ったのだから出家の身」と前件を根拠とする原因理由文ではなく、「髪を切ったのなら出家の身（のはず）」と仮定的要素を含んだ解釈に傾きやすくなるだろうということである。已然形＋バの例に起きた変化として、［不確定なこと］として捉え直す例が増加している環境においては、同一形式の運用上の変化も招来しているのである[*16]。
　以上をまとめると、次のとおりである。
・前件で「発話時以前」を受ける仮定的条件文は、「平家物語」では未然形＋バによって表され、反事実的条件文であるものが多かったが、近世期には、既定的な事態を不確定扱いにしたものと解釈が可能な表現域の使用を増やしている。さらに、そこに、かつては「発話時以前」を前件

に取らなかったはずの已然形＋バが参入している。
・それにより、已然形＋バのうち、かつて安定的に「必然確定」と解釈された表現の一部は、仮定的条件文としての解釈の適性を高めることとなった（複数の解釈を許すという意味では、逆に不安定な状況を生むに至った＝表現体系の組み換えへの必要性が高まった可能性を生んでいた）。

4.2　前件が「発話時」「発話時以降」

　表4からは、まずこの領域は、従来、未然形＋バによって表現されるのが基本であったこと、また、近世中期資料では、その領域で存在感を高めつつあったタラ・ナラが使用を増す一方で、未然形＋バも依然として維持される状況があったことなどが読み取れる。

(16)　あすのいくさに延べられなば、平家勢つき候なんず。
（平家・巻九・下147・11）

(17)　我死なばこの笛をば御棺(ゴクハン)にいれよ。　（平家・巻四・上216・8）

(18)　今一度ご覧ぜんと思し召し候はば、内侍所の御事を、大臣殿に能々(よくよく)申させおはしませ。　（平家・巻十・下207・1）

(19)　只今こゝを渡さずは、長き弓矢の疵(キズ)なるべし。
（平家・巻四・上243・7）

(20)　いづくの浦にも心安う落(オチ)ついたらば、それよりしてこそ迎(むかへ)に人をも奉らめ。　（平家・巻七・下44・15）

(21)　されども思ひたつならば、そこに知らせずしてはあるまじきぞ。
（平家・巻九・下186・9）

＊16　なお、4.3節で述べるように、近世期には「非特定時」の表現例、すなわち思考内で把握する一般化したことがらについての表現例が増加する。その状況下では、已然形＋バは、個別的な現実との対応が前提となって生じる原因理由文としての解釈よりも、具体的なできごとの生起を離れた仮定的条件文としての解釈が優先されやすくなる。その全体としての変化と連動する議論であることを押さえておく必要がある。これに関わることを、本書第4章の5.1節でも論じている。参照されたい。

タラ・ナラも未然形＋バ出自であり、使用数は限られるものの、「平家物語」の段階においても、未然形＋バの一形式として用いられていた。(20)「どこの浦にでも、安心して落ち着いたときには」と未来時において前件が成り立った際のことをタラは受け、(21)「身投げを思い立つことがあったら」とやはり未来時に成り立つことをナラは受ける。(16)(17) も、未然形＋バを取りながら、(20)(21) と同じように、いわゆる完了性の仮定として未来時における前件の成立を受けている。一方の (18)(19) は、発話時に成立する事実としての仮定を前件で取り、後世のナラの表現性に通じている。そういう内容であることを、未然形＋バではなくタラやナラを用いて明示する頻度が、「平家物語」の段階ではまだ低かったということである。

　近世中期資料では、タラやナラを用いて、前件に対する後件の関係を明示しようとする傾向を強める。ただし依然として未然形＋バも根強く用いられている。

(22)　言事が<u>あらば</u>歩き〳〵おつしやりませいの。
(台帳・鬼門角 9・下 3)

(23)　此段を御きゝわけなされて下されまし<u>よば</u>忝ふ御ざりましよ。
(狂言本・伝受 11 オ 3)

(24)　今晩中に埒明<u>かずは</u>右の約束へんがいと。
(海音浄瑠璃・三度 1・365・12)

(25)　この様に火をとぼしてを<u>いたら</u>わるかろ消して参ろ。
(狂言本・伝受 30 ウ 4)

(26)　ちつと気色がよい<u>ならば</u>。ちよつとこゝ迄出てたもといふて同道しておじや。
(近松浄瑠璃・今宮 7・228・1)

(27)　お手まへの<u>ゐられて</u>ハ碁が打たれぬ。
(噺本・露休置土産 7・62 下 2)

　一方の已然形＋バについてである。「平家物語」では、次のようなごく一部の例を除き、前件が「発話時」や「発話時以降」を表す場合には、已然形＋バは関与しなかったようである。

第 2 章　仮定的条件文に起きた変化　　79

(28)　かう申せば平家のかたうどとやおぼしめされ候らん。

(平家・巻四・上234・7)

　「かう申す」の「かう」は先行した発話を指すものではなく、以下に続ける自身の発話そのものを指すため「発話時」を内容とするものと判断した。後件の内容が、前件の成立に依存して成るものであるため、仮定的条件文と解釈できるとみたものである。しかし、前件のことがらが既存である、あるいはそうと見なした上で成り立つ表現とすれば事実的条件文と捉えることも可能である。こういった例の特徴を厳密に捉えていくと、仮定的条件文を構成するものは、「平家物語」には、純粋に「発話時」「発話時以降」を前件とした已然形＋バの例はなかなか見出せないこととなる。「平家物語」では、先に「発話時以前」を取る仮定的条件文も見当たらないとしたが、旧来の未然形＋バの領域を侵す、確かな已然形＋バの例は、相当に限られた段階であったといえる。

　一方の近世中期資料の方では該当例が見られる。

　(29)　此やうに御いんぎんに被成ますれば、重ねて参りにくいと時宜(じぎ)をしければ、

(噺本・御前男6・239上3)

　「発話時」の内容をもった「既定的なことを非事実／不確定なこととして捉え直す」例と理解される。なおこれらは、次のような事実的条件文とそのまま連続している。

　(30)　思へばくやしうございす。　　　(近松浄瑠璃・網島11・713・10)
　(31)　いわしてをけば方図もない事をいふやつかな。

(狂言本・伝受13ウ9)

　(29)の類の例は、前件の成立に仮定的な要素を残すほど、あるいはまた前件に対する後件成立の依存度が高いほど、仮定的条件文としての解釈の可能性を高める。この種の例に対して、厳密に弁別することは困難であると同

時に、そもそも意味もなさない。むしろ、「平家物語」にはあまり例を見出せなかったこの種の仮定的用法が、(30) (31)のような事実的条件文を橋渡しとしながら、近世中期資料で増加していることにこそ、ここは注目すべきである。

「平家物語」には、「発話時以降」を前件で取る已然形＋バの確例を見出しにくいとしたが、近世中期資料では容易に使用を見出すことができる。

 (32) 今にも人が来て見ますればわるう御ざるかへらしやれ。
（狂言本・伝受15ウ1）
 (33) あすの明六ツ迄にすめば弐百匁。 （近松浄瑠璃・女殺12・173・6）

発話時では生起していないことがらを仮定する。「已然」形の範囲から用法面で逸脱しつつある、仮定領域への進出が最も明瞭に観察されるものとも言える。

ただし、已然形＋バが「発話時」「発話時以降」を受ける例は、これらの例のように、前件の内容を条件として、それに対して順当に成立するはずの事態や考え方を、後件で述べるものが中心である。前件に対して、当然生起する関係にある後件を続けている点に、バが本来的にもっていた用法の一面が特化する形で、受け継がれている。つまり、新たに拡張した用法に見えても、旧来の已然形＋バの用法の根幹に当たる一部分が継承され、発達したものであることは注意しておきたい。

4.3　前件が「非特定時」

「非特定時」を前件で取る例は、仮定的用法において、「平家物語」の段階から已然形＋バが確実に関与していた唯一の領域である。まず、その已然形＋バについて見ていくと、「平家物語」でも近世中期資料でも、已然形＋バによる仮定的条件文中の大部分を占めるという点では同じである。しかし、その使用数が飛躍的に増加するという点において、著しい変化があった。それとともに、内実においても、両資料間で看過し得ない重要な違いが認められる。

最初に「平家物語」の例を示す。

(34) 霊神(レイシン)怒(イカリ)をなせ<u>ば</u>、災害(サイガイ)ちまたに満つといへり。
　　　　　　　　　　　　　　　　　　　　　　　　（平家・巻一・上59・12)
(35) 死罪(シザイ)を行へ<u>ば</u>海内(カイダイ)に謀反(ムホン)の輩(トモガラ)たえずとこそ申(まうし)伝て候へ。
　　　　　　　　　　　　　　　　　　　　　　　　（平家・巻二・上85・12)
(36) あはひあしけれ<u>ば</u>、引くは常の習(ならひ)なり。（平家・巻十一・下261・14)

　これらに顕著なのは、前件が「非特定時」の内容であると同時に、[前件＋後件]が「しばしば」「いつも」等の頻度に関わる副詞を冠し得る、現象の積み重ねとしての「非特定時」を、その特徴としてもつものが多いことである。(34)で言うと、「霊神が怒りをなす」ことが「非特定時」であると同時に、「霊神が怒りをなす＋災害が巷に満ちる」という事態が、繰り返し起こったことによる恒常性を有している*17ということである。

---

　*17　小林（1996）に、已然形＋バの恒常条件について、「「瓜食めば〔波米婆〕子ども思ほゆ　栗食めば〔波米婆〕まして偲はゆ」(万葉集・5・805)のように、偶然確定条件の繰り返しという性格が強く、恒常的性質の軽いもの」という用法への言及や、「過去の習慣を表す例」が「かなり多い」ことについての指摘がある。恒常条件の例数がそもそも限られる上に、この種の例が多い点に、古代語における已然形＋バの「確定」条件としての性格が現れていると言えよう。

　なお、古代文の恒常条件に、具体的動作の対応しない、思考内で捕捉される因果関係を表す例がなかったということではない。小林（1996）の恒常条件には「一般論としての普遍的真理」に該当するもの（例、「車ノ二ノ輪ノ、一（ツ）闕（ケ）ヌレハ可ナラ不（ル）ガ如シ」慈恩伝古点・巻九403)があるのであり、これらには、当然、経験則の裏づけという点では濃淡がある。ここで注意すべきなのは、かつての已然形＋バが、偶然確定・必然確定という「確定」性が明らかな前件を受けるものが中心だった上に、さらに恒常条件も、「確定」性が明瞭に観察されるものが基本であったということである。

　ちなみに、この「一般論としての普遍的真理」の中でも特に経験則との関係が稀薄な領域が、近世の例(38)以下の用法に連なるものであろう。近世例に認められる変質は、已然形＋バが元来有していた用法の一部を頻用することによるものであったと捉えられる。

近世中期資料においても、「平家物語」に顕著だった諸例と似通った用法例がある。

　　(37)　川ゝに水が出ますれば道中に日が込み。かねの届かぬのみならず手前も大分の損銀。　　　　　　　　　　（近松浄瑠璃・冥途7・281・4）

　前件が「非特定時」であり、「川が増水する＋道中に日がかかる」という一回性の経験が複数回積み重なることで恒常性が生じている例である。
　ところが、それらとは別に、概念・認識としての成立は示されても、具体的な動作や変化の対応が見出しにくい、次のような例が増加しているのである。

　　(38)　その銀さへとゝのへば何のあんずることもない。
　　　　　　　　　　　　　　　　　　　　（近松浄瑠璃・刃5・465・6）
　　(39)　サア此上にも思ひ切れば兄貴へ立ツ。どふじや。
　　　　　　　　　　　　　　　　　　　　　　（台帳・鬼門角26・上3）
　　(40)　かね払ふて男立てねばならぬ。　（近松浄瑠璃・女殺12・187・12）

　(40)は当為判断を表す例であるが、この期以降増加の途をたどるものであり（第11章参照）、已然形＋バの変質が特徴的に表れる。前件で「非特定時」の思考内の仮定が述べられ、それに対して順当に結ぶ認識が後件で示される。つまり、一文で、思考内で捕捉された因果関係が表現されている。当然、これらの諸例においては、この前件＋後件は「しばしば」「いつも」などの修飾語を取り得ない。
　同じ「非特定時」を表すものでも、「平家物語」の(34)～(36)などの例とは異なり、この種の表現では、前件で確定した事態を受けているという実感を伴いにくい。この種の使用例の増加に、已然形の「確定」性の稀薄化が表れている。この種の使用例を含んだ「非特定時」の激増により、已然形＋バは、成立時の特定されない概念を受け、それに対して当然と考えることを後件に続ける用法としての性格を一段と強めた見ることができよう。つま

り、「確定事態を受けるもの」から「後件に対する関係のあり方を示すもの」へ（第1章4節参照）という変質である[*18]。

　ところで、以上ような已然形＋バの状況に対して、未然形＋バにも、前件では特定時を示さないことがらを取る例が、「平家物語」にある。

　　（41）　同じう失はるべくは都近きこの辺にてもあれかし。
　　　　　　　　　　　　　　　　　　　　　　　（平家・巻二・上104・5）

「どうせ殺されるのであれば、都に近いこのあたりであってほしい」の意味である。未然形＋バによって、前件は、その未確定の内容が特にいつと特定せずに成り立つ状態を仮定しており、それに対して、話者が考えるところを後件に続ける例である。このように、未然形＋バの「非特定時」の例は、後件に個別的、具体的なことがらと対応した表現を続けることに特徴が現れるものが多い。

　　（42）　自然のこと候はば真ツ先かけて命を奉らんとこそ、日ごろは存て
　　　　　候ひつれども、　　　　　　　　　　　（平家・巻四・上224・9）

例文の前件は「主君の三位入道の身に万一のことがあった場合には（命を差し上げようと日ごろ思っていたが）」の意味である。その前件に対して、後件には、話者の、その場で湧き上がる思いが続く。未然形＋バの「非特定時」の多くを、こういった、具体的な場面やできごとに寄り添う表現であることが

　[*18]　第1章1節で見たように、この部分で問題とする「非特定時」の仮定的用法を、現代語条件表現の共時的把握を目的とした松下（1928）は「現然仮定」として仮定条件の下位分類に捉えており、他方、古代語を出発点として現代語までの変遷を読み解く阪倉（1958）が「恒常確定」を確定条件の下位分類に据えていた。両者にこのような違いがあることは、両者の検討対象とした時代が異なっていて、本論で指摘した変質を已然形＋バが被っていたことを考えれば、必然的なものであったと理解される。

見て取れる例が占める（これらは、むしろ「発話時」「発話時以降」などの特定時に対応する前件と見るべきなのかもしれない）。

　中には、後件に特定時の動作が表現されていない例もある。

　　（43）　只今も上の山より源氏ざッと落し候なば、とる物もとりあへ候はじ。たとひ弓をもッたりとも、矢をはげずはかなひがたし。

（平家・巻九・下150・10）

「能登殿」が、「妻と最後の名残を惜しむ道盛卿の様子」を見て、「いま、源氏が山から駆け下りてきたら、武器を取る間もないだろう。たとえ弓を持っても、矢をつがえなければどうにもならないぞ」と諫める場面である。例文で「～ねば」と已然形＋バを用いずに、未然形を用いて未確定のことがらを提示することによって、一般論としての説明ではなく、「矢をつがえなかったあと」に具体的に起こる（と考える）ことを続ける表現となるものと理解されようか。ただし、この種の未然形＋バは、已然形＋バによる表現と、相互に相当に近いところに位置したであろうことも、また想像されるところである。

　以上、「非特定時」を前件で受ける未然形＋バについては、大きく捉えれば、まずは未確定の前件を取った上で、話し手の個人的な捉え方を後件に続けることに特徴が現れるとすることができると考える。

　近世においても、この種の未然形＋バは変わらず多用される。

　　（44）　そんなら、みまひにいかざなるまいといふた。

（噺本・御前男6・259・上5）
　　（45）　なふ仰山なそれてすまばいとやすし。

（近松浄瑠璃・網島11・733・3）

　一方のタラ・ナラは、「平家物語」においては具体的・個別的動作と対応することに特徴があり[*19]、「非特定時」を取る例を見出すことができなかった。しかし、近世中期資料には少なからぬ使用例がある。

(46) 嘉平次と夫婦になしたらば身体の薬なり。商ひの勝手も能々。繁昌もさせたいと嘉平次がいとしひばつかりに。

(近松浄瑠璃・生玉9・581・6)

(47) 我が身に難がかゝる時。血に迷ふたらあらゆること白状せまいものでもない。　　　　　　　　（海音浄瑠璃・三度笠1・374・9）

(48) 私むかひとあるならば。恥もちじよくも振り捨てゝ。御息災なかほばせ見せてくださるはづ成に。　　（近松浄瑠璃・刃5・495・9）

(49) こりや男持ならたつた一人持物しや。

（近松浄瑠璃・昔暦9・500・4）

　これらのように、具体的なことがらの完成を「非特定時」に、抽象的に想定し、それに対する考え方を述べる例が増える点で「平家物語」のタラ・ナラとは様子が異なる。その上で、タラが前件→後件の継起性を表し、ナラが前件で事実に関する仮定を行うなどといった機能の特徴は、一方で確保されている。つまりこれらの接続辞にとって、それぞれの後件との関係を表現することが第一義となり、それを受ける前件が「特定時」か「非特定時」かという点については特に関わりがないものとなっていることが知れる。

　繰り返すが、(46)～(49)のような「非特定時」を受けるタラ・ナラの表現は、中世期「平家物語」には見出しにくいものであった。これらが近世中期には少なからず用いられるようになっていることに、条件表現の表現方法が質的に変化したことがうかがえる。つまり、全体の傾向として思考内で因果関係を抽象的に把握する方法が増加していたのである。その上で、各接続辞によって後件に対する前件のあり方を提示し分けることが重視されているとまとめることができる。

---

　*19　ナラのうち、上接語に「もの」を取るモノナラは同時期に多用された接続辞である（本章では、非活用型条件句を構成するものとして検討の対象外）。この形式例の場合も同様に、基本的には特定時に成立する個別事態に対応する表現を構成している（例、「此事洩れぬる物ならば、我疑はれなんず」平家・巻五・上283・18）。

4.4 （参考）近世期におけるタラ・ナラの用法の相違

　ここで、近世中期資料に発達しつつあったタラ・ナラの用法について、補足をしておきたい。前件と後件の意味の関係から、おおよそ現代に通じる特徴が見出せる一方で、前代から続く、現代とは異なった側面も見える。なお、再三触れてきたように、仮定的条件文は一例ずつ、解釈に幅がある場合もあり、特定の意味範疇を設定して分類を行うことが意味を成さない。ここでは、典型例を用いて、その表現領域を確認するに止める。

　最初にタラについてである。現代標準語と重複するか否かで例を分けて示す。

□現代標準語のタラとの重複が認められるもの
・慮外をぬかしたらおのれともに絡めると叱られて。
（近松浄瑠璃・昔暦9・552・2）
・かね渡したら御損であらふ。　（近松浄瑠璃・五十年忌歌念仏4・604・9）
■現代標準語のタラとずれの認められるもの―いわゆる「非完了性仮定」の例―
・此商ひはせまいはい。かね請とつたらはやもどせ。はじめきけば請とらぬ。
（近松浄瑠璃・刃5・469・1）
・やれ〰︎危なや命冥加な孫どもや。もし火を付たらよい物か。
（近松浄瑠璃・鑓10・178・2）

　タラ条件句の多くは、□のように、「発話時以降」の特定時に成立する事態をタラが受け、それに対して起こるはずのことを後件に続ける。一方、■の例は、前者は「金を受け取っているのなら（話者はその事実を知らない）、返せ」の意であり、後者は「火を知らずにつけてしまっていたのなら、（大変なことになっていた）」の意である。いずれも、過去、あるいは発話時の状況と異なる状況を仮定するものであり、現代語であれば状態性の「ている」を用いたテイルノナラ／テイタノナラが該当する表現域である。この箇所にもタラが対応していたのは、継続相を表すアスペクト形式テイルが現代ほどには発達していなかったことと、おそらくは関わっているものと考えられる[20]。

続いて、ナラについてである。こちらについても同様に、現代標準語との関係において整理して示す。

▽現代標準語のナラとの重複が認められるもの
・私にうらみがある<u>ならば</u>こな様ンにも恨みが有。
（近松浄瑠璃・夕霧7・543・7）
・ぜひにむこを取<u>ならば</u>おかちが命は有まいぞ。
（近松浄瑠璃・女殺12・161・5）
▼現代標準語のナラとずれの認められるもの―いわゆる「完了性仮定」の例―
・大ぶりがする<u>ならば</u>おつまが帷子ぬらそふより。八分ぐらゐでかごをかれ。
（近松浄瑠璃・刃5・454・5）
・そちが嘆きを見る<u>ならば</u>未練な心やおこらんと。隠せしも又はづかしや。
（海音浄瑠璃・三度笠1・372・7）

▽の例に示すように、その多くは、前件で、ある状況が事実として起こることを設定する表現特性を有する。一方、▼に示すように、現代であればタラが対応する範囲に、ナラは大きくその表現域を広げていた。この事実は、前代の状況を引き継ぐものであり[21]、第5章で論じるとおり、さらにその後の変化にも連続していくものである。

ただし、現代標準語のナラに見出せる、ある状況が起こることを設定する事実の仮定を行うという特性の範囲で（なおかつ、前件が成立した未来時に後件がそれに拠りつつ成り立つという完了性仮定の領域で）用いられているのも、一方で

---

[20] この種の例を、小林（1996：166・2008：234-238）は「事実不定の事態について」等の特徴を持つ非完了性仮定と捉え、狂言台本類においてもタラ（バ）の全例中一割程度が該当するとしている。なお、中世末期から近世前期にかけてテイルが現代ほど発達していなかったさまについては、福嶋（2000・2011b）などで詳しく観察されている。

[21] 小林（1979）によって、中古以降中世期のナラが、いわゆる「完了性仮定」の表現を行う場合があった様子が明らかにされている。本章の例（21）も参照。

は事実である。現代標準語では、非完了性・完了性のいずれでも解釈・表現が成り立つ表現領域については、タラの使用を優先するのが普通であるというだけのことであり、ナラ（あるいはタラ）の表現機能に本質的な違いがあったことを示すものではない[*22]ことも、同時に押さえておきたい。

参考までに、本章で見てきた已然形＋バ、未然形＋バの特徴についてと合わせて、タラ・ナラの用法を、次の表5にまとめておく。

表5　（参考）近世中期・各接続辞（仮定的用法）の使用上の特徴

接続辞	前件	（備考）
已然形＋バ	「確定」的なことがら以外に「非確定」的なことがらを受ける例が増加。	前件に対して当然起るはずという認識を、後件に続ける性質が鮮明になる。
未然形＋バ	「未確定」のことがらを受ける（已然形＋バの変質に伴い、同形式の侵出を受ける）。タラ・ナラの上位用法。	後件には、前件の成立に対して、起こると見る個別事態や、話し手がどう捉えるかを続ける。
タラ	未然形＋バの下位用法。具体的なことがらの完成を「特定時」「非特定時」に関わりなく表す。	現代標準語にはない、テイルナラ、テイタラなどアスペクトを含意する用法がある。
ナラ	未然形＋バの下位用法。事実に関する仮定を「特定時」「非特定時」に関わりなく表す。	現代標準語と比べてタラと重なる領域での使用頻度が高い。

5. 条件表現体系の推移を促したもの

本章は、まずは前件の時制に着目する方法によって、仮定的用法において起きた変化を捉えようとする試みであった。以下、明らかになったところを

[*22] 地域によってタラやナラ、その他の接続辞の領域に違いがあることを、第1章の3.3節で確認した。条件表現にはいずれの接続辞によっても表現可能な領域があり、それぞれの優先状況が、地域によって異なることを示すものであった。そのことと、ここで見る、時代によってタラとナラの勢力関係が異なるという事態が起こることは同根のことであると考える。

まとめてみる。

　古来、本用法の主たる担い手であった未然形＋バは、基本的に「未確定」のできごとを仮に成立するとした場合を表現するものである。そして、その未然形＋バで表されることがらの成立時は、コンテクストに応じて、過去・現在・未来のいずれかであったり、特にそれをいつと定めない「非特定時」であったりと、様々である。対する已然形＋バは、仮定的用法においては、いわゆる恒常条件として、すなわち「非特定時」を取る場合で、しかも具体的なできごとの繰り返しなどを典型とするような「確定」事態を受けるものであった（過去や現在など特定時の成立を已然形＋バで表すものは、事実的用法（偶然確定）、原因理由用法（必然確定）である。第３・４章参照）。本領域における已然形＋バが、そもそも少数派であったことも含め、「確定」事態を受ける性質を明瞭に有していた段階の特徴的な位置にあったことをまずは確認した。

　その後の条件表現の変化においては、全体として「非特定時」の内容を前件に取る仮定的条件文が増加していることが重要であった。中でも、その特徴をもった已然形＋バが使用頻度を著しく高めている事実がある。しかも、同じ「非特定時」を受けるものであっても、近世中期資料の諸例は、一回性のできごとの繰り返しによるものではなく、ことがらの具体的な出来が対応しない、思考内のこと・概念として捉えられるものにおいて顕著なのであった。前件に対応する後件のそれぞれが、具体的なできごとの実感を伴うことを基本とするものから、思考内で抽象化し、考え方として前件と後件の因果関係を捉える方法を多用する方向へと変化しているのである。

　この変化は、未然形＋バの、取り分け「非特定時」を表す用法との接近を生む。已然形＋バを、「確定」を実感することのない表現で多用することで、同用法を橋渡しとしながら未然形＋バの表現領域へと連続し、どちらの活用形を受けるかは大きな意味を持たなくなっていく。かつての未然形＋バ vs. 已然形＋バの体系的均衡が、まずはこうして崩れていくのである。

　ところで、思考内で因果関係を捉えたことを表現しようとする傾向は、已然形＋バに止まらず、未然形＋バ出自であるタラ・ナラも含めた条件表現全体に及んで認められるものであった。各接続辞の条件節において、「非特定時」のありようを仮定する表現例を増やしているのである。つまり、条件表

現を行っていく上での発想法において、質的な変化があったと考えることができそうである。

さらにその思考内で把握した因果関係は、後件に対する前件の関係のあり方ごとに異なった接続辞を用いることで、細分化して表現されていた。已然形＋バが前件に対して当然起こるはずと考える後件を続けるものであったのに対して、例えば、継起性を明示したければタラ、事実の仮定であることを表したければナラのごとくである[*23]。

この期に起きた条件表現の変化に関しては、条件句の提示において特定の表現性を伴ったタラ・ナラが発達することや、純粋に仮定条件を担うに至った已然（仮定）形＋バの変質に関心が向かうことが常である。しかし、繰り返しとなるが、その前提として、まずは因果関係を具体的なことがらに見出すのではなく思考内で把握する方向に条件表現の重心が推移した——それは、具体的には、例えば非特定時を前件で受ける表現そのものが、已然形＋バを中心としつつ、さらにはタラ・ナラの各領域において、それぞれ使用を増していたことなどに象徴的に現れていた——ことこそが注目すべき変化だったということである。それによって、已然形＋バは、本来有していた用法領域の、いわば、特定部分の使用が著しく伸張し、その地位が押し上げられる中で、結果として総体としての性質が変化していたのである。すなわち、蓋然性の確定した事態を受けるものから、前件に対して当然起こるであろうと考える後件をつなぐ接続辞へ、ということである。そして、それと相対するところで、同じく前件の提示のしかたを明示する方向でタラ・ナラ類が発達してい

[*23] 本章では、トの発達については特に触れなかったが、近世期以降に「前件がきっかけとなって自然に後件が起きる」という固有の提示方法をもった形式として、新たに条件表現に参入し得ている。このことも、まさに本章に指摘する環境、すなわち前件に対する後件の生起関係を接続辞が表し分ける方法がこの時期の条件表現に一般化したからであると理解されよう。この点については、詳しくは次章において述べる。

また、バに代わってなぜナラやタラが発達するのかということについては、山口（1996：101）の指摘する「句関係の接続形式の、句的判断の対象化を強める分析化」という、いわゆる「文関係の論理化」の流れに対応する形式であったことも関わっていよう。

たわけである。已然形＋バの用法のうちで、後件との関係を明示する部分が浮上することによって、同時に、他の接続辞が発達するという両者の一体的な関係が、ここに明らかに捉えられることになる。

　この大きな流れの中で、已然形＋バが本来その表現を担っていたはずの必然確定の表現（原因理由文）で、ホドニ・ニヨッテ・ユエニなどのさまざまな接続辞が固有の役割を担って勢力を伸ばしていた。こうして已然形＋バのかつて覆っていた表現領域バランスは、中世期を経て近世期に至るに及んで大きく変質する。つまり、その表現例のかなりの部分を、「非特定時」を前件で取る仮定的条件文が占めるに至るのである。形式は已然形であっても、その表現の広範な部分が、元来、隣接・重複して連なっていた仮定的用法と解釈し得る領域を担うものとなった。バの「前件に対して当然起こるはずと考える後件を続ける接続辞」としての用法例の占有率が高まるにつれ、「已然」形を受けているという意味合いは相対的に稀薄化するのであり、その受け得る範囲も広がっていく。ここに、「已然」形は活用形として終焉を迎える。その流れの中で、かつて古代語における已然形＋バであれば担い得なかった「発話時」や「発話時以降」の個別・具体的なことがらの仮定をなす用法への途が開かれていったと考えるのである。

　なお、この変化は、活用語において広く起きた活用語尾の「機能退化」「後退傾向」の流れ[*24]に位置づけられるものであることは、言を俟たない。「平家物語」で確認したように、未然形＋バの例には非確定の事態を、また、已然形＋バの例には確定事態を取り上げている意味が、それぞれ明瞭に見て取れた。その已然形の力が稀薄化する流れに、条件表現に起きた、思考内で因果関係を把握する方法を多用する指向性が加わった結果が、近世中期資料

　[*24] 古代語と現代語の動詞活用の意味合いの相違について、近いところでは大木（2010）に精査があり、「古代語には活用語尾だったものが、現代語においてはその文法的意味を失い、語幹や接辞の一部といったようなある形式の一部とみなすべきもの」になっていたり、「派生接辞が活用語尾になったり（「た」）、附属語だったものが独立度が失われ、活用語尾になり、ある形式特有の文法形式になっているという現象がある（「ば」「う」「ず」「て」）」ことが整理されている。

の「非特定時」の特徴を持った已然形＋バの急増である。そして、バのもつ、「已然形に後続する」機能と、「順当な内容を以下に続ける」機能のうち、後者だけが保持され、鮮明化する。同時に、このバの、前件と後件の関係性を明示する条件表現の方法の一般化が、タラ・ナラ等の発達を招来していた。これらも、未然形が本来的機能を持たなくなった事情とつながっている。そして、活用語尾が単独で機能する代わりに、バ・タラ・ナラ…と一体となって、その単位をもって後続表現との関係を作るのである。このように、ここに見る変化は、活用語の歴史という文法史と分かちがたく結びつきながら、「条件表現のしくみの移り変わり」として実現したものであるということができるのである。

　ところで、このように捉えてくると、阪倉（1958）の指摘が意味するところも、一段階、明確になるように思われる。すなわち、阪倉氏の指摘は、接続辞の形式に着目しながら仮定表現全体に〔一般性〕を見出そうとするものであった。本章の見方に立てば、思考内で因果関係を把握する条件表現の比重が高まり、前件が受ける内容そのものにおいて「非特定時」のものが増えた（＝〔一般性〕を帯びた仮定的条件文が増えた）、と捉え直せるのではないかということである。ただ、本稿は、仮定的用法のすべての接続辞の使用例に対して一律に〔一般性〕を見出していくものではない点で異なる。前件が取る表現に「非特定時」のものが増加したということはあっても、個別的・具体的なことがらを前件に取る例も依然として多い。例えばタラが「非特定時」を取る例が増えたとはいえ少数派であり（308例中80例、表4参照）、ナラでも半数に満たない（139例中65例）ことは押さえておきたいと考えるものである[*25]。

　以上、この期の条件表現においては、「非特定時」の前件を受ける仮定的

---

　*25　前件と後件との生起関係に恒常性を見出す阪倉氏の方法については、本書の立場は第1章、あるいは本章3.1節に述べたとおり異論があり、起きた変化をどう捉えるかということにおいても相違するところがあるのであるが、そこで見通されていた言語史的事実に対して、別の観点からその正当性を確認したことになると考える。

用法を多用するという運用が、前件をどう取り出すかを明示する方法へという変化を生む起因となっていることを見た。仮定的条件文の全領域に認められる変容が、このように連動する流れの中で把握されると理解するものである[*26]。

[*26] 稿成ってのち、鈴木（2012）を目にする機会を得た。従属節のできごとの成立時に注目して条件形式のテンス的性質を検討するものであり、本稿の観点とは重複するところがある。ただし、形態論的に条件文の枠組みを整理することに主眼があって、本稿のごとく実際の使用の計量的把握を基盤とする方法はとらないものであり、また「時間」の捉え方においても「非特定時」を立てないなど異なったアプローチを取る。本稿が再校の段階に至っていたこともあり、十分に言及できなかったが、条件表現の変遷の大枠に対する把握に関しては「古代語のムードにおける確定・仮定の対立は弱まり、その代わりにテンスにおける先行性・非先行性の対立が強まった」とされるなど、通じ合うところは大きいと考える。

第3章

事実的条件文に起きた変化

1. 問題の所在
1.1 検討すべきこと

・発表準備をしていたら、大変なことに気付いた。(作例)

　本例は、前件にすでに起こった事実を取り、いわゆる事実的条件文(≒偶然確定条件文)を構成する。「発表準備」をしていたのは発話時以前であり、古代語においては已然形＋バの傘下にあった表現領域である。しかし、現在はタラ(他トヤ一部バ)が担う。タラは、出自の問題を措くとすれば、形式上は助動詞タリの未然形と同形である。つまり、かつて条件表現体系を二分していた一方の形式(已然形)によってもっぱら表されたはずの用法が、現在は見た目においてはもう一方の形式(未然形)によって表されているということである。ここには、かつての条件表現と現代語のそれのそれぞれの体系原理の相違が、凝縮される形で顕在化している可能性がある。

　事実的用法タラの発生事情に関わって、小林(1967)が詳しい検討を行っている。小林氏は、事実的用法、すなわち偶然確定条件の用法タラは、已然形による「タレバ」の拗音化した「タリャ」を経て、宝暦年間頃から「タラ」の形式として広がり始めたことを指摘する。その上で、この形式の発生については、次のように捉えている。

　　偶然確定条件の用法を主としていた「タレバ」は、「タリャ」の形をとることによって、仮定条件の形式であった「タラ」に吸収されていった

ものと推定されるのである。(略)
　一雨降ったら涼しくなるだろう。〈完了性仮定条件〉
　一雨降ったら涼しくなった。〈偶然確定条件〉
　右のような例で比較してみても、未来時における事柄の成立を仮定する完了性仮定と、現在あるいは過去時における事柄の成立を述べる偶然確定とは、仮定と確定という相違はあるものの、ともに〈…したその時に〉というある時点での事柄の成立をさし示す点で一脈通ずるところがあり、近世においても、意識の上で混同することがあったのではないかと思われる。(引用は小林1996：206-7による)

　後述するように、氏の捉えるとおり宝暦年間以降の文献資料において、タレバ→タリャ→タラの推移が観察される。問題は、氏が「仮定と確定という相違はあるものの〜意識の上で混同することがあった」とする状況が、なぜ近世期に生じたのかということである。古代語においては、未然形＋バなのか已然形＋バなのかということは、元来、条件表現を二分する、極めて重大な区別であったはずである。近世期には、そこを容易に乗り越えてしまえるだけの事情変化が、背景にはあったものとみるべきであろう。その事情変化を問うことこそが、条件表現史の推移を考える上で重要であり、またそれによって初めて事実的用法タラ発生の真の意味を理解することになるものと考える。
　本章ではその問題意識に基づき、事実的用法を担うタラの発生が条件表現史上、どのような意味を持つものと解釈されるのか、検討する。

1.2　事実的条件文の用法

　最初に、ここの検討においては体言類を受ける非活用型条件句を対象外とすることについて述べる。
　事実的条件文とは、前件で具体的に生起する事態を取るものであることである。その性質により、次のような非活用型条件句による表現は周辺的な用法をなすに止まる。

・何いはふにも慥なるしやうこをとられし上なれは。盗人の名はきへませぬ。
（海音浄瑠璃・袂1・48・7）

この例は前件が「確かな証拠を取られた」という過去の事実を内容としており、事実的条件文との関係が問題となるものである。この例の「証拠を取られた」のは発話時以前の事実であるが、「上」を連体修飾することによって、特定時の解釈から解放された不特定時に対応する事実となる。この例は、前件の事実性を不確定的なものに捉え直し、可能性として描くものと解釈すれば、仮定的条件文に理解されやすくなる[*1]。そうではなく、前件の事実性を確定的なものとして捉えると、原因理由文として解釈されよう。体言述語による従属節の場合、静的な事態を内容とすることになり、具体的動作の実現という解釈から遠ざかる。そのため、「前件、あるいは文全体が実現した事態を表す」(蓮沼1993)という事実的用法として解釈が得にくくなるものと考えられる[*2]。

以上を踏まえ、体言類を受ける非活用型条件句は、本章では取り上げず、活用型の条件句のみを対象とすることとする。

続いて、事実的条件文の用法についてである。事実的条件文においても、前章で観点とした、前件の時制による区分が、用法の説明に有効である。そこでは、前件の内容の成立時によって「発話時以前」「発話時」「発話時以降」「非特定時」と四区分した。事実的条件文は生起した事実を前件に取る

[*1] 益岡（2007）は、この種の表現に対し、「現実の事態を主観的に非現実の事態として扱うという、「事態の非現実扱い」とでも言うべき表現」とし、ナラ形式（ナレバの後継形を含む）に対して「本来的に事態の非現実性を表す仮定性標識であるから、事実的用法を持つことは原理的にあり得ない」とする。本章は、益岡の考え方に従うものである。

[*2] 「我がひぬかの八蔵なればおれは丹波与作じや」（近松浄瑠璃・丹波5・200・3）のような並列用法など、少数ながら体言述語による事実的条件文も存在する。ただし、この種の使用はごく一部に限られるので、ここでは除けて検討することにする（前章表2と本章表2のデータの差はこれに該当）。

ものであるため、「発話時以降」は該当がない。残りの三区分のうち、「発話時」と「発話時以前」とを合わせて「特定時」とし、残りの「非特定時」と大きく二区分することで、以下の検討を行う。

　　[個別事態の継起的用法]：前件が「特定時」
　　　ⅰ）太郎が大声を出すと、花子は泣き出してしまった。
　　　ⅱ）ここまで来れば、もう大丈夫だ。
　　[一般事態の継起的用法*3]：前件が「非特定時」
　　　ⅲ）彼とは時間さえ合えば、酒を飲んだ。
　　　ⅳ）ここは、窓から眺めると、海が見える。

　前章でも述べたように、前件の時制は、後件まで含めた一文の中で特定されるものであり、それぞれ、ⅰ）が「発話時以前」、ⅱ）が「発話時」、ⅲ）ⅳ）が「非特定時」と判断される。
　[個別事態の継起的用法]は前件が「特定時」を描くものである。前件がⅰ）のように「発話時以前」のものが典型であるが、ⅱ）のように「発話時」のものもある。一方の[一般事態の継起的用法]は、前件が「非特定時」のものである。事実的条件文の場合、前件で、一見、「発話時」に相当する内容を描きながら、後件との関係の中で、一般性のある事態と解釈される例が多い。ⅳ）「窓から眺めると〜」も、具体的な一回性の動作に対応した表現でありながら、不特定時に成り立つ事実として用いられる例である。
　なお、次の例は、近世期以降に著しく発達する非条件的用法である。前者は定型的に用いられる単文節またはそれに準じた形式で、副詞的・接続詞的

---

　　*3　本章で[一般事態の継起的用法]とするものは、広く、仮定的条件文の恒常性のある例（本書の言い方に従えば「仮定的条件文のうち前件が非特定時を表す例」）に含めていくやり方もあり得る。ただ、いずれでカウントしても、同領域例についてどちらで言及するかが変わるだけで、全体の論旨に影響は生じない。本書においては、事実的条件文においてこういった恒常性のある表現が仮定的条件文との橋渡しとなって変化を推進している状況を浮かび上がらせたいと考え、前件に対する後件の生起に依存関係が認めにくいものを広く事実の用法例として捉える立場を取る。

に用いられるもの（以下、[従属的修飾用法]）であり、後者は並列的に用いるもの（以下、[並列的用法]）である。

　ⅴ）聞け<u>ば</u>、○○という話じゃないか。
　ⅵ）悲しくもなけれ<u>ば</u>、寂しくもない。

いずれも後件との相対的な位置づけの中で用いられる前件であり、節としての自立性が認めにくいものであるため、その時制を問うことに意味が見出せない。これらに関しては、非条件的用法をいかにして生じ、どのように定着させていくかが問題となる。

近世期以降、著しく発達するものにトがある。次のような **[同時的・自動的な継起用法]** が、特に発生期のトに顕著な性質としてあるので、他と区別するために立てておく。

　ⅶ）この封筒は壁に貼る<u>と</u>そのまま状差しになる。

以上をまとめると、表1のようになる。

表1　事実的条件用法の下位分類

	用　法	前　件	例
Ⅰ. 条件的用法	[個別事態の継起的用法]	「特定時」	昨日来たら、彼に会った。
	[一般事態の継起的用法]	「非特定時」	家に帰れ<u>ば</u>、コーヒーを飲む。
	[同時的・自動的な継起用法]	前件の時制は不問	ボタンを押す<u>と</u>点く。
Ⅱ. 非条件的用法	[従属的修飾用法]	前件の時制は不問	そういえば、最近彼を見かけない。
	[並列的用法]		雨も降れ<u>ば</u>、風も吹く。

2. 「平家物語」と近世中期資料の使用に見る傾向差
2.1 使用状況および変化の概要

　まずは、第2章と同様に、中世期以前の状況を知る手がかりとして「平家物語」を用い、近世中期資料の使用状況との比較によって、おおよそどのような変化が起きたのかを整理してみる。

　ここで、「平家物語」と近世中期資料中の事実的用法の使用状況を用例数によって示しておく。事実的用法は、前件に既定の事実を取るという用法上の特徴によって、前件あるいは後件の末尾に時制の助動詞を取る場合（以下、「時制表示」ありと記す）が多い。そこで、実際の使用の様子を、前件・後件に時制表示があるか否かがわかるよう区別しながら示す（表2参照）。

表2　前件・後件の時制表示の関係

資料	前件・接続辞								(計)	後件の時制表示
	已然形＋バ					ト	(他)			
	動詞類	タリ	キ	ケリ	ツ	ヌ				
平家物語	9	10	9	5	1	1		7	42	有
	28		1					16	45	無
近世中期資料	13	48					5	9	75	有
	191	25					8	17	241	無

表から、おおよそ次の点を指摘することができる。

（a）「平家物語」は、前件に時制表示があると、多くの場合、後件でも時制表示があり、時制表示のない通常の動詞類を取る前件の場合は、後件でも時制表示がない例が多い。（ただし、その傾向から外れる例も少なくない）

（b）「平家物語」で、前件の時制表示に関与した助動詞はさまざまあったが、近世中期資料ではタリ（すなわちタレバ）に一本化されている。

（c）　近世中期資料は、「平家物語」と比べ、後件に時制表示のない例の使用率が明らかに高くなっている。中でも、前件に時制表示がある

　　　　場合で後件に時制表示のない例の増加は、「平家物語」でほぼ使用
　　　　のない型であるだけに注目される。
（d）　近世中期資料では、「平家物語」に使用のなかったトを用いている。

　以下の検討から得られる結論を先取りして述べると、「平家物語」の段階
では、条件表現の前件と後件のそれぞれが相互に自立性のある関係で並列し
ていたのに対して、近世中期資料では後件に対して前件が従属性を増し、相
対的な位置づけとしての性格を強める。（a）（c）の指摘に現れる相違は、
後件（主節）に対する前件（従属節）の位置関係に変化が起こったことによっ
て生じるものと理解されるのである。
　これらのことを、以下、具体例を踏まえつつ論じていく。

2.2　「平家物語」における使用状況
2.2.1　已然形＋バが時制の助動詞を取る場合
　「平家物語」では、前件で時制表示がある「特定時」の例は、原則として
後件末尾でも時制表示があるのであった。

（1）　（僧共）こゝなる修行者をいかなる人やらむと思ひ<u>たれば</u>、小松
　　　の大臣殿の御^{おん}嫡子、三位中将殿にておはしけるぞや。
　　　　　　　　　　　　　　　　　　　　　　　　（平家・巻十・下237・2）
（2）　円満^{エンマンインノタイフ}院大輔源覚、又さきのごとくすゝみいでて僉^{センギ}議しけるは、
　　　「（略）にはとりのなくまねをしたり<u>ければ</u>、関路のにはとりきゝ
　　　つたへて、みななきぬ。　　　　　　　　（平家・巻四・上237・3）
（3）　これをば副将軍せさせんずればとて、名を副将とつけたり<u>しかば</u>、
　　　なのめならずうれしげに思ひて、すでに限りの時までも、名を呼
　　　びなゝどして、愛せしが、　　　　　　　（平家・巻十一・下318・8）
（4）　人の上で候はば、いかばかりもどかしう存^{ぞんじ}候べきに、我^{わが}身の上
　　　に成<u>ぬれば</u>、よう命はおしひ物で候けりと、いまこそ思ひ知られ
　　　て候へ。　　　　　　　　　　　　　　　（平家・巻九・下179・14）
（5）　斎藤五、涙をおさへて申けるは「（略）『さて小松三位中将殿の御

事はいかに』ととひ候つれば、『(略)』と、こま〲とこそ申候つれ」と申ければ、
(平家・巻十・下197・14)

　これらの例は、時制の助動詞を用いることで、具体的な動作や事実を受ける意味合いを明瞭に示している。時制の助動詞は、それぞれの表現性に応じ、例えば（1）タレバであれば発話時に話者が体感していることに、（2）ケレバは話者が間接的に認識する過去の事態についてを、（3）シカバは話者の知る過去の事態について、また（4）ヌレバは変化の結果新しい状態が発生し、継続する様子を、（5）ツレバは発生・継続した事態・動作が完了した様子をそれぞれ表す（各助動詞の表現特性については数多の議論があるが、ここでは井島2005・2007を参照している）。後件でも、多くそれぞれの時制表示が呼応している。このように個別の動作・事態を前件で受けるものが**[個別事態の継起的用法]**である。
　なお、前件が時制の助動詞を取りながら、後件で時制表示がないのは、次のような例である。

（6）　此三位中将、桜の花をかざして青海波をまうて出られたりしかば、露に媚たる花の御姿、風に翻る舞の袖、地をてらし天もかゝやくばかり也。
(平家・巻十・下237・8)

　ある僧が、三位中将維盛のかつての様子についてを、同行の修行者に語る発話中の例である。後件で時制表示はないものの、前件が起きた結果、引き続いて出来した過去の事態を体言述語で表す。したがって実質的には、上記した（1）〜（5）の例と同様、[個別事態の継起的用法]の性質をもっているとすることができそうである。

2.2.2　已然形＋バが動詞類を取る場合
　前件で時制表示がない例は「非特定時」をその内容とするのが多いのであるが、次のように、「特定時」を表す例もある。

（7）　夜部何となう世の物さはがしう候しを、例の山法師の下るかなンど、よそに思ひて候へば、はや成経が身の上にて候けり。
(平家・巻二・上88・8)

（8）　けふ大路で見参らせ候へば、目も当てられず、いとをしう思ひ奉り候。
(平家・巻十・下201・13)

（9）　今わごぜの出家にくらぶれば、事のかずにもあらざりけり。
(平家・巻一・上28・14)

　（7）は後件でケリを取って、発話時において詠嘆しつつ認識したことを表す。（8）は後件に時制表示がない形、（9）はある形で、後件には前件をきっかけとして得られる話し手の捉え方を述べる。いずれの例においても、後件に示す認識の、その契機となった先行の動作が前件では表現されている。つまり前件には、話し手が実際に発話時以前、あるいは発話時に行った具体的な行為が表現されている。もちろん、前件で時制の助動詞が用いられない分、動作の生起のしかたまでは表現せず、特定時に起きたことがらについて「無色」に提示するものではある。しかし、具体的に行われる動作（前件）と、それに引き続いて起きたことがら（後件）が表現されている点で、時制の助動詞を受ける場合の［個別事態の継起的用法］と基本構造は同じと捉えることができよう。
　前件で時制の助動詞を取らずに動詞類が述語を構成する例は、一回性の「特定時」の動作を描きながら、実質的には「いつ、どこで」生起したのかを明白に問わない、その意味で「非特定時」に連続性を持った表現例が少なくない。

（10）　光盛こそ奇異のくせ者くんで討ッて候へ。侍かと見候へば、錦の直垂を着て候。大将軍かと見候へば、続く勢も候はず。
(平家・巻七・下25・1)

　その特性が、さらに、典型的な「非特定時」の例へと続いている。

（11）　此島へ流されて後は、(中略) 蟬の声、麦秋を送れば夏と思ひ、雪のつもるを冬と知る。
(平家・巻三・上166・10)

第3章　事実的条件文に起きた変化

(12) 範頼・義経重ねて奏聞しけるは、「保元の昔を思へば、祖父為義
　　　のりより　よしつね
　　　があた、平治のいにしへを案ずれば、父義朝がかたき也。
　　　　　　　　　　よしとも
　　　　　　　　　　　　　　　　　　　　　（平家・巻十・下196・8）

　前件で「非特定時」を表す事実的条件文は、表現文全体としても「いつ、どこで」(成立時間・空間) が積極的に特定されない確定事態を表すものである。このように、不特定時に成り立つ事実間の関係を表すものを [**一般事態の継起的用法**] と捉える。これらにおいては、前件で表される事態の具体性が失われ、前件と後件の生起関係に必然性が認められるほど、恒常性のある、習慣的動作としての〔一般性〕を帯びた表現 (本書の言い方では、条件節が「非特定時」を内容とする仮定的条件文) へと連続している。

　以上、「平家物語」の事実的用法が、前件と後件ともに時制表示を行うものが具体性・特定性が明瞭な [個別事態の継起的用法] で用いられていること、動詞類を前件で受けて後件でも時制表示を行わずに具体性・特定性が稀薄な内容を表す場合に [一般事態の継起的用法] で用いられていることを見た。前件で時制表示を伴わない例は、コンテクスト次第で「特定時」を想起しやすいものから「非特定時」を想起しやすいものまでさまざまに配置する。その具体性に応じて、後件での時制表示の有無も対応していると見ることができよう (例7〜10参照)。
　そうすると、「平家物語」の事実的条件文は、前件で時制表示を行う必要がある場合は後件でも時制表示を行い、そうでない場合は後件でも時制表示を行わないという緩やかな呼応関係が認められるわけである。前件と後件の時制面におけるおおよその一致は、つまり、発話文として、過去を話題としているのなら、従属節でも発話時以前のことがらのあり方を表現するし、不特定時が話題となる発話文では、前件でも同じ時間の捉え方が示されるということである。主節に対する従属節の関係という視点で考えると、従属節は、主節に依存することなく、従属節で独立して発話時から捉えた時制内容を表現する。その意味では、従属節は主節に対して自立した表現方法であると言えそうである。

2.3　近世中期資料における使用状況

　近世中期資料では、前件と後件の時間の示し方にも変化が起こり、また、一部に従属度を強めた、非条件的な用法を増加させるなど、注目すべき状況を生じる。

2.3.1　已然形＋バが時制の助動詞を取る場合

　近世中期資料でも、前件で時制表示を行うものは［個別事態の継起的用法］を表し、その点で「平家物語」と変わりがない。ただし、近世中期資料では時制の助動詞がタリに一本化されるという大きな変化があった（表2の指摘（b））。時制の助動詞が一種類に整理されたことによって、動詞類を受けるものとは形式上の対照性が明瞭になる。

　さらに、「平家物語」で前件において時制表示がある例は、後件でも多くの例で時制表示があって形式上の呼応関係が見出しやすかったのに対して、近世中期資料は後件では時制表示のない例が増加している点で様子が異なる（表1の指摘（c））。後件に時制表示のある例（13）とない例（14）〜（16）を示す。

(13)　夕べ、大仏辺に宿を借りましたれハ、すさまじい事がござつた。
　　　　　　　　　　　　　　　　　　　　　　　（噺本・出宝台7・142・上15）

(14)　酒の上に泣いたればア、いかふらつく。
　　　　　　　　　　　　　　　　　　　　　　　（近松浄瑠璃・薩摩歌6・688・1）

(15)　おまへの下りを月よ星よと待受たりやこんな首尾。
　　　　　　　　　　　　　　　　　　　　　　　（近松浄瑠璃・博多10・768・4）

(16)　あいつは親かと思ふたれば。駕籠かきじや。あつちへ去なせ。
　　　　　　　　　　　　　　　　　　　　　　　（狂言本・浅間嶽25・10）

　(13)(14)は、前件では発話者の実際に取った動作について述べ、後件がそののちに引き続いて起こることを表し、(15)(16)は、前件で示す発話時以前に話者が抱いていた見通しに対して、それと整合しない現状や実情を後件で示す。タレバ例の大半が、このような対等な事態の継起関係である［個

別事態の継起的用法〕を示す。

　そのうちの多くが（13）のように後件でもタによる時制表示があり、個別性・具体性が明示的である。つまり、前件で時制表示がある事実的用法は後件でもあるという、「平家物語」で捉えやすかった呼応傾向が、ある程度は維持されている（タレバ全73例中48例。表2参照）ことは、まずは押さえるべきであろう。

　それに対して、（14）〜（16）は後件で時制表示がない（25例が該当。表2参照）。後件において、（14）は話者が発話時に体感することを表し、（15）は今まさに困った事態にあることを述べ、（16）は発話場面で認識した現実[*4]を示す。つまり、後件では話者の発話時の体感に直接関わる事態や現実に対する捉えを表し、前件では、その認識を生じる機縁となった先行事情（例14・15）や、その現状を説明する先行事情（例16）を示す。前件・時制表示ありの形式を取る事実的条件文のうちでも、このように一文としては発話時の認識を表す表現例での使用が、「平家物語」の段階と比べて増加傾向にあることに注意しなければならない。これらの増加から、タレバによる従属節にはどのような変化が起きたと見るべきであろうか。

　この新たに生じた形式例の後件（主節）では、過去などの特定テンスとは関わりのない事実を述べる。一方の前件（従属節）では発話時以前に生起したと理解可能なことがらが表現される。少なくとも両者において、時制面における呼応関係は求められていない。発話全体としては、主節での表現内容である、時制表示が不要の、不特定時に成り立つ事実を述べている。その主節との関係の中で従属節の果たしている役割を考えてみると、この場合のタレバは、主節を導くに際し、その起因となる素材を構成するものを提示する機能、すなわち表現文の中の関係を構成する役割を担っている可能性が生じていることを物語る。つまり、発話時との関係から特定される時制を表すものから、主節に先行することを表すものとしての解釈を可能にする例である

＊4　前田（2009）の整理に従えば事実的用法のうちの「発見」の用法に当たる。トによる場合と比べてタラ（ここではタレバ）は「驚き」を表しやすいことなどが指摘される。

ということである。この解釈は、さらに、タレバは姿としては已然形であっても、発話時から見た既定性を表すものとしての役割が後退していた可能性をも示唆する。この後、引き続いて、タレバがタリャを経てタラへと形を変える段階がおとずれる（後述）が、このことは、まさにその推測の正しさを示す証左であるともいえ、この形式変化を可能にした前提が整いつつあったことを示すものと考える。

2.3.2 已然形＋バが動詞類を取る場合

近世中期資料には「平家物語」の段階では目立たなかった、本来的な用法から外れる使用例が増加する。現代語に続く事実的用法への連続性を意識しながら[*5]、その移り変わりの背景を探り、この期の動詞類・已然形＋バの特徴を確認していく。

○ ［個別事態の継起的用法］／［一般事態の継起的用法］

「平家物語」から続く、事実的用法の、本来的、基本的な用法は、［個別事態の継起的用法］と［一般事態の継起的用法］である。しかし、これに該当する例は、後述する非条件的な用法の使用に押され、相対的に使用頻度が低下する。中でも［個別事態の継起的用法］ではその様子が顕著であり、時代が下るにつれて、後述するト、さらにタレバの変化形タラなどに次第に入れ

[*5] 前田（2009）は現代日本語の条件文全体にわたる詳細な記述研究を行っている。その中で指摘される分類項目と、それに対応する本稿の事実的用法と捉える用法カテゴリーの対応関係を、以下に「前田」vs.［本書］の順で併記することで示してみる。
　「事実的な仮説条件文」の一部＋「条件的用法・非仮定的・一回的」用法 vs.［個別事態の継起的用法］＋［一般事態の継起的用法］
　「非条件的・後置詞的用法」＋「非条件的・接続詞的用法」vs.［従属的修飾用法］
　「非条件的・並列・列挙」用法 vs.［並列的用法］
前田氏が非条件的用法として周辺に位置づけるものも、本書が広く事実的用法として対象とするのは、前田氏が「非条件的」とするような諸用法がそもそもなぜ生まれたのかを問いたいためであり、以下の本文で述べるように、そこを問うことこそが、この時期における条件表現の体系的変化のしくみを解き明かす鍵となると考えることによる。

第3章　事実的条件文に起きた変化

替わり、衰退していく用法例と考えられる。

(17) よひからのそぶり。詞のはしに気を付れば。くはしやが咄の紙治とやらと。心中する心と見た。ちがふまい。
(近松浄瑠璃・網島11・711・4)

一方、それに比べれば、［一般事態の継起的用法］の方が使用例を見出しやすい。

(18) わしが物さへいへば顔つき〳〵とおつしやり升が顔じやて、何(なん)といたしませうぞいな。　　(台帳・鬼門角14上1)
(19) あるひは芝居で日を暮らし。旅籠に命をやしなひて暮るればそもじがなつかしく。人目忍びてかどに立軒のした成ながもちに。そつとかくれて折々は。　　(近松浄瑠璃・紅葉4・456・3)

○［従属的修飾用法］

　代わりに多用されるのが、自立性の稀薄な用法である。本来の用法から派生したものと見られるが、複文としての独立性を失い、一つの接続詞あるいは副詞のように用いられる点で、また使用が急増している点でも注目すべき用法である。

(20) 見れは物ぐるはしき御有様。夜昼つゐて成共外(そと)へ出して下さんすな。　　(海音浄瑠璃・椀久末松山1・26・4)
(21) 聞けば外に強(つよ)い相手があつて、（略）患ひの療治(わづらひのれうぢ)をすると聞いた。
(狂言本・浅間嶽60・4)

　これらの例の「見る」「聞く」は、後件の捉え・認識を導く直接のきっかけとなる動作である。そもそも動詞類を受ける事実的用法の場合、「見る」「聞く」などの知覚動詞類を受ける例は多い[*6]。しかし、「平家物語」の先掲例（7）（8）がそうであったように、本来、動作の対象たる補語が明示

され、一動作としての独立性が認められることを基本としていた。ところが、近世中期資料では、(20)(21)のように、あたかも接続詞のごとく、補語を取らずに一文節で構成されるものが急増しているのである。前件の時制については、動詞の語彙的な意味とコンテクストから派生する二義的な特性に過ぎず、それを問うこと自体に意味を見出しにくい。

なお、これらは、[個別事態の継起的用法]／[一般事態の継起的用法]などの本来の用法と、あくまでも連続的なものとしてあるのであって、次の例でうかがえるように、截然と区別できるものではない。

(22) 其ころは数年の在江戸。後日にきけ<u>ば</u>殿よりは。切腹との御評定。
（近松浄瑠璃・万年草5・698・9）

つまり、(20)(21)などの一文節に準ずる形式の用法は唐突に生まれたものではなく、(22)のような本来の用法の中で、次第に特徴を明確にしてきた用法域だということである。この現象は知覚動詞等の特定の語彙に偏って起こるのではなく、同じように形式化した用法によって複文としての自立性を弱めた使用例を、近世中期資料から広く見出すことができる[7]。

(23) いかに年端がゆかぬとて恋する心も持ながら。あまりといへ<u>ば</u>おろかやな。
（海音浄瑠璃・袂1・42・3）

動詞「いう」は、実際に行った動作ではなく、実質的な意味を失いながら、後続の「おろかやな」の認識に掛かる副詞相当の表現である。特定の主語も対応せず、動作の成立する時空間も非個別的なものである。

---

[6] 特に、「発見」に関わる用法では、これらの動詞類への偏りは顕著である（前田2009：80～）。
[7] 已然形＋バが動詞類を受ける事実的用法例中、一文節あるいはそれに準ずる形式で［従属的修飾用法］をなすと解釈できる例は、後件で時制表示なしの全191例中129例、時制表示ありの全13例中10例にのぼる。

以上のように、対等な二つのことがらの継起関係は表現せず、後件の発信の前置きとなり、後件を導くための表現として用いられるものを [**従属的修飾用法**] とする。本来の事実的用法と比べて、特定の主語が実際に行った動作としての具体性・一回性から遠ざかり、自立性を失うことで抽象性・概念としての表現性を強めているものである。

○［並列的用法］
　同じく形式化へと連続する用法を有するものに、[**並列的用法**] がある。現代でも使用があるものであるが、近世期資料にすでに少なからず用いられている*8。

　　(24)　昔より幾人かこふした身の憂き難儀。話にも聞つれど是ほどのつらいこと。重なれば重なるかや。　　（近松浄瑠璃・夕霧7・569・1）
　　(25)　とかく傾城(けいせい)は嘘(うそ)もなし誠もなし。誠なければ偽(いつは)りもなし。
　　　　　　　　　　　　　　　　　　　　　　　　　　　（狂言本・浅間嶽14・7）
　　(26)　よろづ立ゐに心を付見れば見るほど男じやが。
　　　　　　　　　　　　　　　　　　　　　　　　（近松浄瑠璃・薩摩歌6・669・2）

　このように同レベルの表現を並列するものであり、現代語にそのまま続く用法*9である。従属節の独立性が失われた、複文としての資格を喪失した非条件的な用法に連続していること、また、具体的な動作が対応せず、並列的に事実を並べる「非特定時」のことがらとしての意味合いを帯びることを

＊8　「平家物語」にも［並列的用法］に準ずる表現は散見される（例10参照）。ただし近世期には、(24)や(26)の例のように、繰り返し用いる同一語までを含めて一単位の表現であるかのような、複文らしからぬ用法を生じている点で異質であり、なおかつ用例数が増加しているため、近世期のみ本用法を括り出すものである。
＊9　前田（2009：51）はこの用法を「並列・列挙」とし、「状態性の述語を取る場合が多いが、動作性述語を取ることもあり、その場合は、属性としての動きや能力を表す」とする。「属性としての動きや能力」を、ここでは動作の非個別性・不特定性と捉えている。

確認しておきたい。

なお、［並列的用法］との類似性を感じさせる例に次のようなものがある。

(27) アこなたは順慶町へゆけば。本大満町親御の所へといはるゝ。親御へゆけば追出した爰にはいぬと有。

(近松浄瑠璃・女殺12・173・1)

(27) は、聞き手を訪ねて何箇所も回った事実を述べ、同じ動作を繰り返させられたことを並列する表現である。全体の傾向としてある、一回性の具体的動作の制約を受けない、一般性をもった仮定的条件文に連続する表現類の増加が、この種の並列的な用法の背景にはあって、その延長線上にあるのが (24) 〜 (26) のような表現であるとみる。つまり、ここで取り上げた非条件的な用法が、従来の ［個別／一般事態の継起用法］ から派生したものとして理解可能であることを押さえておきたい。

以上が、近世中期資料において、動詞類・已然形＋バが前件で用いられる例の、おおよその特徴である。中でも、［従属的修飾用法］や［並列的用法］という複文としての自立性が不明瞭な用法が、本来の用法領域から大きく伸張していたことが最も注目すべき変化であった。つまり、後件に対する前件の自立性の弱体化（＝従属度の強化傾向）が見えることに今期の特徴が現れたとすることができる。

2.3.3 トの発生

「平家物語」には例が見られず、近世中期資料に新たに発生している事実的用法に、トによるものがある。

(28) やぜん其ぎを聞とはや胸にはやがねつきたれど。

(海音浄瑠璃・袂の白しぼり1・49・13)

(29) そちが留守に梅川が身請ときくと身が燃えて。小判の二百や三百はよるが夜中もとゝのふと。 (海音浄瑠璃・傾城三度笠1・369・3)

トの事実的用法の発生期に関しては、「近世初期頃の成立とするのが妥当である」(小林1987)という捉え方が一般的であり、その発達過程における使用状況には「同時性・即時性の表現を起点として、次第に順接条件表現一般の形式としての機能を強めてきている」(小林2002)様子が見られることが明らかにされている。本書の調査範囲においても、近世中期資料中の事実的用法のト13例中、「はや／そのまま／等しく」などの副詞を介する例が8例あり、トの条件表現参入初期の特徴である[**同時的・自動的な継起用法**]が明瞭に観察できる。

　トは、先掲の表2に明らかなように、後件は、時制表示の有無についてはっきりした傾向を示さない。前件に対して後件がどう生起するかだけが重要で、前件・後件の表現時は、副次的にある種の傾向を示すとしても、本質的な問題ではないと見るべきもののようである。こういった特性をもつトが発生・発達することにも、この期における条件表現の体系原理の特徴がそのまま表れていると考えられる。

3. 近世期以降の事実的用法の変化
3.1　接続辞の移り変わり

　次に、近世期以降の事実的条件用法の様子について、ここでその概要を捉えてみる。表3に、前件の構成要素を分けながら、後件の時制表示の有無で区別し、用例数を示す。

　この集計表により、事実的用法において、ちょうど洒落本のあたりを境として、タレバがタリャを経てタラに至る状況があることが明瞭に見て取れる。

　後件に時制表示がある例は前件も時制表示があり、後件にない場合は前件もないという、「平家物語」以来観察された傾向に該当する例が用いられる一方で、その型から外れる例も少なくない。特に表中の網掛け枠で示したように、前件で時制表示があっても後件ではそれがない例が広く分布する点に顕著である。また、トも最初からその枠組みとは無関係に用いられている様子もうかがえる。これらのことについて、具体例とともに詳しく見ていく。

表3　近世期以降の事実的用法の推移

時代・資料		動詞類・已然形+バ	タレバ	タリャ	タラ	ト	(他)	(計)	後件の時制表示
近世中期資料		13	46	2		5	9	75	有
近世後期	洒落本		12	9	21	6		48	
	滑稽本	3			27	9		39	
近代・現代	明治落語速記	1			41	40		82	
	明治大正落語音声				44	8	1	53	
	昭和落語音声	2			92	13		107	
	昭和談話				19	8		27	
	平成談話				34			34	
近世中期資料		191	20	5		8	17	241	無
近世後期	洒落本	22	3	1	10	4	4	44	
	滑稽本	27			23	47		97	
近代・現代	明治落語速記	14			25	79	1	119	
	明治大正落語音声	7			25	66		98	
	昭和落語音声	16			72	52	3	143	
	昭和談話	1			24	17	1	43	
	平成談話	3			8	2		13	

※表中の枠について
・黒枠は、「平家物語」の事実的用法の分布領域に該当する箇所に施した。
・網掛け枠は、近世期以降のタラに発達した新しい用法と見られる領域に施した。

3.2 「非特定時」の用法と非条件的用法の増加傾向

　近世中期資料までは、前件に時制の助動詞を取る場合は「特定時」を表すという傾向が認められるが、形式上で已然形を手放す（タリャ→タラ）と同時に、その傾向を喪失する。それとともに、タラによる前件に限らず、事実的用法全般の趨勢として、「非特定時」を表す傾向を強める。以下、これらのことについて、各接続辞ごとに確認していく。

3.2.1 已然形＋バが動詞類を取る場合

　動詞類にバが直接する事実的用法は、次第にその使用を減らしながら、現代に至るまでわずかに使用を維持する。

○ ［個別事態の継起的用法］／［一般事態の継起的用法］：近世期にわずかに見出されるが、明治期以降の使用例はほとんど見出せない。活発には用いられなくなった用法であると考えられる。(30) が［個別事態］、(31) が［一般事態］の継起的用法を表す。

> (30) チット心の済ぬ事が有によつて物を言ずに居れはたぐりかけて耳やかましい。置てくれい。
> (洒落本・南遊記196下9)
> (31) 按摩稼業してても、帰れば一軒の主人。
> (昭和落語音声・按摩炬燵171・4報告書Ⅲ)

○ ［従属的修飾用法］／［並列的用法］：［個別・一般事態の継起的用法］の使用例がほとんど見当たらないのに比べると、これらの非条件的用法は、容易に使用が見出せる。使用頻度という点から見る限りは、近代以降、事実的用法の已然形＋バの中心的な用法といえる。(32)(33) が［従属的修飾用法］、(34) が［並列的用法］の例である[*10]。

> (32) 汝等ア見りや友達同士で大道の中央で攫みあひをするとは、最初の悶着は如何云ふ事からぢや。
> (明治落語速記・胴乱の幸助14・9胴乱の幸助)
> (33) あーそういえばいーひんわーと思って。　(平成談話・1・26)

---

　*10　以下に扱うように、［従属的修飾用法］の類は、タラやトにも発生、一般化する。それらのタラやトと比べてバに特徴的なのは、現代語の語感に従う限り、前件の生起に対して後件に何らかの必然性が感じられ、後件の成立は前件の生起に依存する度合いが強いことである。このあたりについては、検討のしかたも含めて、なお後考を要する。

(34) 全く夢でもなければ似たお仕でも無かつた。

(明治落語速記・百年目19・10速記の花)

3.2.2 タラの場合

冒頭で引いた小林氏の指摘どおり、表3でタレバ→タリャ→タラの推移が宝暦以降(すなわち洒落本以降)顕著になることを確認した。形式面の変化が進行することと平行して、用法にも以下の2つの点で変化が生じる。

・タレバ・タリャは「特定時」の前件に限られていたが、タラとなる段階に及んで「非特定時」も取るようになる。
・当初、[個別事態の継起的用法]中心だったものが、バの衰退と入れ替わるようにして用法を広げる。

以下、順に見ていく。

○[個別事態の継起的用法]：タレバにとって、本来的かつ最も基本的な用法であり、前件は「特定時」を表す(例35〜39)。特に、已然形であることを、形体上、残しているタレバ・タリャについては、確認した範囲においてはすべて「特定時」を表すものに限られていた。タラの形を取るにいたった段階でも、当初は、その性質を受け継ぐ傾向が明瞭である。已然形＋バヤトと重複する領域も広く表すが、話し手にとって予測外の体験である意味合いをタラは表しやすく[11]、口語性も強い。

(35) 貴様の親の方から来た状を落さんしたを(略)読て見たれば急に金子が五両なければとふもならぬとの文体。

---

[11] タラで話し手の意外感や驚きが明瞭になるのは、蓮沼(1993)によれば、タラが「話し手が実体験的に新たな事態を認識するといった文脈を要求するもの」であるからとされる。助動詞タリの元々の用法との関連性も見え(本章の例(1)参照)、興味深い。

(洒落本・南遊記18・193下10)
(36) 其通を新さんにいふたれや直に野側の方へ走ツてじや有たがおまへは逢やしいなんだが。
(洒落本・南遊記18・177上12)
(37) 状を出して詰懸したらナしゆつと消て有たわいナア。
(洒落本・南遊記18・177下10)
(38) 無三向にすゝめるよつて（略）三ぜんほどやらかしたら、これ見てくれ、此通りじや。
(滑稽本・諺臍の宿替152・3)
(39) んでー（うん）行ったらー（うん）カッパ、オヤジ、脱ぎだして（ウン）アーアーー、水色の服、着てる（笑）（中略）下手に逆らわんでよかった。
(平成談話・5・242)

　(35)や(38)(39)は、後件で時制表示がないものではあるが、後件で呼応する内容は実質的には「特定時」に成立することがらが対応しており（例35は「～という文面であった」38は「この通りになった」、39は「着てるのが見えた」など）、構造的には例(36)(37)と同じである。ただし、少なくとも表現された部分から表現の構造を考える限り、後件に示される事態を導き出す、先行事態としての前件の役割が見えやすい。

〇 [一般事態の継起的用法]：旧来、動詞類・已然形＋バが担っていた領域に、タレバの後継形タラが、新たに参入している。タレバという已然形の形式を手放し、それによって近世中期までは重要であったタレバ対動詞類・已然形＋バの対立関係の意味合いも失ったこと、そこへ事実的用法における已然形＋バの衰退という事態（さらに、そもそも「已然形」という活用形自体の衰退も前提としてある。前章5節参照）が合わさることによって可能となった変化であると理解される。

(40) こゝの内から呼に来たら、いつでもろくな事じやない。
(滑稽本・諺臍の宿替130・12)
(41) 車で電車で行ったらなー、あそこ二時間半以上やけど。
(平成談話・6・167)

かつてタレバは発話時以前などの「特定時」に成り立つ具体的動作を受ける用法に限定されていたが、これらはそれらと比べ、明らかに異質である。後件を導くための、それに先立つ動作や事態を受けるタラであり、事実的用法タラの新しい用法が顕在化したものといえる。

○［従属的修飾用法］：タレバからタラとなった段階で、已然形＋バと同様に、次第に非条件的な用法例が広がる。ただしバよりもその発生や発達は遅れ、広がり方も緩やかである*12。

（42）「何の主に嘘吐きますものかい」「主と云ふたら誰や
　　　　　　　　　　　　　　　　　　　（明治落語速記・お玉牛42・11お玉牛）
（43）　私もね「わて」と申しまんねん。そしたらあのね、息子がね、「お母さん、んー時々わて言いまっせー」ゆーて、言いますので、
　　　　　　　　　　　　　　　　　（昭和談話・大阪・84ふるさとことば集成）

　これらにおいては、動詞類・已然形＋バの非条件的用法の場合と同様、前件が従属的に用いられる分、特定主体の動作の対応が稀薄となり、時制を問うことも意味をなさなくなっている。
　ところで、以上のタラは、タレバ・タリャの段階も、各種の用法それぞれのすべてを含めて、前件に対して、継起的に順当に起こるはずの後件が続く関係を表している。この点では、仮定的条件文のタラと全く同様であることを確認しておきたい（前章4.4参照）。その特性を堅持しつつ、特にタレバがタラとなった段階においては、前件が「特定時」であること「非特定時」であることと関係なく、広く事実的用法（さらには仮定的用法まで）を担う形式となったということである。

---

*12　タラの非条件的な用法の発生・一般化に関わっては、例（43）のごとき接続詞的な用法の発生・発達を例として、第8章で詳しく検討する。

3.2.3 トの場合

　トは、その発生期に当たる近世期の使用例に明確に見出せた［同時的・自動的な継起関係］の性格を基盤とし、次第にその用法範囲を広げて、バやタラが担うものと同様の［個別事態の継起的用法］（例44）、［一般事態の継起的用法］（例45）を表す例が広く見られるようになる。

(44) （傍白）さて日(ひ)はずんぶりと暮(く)れますると、八百喜(やほき)は表口(おもてで)へ出て来てエヘンと咳払(せきばら)ひを致(いた)しました。

(明治落語・吹替息子10・13滑稽曾呂利叢話)

(45) 　わい、せくと、ものが言えんねん。

(昭和落語・くしゃみ講釈147・3報告書Ⅱ)

　前件に「特定時」を取る（例44）ことにも「非特定時」を取ること（例45）にも大きく偏りを見せることはなく、後件でも時制表示に特段の傾向を示さない（表3より）。トは前件を「自動的」な継起性をもって示すことがその存在意義である。その性質が、観察者からの視点による把握という意味合いを生み、タラなどの話しことば性に比べ、改まった調子を帯びることなどにも結び付いている[*13]。

　その一方で、非条件的な［従属的修飾用法］がトについても同様に増加している（例46～48）。自立した複文を構成しない表現を増やすことは、接続辞を問わず広く起こった現象のようである。

　[*13] 表3に示した調査結果では、明治・大正期にトの使用例が急増している。事実的用法のトについて、蓮沼（1993）は「前後の場面の展開を視覚的に捉え、それを客観的に叙述する」特性を指摘し、そういった客観的な観察者の視点で語る特性が「かたりもの」で使用されるしくみなどにも触れている。特にタラを凌駕するほどの多用傾向を見せるのが、明治以降の落語資料である。本文中の例（44）のような、落語の「枕」での使用例はその典型と言える。このような不特定多数の聴き手を相手にした語りである話芸である落語資料を明治・大正期の調査資料としたために、トの多用という結果が得られた可能性が高い。

(46) 大手振て歩行と、向ふから除るといふやつで、大ぶんに面白いが、斯してみると世間ハ狭いものじゃ。　　　（滑稽本・諺臍の宿替134・11）
(47) 甲「化代な物言ひする奴　丁「スルと乃公の手をばキウツと押えをツた。　　　　　　　　　　（明治落語速記・お玉牛40・11お玉牛）
(48) どうしても手紙ーなるとやっぱり〜ってゆうふうに、書いてしまうのよ。　　　　　　　　　　　　　　　　　　　（平成談話・11・273）

　このようにトは、タラとは異なった表現性を帯びながら、広く事実的条件文の各種用法を担っていくのである。

4. 変化と変化をもたらしたもの

　古代語において重要な区別であったはずの未然形＋バ／已然形＋バにそれぞれ由来するタラバとタレバが、なぜ近世期の事実的用法においてその区別を喪失し、タラに一本化できたのか。それは、条件表現史上、どのような意味を持つできごとだったと言えるのか。それが、本章の冒頭に掲げた、ここで解決すべき問いであった。
　以上行ってきた検討の結果、これらの問いに直接に関わりのある、表現方法上に起きた最も大きな変化は、次の2点であったと考える。

　Ⅰ. 従属節の独立性が相対的に弱まったこと
　　・前件（従属節）が、発話時から見た時制を独立に表現していたものから、後件（主節）に先行することを表す用法を持つにいたる。
　　・複文を構成するものとして自立性の弱い、非条件的用法が発生・発達する。
　Ⅱ. 各接続辞が、前件に対する後件の生起関係を明示するものとして発達すること

　Ⅰ・Ⅱのように変化を捉えられるとすれば、主節に対する従属節の位置という構文上の史的変化が想定されることになる[*14]。その変化の中で、一連の事実的用法の各接続辞の消長や形態変化の全体の説明が可能になるという

ことである。以下、本章で明らかにしてきたことを繰り返しながら、この点を確認する。

　かつての条件表現は、未然形＋バ・已然形＋バという、発話時から見たことがらの生起の確定・未確定に関わる捉え方を示すものであった。偶然確定条件文（≒事実的条件文）の前件は、発話時に確定事態として捉えられたことについて已然形をもって述べる。それを「平家物語」では、前件・後件ともに時制表示を行いながら［個別事態の継起的用法］を、前件・後件ともに時制表示を行わない［一般事態の継起的用法］を、それぞれ表すことを典型とした表現を行っていた。そういう呼応関係を示さない例も含め、要するに、前件と後件とが独立に、具体的なことがらの生起を描こうとする度合いに応じて、適宜、時制表示を行う方法であることが観察されたのである。つまり、発話時から見た時間関係を、前件、後件それぞれが独立して自立的に表示する方法が、基盤としてあったものと捉えられる。

　その状況と比べ、近世中期資料では、さまざまなことにおいて重要な変化を起こしている。

　形式上の変化として目立ったのが、前件が時制助動詞を取る場合はタレバが一形式で担うことになったことである。「平家物語」における時制の助動詞の役割と同様に、タレバは前件で「特定時」を表し、［個別事態の継起的用法］を表す。ただ、後件末に時制表示がない使用が増える。その場合のタレバは、後件（主節）とは関わりなく独立した時制を表すものと捉えるよりも、後件に先行する事態であることを明示する役割を担うものと理解される

　＊14　従属節の構文史上のあり方に関わって、例えば、黒木（2007）は中古語において、「ほとんどの場合、トキ節と参照節のテンス／ムードが一致する」ことを明らかにした上で「中古語のトキ節は従属度が低い（独立度が高い）」ことを指摘する。井島（1996）も、現代日本語の「時の副詞節中の時の助動詞は相対テンスしか表わさないが、古典語では絶対テンスやアスペクトなどを表わす」ことなどを明らかにしている。構文中で主節に対する従属節の位置づけに変化があったことを想定することによって、連動して説明できる事象は少なくなく、条件表現史の限られた問題に止まらない可能性を視野に入れながら、今後、広く検討していく必要がある。

のであった。

　対して、時制表示がなく動詞類にバを続ける事実的用法では、［個別事態の継起的用法］が減少し、［一般事態の継起的用法］を維持する一方で、非条件的な［従属的修飾用法］［並列的用法］を多用する。複文を構成しない、この非条件的な用法は、近世期資料以降、バをはじめとして順次ト、さらにタレバから変化したタラでも増加する。タレバの新しい用法、また非条件的用法の両方ともに、前件（従属節）が、後件（主節）に対して相対的な位置づけとしての性格を強めた、別の言い方をすれば自立性を弱めたことによって生じた表現と理解されるものである。

　これら一連の変化の前提として、已然形においては、発話時における確定事態としての捉え方を自立的に示すという、かつての条件表現において重要な役割を果たした要素が、文法史上から後退しつつあったことをあげることができる（前章の議論を参照2 [*15]）。近世期における已然形が、活用形として衰退しつつあることは、活用語全般で観察される文法史上の趨勢の一環として位置づけられるものである。その活用機能の推移が、条件節においては、さらに、このように従属節の構成法の変化へと連なっていたものと考えるのである。そして、従属節の述語において「已然」形の機能が退く代わりに、各接続辞は、前件の後件に対する関係を明示する役割という、新たな存在意義をもって使用されることになったと理解するのである。

　このように捉えてくると、タレバからタラへと、近世後期以降に姿を変えていった必然性も明らかである。つまりこの段階においては、事実的用法を表す接続辞は、已然形の姿を維持する必要もなくなり、代わりに、後件との関係を示すことに役割が求められるものへと変質していたわけである。さらに、同じように、仮定的条件文の領域では、同じ後件との関係を示す接続辞としてタラが発達しつつあった。タラとタレバが、後件（主節）に対する提

　　[*15]　前章の検討の要点を繰り返せば、已然形＋バの①恒常条件（本書の言い方では前件が「非特定時」の仮定的条件文）が激増し、②必然確定（原因理由文）の用法が減少し、用法がいわば「仮定」形と称すべきものに集中することである（他、逆接確定条件ドモ→終止形＋ケレドモへ、係助詞コソの結びの消滅なども参照される）。

示のしかたにおいて異なる点がない[*16]以上、接続辞としての役割は等しいところとなり、お互い別々の形式でいる理由はなくなる[*17]。事実的条件文におけるタラ形式の誕生は、偶然確定条件が已然形＋バの領域にあったかつての条件表現の方法が崩れる中で、当然の帰結であったということができるのである。

　前章で、中世から近世期の仮定的条件文について、①前件で「非特定時」のことがらを取る表現の著しい増加が、「已然」形＋バの位置づけを「仮定」形＋バへと変える原動力となっていること、②前件の提示のしかたを各接続辞によって表現し分ける方向に条件表現の方法原理が移ってきていること、などの変化が起きていることを明らかにした。この指摘が、事実的条件文で起きた変化にどのように連続していっているのか、最後に確認しておきたい。
　まず①についてである。
　前提として、事実的条件文が、事実を前件で取る表現ゆえ、①にみる「非特定時」のことがらを取る方法は、仮定的条件文との区別が問われるような、事実的条件文の中では周辺に位置する用法であるということである。しかし、間接的な連続性が随所にうかがえる。
　例えば、かつては已然形＋バの形式をもって［個別事態・一般事態の継起的用法］を表していたものが、次第に使用数を減らす中で、「非特定時」を前件に取る［一般事態の継起的用法］に残りやすい状況があった。そして、それまで、時制の助動詞を取る前件が「特定時」にのみ関与し［個別事態の継起的用法］だけを担っていたものが、タレバよりタラに継承された段階で

　[*16]　仮定的用法のタラについては、前章4.4で「具体的なできごとの成立をタラが受け、それに対して継起的に起こるはずのことを後件に続ける」特徴を確認している。事実的用法のタレバ、後継形のタラが、同様に主節を導く先行事態を示す機能であることを本章例（13）〜（16）、（35）〜（43）を示しつつ検討している。
　[*17]　このとき、同一化する方向がタレバではなくタラだったのは、仮定的条件文の領域に起きた変化全体を含めて「已然」形自体を喪失しつつあった時期に当たることや、またこの段階で起きていた変化が、タレバの側の質的な変化による接近によって起こったものであったことなどによろう。

「非特定時」を前件で表すにいたる。仮定的条件文におけるタラも「非特定時」の前件を取る頻度を近世期に高めていたことは、前章4.3で指摘したとおりである。つまり、事実的条件文のタラが「非特定時」の表現を担うことも含めて、新しい条件表現の体系の原理が整い、組み換えが実現していた。それまでの条件表現体系の方法に変質が認められる要所で「非特定時」を表す用法が接点となり、橋渡しとなって、新しい方法の安定が結実しているのである。

　また、近世期以降の事実的条件文に顕著であった非条件的な用法（[従属的修飾用法][並列的用法]）は、いずれもその具体性・一回性を稀薄化するところに成り立つ用法であった（2.3.2参照）。つまり、これらの用法自体が、「非特定時」のことがらを表す性質をもっているわけである。①の仮定的条件文における前件の「非特定時」例の増加傾向は、すなわち、事実的条件文の領域では従属節の自立性の稀薄化という構文史上の変化ということと表裏をなしながら起きているものであったと捉えることができそうである。

　②については、事実的条件文でも同様であったことを、本文で繰り返し見てきたところである。前件（従属節）の自立性が弱まり、後件との関係において一体化が強められた中で求められたのが、接続辞によって後件との論理関係を明示的に提示することであった。新たに近世期において参入したトも、前件・後件の自立的な時制表示とは無関係に、前件の後件に対する関係を明示する一接続辞として、生まれ得たものであった。仮定的条件文で発達したバ・タラ・ナラ・ト類も、事実的条件文で発達したバ・タラ・トも、いずれもその要請下で発達したものであったのである。

　中世以降の事実的用法に起きた変化が、条件表現全体の体系を揺り動かした原理と深く連動しながら起きたものであったことが見えてこよう。

第4章

原因理由文に起きた変化

1. 問題の所在
1.1　中世末期における原因理由文の変化

　古代語の順接の条件表現は、未然形＋バが仮定条件を、已然形＋バが確定条件を表す方法であった。ところが、中世期以降その体系が崩れ、未然形＋バからナラ・タラが発達し、已然形＋バが仮定形＋バと称すべき用法に位置づけを変える一方で原因・理由表現が固有の形式を用い始める。

　そこで新たに用いられる接続辞は、已然形＋バの変質と深い関わりを持ちながら成立する。例えば、吉田（2000）は、その代表的な形式ホドニの成立について、本来時間に関わりのある実質名詞として用いられていた段階から次第に接続辞としての用法を得ていくさまを観察する。その背景には已然形＋バが「一般条件」に偏って用いられる事情があり、原因理由領域がいわば「空き間」となったためにホドニが成立したとされるのである。

　吉田（2007）は、さらにホドニに続いて勢力を強めていくニヨッテについても、接続辞としての成立事情について詳細に観察し、変体漢文にその源流が求められること、已然形＋バの変質を背景に名詞句承接から用言句承接へと範囲を拡張する中で次第に接続辞としての性質を獲得していくことなどを明らかにしている。その上で、「ニヨッテがホドニの領域に侵出したのは、ホドニが「主観的因由」を表す用法を獲得したことが契機となったと考えられる」と解釈する。

　「主観的因由」は、次のようなウ（ム・ン）＋ホドニの形式を取るものについて言う。それが、特に応永本論語抄よりあとの時代に発生していることと、さらに同時に、同時期以降にニヨッテの接続辞としての確例が見え始めるこ

ととを合せて、先の見解を導くものである（引用例は、吉田2007：197による）。

　コレモ如子路ワラワレンホトニ詞カ謙シタ。
（論語聞書、88下20、影印206④）

　カタカラウ ホトニ、云ワワニモ、訶ナウテハカナウマイソ。
（史記抄〈牧〉、列伝7、3-132）

　あれに申たらハめいわくがらふ程に、かくひてやらふ。
（虎明本、縄なひ、上546③）

　吉田氏の詳細な研究により、ホドニが旧来の已然形＋バの領域を超えた範囲で独自の用法を獲得していること、そしてホドニやニヨッテなどの新興の接続辞が、已然形＋バの変質と表裏のところで発達してきていることなどが実証的に明らかにされたといえる。

1.2　本章で論じること

　ところで、ホドニやニヨッテが発達する前提となる已然形＋バの変質とはどのようなことであり、それはまたなぜ起こったのであろう。また、ホドニが、旧来の已然形＋バの用法よりもさらに拡張した領域で用いられるとは、どういった事情の下で起こり得たことなのだろうか。

　本章では、近世中期資料で已然形＋バが実際にどのように用いられているかを観察することによって、原因理由用法における同形式の衰退は不可避の、必然的なものであったことが明らかになることを述べる。また、ホドニ・ニヨッテなど、終止連体形を受ける形式の勃興が、已然形＋バでは表現し得なかった領域の表現を可能にし、原因理由の表現法そのものが変化している。こういった原因理由用法に認められる変化が、いずれも、ここまで論じてきた仮定的用法・事実的用法を含めた条件表現全体の推移と、大きくは連なったところで起きているものであることを論じる[*1]。

　この問題の検討は、第2・3章と同様、条件表現の体系的な変化が顕在化した近世中期資料を主たる調査対象として行う。ここまでの方法と同じく、古代語の状況については先行研究の知見に拠るとし、具体的な使用の様子に

ついては、「平家物語」を参照する。近世中期資料については、それぞれの資料成立の目的の相違に応じて、原因理由辞の使用傾向に差を生じる面もある。本章では、それらの資料性の違いを超えて、大きく共有されることがらを対象とすることによって、条件表現の史的変化の本質に関わる部分を検討するとし、各資料の性質に由来する個別傾向については、別に第7章で取り扱うこととする。以下、その立場から、基本的に近世中期資料は常に一括して取り扱う方針とする（なお、以下「バ」は、「已然形＋バ」で用いられる接続辞を指すものとする）。

2. 方法の設定
2.1 前件の時制に着目すること─観点（イ）

　吉田（2007）は、「ホドニが因果性接続助詞になる以前にその位置を占めていた「已然形＋バ」」について、「「メバ」のようにムの已然形を承接することはなかった」点をまず押さえる。その上で、それが可能であったホドニの「原因理由の対象が幅広くなった」状況を生みつつ、「主観的因由」領域への拡張が起こったと考えるものである。つまり、原因理由の接続辞の形式上の交替は、ウなどの推量系の表現を受けにくいものから受けやすいものへという機能上の拡張を含意するものと捉えられるということである。

　そうすると、推量系の表現を取るかどうかということに着目することが、この期の原因理由文の変容を解くカギとなりそうである。そして、この推量系の表現は、次の例でも明らかなように、「発話時以降」の内容を前件で取

＊1　本章では、活用型条件句・非活用型条件句の別を問わず、すべてを検討対象とする。非活用型条件句は、その性質上、断定辞を介することを要件とし（例、「雨ならば客来ず」）、古来の已然形＋バ（すなわちナレバ）を活用型のそれに比べて維持する傾向が強いという特殊性を有する（そして、ナラバの維持という点で同様の事情を有する仮定的条件文では、その特殊性を考慮して非活用型条件句を検討の対象外とした（第2章注4参照））。ただ、本章で扱う原因理由文では、非活用型条件句のナレバは、活用型条件句の已然形＋バと基本的には同様の用法範囲で用いられる（その点で仮定的条件文におけるナラバの問題とは異なる。矢島2012b参照）ので、ここでは非活用型条件句を区別せずに検討対象とする。

るということと密接に関わる[*2]。

 （1）　この分だと雨になる だろう から、早く帰りなさい。　　　　　（作例）

このように、「発話時以降」を内容とする前件とそうでないものを区別する方法によって、意味的にウを取りやすい用法例を括り出すことで、その種の表現の発達について、詳細な検討が可能になる。
　第2・3章の検討で、仮定的条件文・事実的条件文についても、前件の時制という観点を軸に、その変化の様相を捉えてきた。そもそも本章の立場は、ホドニ類の発達を、条件表現全体の変容との関係の中で捉えていこうとするものである。その立ち位置にあって、この前件の時制という視点は、条件表現体系との関係の検討を直ちに可能にするものであり、その点でも有用である。そこで以下、原因理由文の全例について、前件の時制という観点から、それまでと近世中期以降では何が異なるのか見てみることとする。
　なお、已然形＋バは、いわゆる確定条件を担う。したがって、例えば「発話時以降」を内容とする場合でも、それが起こることが確定的なこととして位置づけることに特徴が現れる。

 （2）　わが身も非時に行けハ、貸すことハならず。

(噺本・露休置土産7・45・上17)

この例の前件の、今から「非時（非時食・食事）に行く」のは、話し手にとっては確定済みのことがらとして認識されていることである。そして、ここで問題とするのは、その確定済みと認識する内容の成立時である。この例で言えば、話し手が「発話時よりあとに「非時に行く」予定であること」をもって「発話時以降」と捉えるということである[*3]。

＊2　前件末に推量類を取ればすべて「発話時以降」となるわけではない（後述の注9参照）。ここは、「「発話時以降」の内容をもつ場合に推量類が用いられやすい傾向」を利用した検討を行うということである。

以下、前件の時制別に該当する例を示す。

「発話時以前」：前件は、話し手が体験したこと、あるいは事実として話し手が認知済みであることを述べるもの。
（３）　短うすむ事を長たらしうけさ程よりほう〜と歩きましたれ<u>ば</u>こうちうがかわきまして（略）かいごうも使われませず。

(狂言本・伝受35ウ5)

「発話時」：前件は、話し手が発話時に生起している事実・事態として認識していることを述べるもの。
（４）　いかにもかたじけなふはござれどもそれはあんまりで御ざる。人目もござれ<u>ば</u>又かさねて御めにかゝりましょ。

(狂言本・伝受7ウ6)

「発話時以降」：前件は、話し手が、発話時以降に生起すると認識していることがらについて述べるもの。
（２）　わが身も非時に行け<u>ハ</u>貸すことハならず。　　　　　（再掲）
（５）　是よりすぐに長堀迄参れ<u>ば</u>。明日でもと立んとすれば。

(近松浄瑠璃・冥途7・292・1)

「非特定時」：前件は、話し手が、一回性の個別事態を超えた一般的なことがらであると認識していることを述べるもの。
（６）　あの弟めは一日でもおらね<u>ば</u>年貢の埒あかず。身共がのぼりませうといへば。

(近松浄瑠璃・二枚4・187・5)

＊3　第2章の仮定的条件文において適用する前件の時制の捉え方と基本的には同じであるが、原因理由文に限っては「話し手が〜と認識している」という確定表現としての条件基準がさらに加わったものとなる。つまり、仮定的条件文の「発話時以降」の定義が「発話時以降に生起することがら」であったものが、原因理由文では「<u>話し手が、発話時以降に生起すると認識している</u>ことがら」となるということである。

この基準に従って用例を弁別する方法[*4]を**観点（イ）**とし、条件表現の全体に起きた変化との関連を視野に入れながら、この期に起きた原因理由用法の変化の意味を検討していく。

2.2　主節で意志・命令表現を取るものを弁別すること—観点（ロ）

繰り返し述べるとおり、本章は、従属節でウをはじめとする推量系の表現を取るものに検討の糸口を求めるものである。従属節でウ類を取りやすい場合については、構文上の性質においても特定することが可能である。

南（1993）は、現代語において、次のような例文では理由を表すテやノデを使いにくいのに対し、カラは問題なく取れるとする。

（1）　この分だと雨になるだろうから、早く帰りなさい。　　　（再掲）

この例は、従属節でウ（ダロウ）を取るとともに、主節に「意志あるいは命令の表現」が来ているものである。この特徴を持った後件と、カラの「共起が可能」であるのは、「カラの句の方は、それ自身がすでに判断段階から提出段階の処理を経た構造になっているので、主文の判断段階の構造の一部になることができない。したがって、主文の判断段階の構造に影響を及ぼさない」（南1993：233）からであるとするのである。

南は、文の構造を4つの段階の重層的性格のものとみなす階層構造であることを主張する。ごくおおざっぱにいうと、そのうちの「判断段階」（B類と

[*4]　原因理由文の場合、前件では終止連体形＋接続辞が主流となることが示すように、従属節の述語にモダリティ形式を取れることが形式面でも保証される等、他の条件表現に比べて前件の自立性が高い。したがって、前件の時制も、コンテクストの中で、（後件との相対的な関係ではなく）前件のみで判断することができる。仮定的条件文などは、後件も含めた一文で、時制の解釈が定まるものであり（第2章参照）、両者はその点で異なっている。そのため、例えば、仮定的条件文であれば、前件が「非特定時」なら後件にも恒常的に成り立つ表現が続いていたものが、原因理由文では、前件の「非特定時」性は独立した特徴に止まり、後件の性質まで拘束することはない（後掲の例（17）参照）。

も）は述部の肯定か否定か、過去か非過去かが決まる段階であり、「提出段階」（C類とも）は推量かどうかが決まる段階である。カラの句の前件の構成方法が「判断段階から提出段階の処理を経」る、ということはB類・C類を取るということであり、すなわち従属節が自立的に、辞的領域に関わる表現を構成し得るということである。言い方を換えれば、カラ節の、そういった自立性を許す構造が、前件でC類（推量ウなども含む）を取りやすい事情を生むということである。

　それに対して、意志や命令を主節に取らない傾向が強い接続辞ノデについては「これらの句は主文全体の判断段階の構造に含まれてその一部をなすことになる」とし、主節の統括下にある構造で用いられることを指摘する。

　つまり、原因理由文においては、主節に意志・命令表現を続けるものとそれ以外とで分けることで、主節との関係が自立的なものを抽出することができるということである。

　もちろん、南の主張は、カラ節の特徴が意志・命令表現を自由に下接し得る事情を説明することにあるのであって、この構文だけが自立性のある従属節を構成すると言っているのではない[*5]。ここは、バに限らず全接続辞の使用例について、確実に自立性を認められる構文を区別する方法によって、推量ウが立ちやすいであろう環境を特立し、以下の検討に供しようとするものである。

　このように、主節に意志・命令表現を取る例を区分することによって自立性の高い構文例を弁別する方法を観点（ロ）とする。この観点を利用して、従属節の構造面の特徴から推量系の表現を取りやすいものとそうでないものを選り分けることで、「平家物語」以降、近世中期資料にいたる間にどのような変化が起きたかを明らかにしてみる。

＊5　第7章で、原因理由文の構文を大きく二分し、その一方（「主体領域のレベル」）のカテゴリーには、意志・命令表現を続ける「表現・伝達のレベル」とともに真偽判断文を続ける「判断のレベル」が配置するとしている。例えばこの「判断のレベル」に該当する表現文も従属節の自立性が相対的に高いものと考えられる。

3. 観点（イ）—前件の時制の弁別—から見える原因理由文に起きた変化
3.1 前件の時制別使用例

推量ウの多用が予想される「発話時以降」の用法については、4節以下の検討において詳細に見るので、それ以外の時制に該当する例について、簡単に見ておく。

■前件が「発話時以前」の場合

前件が「発話時以前」を表す例は、その多くが時制の助動詞を前件の述語部分に取る。時制の助動詞の種類は、「平家物語」と近世中期資料とで変化があり、「平家物語」ではキ・ケリ・ツ・ヌ・タリの各種用いられ、近世中期資料ではタリ（タ）にほぼ一本化され、一部にキ（シ）を残すのみとなる*6。

（7）　今又運尽き ぬれ ば、重衡とらはれて、是まで下候ぬ。
　　　　　　　　　　　　　　　　　　　　　（平家・巻十・下219・9）
（8）　さる馬はもツて候つれども、此ほどあまりに乗り損じて候 つる あいだ、しばらくいたはらせ候はんとて、田舎へつかはして候。
　　　　　　　　　　　　　　　　　　　　　（平家・巻四・上221・13）

---

*6　「平家物語」では、時制の助動詞が確定条件たる原因理由文で用いられる多くの場合は「発話時以前」を表す。「平家物語」の前件で時制の助動詞を介する例はキ31（シ6シカ25）ケリ6（ケレ6）ツ6（ツル3ツレ3）ヌ7（ヌル1ヌレ6）タリ18（タル5タレ13）リ2（ル2）である。このうち、各助動詞の意味特性により、例えば本文例（7）のヌ、あるいはタリなどには「発話時」あるいは「非特定時」と捉えることができる例も含む。
　・中にも第十八の願には「設我得仏、（略）不取正覚」ととかれ たれ ば、一念十念のたのみあり。　　　　　　　　　　　　　　（平家・第十・下241・7）
ちなみに、近世中期資料では時制の助動詞を介して「発話時以前」を表す146例中、タリ118例（タ82タル7タレ29）キ27（シ27）ケリ1（ケル1）である。キ（シ）、さらにはタルもすべてユエ（ニ）が受ける。ケリの1例は、「海音浄瑠璃・傾城三度笠（1・377・7）」の、謡曲に乗せた戯れの台詞中の文言であり、特殊である。少数派のタル・シも武士の発話中など位相上の特殊性が見出せるものに集中する。

接続辞が時制の助動詞を受ける場合は、当然のことながらその助動詞固有の表現性が確認されることになる。（7）「ぬ」の已然形＋バでいえば、「運が尽きてしまう」という変化の出来の結果、「ここまで下る」という事態が発生している様子を受けている。（8）「つ」＋アイダは「乗り損じて馬を痛める」という事態が発生した、その完了を表している（各助動詞の表現特性は、前章2.2.1に示す事実的条件文の場合とそれぞれ同様である）。このように、接続辞類が時制の助動詞を受ける場合、それぞれの助動詞の用法に応じて、発話時から見える個別の時間関係が表現される。
　一方、時制の助動詞を介さずに前件で動作・変化が成立したことをコンテクストから読み取れる例もある。

（9）　この十余年頸（クビ）に懸け、山ゞ寺ゞおがみまはり、とぶらひたてまつれば、今は一劫（いちゴウ）もたすかり給ぬらん。　（平家・巻五・上299・6）

（9）は、文覚が頼朝に謀反を促す場面で、頼朝の父・義朝の頭をこの十余年間、首にかけて弔ってきた事実があったことを前件で述べる。前件の「弔い申し上げたこと」は発話時以前に体験したことではあるが、特段に具体的、個別的な時間把握が示されない。そのため、その表現性は「非特定時」のそれへと連続することが感じ取れる。
　一方、近世中期資料でも、「平家物語」の状況が基本的に維持される。(10)(11)は接続辞が時制の助動詞に下接する例、(12)(13)が時制の助動詞を介さずに動詞類に直接続く例である。

（10）　されハ、私共（わたくしども）風を引まし|たれ|ば、薬（くすり）をせんじたべまするといへば、　　　　　　　　　　　　　　　（噺本・出宝台7・143・上11）
（11）　俺（おれ）は三井ノ店（みせ）へは初（はじめ）て行（い）|た|に仍テ近付がない。
　　　　　　　　　　　　　　　　　　　　　（台帳・鬼門角5・下9）
（12）　嘘に嘘がかさなつて初手の誠も虚言となれば。今何をいふても誠には思はれじ。　　　（近松浄瑠璃・冥途の飛脚7・290・2）
（13）　旦那様の布団（ふとん）を着て寝やるに仍テ罰（ばち）が当（あた）り襲（おそ）はりやるわいの。

（台帳・鬼門角14・下16）

　近世期には、「平家物語」の段階で、さまざまな時間のあり方を表現し分けていた各種の時制助動詞が「た」への集中傾向を強める。それに伴い、「た」を介する場合と介さない場合というように、形式上の対立が単純化された（例外については注6参照）。「た」を介する場合は、具体的な動作やできごとが発話時以前において生起したことを明示するのに対し、動詞類に接続辞を続ける場合は、発話時以前に成立した動作やできごとを事実として表現し、いつどこでそのことが生起したかに関わらない。「た」を介さない無標形式が、このように「非特定時」への連続性を見出せる点も、「平家物語」の使用例と同様である。

■前件が「発話時」の場合

　（14）　今御琵琶の御撥音たへに聞え侍る間、参入仕ところなり。
　　　　　　　　　　　　　　　　　　　　　　　　（平家・巻七・下54・10）
　（15）　のどがかわきます程に水を飲まして下されといふて短うすむ事を
　　　　　（略）ねだりくさいいゝようかな。　　　（狂言本・伝受35ウ4）

（14）は発話時に「撥音が聞こえている」のであり、（15）は「のどが渇いている」のである。これらに明らかなように、「発話時」とする例は、発話時において話し手が具体的に体感している現実なり、経験なりを前件で示すものである。話し手が特定時空間で実感し得る具体性を踏まえているという点では「発話時以前」の例と同様であり、共通性を有する。

■前件が「非特定時」の場合
　話し手の経験・体感を伴うかどうかという点で、「非特定時」の例は性質を異にする。

　（16）　（「御文はなきか」）さしたる御事候はぬ間、御文はまいらせられず

候。 (平家・巻十二・下348・11)

(17) のりハこぼれいでよいさかいで、買て来ましたといふた。
(噺本・軽口御前男6・239・下4)

「非特定時」の例とは、「前件は、話し手が、一回性の個別事態を超えた一般的なことがらであると認識していることを述べるもの」であった。(16)「これといった格別の用事がないこと」、(17)「のりがこぼれにくいこと」は、特定の時空間で起きる、具体的な体験やできごとを描くものではない。このように「非特定時」とした例においては、思考内でことがらを捉えた内容を持つ前件がくる。

3.2 前件の時制別使用状況

　このように前件の時制を区別する方法によって、「平家物語」と近世中期資料のそれぞれの接続辞別使用数をまとめると次頁の表1のようになる。
　表中のバと、バ以外の接続辞の比較から、次の2点が指摘できる。

（a） 「平家物語」の段階では、バと、バ以外の接続辞の「小計」のそれぞれの前件の時制の使用比率をみると（表中の実線枠部分を参照）、大きな傾向差はない。一方の近世中期資料は（表中の点線枠部分を参照）、「平家物語」と比べて、バは「非特定時」の比率を高める分、他の時制の比は下がり、バ以外の接続辞は「非特定時」「発話時以降」の比率が高まり、「発話時」が下がる。

（b） 近世中期資料において、バの使用数と、バ以外の接続辞の「小計」の使用数の比較をすると（表中の網かけ枠を参照）、「バ」：「バ以外」は、「発話時以降」＝5：71で約15倍、「発話時以前」＝48：167、「発話時」＝24：71でどちらも約3倍前後、「非特定時」＝218：233でほぼ同数の使用数を示す。

　「平家物語」は、いわばバ以外の接続辞の伸張初期の段階の様子が示される[7]。（a）に見るように、その時期に、新しい接続辞はその使用にあたっ

第4章　原因理由文に起きた変化　　135

表1 前件の時制と接続辞使用の関係

資料	接続辞		発話時以前	発話時	発話時以降	非特定時	(計)	発話時以前	発話時	発話時以降	非特定時	(計)
平家物語	バ		68	101	8	84	261	26%	39%	3%	32%	100%
	バ以外の接続辞	アイダ	13	9		11	33	39%	27%	0%	33%	100%
		ニ	4	21	2	8	35	11%	60%	6%	23%	100%
		ニヨッテ	9	3		5	17	53%	18%	0%	29%	100%
		ホドニ	2				2	100%	0%	0%	0%	100%
		ユエ(ニ)	6	2	1	8	17	35%	12%	6%	47%	100%
		(他)			1		1	0%	0%	100%	0%	100%
	(小計)		34	35	4	32	105	32%	33%	4%	30%	100%
近世中期資料	バ		48	24	5	218	295	16%	8%	2%	74%	100%
	バ以外の接続辞	アイダ		2	3		5	0%	40%	60%	0%	100%
		ニ	1	5		1	7	14%	71%	0%	14%	100%
		ニヨッテ	40	22	4	50	116	34%	19%	3%	43%	100%
		ホドニ	11	19	55	50	135	8%	14%	41%	37%	100%
		ユエ(ニ)	109	14	7	112	242	45%	6%	3%	46%	100%
		(他)	6	9	2	20	37	16%	24%	5%	54%	100%
	(小計)		167	71	71	233	542	31%	13%	13%	43%	100%
(計)			317	231	88	567	1203	26%	19%	7%	47%	100%

て、前件のいずれの時制とも特別な関係を示さない。それは、つまりこれらの接続辞に関しては、その発生当初において、前件の時制ということは、特にそれぞれの使用意義に直接は関わっていなかった可能性が高いことを示唆する。

　ところが、近世中期資料では事情が異なっている。(b)に示したように、その後の新興の接続辞類の発達に関しては、「発話時以降」＞「発話時以前」「発話時」＞「非特定時」の順で、勢力の伸張が盛んであったと捉え直すことができる。つまり、新しい接続辞類は「発話時以降」を表現することに特

＊7　吉田(2000・2007)の中世末期におけるホドニ・ニヨッテの接続辞化についての検討で、本書で調査対象とする覚一本「平家物語」が、それらの発生期のどの段階に位置する資料であるかが示されている。

徴が現れ、逆に、已然形＋バは近世中期には勢力が縮小する段階にあたりながら、「非特定時」に限り、相対的に存在感を高めていたということである。

3.3 前件の時制の区別から見える原因理由表現方法の変容

以上を踏まえながら、「平家物語」から近世中期資料へという時代の推移に伴って、原因理由の表現方法は、概括的に言ってどのような変化が起きたことになるのか、もう一度、表1の意味するところを整理しておく。

「平家物語」の段階に比べ、近世中期資料の使用状況において変化を示すのは、バも、またバ以外の接続辞も、「発話時」を減らし、「非特定時」を増やすことであった。ただし、バに限り、「発話時以前」も減り、もともと少なかった「発話時以降」もさらに使用率を減らすため、その分、「非特定時」に集中する度合いの高さは著しいものとなっている。対するバ以外の接続辞では、「発話時」が減少し、「発話時以降」と「非特定時」がそれぞれ増加する。バと、バ以外の接続辞とで、一見すると異なった動きが認められるようである。しかし、大きく捉えると、同一の現象に関わった、関連の深い変化の現れ方である様子もみえてくる。

すなわち、バは、「発話時以前」「発話時」など、話し手の見聞した経験や体感に基づく具体的な生起事態を原因とした表現を構成するよりも、「非特定時」という、話し手の思考内で一般化、抽象化して捉えられる表現に重心が移るということである。一方のバ以外の接続辞は、「非特定時」とともに「発話時以降」の使用頻度が高まっていた[*8]。「発話時以降」の内容を原因理由として前件で述べるということは、話し手がいまだ経験・体感していな

[*8] 福嶋（2011a）は、中世末期口語資料と「現代語小説」に用いられる原因理由文を対象として、本書と同様に前件の時制に着目した研究を行っている。論中の（23）に、前件を「非未来（非以後）」と「未来（以後）」と二分した調査結果が示されており、中世末期は原因理由文の前件で「未来（以後）」を表す比率がかなり低く、現代ではむしろ未来（以降）を前件で取る頻度の方が高いという結果が読み取れる。その中間時点に位置する本書の調査結果がちょうどその間の数値を示すことから、近世・近代を通じ現代に至るまでに「発話時以降」を前件で取る原因理由文は、次第に増加する傾向にあるとみてよさそうである。

い、未来で生起する事態を思考内で想定するということである。

 (18) (もしも「こなた」を生かしたままにして、私が請け出されたら)其男と縁
    切れる。恋ぢのあたと成<u>故に</u>。今さしころす懐の。小判も貧な男
    にやりたい。   (近松浄瑠璃・淀鯉5・572・6)

　「恋ぢのあたとなる」のは、発話時以降の現実に対する解釈であり理解である。このように「発話時以降」を前件で原因理由とする表現は、経験に基づかない、思考内で捉えたことがらを表現するのであり、その点では、「非特定時」と共通した性質にあるといえる。つまり、接続辞の形式を問わず、原因理由を表す表現の全体において、思考内で因果関係を捕捉する方法が増加しているということである。
　ところで、近世中期資料では、前件で「発話時以降」を表す原因理由文が全体として増加傾向にあったにもかかわらず、バに限ってはその傾向を示さない。バだけが、「発話時以降」のことを原因理由として前件に取るという全体の動きに関与していないとすると、その傾向には、「已然」形という確定事態を受けることが明示的だった形式とは異なった表現群を、新たに接続辞として取ることそのものが重要だったのであろうことを推測させる。
　先に、(b)として、「平家物語」に比べて近世中期資料で、新興の接続辞類の勢力が最も伸張した領域が、「発話時以降」であったことを見た。新しい接続辞は基本的に連体形接続である。このように、バ以外の接続辞が、「発話時以降」を表す場合において、最も成長しているという事実は、「已然」形という形式を用いないことが、その種の前件を取りやすい傾向を生んだとの理解を後押ししてくれるようである。

4. 観点(ロ)―構文の型の相違―から見える原因理由文に起きた変化
4.1　構文の型別、接続辞の使用傾向
　原因理由文のうち、主節に意志・命令表現がくるものは、主節に対して従属節は自立性があるために、推量ウの類を取りやすい可能性があることを2.3節で整理した。ここは、そのことを踏まえ、意志・命令表現を導くもの

とそれ以外とを区別し、原因理由表現の移り変わりを見ていく。なお以下、意志・命令表現を主節で取るものを**X構文**、それ以外のものを**Y構文**とする

　最初に、「平家物語」と近世中期資料の使用状況を概観する。次頁表2に、主節で意志・命令表現を取るかどうかということの区別とともに、従属節述部において、推量類の表現を取るかどうかという区別も行った上で、用例数の分布を示す。「推量類」にはウ（ム・ンも含む。以下「ウ」と表記）の他、ベシ・ウズ（ンズも含む。以下「ウズ」と表記）・マイ（マジも含む。以下「マイ」と表記）など推量・推定に関わる助動詞を含む。後述するように、ウとそれ以外の助動詞とでは、構文構成上の機能面で区別すべき点を含むので、表ではウの例とそれ以外のものと、それぞれの用例数がわかるように示した。

　表2から指摘できるのは次の点である。

・大きく捉えて、「平家物語」に比べて近世中期資料では、主節に意志・命令表現を取る頻度に著しい差はないものの、増加傾向は認めることができる。

　　　　　X構文：Y構文〜「平家物語」＝55：311（＝1：5.7）
　　　　　　　　近世中期資料＝161：676（＝1：4.2）
　　　　　　　　　　　　　　…つまりX構文の占有率が微増。

・X構文で、原因理由節が推量類を取る頻度について
　　「平家物語」…ほとんど取らない。
　　近世中期資料…ウを中心に、かなりの使用例が見られる。

・Y構文で、原因理由節が推量類を取る頻度について
　　「平家物語」…バがウ以外の推量類を取り、他の接続辞がウを少数例取る。
　　近世中期資料…バは推量類を取らず、他の接続辞もウを取る例が少数あるのみ。

　おおむね、意志・命令表現を主節で取るX構文の原因理由文が、若干使用頻度を増しながら、従属節末尾でウを取る傾向を強めていること、対照的にY構文では推量類の使用を増加させている様子はうかがえないという、興味

表2 主節の表現別、接続辞使用状況

資料	接続辞	推量類	(他)	(計)	主節
平家物語	バ		29	29	意志・命令表現 (X構文)
	アイダ		3	3	
	ニ	1	22	23	
	(小計)	1	54	55	
	バ	9	223	232	(それ以外) (Y構文)
	アイダ		30	30	
	ニ	1(1)	11	12	
	ニヨッテ		17	17	
	ホドニ		2	2	
	ユエ(ニ)	2(2)*	15	17	
	(他)		1	1	
	(小計)	12	299	311	
近世中期資料	バ		31	31	意志・命令表現 (X構文)
	アイダ	1	3	4	
	ニ		4	4	
	ニヨッテ	1(1)	4	5	
	ホドニ	32(27)	73	105	
	ユエ(ニ)		7	7	
	(他)		5	5	
	(小計)	34	127	161	
	バ		264	264	(それ以外) (Y構文)
	アイダ		1	1	
	ニ		3	3	
	ニヨッテ		111	111	
	ホドニ	1(1)	29	30	
	ユエ(ニ)	1(1)	234	235	
	(他)		32	32	
	(小計)	2	674	676	
	(計)	49	1154	1203	

※・推量類：ウ(ム・ン)以外にウズ(ンズ)・ナリ(推定)・ベシ・マイ（マジ）
　・カッコ内は推量類を取るもののうちウを取る例数（内数表示）
　・「*」は2例とも「～ンモノユエニ」の例

深い相違が認められることがわかる。

　なお、上記以外に、近世中期資料ではホドニがX構文に集中的に用いられるのに対して、ユエ（ニ）、ニヨッテはY構文に大きく偏っている。このように接続辞とそれが用いられる構文形式には深い関係が見出せるが、このことについては、第7章で取り扱うことにする。

4.2　「発話時以降」の原因理由を受ける構文の型別、接続辞の使用傾向

　ただし表2は、構文上、推量類を取りやすいものを弁別するのみであって、意味上、推量類を取りやすい理由があるものとないものとを区別せずに、すべてをあわせて示すものである。ここで、原因理由として前件で扱う内容が「発話時以降」であるものに限定してみる。それによって、さらに、検討対象を推量類の表現を用いやすい条件例に特定できると同時に、推量類を用いやすい条件がそろっているにもかかわらず用いていない表現例についての検討も可能になる。

　次頁表3が、表2のうち、前件が「発話時以降」のものだけを取り出したものである[*9]。

　表3から読み取れるのは、以下の（a）～（c）である。それぞれの解説とともに記す。

[*9]　この方法によった場合、推量類を前件で取りながら「発話時以降」を表さない、次のような例が対象外となる。
　・させる御罪業ましまさざらんに、などか浄土へ参り給はざるべき。
　　　　　　　　　　（平家・巻十・下241・3）…前件は「非特定時」を表す
　・家来は台所か何処ぞに居よに仍テわが身と二人奥へ行て咄せう。
　　　　　　　　　　（歌舞伎台帳・鬼門角10・下13）…前件は「発話時」を表す
ただしこれらは、全体の用例中の一部であり（調査範囲中に9例）、かつ、このあと本文で述べるX構文に限って推量類が表れるようになるという論旨にも抵触しない（「平家物語」X構文1例、Y構文3例、近世中期資料X構文のみ5例）。

表3　前件「発話時以降」例の主節の形式別、接続辞使用状況

資料	接続辞	推量類	（他）	（計）	主節
平家物語	ニ		1	1	意志・命令表現（X構文）
平家物語	バ	7	1	8	（それ以外）（Y構文）
平家物語	ニ		1	1	（それ以外）（Y構文）
平家物語	モノユエ（ニ）	2(2)		2	（それ以外）（Y構文）
近世中期資料	アイダ	1	2	3	意志・命令表現（X構文）
近世中期資料	ホドニ	28(25)	26	54	意志・命令表現（X構文）
近世中期資料	ユエ（ニ）		1	1	意志・命令表現（X構文）
近世中期資料	バ		5	5	（それ以外）（Y構文）
近世中期資料	ニヨッテ		4	4	（それ以外）（Y構文）
近世中期資料	ホドニ	1(1)		1	（それ以外）（Y構文）
近世中期資料	ユエ（ニ）	1(1)	5	6	（それ以外）（Y構文）
近世中期資料	（他）		2	2	（それ以外）（Y構文）
（計）		40	48	88	

※・推量類：ウ以外にウズ・ナリ（推定）・ベシ・マジ
　・カッコ内は推量類を取るもののうちウを取る例数（内数表示）

(a) 近世中期資料で認められる「発話時以降」を前件に取る原因理由文の増加傾向は、特に主節で意志・命令表現を取る例の増加に支えられていること。

　まず前提として、「発話時以降」を原因理由とする表現は、「平家物語」では限られ、近世中期資料で大きく増加しているものであった（表1参照）。その中で、X構文、すなわち主節で意志・命令表現を取る例に限れば、「平家物語」の段階で該当例がわずかに1例と極端に少数であり、近世中期資料では一気にその使用頻度が高くなっている。

　先の表2の結果、すなわち「発話時以降」以外を含めた全体で見た場合には、「平家物語」よりも近世中期資料のほうで、若干、X構文を多用する傾向が認められるとした。そのことと合せると、その近世中期資料の多用傾向は、特にX構文の中でも、ここで見る、前件で「発話時以降」を受ける用法

例の増加に支えられているといえそうである。
　旧来X構文が一般に使用されたのは、次のような「発話時」「非特定時」などの内容を前件の原因理由として取るものであり、少なくとも話し手の体感・経験を通して、確かさを実感できるものであった。

　（19）　馬の足きゝよい所で候へ<u>ば</u>、いそぎわたさせ給へ。
　　　　　　　　　　　　　　　　　　　　　　　　　　（平家・巻七・下11・4）

この種の表現であれば、古来、一定の使用が認められたのである。
　それに対して、近世中期資料で増加が著しかったのが、X構文のうちでも、次のような「発話時以降」を前件に取る表現である。

　（20）　かねさへつけたら、もらひてがあらふ<u>ほど</u>に、金(かね)つけてやれとの
　　　　御意(ぎょい)。　　　　　　　　　　　　　　　（噺本・福蔵主7・112・下16）

「発話時以降」を前件に取るということは、発話時に生起していない事態が発話時よりあとに起こることを想定する方法を取ることであった。大枠で捉えれば、いわば具体性を離れた表現領域が拡大していることになる点を、改めて確認しておきたい。
　この変化に伴って、この前件「発話時以降」領域においては、結果的にバの果たす役割が極端に小さくなる。試みに、表2のデータを利用し、原因理由辞全体に占めるバの割合と、そのうちの前件「発話時以降」用法に占めるバの割合を、表4に資料別で示してみる。

表4　用法別バの占有率

	ⅰ）原因理由辞総数	ⅱ）同バの数	バの占有率（ⅱ/ⅰ%）	ⅲ）前件「発話時以降」数	ⅳ）ⅲ中のバの数	同バの占有率（ⅳ/ⅲ%）
平家物語	366	261	71%	12	8	67%
近世中期資料	837	295	35%	76	5	7%

バはY構文に限定的に用いられる。したがって、X構文の増加が問題となる前件「発話時以降」の用法では、バの相対的な地位の低下は著しいものとなる。表から、「平家物語」のバ中心の段階では、前件で「発話時以降」を表す頻度がそもそも低かったこと、近世中期資料でバ以外の形式も伸張した段階では、とりわけ前件「発話時以降」においてバの居場所がなくなっていること、逆に新しい接続辞が中心的な役割を果たすに至っていることが明瞭である。

(b)　近世中期資料で増える前件「発話時以降」のX構文例はウを取る傾向が強いこと。

　主節に意志・命令表現が来るX構文の場合、すなわち、従属節の自立性が高い場合には、近世中期資料の段階でもホドニを中心に推量類を取る形式例が多用される。

　　(21)　もしも重ねていひたい心できたとき〰に。お前へそっと断りませ ふ ほどに。また銀を下さりませと。

（近松浄瑠璃・重井筒5・118・2）

　吉田 (2007) は、「ウ＋ホドニ」の形式はホドニが原因理由の接続辞として一定期間用いられたのちに（具体的には「毛詩抄」以降）、新たに拡張することで得た用法であることを明らかにしている。近世中期資料の段階では、さらにその用法は勢いを増して多用されるに至っており、同時に、それは、X構文のように、従属節の自立性がある程度確保された構文に限定して起きている変化だということである。

(c)　近世中期資料のY構文では、「発話時以降」を表す前件であっても推量類を取る頻度が著しく低下していること。

　Y構文は、意志・命令表現を主節で取らず、「主文全体の判断段階の構造に含まれてその一部をなす」ものを中心に、非自立的な従属節を有するものである。この構文でも、前件が「発話時以降」を内容とする場合には、「平

家物語」の該当11例中9例とほぼ義務的に推量類を取っている[*10]。ところが、近世中期資料ではその傾向が失われ、推量類を取るのは18例中わずか2例であり、多くは推量類を取らない表現となっている。大きな変化が起きた領域として注意される。

4.3 X構文が従属節でウを取ることの意味

前節（b）で指摘したとおり、従属節の自立性が強いX構文では、近世中期資料においてウをはじめとする推量の助動詞を多用していた。この形式によって、従属節で「発話時以降」の内容を取るという表現方法自体が、「平家物語」ではほとんど見当たらなかったのであり、近世中期資料において活発になっていたという特徴を持つものである。

(20) かねさへつけたら、もらひてがあらふ<u>ほどに</u>、<ruby>金<rt>かね</rt></ruby>つけてやれとの<ruby>御意<rt>ぎょい</rt></ruby>。　　　　　　　　　　　　　　　　　　　　（再掲）
(22) おれが水うたふ<u>程</u>にそなたはかしやれ。　　（狂言本・伝受42ウ6）

先にも指摘したとおり、「発話時以降」を前件で取るということは、未来でことがらが生起することを思考内で想定するということである。(20)でいえば、前件には現実世界で起きた具体的な事態ではなく、「ただではうま

[*10] 「平家物語」では、X・Y構文の別を問わず、前件「発話時以降」で推量類を伴わないのは少数派であった（以下は第1例がX構文、以下2例がY構文）。
・<ruby>手負<rt>ておひ</rt></ruby>のたゞいまおちいる<u>に</u>、<ruby>一日<rt>いちにちきやう</rt></ruby>経をかいてとぶらへ。
　　　　　　　　　　　　　　　　　　　　　　　　（平家・巻十一・下273・6）
・召さんに参らねばとて、命を失はるゝまではよもあらじ。
　　　　　　　　　　　　　　　　　　　　　　　　（平家・巻一・上22・15）
・是は宮内判官の関東へ下らるべきにて候ぞ。子細知らぬ使は、返しとはる、とき不審の残る<u>に</u>。　　　　　　　　　　　　　（平家・巻八・下111・13）
　いずれも、「発話時以降」と捉えたものの、「発話時」「非特定時」の内容にも読め、判じ難い例である。独立して「発話時以降」を認識しにくい分、推量類の不要度が増すというようなことがあったのかどうか、さらに検討が必要である。

第4章　原因理由文に起きた変化

くいかないものも、金を添えれば貰い手が現れるはずである」という、発話時には生起していない事態を想定して、原因理由の根拠と位置づけ、さらにそれに順当に対応する帰結内容をも考える。その上で、主節では、聞き手に対して、その思考内容に基づいて、「（だから）金を付けてやれ」と行為指示をする表現である。現実世界のできごとから離れた、話し手の思考内で捉えられた因果関係が基盤をなす表現である。この種の表現例が、「平家物語」の段階より格段に増加していることに、近世中期の原因理由表現の特徴が、典型的に現れていると考える。

　X構文の「ウ＋ホドニ」は、南の言う「Ｃ類（提出段階）」を受ける構造である。上に見た「発話時以降」に生起する、思考内で事態を想定する方法には、そもそも「已然」形＋バは用いることができず（すなわち「メバ」が用いられず）、ホドニなどの実質名詞を出自とする接続辞群が勃興することで、つまりウを取ることができる構造を得たことによって初めて可能になった表現領域である。かつて原因理由文の多くが「已然」形＋バという確定事態を根拠とすることを形式上も明示する方法であったのに対して、新たに発生・発達してきた接続辞類は、終止連体形＋ユエニ・ニヨッテ・ホドニ…という、接続形態上、その拘束からは解放されたものである。かつて已然形によって表現しようとした方法は、根拠を確定事態として述べようとする発想を前提とするものであったことを示すものであろうし、新たに、その形式ではない、已然形と無縁の表現方法を多用する事実は、原因理由表現の構成を支える考え方に変化があったことをうかがわせる。

　先に表１で、原因理由文が「非特定時」の前件を受ける傾向を強めていることなどを踏まえつつ、原因理由を表す表現の全体で、思考内で因果関係を捕捉する方法が増加していることを指摘した。ホドニという接続辞を得た段階で、ウ＋ホドニの形式をきっかけにして、「発話時以降」の前件を設定し、かつそれに構文上拘束されない意志・命令表現を、すなわちＣ類のX構文を増加させ得たのも、こういった条件表現の全体を覆う質的な変容が、背景にあった[11]からであると理解される。

　なお、現在では、こういった従属節述部も、ウ類を添えない無標の形を取

りやすくなっている。特に、意志性に関わる述語の場合、それが顕著である。

 (21)′ （お金が）ほしくなったらあなたに言うから、またください。
 (22)′ 私は水を打つからあなたは掃いてください。

　すでに近世中期資料の段階でも、同じく前件が「発話時以降」のX構文の例でありながらウを取らない表現が、少なからず用いられている（約半数。表3参照）。

 (23) おふくろ様よりさい前に。コレ此文をつかはされた。よみます程にきかしやんせ。　　　　　　　　　（海音浄瑠璃・袂の白しほり1・40・11）
 (24) 後程又廻る程に、二ばんを煎じてをけと申された。
　　　　　　　　　　　　　　　　　　　　　　（噺本・出宝台7・143・上13）
 (25) 私の女ともをば、となりの人いろ〳〵と口説かれますが、かりそめながら、かうじてハはり付たう〳〵てこさる程に、御いけんをたのミまするといゝけれハ、　　　（噺本・星鉄炮7・84・上15）

　その前件が「発話時以降」に成立する事態を構成し、命令依頼の行為に及ぶ根拠として述べられる点では、(20)(21)(22)に示したウを取るものと全く等しい[*12]。近世中期資料の段階では、構文として自立性の高いこの種の表現であればウ類が立ち得たものの、無標で表す場合もあり、こののち、さらに無標が一般化していくということである[*13]。

---

　*11　山口（1996）でも、ホドニが主節で命令・依頼を取る文の根拠を表す場合に用いられる例が室町期に多くなることなどを指摘した上で、従属節で「推量や意志の表現」を取る例が現れることを踏まえながら、その現象を「原因理由の表示性の明示化に伴うことであり、その明示的な表現性が、さらに命令表現などの根拠を示すこのような用法にも道を開いたものであろう」（p.198）と捉えている。また、原因理由表現が、主節で「命令・勧誘・希望など」を取るものが生み出されたことについて、「現実的な事態の原因理由表示の用法を基礎とする、その発展として可能になることであろう」（p.201）とその発達に解釈を与えている。

先に、前件「発話時以降」のＸ構文で、近世中期資料では従属節述語部分でウを取るものと取らないものがほぼ半々であるとしたが、概して、従属節でウ類が立ちにくくなっていく傾向の途上の様相が、そこには観察されたものと理解される。

4.4　Ｙ構文が従属節で推量類を取ることの意味

　Ｘ構文の推量類とした助動詞はほぼウに限られるのであるが、Ｙ構文の場合にはウを取るものと、それ以外（ベシ・ウズ・ナリ（推定）・マイ）のものとがある。表ではその点を区別した用例数を示したが、それによってわかるように、「平家物語」の推量類を受けるバの例は、すべてがＹ構文であり、かつ推量類はウ以外を取るものに限られるのである。

>   (26)　かやうの事申せば、事あたらしうさぶらへ共、申さずは又思ひ知らぬ身ともなりぬ べけれ ば、はじめよりして申(まうす)なり。
> 　　　　　　　　　　　　　　　　　　　　　　　　（平家・巻一・上27・2）
>   (27)　今は重盛、入道殿に先立(さきだち)奉ら んずれ ば、御辺に奉るなり。
> 　　　　　　　　　　　　　　　　　　　　　　　　（平家・巻三・上175・12）
>   (28)　但追立(タマシヲツタテ)の鬱使(ウツシ)、両送使(リヤウソウシ)あん なれ ば、事ゆへなくとりえたてまつらん事ありがたし。
> 　　　　　　　　　　　　　　　　　　　　　　　　（平家・巻二・上69・10）

＊12　原因理由文の場合、前件と後件のそれぞれの生起についての前後関係は前件→後件、前件←後件の両方があり得る。例えば本文中の例文（21）と（23）は前件→後件であり、（20）（24）（25）は前件←後件である（いかなる場合に前件→後件、前件←後件となるかについては岩崎1994に詳しい）。本章の調査範囲内においては、前件と後件の前後関係とウの使用とには、必ずしも明確な関係は見出せなかった。ただ、中沢（2004）は、キリシタン資料における連体修飾節内のウ・ウズルのうち時間・時点を表す副詞を取るものは、ここでいう前件←後件となることを指摘する。こういった捉え方などを参考に、さらに検討したい。

＊13　本文中の例（20）の場合などのように、述語が無意志性の動詞であれば、依然として現代でもウ（ダロウ）を取りやすい様子がうかがえる（本章冒頭例1も同様）。
　　(20)′金さえ付けたら貰い手がある だろう から、付けてやれ。

［(我われが座主を奪い取り、お止め申し上げよう) ただし、追い立てる役人、護送の役人がいるそうだから、無事に奪い取り申すことは容易ではない］

(29)　風のたよりのことつても、いまや〰〰とこそまたんずらめ。遂にはかくれある まじけれ ば、此世になきものと聞いて、いかばかりかなげかんずらん。
　　　　　　　　　　　　　　　　　　　　　　　（平家・巻十・下239・6）

　ベシ・ウズ・ナリ・マイの類については、ウと同じモダリティ表現とされつつも、テンスを下接できるなど、相互承接の関係においては上位に位置し、ウが辞的で主体的な意味を有するのに比べて、より詞的で、客体的なモダリティ形式とされる*14。

　表3で注意すべきなのは、「平家物語」の「発話時以降」を前件とするY構文においては、バが、ウ以外のベシ・ウズ類であれば用いている事実があるということである*15。次のようにウを用いるのはバ以外であり、使用数も2例と限られる（表3参照）。

(30)　参らんと思ふ道ならばこそ、やがて参るとも申さめ。参らざら む 物故に、何と御返事を申べしともおほえず。
　　　　　　　　　　　　　　　　　　　　　　　（平家・巻一・上22・6）

　一方の近世中期資料のバには、ベシ・ンズ類を用いた方法が見当たらなくなり、ウが2例見出されるのみである。その結果、次のような注目すべき相違が、両資料には存在することになる。

＊14　高山 (2002)、小田 (2010)、他。なお、ウズがベシの「後身」に当たることについては山口 (2003) で詳細に論じられる。
＊15　高山 (2002) は、古代文における原因理由節の已然形＋バに「メリ、ナリ、ベシ、マジ」が生起すること、逆に「ム、ラム、ケム、ジ」は生起しないことについて、詳しい調査に基づき考察している。「平家物語」でも、高山氏の指摘する状況とほぼ変わらないといえる。

第4章　原因理由文に起きた変化　　149

「平家物語」：推量類を取る（9例）　＞　取らない（2例）
近世中期資料：推量類を取る（2例）　＜　取らない（16例）

　つまり、「平家物語」の段階は、バを中心とする方法が、詞的性格の強い助動詞類を用いて「発話時以降」であることを明示することをほぼ義務的に行っていた。ところが、近世中期資料ではその方法を受け継がず、辞的性格の強いウをわずかに残しているに過ぎないということである。
　近世中期資料でウを取る2例は次のものである。

(31)　はやう別れ う 故にやら人より殊にかはゆふて。背丈ののびるうれしさに。年月くるゝをまちかねしに。髪ゆふ顔もゑ見ずしてわかるゝことのかなしやな。　　　　（海音浄瑠璃・椀久1・10・4）
　　　［早く（死期が迫っているので、間もなく）別れてしまうためにか、人より特別にかわゆくて～］
(32)　さき程のきやうげんをおくでしたらば御なぐさみにもなら ふ 程 に ならひたいと御ざるによつてをしへます。（狂言本・伝受23ウ12）

　これらも、近世中期資料中ではすでに少数派であり、多くは「発話時以降」の例も、次のようにウ類を伴うことなく、表現されるようになっていたのである。

(33)　明日は節(せち)をするに仍テ勘定の中積(つも)りをしておいたもよかろ。
　　　　　　　　　　　　　　　　　　　　（台帳・鬼門角・29下12）
(18)　其男と縁切れる。恋ぢのあたと成故に。今さしころす。懐(ふところ)の小判も貧な男にやりたい。　　　　　　　　　　　　　　（再掲）

　以上、「平家物語」のY構文では、「発話時以降」の前件を取る場合には詞的性格の強いモダリティ形式を中心に、推量類の助動詞をほぼ義務的に用いるという傾向を明瞭に示したこと、近世中期資料ではわずかにウを用いる例が散見されるのみで、多くそれらモダリティ形式を用いない[*16]方法へとそ

の重心を移していることを見た。

　吉田（2011）はタメニが従属節を構成する用法を取り上げ、タメニ節で意志・推量のムを次第に取らなくなることについて検討している。そこでは、まず、タメニ節のうち、主節より後の時間を表し、タメニ節の述語に意志性が認められる次の例のようなものを〈目的〉と特定する。

　　（10）　すがたをおがませんため、是まで出たるぞとよ。
　　　　　（虎明本狂言、はちたゝき、上148-9…例はナンバーとともに吉田2011より引用）

この種の表現においては、中世前期まではムを承けるのが一般的であったこと、そして、中世後期以降には、その頻度を減じ、次のように無標を取るものが増加することを明らかにしている。

　　（16）　物を奪い取るために（vbaitoru tameni）、内に押し入る。
　　　　　（羅葡日対訳辞書、Irripio, 399右8…例はナンバーとともに吉田2011より）

主節を基準とした相対テンスにおける未来の表現を検討する方法であり、辞的性格の強いムの衰退を観察するものである点、ここでみるY構文におけるベシ類の衰退とは意味あいは異なる。しかし、古代文では推量類を取っていた従属節が、中世後期以降、取る頻度を著しく下げていることを指摘する点では、重なり合う[17]事象である。

---

*16　近世中期資料の前件「発話時以降」のY構文で姿が見えなくなる「ベシ・ウズ・ナリ・マイ」は、いずれも、同時期には文語化し、口語で用いられなくなりつつあった形式である（湯澤1962など）。ここでは、これらが文語化したから用いられなくなったという事実関係を指摘するだけではなく、古代語にはこういう箇所にかつて推量表現として用いられていた形式が立ち得ていたのに、近世中期以降、代替の推量形式を取ることなく姿を消している事情が何を意味するのかを問うことが重要であると考える。

第4章　原因理由文に起きた変化

「平家物語」に現れる古代語の方法は、いわば、発話時から見た時間的位置の見え方を、主節からは独立して、自立的に推量類の助動詞を用いて表現する方法であったと見ることができよう。その方法を取らない近世中期資料では、Y構文のほぼ全体（新たに発生したC類のX構文でも約半数）において、主節を導く素材の一部としての表現を行っていることになる。そうであるとすると、特にY構文とした該当例の全体的傾向としては、「平家物語」より近世中期資料の段階では、従属節が主節の支配下にある自立性の稀薄化した位置づけが一段と明瞭になり強化された、言い方を換えると従属度が増している[*18]と理解できるのではないかと考える。

　なお、X構文は「判断段階から提出段階の処理を経た構造」であって、いわばY構文よりも自立性の高い従属節を取るものである。その構文をもって、前件「発話時以降」を多用する傾向自体が、同時期の思考内で因果関係を把握する発想に傾くという要請に呼応して新たに勃興してきたカテゴリーなのであり、全体としてある「従属節に推量類を用いなくなる」流れとは関わりのない、異なった事情下の変化であった。同じ原因理由文でも、構文の型を区別することで、変化が捉えやすくなるのである。

5. 原因理由文に起きた変化の意味
5.1　原因理由文と他の確定条件表現との関係

　ここで、已然形＋バを取る場合の原因理由文と、事実的条件文、仮定的条件文との関係を改めて整理しておく。かつてこの３者は確定条件として一括りに捉えられ、それぞれ必然確定・偶然確定・恒常確定（恒常条件）と呼ば

　＊17　なお吉田氏は、この事象については、「ムの従属的用法の衰退」と無標形の「未実現事態への侵出」とを関連付けながら、事態の実現・未実現の把握のしかたの変化によるものとして捉える立場である。ところで、氏はさらに「無標形のムの領域への侵出が主節にも起きた」例が「従属節に比べて用例が少ない」ことを指摘する。このように、ムの衰退に関して主節と従属節とで遅速の差が現れることなどに、本書としては従属節にムが衰退する固有の事情、すなわち従属節の自立性の稀薄化という事情があったことを考える立場である。吉田氏の捉え方とは対立するものではなく、補い合うものと考えている。

れるものであった。

　最初に、必然確定と恒常確定（恒常条件）、すなわち本書で取り扱う資料においては原因理由文と仮定的条件文へと連続していく表現の関係についてである。

　　（34）　只の町人とちがふて。禁中のお役をすれば本縄にかけても大事ない。解いてほしくはそつちで解け。　（近松浄瑠璃・昔暦9・526・1）

（34）を原因理由文（必然確定）と捉える場合は、前件は「禁中のお役をしている」という「発話時」の事実を述べるものと理解していることとなる。後件には、それに対して話し手が順当と考える「本縄にかけても差し支えない」という判断を続ける。「お役をしているから、本縄にかけても差し支えない」という因果関係である。その一方で（34）は、前件を、「禁中のお役をするコト」という「非特定時」に成り立つことがらとして述べるものと理

＊18　福嶋（2011a）は、本書と同様に従属節内の動詞基本形の時制を検討しており、「中世末期日本語の動詞基本形は、現代日本語と比べて、未来（以後）を表しにくく、当時の動詞基本形が表しにくい領域には、～ウ・～ウズルが分布していた」と考えている。この指摘に基づいて、近世中期は、動詞基本形の時制表現範囲が現代に近づき、未来を表せる方向に推移していたと想定することで、ここに見た「平家物語」で推量類の表現を必須とし、近世中期資料は必ずしもそうでなくなっている状況の説明が、確かに可能になる。本書は、まずはその可能性を認めた上で、さらに近世中期資料のX構文では依然としてウ類を取るのに、Y構文でのみ推量類を取らなくなっている対照的な事実を説明するためには、Y構文に特に著しい、主節に対する従属的な位置づけの意味あいの変化（すなわち自立性の稀薄化、従属度の強化）を指摘するものである。

　なお、福嶋（2011b）では中世末期日本語に比べて「現代日本語において、連体節内等に、意志・推量形式が入りにくくなった（～ウ・～ウズ（ル）の減少）について、「中世末期日本語の～ウ・～ウズ（ル）は（略）命題的な要素が強かった」という可能性とともに「主節の従属節に対する支配が強くなった（全体的に、従属節の従属度が上がった）」という可能性も指摘している。本書の考え方と通じるところがあるといえる。

解することも可能である。その場合も、後件に、話し手が順当と考える認識を続ける点では同じであり、「お役をしている場合は、本縄にかけても差し支えない」という仮定的条件文（恒常確定）としての解釈となる。前件の事実性が、現実との対応が確定的だと話し手が捉えているとみる場合ほど、原因理由文の解釈が成り立ちやすく、逆に、現実との対応から離れた一般論として捉えているとみる場合ほど、仮定的条件文としての解釈に傾く。このように、原因理由文と仮定的条件文は「同一知識の二つの現れ方」（坂原2007：117）であり、二者を分けるのは、話し手の捉え方に対する解釈という、コンテクストから消極的に特定される相違に過ぎない。このような、已然形＋バによる原因理由文が有する構造を、まずは押さえておきたい。

次に必然確定と偶然確定、すなわち原因理由文と事実的条件文との関係である。

(12) 嘘に嘘がかさなつて初手の誠も虚言となれば。今何をいふても誠には思はれじ。　　　　　　　　　　　　　　　　　　　　（再掲）

(12)の前件は「嘘が重なって、最初は誠だったことも嘘になってしまったこと」をいう。話し手が引き起こした体験を語るものであり、「発話時以前」と解釈した例である。この例で「嘘になってしまったこと」が、後件の成立に必然性のあるものとして話し手が捉えたものとすれば原因理由文の解釈が成り立つ。一方、前件と後件の継起関係が、話し手の把握とは無関係に成り立った確定事態として表現したものとすれば「嘘になってしまったら」という事実的条件文としての解釈が成り立つこととなる。この場合も、二者の区別は、話し手にとって、前件と後件の生起関係がどう把握されているかをコンテクストから特定するしかない。

確定条件の、このような各意味領域の相互の距離の近さは、確定事態として、「已然」性を有している表現を前件に取り、後件に、それに対して順当な事態や認識を続けさえすれば、確定条件は成り立つという、古代語における条件表現の原理に支えられることにおいて実現しているものである。そこでは、原因理由文なのか、仮定的条件文あるいは事実的条件文なのかといっ

た区別は重要ではなかった。それを区別しようという指向の強まりが近世期の変化を引き起こしていたわけであり、その流れの中で、已然形＋バの衰退が進んでいたことが基盤としてあったことを、まずは改めて確認しておきたい。

そして、確定条件の下位分類であるそれぞれの、ここにみるような意味領域の近さを考えることによって、已然形＋バに起きた変化が、必然確定・偶然確定・恒常確定（恒常条件）全体に及ぶものであったことが、当然のこととして理解されてくる。第2章では、恒常確定（恒常条件）の表現例が、近世中期資料で急増していること、その急増と引き換えに必然確定等の用法を失っていくことと合せて、已然形＋バが仮定形＋バへと位置づけを変えていくこと、この変化が同時期の条件表現の体系を大きく変容させる原動力となっていることを論じた。この変化の核にあったのは、「非特定時」の仮定的条件文の急増であり、思考内で把握する方法の一般化であった。原因理由文でも、近世中期資料において、已然形＋バが「非特定時」で存在感を相対的に高めていることを3.1節で見た。仮定的条件文で起きていた動きが、原因理由文、つまり必然確定でも起きていたのである。「非特定時」を担って、思考内で因果関係を把握する表現を行う傾向を強めることは、已然形＋バ全体に連動して起きた変化として位置づけることができるということである。

さらに注意すべきことは、確定条件における三領域において、とりわけ恒常確定（恒常条件）と必然確定の意味の近さは、同時に原因理由文における已然形＋バの衰退を必然のものとして導くものであったということである。

先に見たとおり、原因理由文（必然確定）か仮定的条件文（恒常条件）かの解釈は、現実の具体的なできごとと対応するのか、それとも具体性から離れた一般的なことがらとして表現するものかの違いに応じて生じていたものである。条件表現全体の風潮として、現実との対応から離れた、思考内で捉えられる一般性において因果関係を見出していく方法が広がっている現実が、一方で、広く人々の表現方法として浸透しつつあった。そうすると原因理由・仮定の両用法で解釈可能な領域にある表現は、実際には仮定的条件文（恒常条件）として解釈されやすくなるという、そういう現実としての運用の

実態が強化されていたのが近世期であったということである。すなわち、例 (34) で言えば、同じバ節であっても、かつてであれば「禁中のお役をしているので」という具体的・一回的なあり方に対応した原因理由として理解されやすかったものが、近世期には「禁中のお役をする場合には」という恒常性のある仮定として理解される可能性を大きく高めた、ということである。

そうすると、已然形＋バの原因理由としての用法は、新しい接続辞ホドニ・ニヨッテ類の発達によって衰退を余儀なくされるというような、相対的な関係性において説明される面だけではなく、旧来の已然形＋バ自身の運用における内的事情においても、その衰退は促されていた面があったということが理解されてこよう。つまり、原因理由文としての已然形＋バの衰退は、この期に起きていた一連の条件表現体系の変容において、不可避の、必然性のあるできごとなのである。

5.2 原因理由文の前件の取り方の変化と条件表現史

「平家物語」の段階における原因理由文は、主に已然形＋バにより、「発話時以前」「発話時」といった話し手の経験や体感に基づいて把握される事態を前件に取ることに重きのある表現であった。「已然」形によって保証されていた確定性は、話者の実体験を典型とする、具体性をもった、個別事態によることに特徴があったのである。

その確定性は、中世以降近世中期にいたる段階で、「発話時以降」「非特定時」の事態を受ける頻度が高まることによって変質していた。「発話時以降」「非特定時」を前件に取るということは、つまり、話し手の実体験に基づく必要のない、思考内で原因理由を設定する傾向を強めていることを意味する。「已然」形の活用形としての機能退化・後退傾向（第2章注24参照）も、この状況を背後から支える。そして、こうして起こる表現指向の変化は、ひとり原因理由文に限ったものではなく、仮定的条件文や事実的条件文も含めた条件表現全体に及んで起こっていたのであり、因果関係の捕捉の方法の変化として結実していたものである。これまで、この表現指向の変化は、もっぱら仮定的条件文における恒常性に関わって指摘されてきていた。しかしそれは、仮定的条件文に止まらず、原因理由文においても通底する思考法の変化であ

り、この期の条件表現の変化を根本において支える大きな要素であったとみるべきものであったのである。

　このように、已然形＋バに担わされた役割の変化は、条件表現の構造をその原理部分から揺り動かす要因として大きな役割を果たすものであったが、同時にその変化は、原因理由文においては、已然形＋バの地位を低下させる事由をも内包するものであった（前節参照）。それと入れ替わるように、ホドニ・ニヨッテ類が一般化する。仮定的条件文でも、已然形＋バからその位置づけを変えた仮定形＋バが、大きく参与するようになると同時に、ナラ・タラ・トなどの成長が促されていた。思考内で因果関係を把握しようとする動きは、同時に、前件に対する後件の意味関係を、特定的に表現しようとする変化と一体のものでもあったのである。広く、条件表現全体に共通した動きであったこととして注意される。

　従属節で「発話時以降」のことを取る例が増加していたことに関わっては、中でも、Ｘ構文、すなわち意志・命令表現を主節に取る方法が大きく使用頻度を高めていたことがその状況を作り出していた。「已然」形＋バによらずに、終止連体形でホドニやニヨッテなどを受ける述語形式と取ることは、同時に、叙述に一旦まとまりを与えるような自立性の高い表現方法へと領域を開くきっかけとなる。そのことが、従属節が主節を拘束しない、また、主節に従属節が強く支配されない構文を生み、主節に意志・命令表現を取る形を典型とした、経験や体感から離れた思考内で捉えられるような因果関係を表そうとする表現を、広く用いる状況を生じていたのである。

　その意味で、Ｘ構文に見出せる変化も、条件表現史全体の推移を推し進めたと同じ、思考内で因果関係を捕捉しようとする発想法の変化の下で実現したものである。ただ、それを表すためには、自立性のある従属節を用いる必要があった。表現史の変化については、全体基調として、従属節の自立性の稀薄化がうかがえるものと捉えているが、それらは表現全体のすみずみまで均一に等しく認められる変化ではなく、表現拡張への指向性・要求が勝る部分では、一見、全体の動きに逆行するかに見えるウ＋ホドニ＋意志・命令表現のような、自立性ゆえに広がり得た表現領域もあったものとして理解すべきなのであろう。やがて、この領域さえも、全体の流れに抗することなく、

現代語においてはウの立てる領域がさらに限定的になることは、本文中で見たとおりである（注13など）。

　それに対して、Y構文における推量系の表現の衰退は、条件表現の従属節全体に共通する傾向との関連性が直接にうかがえるものである。X構文に比べて自立性が稀薄なY構文では、「平家物語」の段階において、前件「発話時以降」には詞的性格の強い推量類をかなりの頻度で用いていた。ところが、近世中期資料では一気に用いられなくなっている。ここに、従属節の構文史上の位置づけ変化、すなわち主節を導くための素材を構成する性格を一段と強めていたという状況[*19]が、わかりやすい形で現れていたものと理解する。第3章では、同様のことが、事実的条件文で起きた変化についても観察されることを述べた。平行する事象として位置づけておきたい。

　[*19] 古代語では、「その内容が想像上の事実や将来に起こることが予想される事実について述べるばあいには、推量の助動詞を用いることが厳格に用いられ、特に連体格に著しくあらわれる」（春日1980）など、連体修飾格に推量の助動詞類が多用されたものが、現代語では用いられなくなったことが広く知られている。主節末ではない、文中における著しい変化を説明するためには、構文の質的変化という視点からの検討が広く有効であると考える。

Ⅲ 近世期以降の変化

　前章までの検討で、〔一般性〕を帯びた前件を取る頻度が増え、思考内で因果関係を捕捉する方法に表現の重心が移ったことによって、旧来の条件表現の方法（已然形＋バ vs. 未然形＋バ）が解体されたことを見た。同時に、それは、後件に対する前件の条件設定のしかたを表現し分ける方向で、新たなる多彩な接続辞を生み出すものだったのである。

　近世後期以降、上方・大阪語が中央語から地域語へとその位置づけを変えていく段階において、中世期以降、近世中期までに向かっていた方向とは異なった変化の道筋を示す。例えば、新たに発達した接続辞が整理されるかのような動き（例、仮定的条件文におけるタラの一極化）や、それまであったはずの使い分けが、一見、不明瞭となる動き（例、原因理由文における接続辞）などである。その一方で、否定表現をはじめとする〔様相〕を条件句にとる場合など、条件表現史全体の流れから距離を置く表現も生じる。

　まずはどのような変化が実際に起こっているのかを観察しつつ、それらの変化のありようの全体像について詳細を明らかにし、それぞれの変化を促した事由を検討する。

第 5 章

タラの拡大
――ナラ領域への進出をめぐって――

1. 問題の所在
1.1 仮定的用法における諸形式の交代の概要

　現代標準語における仮定的条件文は、バ・ナラ・タラ・トがそれぞれの文法上の特性をもって使い分けられている。しかし、その表現方法は全国一律なものではなく、中でも上方・大阪語でタラの勢力が極めて強いことなどはよく知られている（前田1949、真田1983・2001など）。タラは、中世以降近世中期を経て個別的・具体的なことがらの生起を受けることを基本としていたものが、次第に〔一般性〕のあることがら（＝「非特定時」の前件）をも取るものへと領域を広げることは、すでに第2・3章で指摘した。本章は、その後のタラが、さらにどのような経過をたどって、他の接続辞の表現領域に進出していくのか、さらにそれはなぜか、ということについて検討するものである。

　ところでその上方・大阪語の条件表現については、「近世の後期においては「バ」「ト」「タラ」「ナラ」という順接仮定条件の表現形式が出揃い、その表現体系はほぼ現代語に近いものになっている」（小林1996：30。この場合の「近世の後期」は虎寛本狂言の状況に基づく指摘である）とされる。つまり、一旦は、現代標準語に近い使用状況を示す段階があってのち、次第にタラの勢力が強まるということである。ただその際に起きる現象は一様なものではない。例えばバ・トをタラで表現するということは、仮定形＋バ、終止形＋トであったものが連用形＋タラとなることである。ところが、ナラは活用語連体形を受ける一方、体言にも直接し、ナラの仮定表現をタラで表そうとする場合には、「〔〔活用語＋ノ〕／〔体言〕〕＋断定＋タラ」としなければならない。現

代標準語を例とすると次のとおりである。

（1）〔飲めば／飲むと〕車に乗らない。→　飲んだら車に乗らない。
（2）車に乗るなら飲むな。→　車に乗るん（の）だったら飲むな。
（3）お前なら大丈夫だ。→　お前だったら大丈夫だ。

つまり、断定の助動詞や場合によってはさらに準体助詞ノを新たに付加する必要がある分、他の接続辞における交代とは少なくとも形式上は異なる側面を有するのである。

上方・大阪語において、なぜ、タラが用法領域を拡張したのかを検討するためには、大きく条件表現史全体の問題として考察する必要がある。ただその検討は問題が広範にわたるため、まず本章は、特にナラからタラへの交代という特殊事情を抱えた部分に論点を限定して検討してみることとする。

1.2　課題の整理

すでに金沢(1994)により、江戸後期～明治大正期における上方・大阪語のバ・ナラ・タラ・ト相互の勢力関係の推移が観察され、具体的に明治期以降にタラの勢力が増すことや、タラの受ける表現が多様化することなどが詳細に明らかにされている。本章はその成果を踏まえた上で、次の二点を問題としたい。

課題1：例（2）にナラが（ノ）断定＋タラに交代するものを示したが、それ以外に直接タラに交代する場合もある。
　　　　例、もし明日までに彼が戻ったなら、すぐ連絡をください。
　　　　→　○もし明日までに彼が戻ったら、すぐ連絡をください。
　　　　　　×もし明日までに彼が戻ったのだったら、すぐ連絡をください。
それはどういう場合か。また、歴史的に交代の遅速で見たとき、他の用法で起こる（ノ）断定＋タラへの交代とはいかなる関係にあるか。

課題2：ナラ条件句がタラに交代する場合には、体言類を受ける条件句と活用語を受ける条件句とで分けて示すと、それぞれ次のような対応関係となる。

＊体言類＋ナラ	→	体言類	＋断定＋タラ
＊活用語＋ナラ	→	活用語　＋ノ	＋断定＋タラ
		活用語	＋タラ

体言類または活用語を受ける条件句という構造的には異質な表現において、タラへの交代はともに起きているのであるが、タラが進出する条件、逆にナラを維持する条件には共通点・相違点はあるのか。それには合理的な説明が可能なのかどうか。

以上の二点の検討によって、タラが用法を拡大する原理の一端を明らかにすることができると考える。なお、以下の検討にあたり、体言および体言に準ずるもの（助詞等、活用しない表現のすべて）が条件句の述語を構成するものを「非活用型」と称し、活用語による条件句を「活用型」と称することとする。非活用型の条件句は「体言および体言に準ずる表現を断定の助動詞系の表現で受けるもの」（「ナラ／ナレバ」「ジャ／ダ／ヤ／デス＋ト・タラ」「デ＋補助動詞＋バ・ナラ・タラ・ト」の形式を取るもの）であり、活用型の条件句は活用語をバ・ナラ・タラ・トで受けるものである。

2. 課題1について
2.1　条件句の分類および小林（1996）の指摘の意味するところ

課題1については、構造面の制約上、活用型条件句のみが問題となる。この問いには、ナラ条件句の用法について、タラへの置き換えの際に生ずる問題を踏まえながら分類を行った田野村（1990a）を参考とすることができる。そこで示された考え方に基づきつつ、以下の検討での便宜も視野に入れながら、ここでナラ条件句の分類を行っておく。

Ⅰ　実情仮定…前件は「実のところが〜」を冠し得て、発話の先行事実や

現状、実情と一致すると仮定し、後件はそのことに対して話者がどう考えるかを述べる。
  1）前件は対話の相手の発話内容や談話の話題を引き継いで示す場合
  「僕は行くよ」「君が行く<u>なら</u>僕も行くよ」
  「本当に見た<u>なら</u>写真を撮っておけばよかったのに……」
  2）前件は未確定のことについて実情に一致することを前提として示す場合
  「このあと雨があがる<u>なら</u>試合は続行した方がいいだろう」
  「そこにいる<u>なら</u>出てきてくれ」
Ⅱ　状況設定…前件は実情との一致に拘ることなく状況を設定し、後件はその状況下で成り立つ判断や意向を述べる。
  1）後件の成立に際して前件が内的な関係にある場合
  「もしもそこへ行った<u>なら</u>彼にこのことを伝えてほしい」
  「あのとき対応を誤らなかった<u>なら</u>こんなに苦労しなかったはずだ」
  2）後件の成立に際して前件が外的な関係にある場合*1
  「よしあしを別にする<u>なら</u>この方法は魅力的だ」

　田野村（1990a）で行ったⅠ実情仮定およびⅡ状況設定の二分に対して、矢島がさらに以下の議論での整理を行いやすくするために下位分類1）、2）を施したものである。ただし、田野村（1990a）でも、これらの下位分類に関わってそれぞれ具体例をもってその特徴に言及している。
　用法ⅠとⅡの弁別は、端的に言えば、Ⅰは、現代標準語ではナラがほぼ意味を変えずにノナラに代えられるのに対し、Ⅱはノナラに代えにくい、ある

---

*1　用法Ⅱの1）内的、2）外的の区別は、1）の前件は後件が成り立つ際には先立って成立していなければならない必須成分であり、2）の前件は後件の見解を導き出すための話者による題目提示や注釈であるというそれぞれの違いを捉えて施したものである。なお、2）の条件句は、高橋（1983）で言う条件形の「後置詞化」したものに該当する。

いは代えると意味が変化してしまうという違いに基づく。このことについて田野村（1990a）は「「のダ」は、何かの背後にある事情、すでに定った実情を表現するものであった。このため、「のダ」が仮定表現で用いられるときには、背後の事情なり実情がどうであるか、つまり、現実がどうであるかについての仮定を表すことになる」ため「実情仮定の「なら」の表す意味に矛盾しない」のに対し、「事実性についての関心の稀薄な状況設定の「なら」の表す意味とは相容れない」（pp.94-95）として説明する。

　ここでの問題に対応させて捉え直すと、用法Ⅰは、ナラをタラに置き換える際にはノ＋断定＋タラの形式を取る必要があり、仮にノ＋断定を介さずにタラに直接置き換えられたとしてもニュアンスが違ってしまうものである。一方、用法Ⅱは前件で起きた事態に引き続いてもう一つの事態が生起する内容をもち、その点について言えばタラによる仮定と等しい。つまり、この場合のナラ（またはタナラ）はそのままタラに置き換えてもほとんど意味に変化が生じない領域である。

　ところで用法Ⅱは、小林（1996）による「完了性仮定」と重なりを有する面がある。小林氏は完了性仮定を「未来時において、動作・作用の完了した場合を仮定するもの」と定義づけ、説明例として「花咲かば見む」をあげる（p.11）。ここで用法Ⅱとするものと基本部分は通じよう[*2]。

　その完了性仮定をナラによって表す方法は、小林氏によって「室町時代以降、完了性仮定の表現形式「タラバ」が発達するとともに、完了性仮定としての用法を失いだし、本来の非完了性の表現形式として現代に至っているものと言える」（小林1996：126）ことが明らかにされている。すなわち同用法のナラは早く室町時代には衰退期に入り、近世期を通じて順次姿を消していったということである。用法Ⅱのナラの諸例に関しても、小林氏によって見通された完了性仮定の場合と同様の経過をたどるのかどうか、実際に、本書で対象とする上方・大阪語資料の使用状況から確認してみる必要がある。

＊2　ただし用法Ⅱの1）の第二例に用いた「あのとき対応を誤らなかったならこんなに苦労しなかったはずだ」のような反実仮想は、小林氏は非完了性仮定と捉えるなど、異なる点もある。

2.2 調査による裏付け

まず近世中期資料には、用法Ⅱとしての解釈が可能な例、すなわちナラをノナラに置き換えにくく、かつタラに直に置き換え得る例を少なからず見出すことができる（活用語を受けるナラ条件句134例中30例程度）。

（4）　お梅がこゝへ出るならば。それをしほに和睦して祝儀を渡して下され。
　　　　　　　　　　　　　　　　　　　（近松浄瑠璃・心中万年草5・720・1）

この例では、「お梅が出てくる」という事態が未来に起こった場合を条件として述べている。

この種のナラは洒落本以降激減し（洒落本1例、滑稽本5例、明治落語4例、明治大正落語1例計11例）、しかも調査範囲内では全例タナラの形式となり*3、なおかつ文語調の勝る箇所に偏るようになるのである。

（5）　これを貸してくれる気か。かたじけない。程なう勘当もゆりたなら。この恩のおくりやうもあろう。
　　　　　　　　　　　　　　　　　　　（洒落本・北川蜆殻27・351・下11）

（6）　（甥を論すために伯父が中国の逸話を紹介する例）予譲、足ること知らずして斬ってかかったなら、傍の家来衆に防がれてしまう。
　　　　　　　　　　　　　　　　　　　（明治大正落語音声・一枚起請130・5報告書Ⅰ）

このような特殊性を帯びた箇所でのタナラ以外は、用法Ⅱはすでに近世後期にはタラによって表されることが普通になっていたと見られる。

ところで、詳しくは後に4.2節で述べるが、一方の用法Ⅰにおいて、ノ＋断定＋タラの形式によってタラへの交代が顕著になるのは明治期以降である。

＊3　タナラによる方法以外はタラが侵食する。言うまでもないことであるが、用法Ⅱのナラがタラにどのように具体的に継承されたかは、そのタラが従来からの用法である完了性仮定のタラなのかナラが置き換えられたものなのか、形式上の区別がつかないため、示し得ない。

このことから、活用型条件句におけるナラからタラへの交代は、用法Ⅱの方がⅠに先行して起こっていたことがわかる。

改めて課題1に対応させる形で、以上の検討を整理すると次のようになる。
・ナラ条件句のうちタラに直接交代するのは、Ⅱ状況設定の用法のものである。
・その交代は、Ⅰ実情仮定でのノ＋断定＋タラへの交代に先駆けて近世後期には相当程度進行しており、以降はタナラの形式を中心に、文語調の勝るところで命脈を保つのみとなる。

3. 課題2について―非活用型条件句における状況から―
3.1 非活用型のナラ条件句の分類

課題2は、活用型と非活用型の各条件句で起きたナラからタラへの交代は、いかなる関わりをもって捉えられるのかということについてであった。そのことを考えるにあたり、まずは2.1に示した活用型ナラ条件句の分類法を非活用型にも当てはめて考えられるものかどうかを見ておきたい。

そもそも非活用型のナラ条件句は、「赤い花なら、まんじゅしゃげ。」のように非節的なものを受ける場合もあり、同表現に固有の問題を有する（高梨1995aに詳しい整理がある）。その検討を行う必要から、活用型のナラ条件句とは区別して論じられることが多かった（鈴木1992、1993等）。しかし、「前件が受けるのは何か」という観点に限定する限り、非活用型条件句についても、2.1で見た活用型の場合と同様の検討自体は可能である。以下に具体例を対応させながら、そのことを見てみる。

  Ⅰ 実情仮定
    1）前件は対話の相手の発話内容や談話の話題を引き継いで示す場合
     「そういうことなら僕も行くよ」
    2）前件は未確定のことについて実情に一致することを前提として示す場合

　　　　「もし明日、雨なら今日のうちに傘を買っておいたほうがいいな」
　　　　「今、外が雨なら行かないよ」
　Ⅱ　状況設定
　　1）後件の成立に際して前件が内的な関係にある場合
　　　　「もし明日、雨ならそのときは傘持っていくよ」
　　　　「あの場にいたのが彼ならそうはしなかったはずだ」
　　2）後件の成立に際して前件が外的な関係にある場合
　　　　「何なら私が代わってあげましょうか」

　用法Ⅰは具体的に発話に先行する事情を受けるものがある場合、あるいはそれがなくても、発話の時点で、「実のところが〜」と話者が真であると仮定することが可能なことについてである場合であり、一方のⅡは話者にとって真であるかどうかは問題とせずに、その場で状況として設定したことを受けるものである。その違いがあるため、非活用型条件句を仮に活用型条件句に表現を直してみようとすると、用法Ⅰの2）の第一例であれば「もし明日、雨が降るのなら今日のうちに傘を買っておいたほうがいいな」と「の＋なら」への置き換えが違和感なく可能であるのに対し、用法Ⅱの1）第一例は「もし明日、雨が降ったらそのときは傘持っていくよ」と「たら」への置き換えの方が自然であるという相違を生ずる。非活用型のナラ条件句の場合も、活用型条件句のそれが覆う用法領域と同様の表現範囲に対応していることを物語っていよう。
　そして、このように非活用型条件句にも活用型条件句と同様な用法の幅が存在することから、2.2で得られた見解と合わせることによって、次の仮説を立てることができる。

　　〇仮説：非活用型のナラ条件句においても、活用型条件句の場合と同様、
　　　　　　Ⅱ状況設定と判定される諸例で断定＋タラへの交代が先行する。

　ただし、非活用型条件句の場合は、活用型条件句ほど常に明瞭に用法Ⅰと

Ⅱの区別ができるわけではない。例えばⅠの2）第二例にあげた「今、外が雨なら行かないよ」で言えば、「今（外で）雨が降っているのなら～」と実情との一致を条件とするものと考えられる一方で、「今（外に出て）雨が降っていたら～」と外界の事態の成立を条件とする解釈も同時に可能である。いわば非活用型のナラ条件句は、例文によってその性質がいずれの極に位置するかが明瞭であるものからそうでないものまで、渾然と、非明示的に存在しているところにその特徴があるともいえる。

そこで以下、検討の方法として、まず非活用型条件句にてタラが進出している例に限定して「Ⅱ状況設定としての解釈が可能ではないか」という視点から例を観察してみる。その方法によって上記仮説を検証し、不足する点を補いながら、課題2について考えていくこととする。

3.2　各接続辞使用の概況

まずは調査範囲内の非活用型条件句の使用状況を、活用型のそれと合わせて、ナラ・タラの用例数および各資料に占めるナラ・タラそれぞれの割合（トやバも含めた接続辞全体における占有率）で示してみる（表1）。

表1から、調査範囲中の初期の資料ほど、非活用型は活用型の条件句に比べてナラの占有率が際立って高く、タラ（およびト・バ）の使用比率が低いことが確認できる。ところが、特に非活用型の条件句で、明治大正落語資料以降、断定＋タラの占有率が急に高まりナラが減少する。結果として、タラの占有率という点だけでみれば次第に活用型と非活用型との差はなくなっていくのである。

続いて、タラの拡大について、活用型・非活用型の別を問わず、共通して得られる傾向についてである。まず注意すべきなのが、タラは、近世中期資料の段階から、洒落本以降のところで、すなわち近世後期以降のところで、一段階、その占有率を上げる様子が見て取れるということである。つまり、タラの勢力拡大へのスタートが近世後期にあることを、まずは確認しておきたい。

その上で、もう一段階、タラの伸張とナラの衰退の転換が見えるのが、明治落語資料の前後である。それをはさむ滑稽本以前と明治大正落語以降とで

表1 資料別接続辞用例数

	資料	仮定形+バ	未然形+バ	ナラ	タラ	ト	テハ	(他)	(計)	仮定形+バ	未然形+バ	ナラ	タラ	ト	テハ	(他)	(計)
活用型	歌舞伎狂言本	101	54	12	36	16	26	12	257	39%	21%	5%	14%	6%	10%	5%	100%
	歌舞伎台帳	33	8	8	18	3	2	1	73	45%	11%	11%	25%	4%	3%	1%	100%
	近松浄瑠璃	535	214	66	165	20	145	6	1151	46%	19%	6%	14%	2%	13%	1%	100%
	海音浄瑠璃	131	77	40	46	6	35	2	337	39%	23%	12%	14%	2%	10%	1%	100%
	噺本	67	37	8	25	7	10		154	44%	24%	5%	16%	5%	6%	0%	100%
	洒落本	134	12	14	116	45	20		341	39%	4%	4%	34%	13%	6%	0%	100%
	滑稽本	171	4	35	266	383	72	4	935	18%	0%	4%	28%	41%	8%	0%	100%
	明治落語速記	103	9	28	226	227	28	2	623	17%	1%	4%	36%	36%	4%	0%	100%
	明治大正落語音声	53	1	5	194	132	13	3	401	13%	0%	1%	48%	33%	3%	1%	100%
	昭和落語音声	190	6	10	524	161	9	27	927	20%	1%	1%	57%	17%	1%	3%	100%
	昭和談話	19			96	43		1	159	12%	0%	0%	60%	27%	0%	1%	100%
	平成談話	39			108	7	2		156	25%	0%	0%	69%	4%	1%	0%	100%
	資料	ナレバ	ナラ	断定+タラ	断定+ト	デハ	(他)		(計)	ナレバ	ナラ	断定+タラ	断定+ト	デハ	(他)		(計)
非活用型	歌舞伎狂言本	10	48			10			68	15%	71%	0%	0%	15%	0%		100%
	歌舞伎台帳	2	38			6			46	4%	83%	0%	0%	13%	0%		100%
	近松浄瑠璃	23	161			40			224	10%	72%	0%	0%	18%	0%		100%
	海音浄瑠璃	12	35			6			53	23%	66%	0%	0%	11%	0%		100%
	噺本	5	41			8			54	9%	76%	0%	0%	15%	0%		100%
	洒落本	11	115	3	1	11			141	8%	82%	2%	1%	8%	0%		100%
	滑稽本	6	147	2	4	74			233	3%	63%	1%	2%	32%	0%		100%
	明治落語速記	3	93	17	10	47			170	2%	55%	10%	6%	28%	0%		100%
	明治大正落語音声	4	37	52	1	25			119	3%	31%	44%	1%	21%	0%		100%
	昭和落語音声	4	91	54	5	43			197	2%	46%	27%	3%	22%	0%		100%
	昭和談話		15	17	2	6			40	0%	38%	43%	5%	15%	0%		100%
	平成談話		11	33	1	9			54	0%	20%	61%	2%	17%	0%		100%

※ナラバ・タラバはナラ・タラに含める。形容動詞は体言＋断定助動詞として扱う。

は、両活用型共に、明らかに傾向を異にしている。特に滑稽本までは読まれることを前提とした書記資料であり、明治大正落語以降は音声資料である。明治落語資料は落語講演の速記録であるが、同資料については「読み物としての落語速記をまとめ上げるために書きことば的な要素（それは当時の東京語的なことば遣い）が混入してきた可能性も考えられる」（金沢1998：24）との指摘もある。しかも明治落語資料の傾向は、ナラやタラの占有率の点では、どちらかというと滑稽本以前の使用状況に近い。

　そこで以下の基本方針として、おおよそ緩やかに明治落語資料までを前半

資料、明治大正落語資料以降を後半資料と捉えて流れを押さえることとする。この方法により、前半資料ですでにナラの領域を侵すタラからタラ勢力拡大の要素を、逆に後半資料からはナラの維持に関わる事情を効果的に見出すことができる。もちろん、明治落語資料は前半資料とはするものの、資料的性質の点でも、またナラ・タラ使用の状況でも滑稽本までとは異質な点を含むので、その扱いに注意していくことは言うまでもない。

3.3 非活用型条件句の上接語別使用状況

まず非活用型条件句におけるタラの進出の状況を、ナラ・断定＋タラに上接する語の違いで分けて見てみたい。非活用型と一括するものを、ある程度の用例数がある次の七種類で下位分類し、ナラ・断定＋タラそれぞれの使用状況を示す（表2）。

て／の／指示代名詞／こと／もの／［体言］（以上を除く体言すべて）／（他）

表2からわかることのうち、重要なのは次の点である。

- 「て」を受ける場合に、ナラから断定＋タラへの交代が最も早く見られる。
- 「て」「の」「［体言］」を受ける場合にナラから断定＋タラへの交代が起こりやすい。逆に特に「指示代名詞」を受ける場合にはナラから断定＋タラへの交代が起こりにくい。

これらは、いわばそれぞれの形式による述語が文法的に有する特徴によって、断定＋タラあるいはナラなどとの馴染みやすさに違いがあることを意味する。以下その違いが何によって生まれるものなのかを検討する。

なお、「の」は、いわば活用型条件句を非活用型条件句に変更するための形式である。そこで、この表現は後の活用型条件句を検討する項で扱うこととする。

表2 非活用型条件句の述語構成語別用例数

	資料	て	の	[体言]	指示代名詞	こと	もの	(他)	(計)
ナラ	近世中期資料	1		160	130	16	3	13	323
	洒落本	1	2	33	74	4		1	115
	滑稽本		15	70	40	14	3	5	147
	明治落語速記		10	33	43	6	1		93
	明治大正落語音声			13	18	3	1	2	37
	昭和落語音声		6	44	30	2	4	5	91
	昭和談話			1	14				15
	平成談話				11				11
	(計)	2	33	354	360	45	12	26	832
断定+タラ	洒落本	3							3
	滑稽本	2							2
	明治落語速記	10	1	5	1				17
	明治大正落語音声	5	7	32	3	3	1	1	52
	昭和落語音声	5	17	24	4	1		3	54
	昭和談話			15	1			1	17
	平成談話		5	18	2			8	33
	(計)	25	30	94	11	4	1	13	178

※「の」「こと」「もの」以外の形式名詞（ユエ・ハズ・トコロ…19例）、及び副助詞（28例）は［体言］に含めた。「(他)」は文や句相当を受けるもの。「て」は「(他)」に含めるべきだが特徴的な傾向を示すので分けて示した。

3.4　断定＋タラが進出する用法

3.4.1　近世期資料中で断定＋タラを取る場合

　非活用型条件句で最も早く断定＋タラをとるのは「て」を受ける場合であり、しかもこの形式によるものが、調査範囲中、近世期で断定＋タラを取る例のすべてであった（全5例）。非活用型条件句で断定＋タラを取るきっかけを作った用法である可能性が高く、取り分け注意が必要である。

　なお、「て」が断定の助動詞類を受ける方法は、待遇表現の一種であり、テゴザルの変化形と見るべきものとされる（村上2006参照）。

（7）　（其明けの日）私が来て居なんだゆへ腹を立ていのふと仕なさつた
　　　　をお政どんやお品どんが留て私の処へ知らしてゞあつたらお前様
　　　　のいひなはるには　　　　　　　　　（洒落本・南遊記18・173・下10）
　（8）　（タベ）其お客が国の話を何や角や仕てゝ有つたらナ綾さんの云じ
　　　　や事には「（略）」と問ひたらナ「（略）」といひなはつたりや
　　　　　　　　　　　　　　　　　　　　　（洒落本・南遊記18・178・下1）

　これらのタラは、すでに生起した事態に対して引き続いて具体的な事象が起こったことを内容とする、いわゆる偶然確定条件（事実的用法）のタラである。タレバ出自とされるもので（小林1967、本書第3章参照）、ここでは別扱いも可能であるが、ともかくも非活用型条件句にて、少なくとも形式上は断定＋タラをとる端緒となっているものとして注意される*4。

　（9）　もし千さんが来てじやあつたら。知らしてもろうておくれや。
　　　　　　　　　　　　　　　　　　　　（洒落本・北川蜆殻27・348・下1）
　（10）　それを又（あなたが）づらしてやつたらゑらふ怒りますやろうナ。
　　　　　　　　　　　　　　　　　　　　　　　（滑稽本・穴さがし454・9）
　（11）　コレ〳〵喜介どん。座敷から呼んで、あつたら、おまへが、用事
　　　　があるといふおゐておくれや。　　　（滑稽本・諺臍の宿替150・7）

（9）（10）*5（11）のタラはタナラへの置き換えが可能なⅡ状況設定の例で

＊4　村上（2009）によれば、「「テ＋指定辞」は成立当初、「尊敬語化機能」に加えて「継続性表示機能」と「現在時表示機能」を有していた」ものであったが、本文の例のような、いわば「アオリスト的過去」を表す例が急増するのが、ちょうど1780年代以降とのことであるという。そのことを踏まえると、本来の用法は「発話時」の状況に密着するものであったため、仮定表現もⅠ実情仮定中心だったものが、こうして新たに「発話時」から離れた表現を行えるようになって、その縛りから自由となり、それによってナラ以外の形式を取りやすくなったと理解されよう。その意味では、「テ＋指定辞」側に起きた変化が、非活用型条件句における断定＋タラ使用の契機となっている面があるということになる。

ある。タラは、話者が設定する動作・変化の完成によって出来した状況を受け、後件ではその状況下で引き続いて起こる事情が示される構造を取る（この点は（7）（8）も同様）。いわゆる完了性仮定の性質そのものといえる。このような、ある動作・変化の完成によって成る状況を受ける方法は、動詞類が述語をなす活用型条件句によってこそなされるものであり、名詞類による非活用型条件句では、通常、表現し得ないものである。非活用型条件句でありながらこの表現をなし得るのは、この形式がテゴザルなどの活用語出自の表現を起源とするという特殊事情によるものと考えられる。その特異性に注目しながら、この条件句の表現内容の特徴を **[設定]** と呼びおくこととする。

一方、「て」を受ける場合で、ナラ条件句を構成する例を示す。

(12) （相手の「私は酒に酔いて、せめ念仏の拍子にかゝつて御つむりを叩きました」を受けて）酒に酔いてならバこらへませう（とて）

（近世中期・噺本・軽口星鉄炮7・71・下16）

発話に先行する相手のことばをそのまま受けるⅠ「実情仮定」の例である。ナラは文脈上定まっていることを前提として受け、その状況下で話者はどう考えるかを以下に続ける。この、ナラ条件句のいわば「中心的な用法」（田野村1990a：90）ともいうべき表現方法を **[前提]** とし、上記タラ例との違いを区別しておく。

以上、「て」＋断定形が活用語出自の表現を起源とするものであり、非活用型条件句を構成していても活用型条件句に通じる表現性を有していること、そのため、非活用型条件句でありながら、活用型条件句における完了性仮定と同様の［設定］用法においてタラへの交代が起きていたことを見た。他の非活用型条件句に先駆けて最も早く近世期から、この「て」を受ける条件句

＊5　例（10）の「やったら」は動詞ヤル＋タラと見て「欺いてやったら」と解釈できなくもない。しかし、話者が女髪結い師の弟子で、聞手および話題の動作主はその師匠、さらにその動作対象者が師匠の「忍び男」であることから、断定＋タラ系の待遇表現と捉えて「あなたがお欺きであったなら」と解釈した。

でタラへの交代が起こっていたのも、2節に見た活用型条件句のⅡ用法におけるタラ進出と歩調を合わせるものであったからということで、その理由が説明されよう。

3.4.2 ［体言］＋断定＋タラの初期の例から

明治期資料になると、「て」以外にも［体言］を受ける場合に断定＋タラの例が見られるようになり、明治落語資料に5例、明治大正落語資料には32例が使用されている[*6]。そのうち明治大正落語資料の7例を除き、他のすべてにⅡ状況設定の特徴が認められる。

まずは用法Ⅱに該当する例のうち、後件に対して前件が内的な意味関係にある条件句の例を、明治落語資料から示す（全4例）。

(13) 私が過般若旦那さまに御異見を申したなればこそ……平日だつたら拳骨の二つも撲れて居のぢや……
　　　　　　　　　　　　　　　　（明治落語速記・短気息子28・10改良落語）
(14) 夫れで又他の奴やつたら直に警察署へそくはつ（告発）して遣るのやけれど……　（明治落語速記・迷ひの染色40下・13芦のそよぎ）
(15) 此前刷毛で鼻の下を叩いてる時の顔、マア疳症兒だツたら助かりません、アー云ふ顔したら。
　　　　　　　　　　　　　　　　（明治落語速記・黒玉潰し8・7速記の花）
(16) 十銭より少からず二十銭は受合ですか……万一五銭でしたら十五銭はあなた償か。
　　　　　　　　　　　　　　　　（明治落語速記・白歯5・8噺の種）

[*6] 非活用型条件句におけるタラの使用初期に当たる明治落語・明治大正落語資料中の例としては、ここで扱う［体言］以外に、「て」15例、「指示代名詞」4例、「もの」1例がある。このうち「て」はすべて用法Ⅱの［設定］としての使用例であり、用法として固定的に用いられていた様子がうかがえる。なお、「もの」を受ける例は明治大正落語資料中で「意味の認定不能」との注が付される箇所（報告書Ⅰ p.135・7）の使用例であった。「指示代名詞」を受ける場合については本文の3.5.1で触れる。

(13)(14)は現実と異なる状況を仮定するものであり、(15)(16)は無数に想定し得る状況の中から一つの設定を話者が行う。このように、現状とは不一致の状況、あるいは文脈にはない特定の状況を話者が主体的に「そうである」と想定する特徴を見出せるものが、明治期資料に表れる［体言］＋断定＋タラの条件句例のほとんどを占めており（明治落語資料の4例の他、明治大正落語資料21例が該当）、特筆すべき傾向といえる。そして、以下この表現方法の特徴を［**想定**］と呼ぶことにする。

明治落語・明治大正落語資料のうち用法Ⅱに該当する残りの［体言］＋断定＋タラの例は、前件が後件に対して外的な意味関係で用いられる例である。その場合の前件は、［**前置き**］*7と称すべき非条件的用法を示す（明治落語資料1例、明治大正落語資料4例が該当）。この場合の前件は、例(13)〜(16)とは異なり、ある特定場面での具体的な成立は問題としていない点で特徴をなす。

(17) 男子の方では（中略）困る様なことに相成りまするが、女子で有りましたら、昔から浜立俗に隠売女と云ふのです（略）情けを商ふて一貫でも二貫でも銭儲けを致しますが、男子は……

(明治落語速記・お玉牛2・9お玉牛)

この例は、落語の「枕」に当たる部分で、連れ合いに先立たれた場合の男女を順に対比的に取り上げているものである。この仮定表現の話者の表現意識は「(相手に先立たれて残ったのが)女だとすると」と話題を誘い出すことにある。

---

*7　宮島(1964)で、ここで言うところの用法Ⅱの2)の前件が後件の外的な関係にあるとするものに該当する諸例について詳しく分析しており、その諸例に対して「前おき」という特徴づけを行っている（同書p.150）。ここは、その捉え方にならうものである。なお、この非条件的用法は、本書の第3章では［従属的修飾用法］と捉えるものに該当する。

(18) 何やったらおやっさんに言付けしようか。
(明治大正落語・絵手紙41・7報告書Ⅰ)

この断定＋タラ条件句は「仮に何かをするとするなら」の意味を有し、後件の成立に際してはいわば外部要素としての関わりしか持たない。

以上のように、明治期資料で［体言］＋断定＋タラを取る例のほとんどが用法Ⅱであった。そのいずれにも該当しないⅠ実情仮定の用法でタラを取る例が、本章で後半資料と位置づけた明治大正落語資料に7例現れる。用法Ⅰは例（12）に見たように、本来的には単純に先行する事情を［前提］として表現化することが基本であるが、しかし、タラによるⅠの例には、話者が何らかの意図において先行事情を「他でもなく」と特定することによって、改めてその対象を話題として取り出す調子を帯びるという顕著な特徴が認められる。

(19) （相手の「一尺八寸は太刀の厚みのこと」だとの説明を聞いて）あ、厚み。うーわっこーりゃー厚いやっちゃなあおえ。一尺八寸で厚みやったら向こう見えへんがな。
(明治大正落語音声・浮世床167・2報告書Ⅰ)

(20) （相手の「あのお方、甲斐性もんやと思て一人褒めてるの」を受けて）あーあーそらもう当たり前。あの人やったらもう誰かて喜んで物貸すの。
(明治大正落語音声・長屋議会172・1報告書Ⅰ)

（19）では、字が読める振りをしてつじつまの合わない説明をする相手に向かって、矛盾点を大げさに取り立てている。タラ条件句では、単に相手のことばを［前提］として繰り返すのではなく、自覚的に対象を「他でもなく」との思いによって取り出している。ここで加えられている話者の表現意識に見られる特徴を、以下 **［焦点化］** とする。

（20）では、「あの人」を自分だけが評価していると思っている相手に対して、その対象を捉え直す表現によって、相手の認識が現状と食い違っていることを伝えようとしている。「捉え直す」態度に、やはり［焦点化］の特徴

を認めることができる。

　明治大正落語中では「Ⅰ実情仮定」に解釈できる断定＋タラ例は明らかに少数派である。それらは、いずれも、単純に、先行事情を繰り返すのではなく、話者が取り立てて「捉え直す」意図が認められる箇所、すなわち［焦点化］の要素を見出しやすい箇所で用いられている。このように、［体言］＋断定＋タラの使用初期段階では、まずそのほとんどがⅡ状況設定例であって［想定］［前置き］の特徴を持つこと、しかし明治大正落語資料からは一部Ⅰ実情仮定の［前提］の例にもタラが現れ始め、それは［焦点化］の特徴を備えることを見た。3.1に示した仮説には補足が必要であることが明らかとなったが、以下も含めて修正は最後にまとめて行うこととする。

3.5　ナラを維持する場合

　次に、特に後半資料においてなおナラを維持するものを中心に、ナラ条件句の特徴を見ていくこととする。

3.5.1　指示代名詞に続く場合

　表2で見たとおり、指示代名詞を受ける場合に、取り分けナラを維持する傾向が強かった。指示代名詞は先行文脈中のことがらを［前提］として確認し、表現化することが基本である。この性質を本来的に持つものにナラを後世まで維持する傾向が顕著である事実から、逆にナラを維持する事由に［前提］用法が深く関わっていたことが明らかとなる。

(21)　（相手の「放っとけそんなもの。猫が片付けよるわい」を受けて）そんなら
　　　そうしまひょか。　　　　　　　　　　（昭和落語音声・青菜185・4報告書Ⅲ）
(22)　（相手の「（風呂を）お召しやしたらどうです」を受けて）ふんなら先いお
　　　風呂へ入れてもらいますわ。
　　　　　　　　　　　　　　　　　（昭和談話・全国方言資料・大阪221・5）

　ただし、指示代名詞を受ける場合でも、タラが全く用いられないわけではない。

(23) (相手の「どこぞ糊の安いとこがあったら教とん(「教えて」の意)」を受けて)あーそれやったらなー東の町の荒物屋へ行きなはれ。
(明治大正落語音声・長屋議会170・9報告書Ⅰ)

　この例は「ある魚屋で鯛を安く売っていたこと」の話題に続くものであり、今度は別の品(「糊」)が話題となっている。ここで用いられる条件句では、同じⅠ実情仮定であっても、相手のことばを「(他でもなく)そういうことだったら」と改めて捉え直す［焦点化］の意図が認められる。先の(19)(20)に見たことと同様に、前件の成立に話者が意識的、主体的に関与していることが、先行事実や現状を指示する場合でもタラを用いやすくさせた要因となっているものと考える。
　ちなみに、ここで見る用法は、いわば指示代名詞と接続辞の組合せを定型的に取る接続詞的用法であり、語彙化に伴う非条件的用法としての特徴も合わせて備えている。この点については改めて述べるとして(本書第8・9章)、ここはその事実のみを指摘するにとどめる。

3.5.2　指示代名詞以外の非活用型述語の場合

　指示代名詞以外の［体言］類の場合についても、後半資料中で依然としてナラで受ける条件句の例には、同様にⅠ実情仮定の用法例が目立つ。

(24) (先行して「手々噛むいわしや」とある説明を受けて)手噛むような新しい鯛なら買おうと思て　　　　　　(昭和落語音声・豆屋125・10報告書Ⅲ)
(25) もし名前知らなんだら商売呼ばなしょうおまへんがな。八百屋はんなら八百屋はん、鍛冶屋はんなら鍛冶屋はん、炭屋はんなら炭屋はん、酒屋はんなら酒屋はんじゃ。
(昭和落語音声・打飼盗人98・11～報告書Ⅲ)

　(24)は先行する話題を確定条件的に［前提］として受ける。(25)のように未確定のことを受けるものでも「実のところが～」を冠し得て実情との一致を仮定するものであり、現状に即して真であることを［前提］とする内容

第5章　タラの拡大　　179

を受ける点で同じものである。

　ところで、前節で、体言を断定＋タラで受ける初期の例は、話者の［想定］や［前置き］の意を持つⅡ状況設定の表現例に集中することを見た。その一方で、そういった内容の表現を、ナラで受ける例も後半資料に見出すことができないわけではない。

　　(26)　あんたとこのこれが持たしておこした物なら、こらあ気の毒なけど、わしゃよう貰わん。というのは、いや、あんたならわしや何でも貰うとこ。世間で評判の利口な人や、（略）エエ、あんたの物ならわしや目ふさいで貰おやが〜

（昭和落語音声・祝いのし108・17報告書Ⅲ）

　　(27)　(せっかく貰ってきた湯棺桶は) 何なら今年の暮れまで置いときましたらまた何かの間に合いますと思いますが

（昭和落語音声・近日息子212・3報告書Ⅲ）

　(26)は「（自分の）嫁がよこしたものだ」という相手の発話を受けて、そうではなく「あなたがよこしたものなら」と［想定］する例であり、(27)は［前置き］の例である。こういった用法Ⅱの例にもナラが用いられていることから、非活用型条件句を受けるナラ・断定＋タラは用法を分担し合っていたのではなく、ナラがそういった区別と関わることなく全用法を表現するものであったのに対し、断定＋タラは用法Ⅱの［想定］や［前置き］の特徴を持つものの中から限定的に、次第に進出していたという形で共存していたものだったと理解すべきものと考える。

4.　課題2について―活用型条件句における状況から―
4.1　活用型条件句で起きた変化と準体助詞ノ

　3.2に示した表1を詳細に見ると、活用型条件句に占めるナラの比率が近世中期資料に比べて洒落本で一旦減少し、明治大正落語資料以降はさらに減ってほぼ使用がゼロに近づくというように、その減少は大きく二段階に分けて捉えられることが読み取れる。

第一段階、すなわち近世後期以降にナラが使用を減らす理由については、すでに2節で見たとおり用法Ⅱのナラがタラに置き換わっていったことが関わっていよう。
　一方の第二段階、すなわち明治大正期以降にナラが使用を減らしていることについては、3.3の表2に明らかなように、明治期資料以降にノ＋断定＋タラを取る非活用型条件句が増えていることを同時に勘案する必要がある。ノはⅠ実情仮定の活用語＋ナラを、表現内容を変えずに断定＋タラの形式に移行させる際に必須の表現形式であった。このことから、第二段階でのナラの減少には、明治大正期から活用語＋ナラという活用型条件句がノを介した非活用型条件句に移行しつつあったことも関与している可能性があることを確認しておきたい。

4.2　ノ＋断定＋タラの特徴

　すでに明治落語・明治大正落語資料あたりの早い段階で、ノ＋断定＋タラを用いる例（合わせて7例）に注目してみる。ノを取るゆえに当然ながらⅠ実情仮定の例に限られる。注意されるのは、それらのいずれにも［焦点化］の特徴を認めることができることである。すなわち、条件句で取り上げる話題について、「他でもなく」という話者の特別な意識によって捉え直されていることが文脈から読み取れる例に限って、まずノ＋断定＋タラは進出していたということである。

　（28）　一ツ遣らう、けど前に云うとくぜ、片面擲るのやッたら左邊擲ッても返すへも云うとくよッて右邊瘡が出来て居るよッて……

（明治落語速記・胴乱の幸助9・9胴乱の幸助）

話者とその話し相手はわざと喧嘩を仕組んで、それを仲裁してもらうついでに酒もいただこうと計画を練る。前件の「片面擲る」は、本当の喧嘩に見せかけるために、相手が話者に持ちかけた策略の一つである。自分がそうされることには話者は消極的であるが、もしやむを得ず「どうしても片面擲るという選択が避けられない場合には」と、［前提］となる命題内容が［焦点化］

されている。

 (29) （丁稚の「あんたはんかて据えとおいなはったら宜しいが」に対して）わしら据えるの<u>じゃったら</u>こんな小さいもの据えやせん。
         （明治大正落語音声・灸丁稚158・3報告書Ⅰ）

灸を据えることは話者自身も内心嫌に思っているのであるが、発話に先行する状況（丁稚は少量の灸でさえ嫌がっていること）とは異なることを強調して、説得相手の聞き手に対して「わし」の優位性を［焦点化］によって示す。

 (30) そやからわたいな、同じ婿はん持つのや<u>ったら</u>あんな人亭主にしたいわ。
         （明治大正落語音声・長屋議会172・13報告書Ⅰ）

結婚相手についての話題が延々と続く中で、話者が条件句の内容を「同じ〜」の表現とともに改めて特定し［焦点化］することによって、その対象を話題として取り出し直す調子を帯びる。

 このようにノ＋断定＋タラは、先行の話題を引き継ぐⅠ実情仮定の［前提］を表しつつ、特にその前件の内容を話者が［焦点化］する意識が強い場合に先行しているのである。

 参考までに明治大正落語資料以降のタラの一般化がある程度進んだ資料において、ノ＋ナラと、ノを受けた上でなおナラを維持する例を示してみる。

 (31) いやいや分かりました。のしの根本はよく分かった。あんたがそういうのん<u>なら</u>尋ねるがな。（以下、相手「なんなと尋ねなはれ」）
         （昭和落語音声・祝いのし118・15報告書Ⅲ）

「のし」に関わる蘊蓄を得々と語る相手の長台詞に続く発話である。前件はすでに実現した事情を［前提］扱いで受けているとも取れる一方で、「あなたがそれだけのことを言うのだから（尋ねるが）」と相手の様子を改めて捉え直す［焦点化］の意識を認めることも可能である。

この種の例の存在を見ると、ノ＋断定＋タラに［焦点化］の特性を持ち込んでいるのは断定＋タラではなく、ノだという見方も成り立つことになる。そう考える場合も、まずはノによって［焦点化］の意識が込められる表現によって、断定の助動詞を受け得る環境が整えられたことで実際にタラが用いられている事実には変わりがない。つまり、［焦点化］の意識が認められない表現（ノが用いられない表現）には、構造的にタラはそもそも用いることができないわけである。

ここでは、ナラは［焦点化］の意識の有無と無関係に、［前提］の表現で使用されていた可能性が高いのに対し、ノ＋断定＋タラはその意識が認められる表現でのみ先行して用いられていたことに注意したい。

4.3　活用語＋ナラを維持する場合

後半資料の活用語＋ナラについては、Ⅱ状況設定の［設定］用法では、タナラによる一部の例を除き、タラへの交代を完了していることを2.2で見た。したがって、ナラを維持するのはⅠ実情仮定の［前提］（例32）がほとんどを占め、他に一部Ⅱ状況設定の［前置き］（例33）があるのみである[*8]。［前提］の例はいずれにも特に［焦点化］の特性を積極的に認めるような文脈を持たない。

> (32) （相手の「このピストルがおのれの横っ腹へお見舞い申す」を受けて）撃つなら撃て。心臓を撃て。　　　（昭和落語音声・阿弥陀池19・8報告書Ⅲ）

[*8] 例 (33) は「(正しく) 言ったら／言えば／言うと」への置き換えが可能と考えてⅡ状況設定の［前置き］としたが、［(正しく) 言うのなら］というⅠ実情仮定としての解釈も成り立つ。なお、いずれも、条件節としての独立性には欠けた、慣用的な言い方（例32のごとき繰り返しの例など）や、副詞的用法（例33）である。条件節の形を取りながら従属節としては自立性の弱い、非条件的な用法なのであり、この種の表現が近・現代において多用されることは、前章まで見てきたとおり、条件表現全体に共通して認められることである。ただし、その非条件的用法であることが、ナラを維持やすい、あるいはタラに交替しやすいといった状況と結び付いているかどうかは、この調査範囲では判然としない。

第5章　タラの拡大

(33) (相手の「やっぱりキョーイキが足ってまんねな」を受けて) キョーイキ？それも言うなら教育じゃ。

(昭和落語音声・青菜193・10報告書Ⅲ)

なお、昭和談話資料にはすでに活用型条件句でナラを用いる例自体がそもそも見られない。少なくとも本稿の調査範囲内では、昭和期には活用型条件句のナラは衰退に向かったことになる。そのあたりの事情や経緯の検討は、談話以外の資料も含めたさらなる調査を俟たねばならない。

5. 近世後期以降の上方・大阪語に起きた変化

　本章では、近世期以降の上方・大阪語においてどのようにタラが勢力を広げるのかについて検討してきた。まず、その兆候が見えるのが近世後期であることを、活用型条件句ではいわゆる完了性仮定（＝Ⅱ状況設定）のナラが激減し、しかも文語的文体中のタナラに限られていく様子や、非活用型条件句でも断定＋タラの形式を発生させていることによって確認した。近世の後期とは、それまでの上方語が中央語の位置にあったものが、江戸語との関係において、その位置から退く段階にあたる（序章2.2節参照）。その時期に、その後の上方・大阪語の条件表現を特徴付けていくこととなるタラの拡大が開始していることに、まずは注目しておきたい。

　さらに、近世後期以降昭和初期までを主たる対象として、タラの拡大がどのようにして起きていたのかについて、タラの進出が先行した用法、逆にナラを維持する傾向が強かった用法を中心に検討してきた。課題2のポイントであった活用型条件句と非活用型条件句とに起きた現象の関係に注意しながら、仮説の修正を兼ねつつ、以上、述べ来たったところをまとめてみる（表3）。

　まず注目したのが、体言類を受ける非活用型条件句についても、活用語を受ける活用型条件句と同様に、Ⅰ実情仮定とⅡ状況設定の区別を当てはめて考えてみることが可能ではないかということであった。特に非活用型条件句には、全例について歴然と両用法のいずれであるかを弁別するのは困難な面があるので、非活用型条件句でタラが進出する例について用法Ⅱの特性が認

表3 タラの表現領域拡張の様相

(仮説で注目した区分)	I「実情仮定」		II「状況設定」
条件句の種類＼前件に認められる特徴	先行事実や実情そのもの		話者が設定に関わるもの
	[前提]	[前提]+[焦点化]	[設定]／＊[想定]／[前置き]
非活用型条件句	[ナラ]を維持しやすい	[断定タラ]が進出しやすい	[断定タラ]が進出しやすい
活用型条件句	[(ノ)ナラ]を維持しやすい	[ノ断定タラ]が進出しやすい	直接[タラ]へ（一部[タナラ]）

※＊［想定］は非活用型条件句に限られる。

められないかという見方から、例を検証してきた。その結果、上記まとめに示したように、両条件句で起きた変化は基本的には同様のものとして捉えられること、そしてその説明には用法Ⅰ・Ⅱの区分だけではなく、話者自身が命題の設定に積極的に関わる場合（［設定］［想定］［前置き］→新たに命題を設定／［焦点化］→定まった設定を話者が自覚的に捉え直す）と先行事実や実情そのものを引き継ぐ場合（［前提］）の区分を施すとその状況の把握に有効である[*9]ということがわかった。それはまた、この区分で捉えることで、活用型・非活用型という構造的には異質な面を持つナラ条件句全体の変化が、同様の原理に基づく[*10]ものであったという説明が初めて可能になるということでもある。

上記のまとめに歴史的な変化の順を加えると、調査範囲内では、まず近世後期には「て」を受ける非活用型条件句の［設定］からタラが用いられる実態があった。ただし、これは活用型条件句のⅡ状況設定のナラ（すなわち完了性仮定に通ずるナラ）をタラで表す現象と質的には同じものと見られる。特に用法Ⅱの活用型条件句のナラは直接タラへの置き換えが可能である事実が示すように、用法としてこの領域は、タラとの距離が近く重なりも大きい。その部分からまずタラが進出するという段階が、活用型・非活用型の区別を超

＊9　なお本章で見た、ナラから（ノ）断定＋タラへの置き換えが活発であったものとそうでないものとの区別は、そのまま現代標準語の用法にも関わっていく可能性がある。非活用型条件句の例を用いて示してみる。
　○断定＋タラを取りやすいと考えられる例
　　a「もし明日起きて、雨（なら／だったら）そのときは傘を持っていくよ」
　　　　　　　　　　　　　　　　　　　　　　　　　　　　…［想定］の例
　　b（インフルエンザに罹ったのではないかと心配する人に対して）「インフルエンザ（なら／だったら）、今すでに、熱、すごく出てるんじゃない？」
　　　　　　　　　　　　　　　　　　　　　　　…［前提］＋［焦点化］の例
　○ナラを取りやすいと考えられる例
　　c（学生である相手に対して）「君も学生（なら／だったら）わかるはずだ」
　　　　　　　　　　　　　　　　　　　　　　　　　　　　…［前提］の例
　　d（天気予報をみて）「明日、雨（なら／だったら）傘を用意しておいた方がいいか」
　　　　　　　　　　　　　　　　　　　　　　　　　　　　…［前提］の例
試みに、愛知教育大学学生（1年生37名、3年生19名、計56名）を対象として、上記例文について「なら」と「だったら」のいずれに適正さを感じるかを問うアンケートを実施した（2005/5/13）。参考までに、その結果を示してみる（「いずれとも特定し得ない」の回答者数を除く）。

	a［想定］	b［焦点化］	c［前提］	d［前提］
ナラ	14	17	42	39
ダッタラ	39	35	10	12

ほぼ愛知県在住者による限られた調査ではあるが、本論で得た見通しがそのまま確認できる結果であることがわかる。

＊10　ただし、両条件句に起きた変化が全く同じであったわけではない。仮定表現の条件句は、そこで受ける述語の性質の違いから、活用型条件句では特定場面での動きや変化が完了するという動的なものが表現されるのに対し、非活用型条件句では状態や属性といった静的なものが表現される。その違いがあるため、例えばⅡ状況設定でタラが進出していた例には、それぞれ活用型条件句は［設定］、非活用型条件句では［想定］と、その特徴は異なることになる（非活用型条件句に一部［設定］用法が見られたことについては、本文3.4.1を参照）。ただし、そのような条件句の構成要素の性質に根差す相違を除けば、基本的には両条件句で起きた変化は同一の原理で捉えられることが、ここでは重要だと考える。

えて、近世の後期にあったということである。上方語が中央語から地域語へとその位置づけを移す段階にちょうど当たる時期に、その後の上方・大阪語の仮定的条件文を特徴付けるタラ集中の萌芽が見え始めることも注目される。その後タラは拡大の一途をたどり、明治期に入り、話者が独自に設定を行う［想定］や［前置き］でまずは広がりが見え、続いて実情や現状との一致を示す［前提］に対して「他でもなく」と話者が主体的・意図的に取り立てた［焦点化］が加わる用法の順で、断定＋タラが進出していたのである。

このうち、タラとの直接的な重なりのある［設定］で交代が起こることがタラ進出のきっかけとなっていたことは、状況としては自然であり、理解もしやすい。ところで、その次の段階で［想定］や［前置き］、さらには［焦点化］と、話者が主体的に命題の設定に関わる表現や改めて捉え直す表現を条件句で受ける場合に（ノ）断定＋タラが進出していたのはなぜであろうか。

この点については、ナラおよび断定＋タラに対する語源意識が関わっていたのではないかと考える。ナラは、すでに助動詞ナリが滅びた時代にあっては、ナリの一活用形という認識は薄れ、基本的に接続辞として機能している。それゆえに、話者が主体的に条件設定を行う意味を帯びる［想定］［前置き］や［焦点化］が加わる用法の表現では、使い古されてきたナラではなく、（ノ）断定＋タラという断定の助動詞本来の用法をより意識しやすい表現を取る傾向を生じたのではないか。逆に、［前提］の用法、すなわち文脈上定まっている、話者の肯否の対象外のことを受ける場合に、接続辞として長らく使用されてきたナラが残りやすかったのではないかということである。

タラの多用は、いわば近代大阪語・条件表現の象徴的特徴である。そのタラの拡大が、近世後期以降に明らかになっていくこと、また話者の主体的な条件設定への関わりが見えるところから認められるということを、再度確認しておきたい。

6. おわりに

大阪語では、現代に近づくにつれて、用法を問わずナラは一段と衰退し、（ノ）断定＋タラが圧倒していく[*11]。結果として、用法別にナラ・タラが併存するのではなく、タラへの一本化の道を選んだことになる。ただし、Ⅱ状

況設定の活用型条件句のナラがタラに交代する以外、他のナラはすべて（ノ）断定＋タラへの交代である。ナラ条件句のうちのナラでしか表せなかった本質的な用法部分は（ノ）断定＋タラが継承しているのであり、決してタラ一色に向かって統合されているのではない。別の表現形式によって、むしろ、より分析的な表現方法を取っているとも言える。この点にのみ限定するならば、大阪語独自の分析化・整理の傾向を認めることも可能である。

　本章は、上方・大阪語の中央語から地域語への交代期に起こった、ナラからタラへという、現代大阪語の特徴を捉える上で重要な変化について、考察してみた。しかし、現段階は、上方・大阪語のタラの領域拡大のさまを観察し、その事実のありように対して解釈を施したに過ぎない。なぜ、そのような変化を起こしたのか、すなわち、なぜ上方・大阪語では、このようにタラが領域を広げていくのかということに対する積極的な事由説明にまでは至っていない。この点については、他の接続辞の状況を明らかにしつつ、条件表現全体の問題として、検討する必要がある。

＊11　ちなみに表1に示したように、「平成談話」では、活用型条件句156例のうちナラ0例、非活用型条件句54例のうちナラ11例であった。その非活用型条件句ナラ11例のすべてが指示代名詞を受ける例（「ほんなら」「ほな」）である。この形式は、他の語との組み換え機能を失った、語彙化した接続詞である（同用法の定着については第8章参照）。こういった用法を除けば、調査範囲では例が見られなかったことから、現代大阪語のナラの衰退（タラへの一極化傾向）は一段と明瞭になった様子がうかがえる。

※付記　江戸・東京語における条件表現の接続辞について（参考）

　江戸・東京語における条件表現の接続辞について、参考までに、本章で示した方法に従って、資料別にその使用状況を示しておく（表4）。

表4　資料別接続辞別用例数（江戸・東京語）

	資料	仮定形+バ	未然形+バ	ナラ	タラ	ト	テハ	(他)	(計)	仮定形+バ	未然形+バ	ナラ	タラ	ト	テハ	(他)	(計)
活用型	噺本	29	19	4	20	23	10		105	28%	18%	4%	19%	22%	10%	0%	100%
	洒落本	68	13	14	27	51	30		203	33%	6%	7%	13%	25%	15%	0%	100%
	滑稽本	312	72	31	156	278	197	4	1050	30%	7%	3%	15%	26%	19%	0%	100%
	人情本	81	20	12	35	64	36	2	250	32%	8%	5%	14%	26%	14%	1%	100%
	明治小説	168	5	22	83	101	77		456	37%	1%	5%	18%	22%	17%	0%	100%
	明治大正落語速記	143		15	59	171	75	1	464	31%	0%	3%	13%	37%	16%	0%	100%
	明治大正落語音声	32		4	21	64	26		147	22%	0%	3%	14%	44%	18%	0%	100%
	昭和落語	49	1		51	98	43	2	244	20%	0%	0%	21%	40%	18%	1%	100%
	昭和談話	16			17	37	10		80	20%	0%	0%	21%	46%	13%	0%	100%

		ナレバ	ナラ	断定+タラ	断定+ト	デハ	(他)	(計)	ナレバ	ナラ	断定+タラ	断定+ト	デハ	(他)	(計)
非活用型	噺本	1	52			16		69	1%	75%	0%	0%	23%	0%	100%
	洒落本	1	69		2	27		99	1%	70%	0%	2%	27%	0%	100%
	滑稽本	2	237		13	180		432	0%	55%	0%	3%	42%	0%	100%
	人情本		61		6	52		119	0%	51%	0%	5%	44%	0%	100%
	明治小説	1	82		4	78		165	1%	50%	0%	2%	47%	0%	100%
	明治大正落語速記		42	3		60		105	0%	40%	3%	0%	57%	0%	100%
	明治大正落語音声		11	4	3	38		56	0%	20%	7%	5%	68%	0%	100%
	昭和落語	2	21	6	1	52		82	2%	26%	7%	1%	63%	0%	100%
	昭和談話		1	1	2	15		19	0%	5%	5%	11%	79%	0%	100%

○上方・大阪語との相違

・活用型・非活用型条件句ともに、それぞれの接続辞の使用状況において、時代による特別な増減の傾向は示さず、ほぼ同様のバランスを保ったまま用いられている（各接続辞の用法については、小林2004参照）。タラへの一極集中を示す上方・大阪語とのもっと大きな相違点である。

・各接続辞が一定の均衡で併存しているという点においては、近世中期上方語と近世後期以降の江戸・東京語は等しく、近世後期以降上方・大阪語は異なった傾向を示している。

・ただし、非活用型で、江戸・東京語の特徴がデハの強大化に現れる。相対的にナラの占有率が低めであり、弱体化傾向も著しい。

・断定+タラに限定すれば、上方・大阪語の方が早くから勢力を強め、しかも増加の仕方は顕著であり、江戸・東京語は発生が遅れる上に、1割弱に止まったまま、増加の気配が見えない。

続いて、江戸・東京語における非活用型条件句の(断定辞+)接続辞の盛衰の様子である。資料ごとに、条件句の述語を構成する語別に用例数を示す(表5)。

表5　非活用型条件句の述語構成語別用例数（江戸・東京語）

	資料	の	[体言]	指示代名詞	こと	もの	(他)	(計)
ナラ	近世後期資料	3	195	206	10	3	2	419
	明治小説	5	46	16	11	4		82
	明治大正落語速記	5	23	8	3	3		42
	明治大正落語音声		9	2				11
	昭和落語	2	16	2	1			21
	昭和談話		1					1
	(計)	15	290	234	25	10	2	576
断定+タラ	明治大正落語速記		3					3
	明治大正落語音声		2			2		4
	昭和落語		5	1				6
	昭和談話	1						1
	(計)	1	10	1		2		14
デハ	近世後期資料		165	87	3		20	275
	明治小説		39	34			5	78
	明治大正落語速記	1	16	25	3		15	60
	明治大正落語音声	2	3	8			25	38
	昭和落語	1	14	13			24	52
	昭和談話	2	3	6			4	15
	(計)	6	240	173	6		93	518

※・デハの「(他)」は、その多くをデハ単独使用による接続詞的用法例が占める。
　・近世期の「噺本・洒落本・滑稽本・人情本」は「近世後期資料」として一括して示す。

○上方・大阪語との相違
・上方・大阪語の断定＋タラ拡大のきっかけとなった「て」を受ける例が、一例も存在しない。
・断定＋タラは使用例も少なくノ＋断定＋タラの勢力も、上方・大阪語に比べて著しく小さい。
・その代わり、上方・大阪語には使用が限られていたデハが近世期資料から多用されている。接続詞的用法を構成するデハ（指示代名詞を受ける例、あるいは指示代名詞を受けない「（他）」でのカウント例）を別枠で考えると、デハとナラとが拮抗して併用され続けることが特徴と言えそうである。

第6章

打消条件句の推移とその特殊性

1. 問題の所在

　前章で見たように、近・現代大阪語の仮定的条件文は、次第にタラが勢力を強め、ナラやバ、ト等の領域をも覆う形で用いられ、現代標準語とは異なった表現を取る。ただし、仮定的用法すべての領域において足並みをそろえてタラ一色になったものではなく、歴史的にはその交代にさまざまな段階を経る[1]。例えば、打消の助動詞を受ける条件句（以下、打消条件句と称する）はバの維持傾向が強く、後述するようにタラの用法を持つ打消過去の助動詞ナンダによるナンダラの発生が遅れ、タラ系統の表現であるンカッタラの派生はさらに遅れる[2]。
　一方、現代の大阪語でも、打消条件句には、依然としてタラ以外の表現を取る傾向が強い用法もある。

　　（1）　電車乗り換え一杯せなあかんとかなー。　　（平成談話・6・112）

---

[1]　前章も、そのタラの段階的な拡大の諸相を引き起こすものについて検討するものであった。
[2]　楳垣（1962：45）により、昭和中期において打消過去は助動詞ナンダが「代表形」であり、ンカッタの言い方はようやく「京阪都市部を中心に若い世代」で勢力を得つつあったことが指摘されている。したがって、打消条件句においてンカッタラを使用する状況が拡大・一般化するのは、昭和中期のさらに後であることが知れる。ちなみに、高木（2004）によれば、近年の大阪語の若年層においては、ンカッタおよびその仮定形ンカッタラはすっかり定着した段階にあることが報告されている。

この例は、打消条件句で仮定形＋バ（ネバ→ニャ→ナ）を取り、さらにアカンの帰結部分と合わせて当為的な表現をなす。この場合の二重否定を取る〜ナアカンは文法化した機能語として用いられている（第Ⅴ部において詳述）。こういった文法化した表現、およびその周囲に位置する表現では、そもそも文法化するだけの条件が整っていたために、すなわちその表現が本来持つ用法の本質に合致するなどの積極的な存在理由があったために、タラの侵食を受けにくかったのであろうことが推測できそうである。

このように見てくると、これら打消の助動詞を受ける条件句は、他の語を受ける場合とは異なって、なぜ独特の接続形式を用いる歴史をたどるのかという疑問が生じる。本章では、この疑問について、そもそも打消条件句とその他の活用語を受ける条件句とで、歴史的にみて、何がどの程度異なっているのかという調査を出発点としながら、検討してみることとする。

2. 打消条件句の形式上の特徴

まず、打消条件句とそれ以外の活用語の述語を取る仮定的条件文のうち、活用型条件句のそれぞれの接続辞の推移の状況を対比的に捉えてみる。体言類を受ける非活用型条件句は断定の助動詞の介入を必須とする構造であり、打消条件句という活用型条件句の検討に際しては直接の関わりがない表現群ゆえ、これらは比較の対象から除外しておく。

接続辞別に、各資料で使用されていた用例数を示す。その際、打消の条件句については、二重否定当為表現を構成するものとそれ以外のものとを分ける。先に触れたとおり、当為表現は文法化によって仮定形＋バを維持する傾向が極めて強く、その点を区別して捉える必要があるからである（表1）。

表から、打消条件句についてわかることは、次の二点である。

（a） 表1の活用型条件句全体（打消条件句を除く）と比較すると、当為表現で特に顕著に、またそれを除いた打消条件句でも、仮定形＋バを取る傾向は高く、ナラ・タラが未発達であることと合わせ、特徴的な使用状況を示す。
（b） ただし、仮定形＋バを取る頻度は、当為表現を除く打消条件句に比

表1　条件句別接続辞の推移

条件句	資料	仮定形+バ	未然形+バ	ナラ	タラ	ト	テハ	(他)	(計)	仮定形+バ	未然形+バ	ナラ	タラ	ト	テハ	(他)	(計)
活用型条件句（打消条件句を除く）	歌舞伎狂言本	39	44	11	36	11	25	8	174	22%	25%	6%	21%	6%	14%	5%	100%
	歌舞伎台帳	20	7	8	18	3	2		58	34%	12%	14%	31%	5%	3%	0%	100%
	近松浄瑠璃	275	188	66	165	14	144	3	855	32%	22%	8%	19%	2%	17%	0%	100%
	紀海音浄瑠璃	69	63	40	46	2	35		255	27%	25%	16%	18%	1%	14%	0%	100%
	噺本	30	32	8	25	4	10		109	28%	29%	7%	23%	4%	9%	0%	100%
	洒落本	44	10	14	85	30	16		199	22%	5%	7%	43%	15%	8%	0%	100%
	滑稽本	68	3	35	216	261	70		653	10%	0%	5%	33%	40%	11%	0%	100%
	明治落語速記	49	7	26	156	94	27		359	14%	2%	7%	43%	26%	8%	0%	100%
	明治大正落語音声	14	1	5	125	48	13		206	7%	0%	2%	61%	23%	6%	0%	100%
	昭和落語音声	69	5	10	360	74	7		525	13%	1%	2%	69%	14%	1%	0%	100%
	昭和談話				53	17			70	0%	0%	0%	76%	24%	0%	0%	100%
	平成談話	10			61	4	2		77	13%	0%	0%	79%	5%	3%	0%	100%
	(計)	687	360	223	1346	562	351	11	3540	19%	10%	6%	38%	16%	10%	0%	100%
打消条件句 当為表現以外	歌舞伎狂言本	12	8	1		4			25	48%	32%	4%	0%	16%	0%	0%	100%
	歌舞伎台帳	2	1						3	67%	33%	0%	0%	0%	0%	0%	100%
	近松浄瑠璃	49	20			1			70	70%	29%	0%	0%	1%	0%	0%	100%
	紀海音浄瑠璃	12	11						23	52%	48%	0%	0%	0%	0%	0%	100%
	噺本	6	4						10	60%	40%	0%	0%	0%	0%	0%	100%
	洒落本	16	2			5			23	70%	9%	0%	0%	22%	0%	0%	100%
	滑稽本	18	1			58		3	80	23%	1%	0%	0%	73%	0%	4%	100%
	明治落語速記	10	2	2	4	12		2	32	31%	6%	6%	13%	38%	0%	6%	100%
	明治大正落語音声	10				9		1	20	50%	0%	0%	0%	45%	0%	5%	100%
	昭和落語音声	35				19		26	80	44%	0%	0%	0%	24%	0%	33%	100%
	昭和談話	2				1			3	67%	0%	0%	0%	33%	0%	0%	100%
	平成談話	6			4	1			11	55%	0%	0%	36%	9%	0%	0%	100%
	(計)	178	49	3	8	110	0	32	380	47%	13%	1%	2%	29%	0%	8%	100%
打消条件句 当為表現	歌舞伎狂言本	16	2						18	89%	11%	0%	0%	0%	0%	0%	100%
	歌舞伎台帳	4							4	100%	0%	0%	0%	0%	0%	0%	100%
	近松浄瑠璃	41	3						44	93%	7%	0%	0%	0%	0%	0%	100%
	紀海音浄瑠璃	8	2						10	80%	20%	0%	0%	0%	0%	0%	100%
	噺本	8	1						9	89%	11%	0%	0%	0%	0%	0%	100%
	洒落本	27							27	100%	0%	0%	0%	0%	0%	0%	100%
	滑稽本	55				8	2	1	66	83%	0%	0%	0%	12%	3%	2%	100%
	明治落語速記	29				2			31	94%	0%	0%	0%	6%	0%	0%	100%
	明治大正落語音声	22			1			1	24	92%	0%	0%	4%	0%	0%	4%	100%
	昭和落語音声	68	1			3			72	94%	1%	0%	0%	4%	0%	0%	100%
	昭和談話	16							16	100%	0%	0%	0%	0%	0%	0%	100%
	平成談話	20			1				21	95%	0%	0%	5%	0%	0%	0%	100%
	(計)	314	9	0	1	14	2	2	342	92%	3%	0%	0%	4%	1%	1%	100%

※・活用型条件句のうち、仮定的条件文を構成する例を対象とするものである。
・打消条件句の「当為表現」には二重否定形式（ネバナラナイ類）以外のもの（ナケレバイイ類、全7例）を含む。
　表中「(他)」としたもののうち、打消条件句で該当するのはすべてナンダラである。
・形容詞及び打消助動詞連用形＋ハは、未然形＋バと用法上の相違が認められないので未然形＋バに含めて扱う。
・各資料中、当該接続辞の占める比率が50％以上の箇所に網掛けを施した。

べて、当為表現の方が著しく高い。特に滑稽本以降の差は顕著である。

　以上のうち、当為表現が仮定形＋バを著しく高い比率で使用することについては、第11章で取り扱う。本章では、当為表現を除いた打消条件句に限定して、なぜこの表現が仮定形＋バを取る傾向が強いのかについて検討する。なお、当為表現が文法化した際に、他でもなく仮定形＋バの形式を取った理由は、当然ここで行う検討と同列上で議論すべき面を含む。その点については後に触れる。

3. 各接続辞盛衰の概要

　最初に、検討の結果得られる、用法領域別接続形式の盛衰を大まかに示してみる。用例数の多寡は反映させず、おおよその見取り図としての意味合いである*3。なお。近世中期資料は、資料間の差は僅少と考え、一括した（次頁図1）。

　後述するとおり、仮定形＋バは、図に示したところ以外にも、図中の点線を越えて表現が可能で（ただし、その分布にはかなりの濃淡があったと推測されるが）、各接続辞と共存し得たものである。この図1においては、その点は表現しきれておらず、注意が必要である。

＊3　図1において、近世中期資料のズバは仮定形＋バ用法の領域も対応するとした。用例数自体はそれほど多くないが、次のような例がそれに該当する。
　　・そなたを国へ下さず<u>は</u>親に不孝の冥罰。行末よからふ様もなし下したいも一はい
　　　なり。　　　　　　　　　　　　　　　　　　　　（近松浄瑠璃・刃5・487・4）
一般的な因果関係で捉える認識の表明である。この種の例の存在から仮定形＋バ用法の領域にも未然形＋バが対応していた可能性があると判断する。当時の已然形＋バが表現していた用法との関係が問題となるところであるが、ここではその点は問わないこととする。

図1 上方・大阪語における打消条件句の各接続辞の盛衰の様相

用法 \ 資料	近世中期資料	洒落本	滑稽本	明治落語速記	明治大正落語音声	昭和落語音声	昭和談話	平成談話
当為表現を句で除く / ナラ用法	ズバ（未然形＋バ）			（衰退）		ンノヤッタラ		
タラ用法						ナンダラ		ンカッタラ
仮定形＋バ用法				ネバ→ニャ→ナ（仮定形＋バ）				
ト用法				ヌト→ント				
当為表現				ネバ→ニャ→ン→ナ（仮定形＋バ）				
（補足）				ンナラ・ナカッタラ・ンケレバの少数使用				
					ナケレバの少数使用			

〈備考〉
＊各用法の判断基準は次のとおり（益岡1993他による。詳しくは本書の第2章3節を参照されたい）。
・ナラ用法：前件である状況が起こることを設定し、その場合に話し手が〔成立するべき／はず〕と考える事態を後件で表す。
・タラ用法：前件が実現したあとに、起こる（べきと考える）ことを広く後件で表す。
・仮定形＋バ用法：前件が起こる場合に当然起こるべき／はずとみなされることを後件で表す。
・ト用法：前件が起こると自動的に起こることを後件で表す。
＊仮定形＋バは、上記図に特定した領域のみならず、全用法範囲において、広く他の形式と共存していた可能性がある。

以下、具体例とともに図1の実態について、詳細に見ていく。

4. 打消条件句の用法

4.1 近世中期資料の未然形＋バ

近世中期は、未然形＋バが、仮定的条件文全体の二〜三割を占めていた段階である。矢島（2004a）で、特に当期資料における未然形＋バの用法について詳述したが、要点を繰り返せば蓋然性が未確定の事態を仮定するという共通の特徴をもちながら、仮に現代標準語に置き換えるとするとナラ・タラのいずれとも交換可能な領域を担っていたのであった[*4]。

打消条件句の場合も同様である。

＊ナラ用法の未然形＋バの例
　　（２）　お袋さまにあわす事がならずばこなたの手に掛けて殺さしやれ〜。
　　　　　　　　　　　　　　　　　　　　　　　（狂言本・伝受18ウ6）

「いまこの状況で、母親に会わせてもらえないということであるなら〜」と事実に関する仮定の表現であり、ナラ用法を読み取ることができる。
　未然形＋バは呼応する帰結句において、掲載例のように推量や意志、命令表現などモダリティ表現を取ることを基本としており（例外については注3参照）、一方のこの段階における仮定形＋バの呼応例には、原則としてそれらが現れないことと好対照をなしている＊5。

＊タラ用法の未然形＋バの例
　　（３）　いさ、食わしてミやう。ゑ食わずハだうを打たせて打ち殺そうといゝあわせ、
　　　　　　　　　　　　　　　　　　　　　（噺本・星鉄炮7・80下12）

「もし食べることができなかったら、そのときは〜」の意で、タラ用法と認められる。ただし、該当例は必ずしも多くない。

4.2　ナラ用法

　洒落本以降、未然形＋バを取る打消条件句（洒落本に2例、滑稽本に2例の計4例）は用法領域を縮小し、基本的にナラ用法に限られる＊6。用法の衰退は用例の偏在となって現れ、明治落語資料中の二例はいずれも、同じ落語資料「鶯宿梅」中で、古めかしい言い方を意図的に用いている例である。

＊4　図1以下本章で用いるナラ用法・タラ用法の称は、図1〈備考〉に示したごとく、現代標準語のナラ・タラの典型的な使用例に観察される用法に対して便宜的に用いるものに過ぎない。したがって、例えば、上方・大阪語において拡大するタラの用法領域が対応するわけではない。

＊5　このあたりのことは、矢島（2004b）で、近世中期頃の活用型条件句未然形＋バと仮定（已然）形＋バの両帰結句の呼応関係全体に共通して観察できることを論じている。

（4）　コレ歌と云ふ者は皆起因の有る者じや、知ずば聞かしてあげる能う聞なされ。
　　　　　　　　　　　　　　　　　　　　（明治落語速記・鶯宿梅3・13噺の種）

　洒落本以降は、未然形＋バの条件表現に占める位置は相当に低くなったと見るべきであろう。そのナラ用法における未然形＋バの衰退期に、同用法を仮定形＋バで表す例がある。

（5）　お前が問に合ねバ私に貸しておくれんカ。
　　　　　　　　　　　　　　　　　　　　　　　　（滑稽本・穴さがし466・6）
（6）　まからな「まかりまへん」と一言言うたらええことやろが。
　　　　　　　　　　　　　　　　　　　　（昭和落語音声・豆屋132・8報告書Ⅲ）

　いずれも発話時の聞き手を取り巻く状況について、真偽の程を忖度しつつ真の場合を仮定するナラ用法である。これらを仮定形＋バで表す例は、江戸後期から昭和期の資料まで、少なからず見出すことができる。
　なお、興味深いことに、打消条件句はナラを下接した使用例がほとんど見当たらない（調査範囲内で明治落語速記資料までに3例のみ。表1参照）。

（7）　せぬならせぬと云切たがよい。　　　　　（狂言本・十七年忌83・3）
（8）　まだ食はんなら食はんと仰しやッて下さいませ。
　　　　　　　　　　　　　　　　　　　　（明治落語速記・お玉牛14・7お玉牛）

　（7）（8）は同一文節の繰り返しにナラを用いるものであって、ナラ固有

＊6　衰退期にある未然形＋バがナラ用法領域に多く残りやすいことについては、打消条件句に限らず活用型条件句全体に共通して観察されることを矢島（2004a）で述べた。ちなみに三井（2009）では、「現代方言の「未然形＋バ」が、133図（『方言文法全国地図』：矢島注）のような、共通語の「なら」の意味にあたる、判断の仮定を表す用法に偏る傾向がある」ことが指摘される。今日の地理的分布は、歴史的な実態の反映とも理解できそうである。

の用法と認識されやすく仮定形＋バを用いなかった可能性が高い。そういった特別な使用に限られることを見ると、打消条件句におけるナラの少なさは際立ったものといえる。

　その一方で、ナラの言い換え形ともいえるノ＋断定＋タラが、明治大正落語資料以降に現れる（表1備考参照）。両者は［体言（に準ずるもの）］に断定の助動詞を介して条件句を構成する点で共通する。

（9）　いたしませんねやったら客のほうから何々持って来いっちゅうまで黙って控えとれ。　　　（明治大正落語音声・脱線車掌16・5報告書Ⅱ）

下線部ノ（ネ）ヤッタラはノ＋ナラへの置き換えが可能である。この例は、直前の相手の発話（「しやいたしませんわ」）を受けてそれを繰り返すもので、非活用語に準ずる用法であり、特殊である。しかし少なくとも打消条件句として、ナラではなく、ノ＋断定＋タラというタラ系統の表現への道を開いている点において重要な意味を持つ。ちょうど、明治大正落語資料以降というのは、大阪語の活用型条件句全体において、ナラが衰退し、ノ＋断定＋タラが勢力を拡大していく時期に当たる（前章参照）。打消を受ける条件句でも同時期に、同様のことが起こっていたことを示す[*7]ものとして（9）を位置づけることができよう。

4.3　タラ用法

　近世中期資料ではタラ用法を未然形＋バが担っていたことを見たが、それ

　＊7　調査範囲をさかのぼっても、本文中で見たとおり、打消条件句におけるナラ下接例は限られており、その領域はむしろ仮定形＋バが担っていた。したがって、基本的には打消条件句におけるノ＋断定＋タラの発生はナラからの交代においてというよりは、仮定形＋バ（一部未然形＋バ）からのそれであったことになる。

　ところで本文例（7）（8）に示すように、実際に当時の関西語としてもナラが全く用いられなかったわけではないようで、『口語法調査報告書』（明治39・1906年）第三十一条動詞「聞く」の打消形を問う項で、大阪府大阪市について「聞かねば」の他に「聞かんなら」をあげている。

以降、タラ用法は、それまでより領域を拡大させた仮定形＋バが覆っているようである。

(10) 蓮華(れんげ)の上へすわつたら直(すぐ)に退屈(たいくつ)して糸車(いとぐるま)でも出さにや三日と辛抱(しんぼう)ハ出来やしよふまひ。　　　　　　　　　　　　　　（滑稽本・穴さがし480・4）

打消条件句の性質上、非特定時を想定する状況設定を表すという理解は常に成り立つ。その上で、(10)などは、特定の個別事態の成立を「～をした、その時には」と想定した、タラ条件句の表現性を見出すことも一方で可能である。本例のような意を条件句で担いながら、かつ帰結句で推量表現が呼応する場合は、近世中期資料では条件句は未然形＋バであったはずである。この種の表現にも、近世後期になると仮定形＋バが用いられるのである。

その後、この領域を覆ったのが打消過去の助動詞ナンダによる条件句であった。この助動詞は、「室町時代～江戸時代語であったが、現在は標準語「なかった[8]」に対応する西部方言としての地位を保っている」（吉田1971：206）ものである。しかし、その使用は終止・連体・已然形等の文末相当の箇所に偏りがちであり（京2003、湯澤1936等）、特に仮定形ナンダラの使用は近世後期の江戸語でも一般的ではなかったようである[9]。上方・大阪語を対象とする本調査でもナンダラは江戸期の資料には例が見られず、明治以降になって初めて現れている（表1では、ナンダラは、打消条件句のうち「(他)」欄に示

---

[8] 標準語形とされるナカッタの仮定形ナカッタラが、調査範囲内では明治落語資料にのみ用いられていた（表中タラ4例。例、「酒飲(さけの)まして呉(く)れなかったら何(なん)にも成(な)らんワ」（明治落語速記・胴乱の幸助5・4胴乱の幸助）ちなみに平成談話資料の4例はンカッタラで別系統である）。明治落語資料は速記本であり、リライトの段階で標準語的要素が混入したものである可能性がある（金沢1998：22-24）。

[9] 湯澤（1954）において後期江戸語としての用法を整理したナンダの活用表では、仮定形ナンダラは括弧に入れ、解説・用例とも示されていない。金田（1969：255）では後期江戸語のナンダについて触れる箇所で、「次のような用法までも生んでいる」とした上で「今の札をうつちやらなんだらよかったもの。」（東海道中膝栗毛）の例をあげる。

した例数すべてが該当する）。

　そうであるとすると、問題は、この間、ナンダはなぜ長期にわたって仮定形を発生させなかったのかということである*10。

　ナンダラ条件句の特徴は、特定の事態を具体的に想定する例が多いことであり、それはタラによる条件句の特徴そのものでもある。

(11)　彼娘子(あのむすめご)手に入れなんだら、此村(このむら)の若い者の不名誉(もんなをれ)に成るから、何でも一ツ彼女を旨(うま)く口説(いた)し落(しめ)たい者(もの)ぢや。

(明治落語速記・お玉牛34・6お玉牛)

この例の前件は「あの娘を手に入れなかった場合は」の意である。このように、ナンダラ条件句の特徴は、前件でナンダによって否定する対象が、具体的な状況の成立を内容とする点である*11。このナンダラ条件句が使用されるようになったのが明治落語の段階以降であったということである。この発生の時期の問題については、後で検討することにしたい。

---

　*10　打消過去ナンダの前身は、打消の助動詞＋過去の助動詞という承接関係による表現である。「平家物語」で調査しても、打消＋過去による已然形＋バの例はあるが、未然形＋バは見出せない。
　　・義勢ばかりでは、此謀反かなふべうも見えざりしかば、さしもたのまれたりける
　　　多田蔵人行綱、此事無益なりと思ふ心つきにけり。　　　（平家・巻二・上75・4）
否定表現を条件句に取る場合、古来、発話時以降の成立を内容とするタラ用法は過去の助動詞を用いずに打消助動詞の未然形＋バが担ってきたと見るべきであろう。
　　・此度召さんに参らずは、はからふむねあり。　　　　（平家・巻一・上22・7）
　*11　ナンダによる条件句例のすべてにタラ用法の特徴が顕著なわけではない。
　　・昭和生まれいけまへんか。（中略）昭和がいかなんだら大正でも明治でもそらもう
　　　そっちの勝手に任しときますけど。　　　（昭和落語音声・打飼盗人83・14報告書Ⅲ）
前件が仮に事実として成立するとする内容を持ち、ナラ用法と捉えることができる。否定の内容をもつ条件句は、後述するように状態や様子を表す内容を有し、肯定表現ほど明瞭にコトの完成・未完成を認識する対象となるわけではない。用法の重心がタラと重なるところにあるというだけで、それ以外を表さなかったわけではないということである。

さらに、調査対象の範囲に限ると、平成談話資料ではナンダラの衰退と入れ替わるようにしてンカッタラが用いられている。特定事象の完成を想定している点で、両者の表現はよく似ており、交代したものと見られる（注2に引いた楳垣1962参照）。

(12) いや、なんともならん<u>かったら</u>（矢島注：「近日中に実施が予定される試験が不出来だったら」の意）、余計嫌やけどさ。　（平成談話・8・34）

4.4　トの発達
洒落本・滑稽本と著しく勢力を広げるのがトである。

(13) そのやうにいふこときかぬ<u>と</u>また宿の親父をよびにやるぞヨ。
　　　　　　　　　　　　　　　　　　　　（滑稽本・穴さがし450・5）

ト用法は「前件の事態と後件の事態が継起的に実現するものとして、観察的・一体的に表現」（図1備考参照）する。このト用法は打消条件句が通常表現範囲とする用法とは齟齬せず、他の活用型条件句における同用法の占有率と比べても各資料で高い値で用いられていることが確認される（表1参照）。

4.5　仮定形＋バの本来的用法
仮定形＋バには、未然形＋バ系統の各表現が表しにくい、仮定形＋バ本来の用法、すなわち、一般的な因果関係を表現する例が最も多い。

(14) いまだ此春ハ寒じますゆへ、我等が行ね<u>ば</u>、頭かひゑるにより、
　　　米屋へ行まするといはれけれバ、　　（噺本・出宝台7・127下3）

本章の検討において別扱いとしている当為表現も、この用法の中心的な表現である。

(15) こゝへこふと思ふ程。一倍せい出さね<u>ば</u>ならぬわいな。

(洒落本・北川蜆殻27・350下7)

当為表現は、一般時に通じる因果関係を表し、いわば仮定形＋バの本質を体現する典型表現といえる。表1の結果は、この領域については、タラの拡大という大きな流れにも侵食されることなく、現代大阪語にまでバを維持する現状があることを示す。このように、前件と後件とが恒常的な因果関係にある表現群は、当為表現をその代表としつつ、それに限らず、仮定形＋バが用いられているのである。

先に見てきた事実と合わせると、本調査範囲においては、仮定形＋バに固有の表現領域はもちろんのこと、本来、未然形＋バが覆っていた領域についても、広い範囲にわたってカバーしていた時期が続いたということである。このことによって、広くそれぞれ特徴を認め得る表現領域にもナラ・タラをなかなか派生させず、長く仮定形＋バを使用し続けていたのが打消条件句の使用実態だったということになる。

5.〔様相〕条件句と接続辞バ
5.1〔様相〕条件句の接続辞使用の傾向

ここで、打消条件句において、仮定形＋バを広範な用法領域にて長きにわたって用いる状況がある一方で、なぜ、ナラ・タラは未発達であったのか、またナンダは助動詞としては古くから存在するにもかかわらず、なぜナンダラを明治期まで使用しなかったのかについて考えてみる。

まず、打消条件句の特徴として、動作の不成立や事実など、常に〔様相〕を表すことに注目したい。〔様相〕とは、つまり、発話時以前や発話時以降といった特定時の成立などに見られる時間の流れを超越した静的局面を表現するものという意味である。そのことが、個別的な動作やできごとを表現対象とするナラやタラの使用の抑制を生んでいるのではないかということが予測される。

もし仮にそうであるとすれば、同じく〔様相〕を表す形容詞やラ変でも同様の事態、すなわち未然形・已然形＋バの維持傾向が強くナラ・タラ類が未発達という状況を生じているはずである。

そこで、打消条件句と共通の性格を持つ〔様相〕条件句を取り出し、この仮説を検証してみることとしたい。

表2に、形容詞・ラ変、さらに打消を受ける条件句と、それら〔様相〕表現以外の一般の活用型条件句とを区別し、それぞれの接続形式別用例数を示してみる（打消条件句は表1で当為表現とそれ以外を区別して示したものを合計したものである。表1も合わせて参照されたい）。

なお、ここで重要な変化は近世後期以降に起こるので、近世中期資料は一括して示す。

資料ごとに各接続辞が占める割合を算出し、表中に示した。試みに50％以上の箇所に網掛けを施している。表からは次の（a）〜（c）が読み取れる。

- （a） 未然形＋バは、近世中期資料と洒落本において、〔様相〕以外の条件句と比べて、形容詞・ラ変条件句では明らかに、打消条件句でも若干、その保持率が高い。
- （b） 形容詞も打消条件句と同様に、仮定形＋バを取る傾向が強く、タラの発達が遅れる。ただし、ナラは打消条件句と異なり、ある程度の使用が見られる。
- （c） ラ変条件句では、打消・形容詞条件句と異なって、仮定形＋バが伸張せず、最初にナラが発達し、その後、タラを著しく多く用いる。

以上のように、部分的には先の仮説は証明されるが、単純にはいかない面もあるようである。まず、共通点として注意すべきなのは、〔様相〕条件句は全体として未然形＋バを維持する傾向が強いこと、また、打消と形容詞の条件句は仮定形＋バを多用し、かつタラの発達が遅れるということである。ただし、形容詞条件句では、現代に近づくにつれ、タラの多用傾向が鮮明となる。一方、ラ変は様子が異なっており、仮定形＋バも多くなく、タラの拡大も通常の活用語全体と足並みをそろえる。これらには、どういう事情が関わっているのであろうか。

表2 〔様相〕表現と接続辞の関係

条件句		資料	仮定形+バ	未然形+バ	ナラ	タラ	ト	テハ	(他)	(計)	仮定形+バ	未然形+バ	ナラ	タラ	ト	テハ	(他)	(計)
〔様相〕以外条件句		近世中期資料	367	193	101	285	31	197	9	1183	31%	16%	9%	24%	3%	17%	1%	100%
		洒落本	34	2	9	83	29	13		170	20%	1%	5%	49%	17%	8%	0%	100%
		滑稽本	36	1	28	204	224	67		560	6%	0%	5%	36%	40%	12%	0%	100%
		明治落語速記	39	5	19	145	92	26		326	12%	2%	6%	44%	28%	8%	0%	100%
		明治大正落語音声	11	1	5	109	47	9		182	6%	1%	3%	60%	26%	5%	0%	100%
		昭和落語音声	30		10	340	69	7		456	7%	0%	2%	75%	15%	2%	0%	100%
		昭和談話				50	14			64	0%	0%	0%	78%	22%	0%	0%	100%
		平成談話	9			55	3	2		69	13%	0%	0%	80%	4%	3%	0%	100%
		(計)	526	202	172	1271	509	321	9	3010	17%	7%	6%	42%	17%	11%	0%	100%
〔様相〕条件句	打消条件句	近世中期資料	158	52	1		5			216	73%	24%	0%	0%	2%	0%	0%	100%
		洒落本	43	2				5		50	86%	4%	0%	0%	0%	10%	0%	100%
		滑稽本	73	1			66	2	4	146	50%	1%	0%	0%	45%	1%	3%	100%
		明治落語速記	39	2	2	4	14		2	63	62%	3%	3%	6%	22%	0%	3%	100%
		明治大正落語音声	32				10		2	44	73%	0%	0%	0%	23%	0%	5%	100%
		昭和落語音声	103	1			22		26	152	68%	1%	0%	0%	14%	0%	17%	100%
		昭和談話	18				1			19	95%	0%	0%	0%	5%	0%	0%	100%
		平成談話	26			5	1			32	81%	0%	0%	16%	3%	0%	0%	100%
		(計)	492	58	3	9	124	2	34	722	68%	8%	0%	1%	17%	0%	5%	100%
	形容詞条件句	近世中期資料	37	76	9		3	16		141	26%	54%	6%	0%	2%	11%	0%	100%
		洒落本	8	3	1			2		14	57%	21%	7%	0%	0%	14%	0%	100%
		滑稽本	31	1	1	4	36	2		75	41%	1%	1%	5%	48%	2%	0%	100%
		明治落語速記	8	2	1	2	2			15	53%	13%	7%	13%	13%	0%	0%	100%
		明治大正落語音声	2			8	1	4		15	13%	0%	0%	53%	7%	27%	0%	100%
		昭和落語音声	34	3		8	4			49	69%	6%	0%	16%	8%	0%	0%	100%
		昭和談話				2	3			5	0%	0%	0%	40%	60%	0%	0%	100%
		平成談話				3	1			4	0%	0%	0%	75%	25%	0%	0%	100%
		(計)	120	85	12	27	50	24	0	318	38%	27%	4%	8%	16%	8%	0%	100%
	ラ変条件句	近世中期資料	29	65	23	5		3	2	127	23%	51%	18%	4%	0%	2%	2%	100%
		洒落本	2	5	4	2	1	1		15	13%	33%	27%	13%	7%	7%	0%	100%
		滑稽本	1	1	6	8	1	1		18	6%	6%	33%	44%	6%	6%	0%	100%
		明治落語速記	2		6	9		1		18	11%	0%	33%	50%	0%	6%	0%	100%
		明治大正落語音声	1			8				9	11%	0%	0%	89%	0%	0%	0%	100%
		昭和落語音声	5	2		12	1			20	25%	10%	0%	60%	5%	0%	0%	100%
		昭和談話				1				1	0%	0%	0%	100%	0%	0%	0%	100%
		平成談話	1			3				4	25%	0%	0%	75%	0%	0%	0%	100%
		(計)	41	73	39	48	3	6	2	212	19%	34%	18%	23%	1%	3%	1%	100%

5.2 〔様相〕表現による仮定的用法
5.2.1 ナラ用法

　最初に、ナラ用法である。打消条件句については一定数の該当例が見られ、未然形＋バや仮定形＋バによって表されていたこと（例4〜6）、それをナラで表すことはほとんどせぬままノ＋断定＋タラに交代していく様子があること（例7〜9）を指摘した。
　形容詞条件句も、まずナラ用法をバが担い得ていた状況は同じである。

　　(16)　いりまへんので、へえ。二銭が高けりゃもうただでも結構で。
　　　　　　　　　　　　　　　　　　　（昭和落語音声・豆屋・139・2報告書Ⅲ）

ただ打消条件句と異なるのが、バで表せる一方で、使用数は限られながらも近世から明治期にはナラの下接例が見える点である。

　　(17)　ちつと気色がよいならば。ちよつとこゝ迄出てたもといふて同道しておぢや。
　　　　　　　　　　　　　　　　　　　　（近松浄瑠璃・今宮7・228・1）

実際に発話時において、「気色がよい」という〔様相〕が成り立つかどうかを仮定する例である。ナラを下接する例は、このように発話時における特定の事態の成り立ちを問題とする表現であることに特徴が認められる。
　さらに注目すべき現象が、近代以降、形容詞条件句のナラ用法を、タラによって表現す場合があることである。この方法は、通常の動詞類では起こり得なかった[*12]ものであり、注意を要する。

　　(18)　あの鯛、安うないわ。あのくらい大きかったら、あれ、ああ、百

---

　　*12　「来るなら来い」は「来たら来い」とはならず、もしタラを用いようとすれば「来るんだったら来い」のように「ノ＋断定」の介入が必須である。ちなみに、形容詞条件句も「あのくらい大きいんだったら」（例18′）のごとく「ノ＋断定」の形式が可能であるが、調査範囲内に該当例はなかった。

円する。　　　　　　　　　　　　（昭和落語音声・寄合酒85・3報告書Ⅱ）

「あのくらい大きい」ことを発話の場で知り、「事実として認知されるようになる移行の過程上にあるもの」（Akatsuka, N. 1985。第2章注15参照）であり、ナラ用法と捉える。本例で言えば、ある時点の認識として「大きい」という捉え方が成立することをタラ条件句によって表すことができる一方で、同時に、「大きい」という属性であることも表現できる。つまり、タラで受ける形式を取る場合であっても、形容詞という不特定時に同じ状況が継続する捉え方や評価を内容とする〔様相〕表現ゆえに、ナラ用法を、同時に表現し得るということである。

　この性質によって、上方・大阪語においてはタラ一極化の全体の流れを背景として、形容詞条件句もその影響を受ける形でタラ拡大の様子が見え、対照的にナラを下接しない状況を生んでいる（表2参照）と理解される。

　一方のラ変条件句であるが、ラ変の中心的用法の動詞アルは形容詞ナイの対義語であり、「ない」状態に対立する状況である。表2による限り、近世中期資料の段階から明治落語に至るまで、比較的高率でナラが受ける条件句を用いている（表2中の枠で囲った部分参照）。ナラは、いまこの状況下でその設定が既定的に成り立つのか否かが問われる場合の仮定的用法であるが、ラ変を条件句で用いる表現を行う場合、まさにそのことが認識の中心となるわけであり、ラ変条件句においては、ナラ用法が基本的用法であるとさえいえる。

　　（19）　其外に何ぞおつしやる事が有ならそつからおつしやりません。
　　　　　　　　　　　　　　　　　　　　　　　（台帳・鬼門角・35上1）

　そして、表2の結果は、実際の言語運用上、（19）のように、その用法で用いることが多い事実が実際にあったことを物語るものであろう。
　タラの拡大が顕著となる明治大正期落語以降、ナラは激減し、対照的にナラ用法でありながらタラでもって表現する傾向が一気に加速する。

(20) 言いたいことがあったら活発にいいなや、活発に。

（昭和落語音声・近日息子204・8 報告書Ⅲ）

(21) 文句あったら向こうへ言え。

（明治大正落語音声・ひやかし133・7 報告書Ⅱ）

　いずれも発話時における事実の仮定であり、ナラ用法である。先の形容詞条件句も同様であったが、ラ変条件句もタラによって、ナラ用法を担うことができる[*13]ことを示している。こうして、ラ変条件句の中心的用法であるナラ用法の領域までタラが担う事例を生じたことで、一気にタラが広がっていった様子がうかがえる。近世中期からナラの下接を一般の動詞以上に活発に行ってきた領域だけに、一たびナラからタラへの交代の動きが起こると、他の条件表現全体と足並みをそろえる形で、タラが拡大しやすかったということであろう。

　そもそも、「ない」状態に対立する「ある」事態は、打消助動詞を伴う否定事態（あるいは形容詞も含めて）によって表される不特定時の〔様相〕が対応する表現とは異なり、特定のできごとや状態が存在することを出発点とする表現である。そういった「ことがらの存在」は、タラの本領とする「事態の完成」と通じるものがあり、一たびタラへの途が開かれると、広く、タラ使用を加速させたのかもしれない。

5.2.2　タラ用法

　続いて、未来の特定時空間に事態が実現することを前件とする、タラを用いることがふさわしいはずの表現についてである。〔様相〕表現を条件句で

---

*13　単純にナラ→タラの交代だけではなく、ノ＋断定＋タラ（例、約束があるなら〜→約束があるんだったら〜）への交替の可能性もある点、形容詞条件句と同様である（注12参照）。ただし本書の調査範囲中には当該形式の使用例は見出せなかった。ちなみに、打消条件句では、逆にナラ→ノ＋断定＋タラの例が存在し（4.2節の例9参照）、ナラ→タラに直接に交代する（＝ナラ用法をナンダラ・ンカッタラで表す）例が調査範囲内に見出せなかった。

取る場合は、これらの表現は、バでも十分に可能なのである。打消条件句は、先に確認したとおり、該当例数は限られつつも、タラ用法と解釈し得る例が未然形＋バ、後に仮定形＋バにある（例、3、10参照）。形容詞およびラ変の条件句例も、その点に関しては同様の状況を示す。

　まず形容詞条件句である。未然形＋バによって、タラ用法を認められる例が、少数ながらある。

　　（22）　（其中に舟は出てしまふ。上げることは成ませぬと情も。なげに取り合ず。）
　　　　　イヤ遅くはかまはず共出してたもれ。二人分の運ぢんは払（はら）ふて上がる。
　　　　　　　　　　　　　　　　　　　　　　　　（近松浄瑠璃・鑓10・191・10）

「もし、舟に戻るのが遅かったら、そのときは待たずに舟を出してください」の意である。評価「遅い」という〔様相〕の、未来時における成立の仮定である。この種の例は、実際の言語生活では用いられる頻度が低いことを反映してか、調査範囲内では仮定形＋バの例に見出すことができない。むしろ、表2で、拡大の動きは鈍いながらも、近代以降、タラが形容詞条件句で広がりを見せる。この様子から推すに、あるいは、仮定形＋バを経由せずにそのままタラへ移行したというようなことがあったのかもしれない。

　　（23）　求めて戻りますよつて遅かつたら表閉めくておくれなされ。
　　　　　　　　　　　　　　　　　　　　　　　　（滑稽本・穴さがし・439・16）

　また、本例のように、形容詞条件句は、タラ用法としての性質を見出せる場合でも、形容詞条件句の特性として、評価や捉え方の仮定を行うものゆえに、「非特定時」の仮定としての解釈に連続している点も確認しておかねばならない。
　ラ変条件句の場合は、打消、あるいは形容詞条件句と様子がやや異なり、仮定形＋バの使用数が少ない割りにタラ用法と捉えていい例を容易に目にすることができる。

(24) 諸芸の心がけ頼もしい。仕損じあれば市之進のあやまり殿の恥辱。秘伝残さず伝授めさ。　　　　　　　　　　　（近松浄瑠璃・鑓10・160・2）

(24)は「笹野権三は諸芸に秀でており頼もしいが、もし仮に彼が仕損じることがあると市之進の過失となり、殿の恥なので秘伝をしっかりと伝授せよ」という意味である。

　本例でもわかるように、ラ変条件句のタラ用法においては「ある行為や事態がある」という〔様相〕の仮定であると同時に、実際になされる動作（例24なら「仕損じる」）の具体的な完成が比較的容易にイメージされる。そのことが、近代以降の条件表現全体におけるタラ拡大期においては、ラ変条件句でもタラ用法ではタラを用いる状況を生んでいるように考えられる。

(25) 又兵衛の姿を見付た者があつたら頭から沸茶を浴せい。
　　　　　　　　（明治落語速記・猿後家22・5 滑稽曾呂利叢話）

　この例においても、「姿を見つける」という具体的な動作・事態が実際に起こった際を仮定している。その一方で、その動作の体験者がいるという〔様相〕の仮定をするのがラ変条件句の体裁ではある。タラで表すべき内実を持ちつつ、属性・概念を表す側面も形式上は保有している。それが、ラ変条件句のタラ用法の例で観察される特性といえる。

　以上のように、〔様相〕条件句は、打消・形容詞・ラ変とで事情が相違する面を含んでいた。打消・形容詞条件句は、〔様相〕の典型的な描かれ方においては、非特定時の属性的・概念的内容を表現する性質がそのまま条件節を構成する際の特徴となり、タラ使用への要請志向が弱い。これらにおいては、タラ用法としての性質を見出せるとした例であってさえ、一回性の具体的動作の対応は想定しにくく、属性的・概念的内容への連続性が強いのであった。このように、打消・形容詞条件句の特徴として、ある事態が「完成する」というタラ条件句に特徴的な意味を想起しにくい場合が多いことに、これらの条件句でタラの発達が遅れたことの理由が求められると見るべきであろう。

一方のラ変条件句は、実際の使用例を見る限り、打消・形容詞条件句とは異なり、具体的な動作の完成へのイメージが明確な表現を用いることが可能であった。ラ変条件句のそういう性質が、タラを下接する頻度を高めていたものと考えられる。

6. 〔様相〕条件句の接続辞使用の物語ること

　以上のような〔様相〕表現の特殊性によって、条件句のとる接続辞にもそれぞれの傾向を生じていたことが推測される。すなわち、例えば、〔様相〕表現の性質を持つ打消条件句はタラ条件句に通ずる事態の特定時の成立を想定する表現を取る頻度がそもそも低く、タラ用法、ナラ用法ともに未分化に含む領域に対応する特徴を持つものであり、バはそれを非明示的に表現するものであった。さらに忘れてはならないのが、打消条件句のみ当為表現の用法を広大に有しており、その用法によって仮定形＋バの使用の「核」に当たる領域が恒常的に、広範に確保され、その存在によって打消条件句にとって常に同形式が使われる環境があったことである。この点で形容詞やラ変よりも仮定形＋バを保持しやすい状況が生じたものと考えられる。

　形容詞条件句も、性質としては打消条件句とよく似ており、未然形＋バ・仮定形＋バともに維持傾向が実際に強いことも認められた。ただし、打消条件句のように、仮定形＋バを強力に維持する「核」を持たない。その分、具体性・特定性の点で鮮明な輪郭を有している場合を中心に、タラを下接する動きが認められたものと理解される。

　一方、ラ変条件句は、未然形＋バを残しやすい傾向はあったものの、仮定形＋バについてはその特徴は特に見出せない。これにはラ変条件句特有の事情が関わっていたと見られる。すなわち、そもそもラ変条件句は、その事実があることを仮定する、ナラ用法をその基本的用法するものである。そして、中でも、ある動作が存在することを仮定する意味合いが明確な場合には、「ことがらの完成」をイメージしやすい分だけ、タラ用法を帯びやすい性質もあわせ持つ。この性質により、ラ変条件句は、同じ〔様相〕表現であっても、近世期からナラを下接する比率は高く、タラを下接する例も僅少ではなかったようである。しかも、〔様相〕条件句の特徴としてタラはナラの領域

もそのまま侵し得た。そもそもラ変条件句はナラ・タラの確立期からバを手放す土壌を有する表現であったゆえ、その後の条件表現全体の流れに連動しながら、タラの拡大期にはその流れにそのまま対応して、タラを多用する状況を生じていたと理解される。

　ところで、タラ拡大の動きは、打消条件句にも全く及ばなかったわけではない。ナンダラの発生、さらにのちのンカッタラへと続く流れは、まさにその影響の現れである。ナンダラは明治落語資料～昭和談話資料に用例を見出せた。一方、形容詞条件句・ラ変条件句でタラの拡大が顕著になってきたのも、ちょうどナンダラの発生期と同じ明治落語資料あたりからである。特にその時期の例には、形容詞条件句やラ変条件句が、ナラ用法を直接タラで表す用法も生じていた。タラ下接・ナラ下接の行き来が、実質的な意味変化をもたらさない、〔様相〕表現としての特徴を有するがゆえに、可能であった変化である。この特性を背景に、タラが一気に拡大傾向を見せ始めた時期と、ナンダラの発生・一般化時期が重なっているのである。

　助動詞ナンダの用法のうちでも仮定形ナンダラの発達が遅かったことを4.3で指摘したが、その時期は同じ〔様相〕表現である形容詞・ラ変で新たな変化が起きたときと足並みをそろえるものであったことになる。そうすると、このことは、条件表現史における位置づけにおいて、すなわち〔様相〕表現条件句としてタラ系の表現を発達させる頃合いの妥当性の観点において、むしろ、その時期でなければならないものだったと捉えることができよう。

　以上、近世中期以降現代に至る上方・大阪語の打消条件句を、それと性質の通じる形容詞条件句・ラ変条件句とともに取り上げ、その接続辞の推移を観察し、各形式をその時期に取る理由について考察してきた。これらの条件句は、〔様相〕の意味特性を持つゆえに、他の活用型条件句に認められるタラ一色化への大きな動きとは必ずしも歩みを一にせず、未然形＋バ・仮定形＋バの維持傾向については固有の歴史を有していた。それらのことは、いずれもこれらの条件句の持つ〔様相〕表現としてのそれぞれの性質を考慮することで説明できることを見たものである。

第7章

原因理由文の推移とその意味

1. 問題の所在

　条件表現は、中世以降、思考内で因果関係を把握する傾向を強め、さらに従属節が主節に対する従属度を強めることが一体となった変化が起こると想定することができる日本語史において、体系的な推移を起こす（第2・3章）。そのことを受けつつ、第4章では、かつて必然確定とされる領域においても、同じ原理に根差す変化がおとずれることによって、已然形＋バが衰退し、ホドニ・ニヨッテなどの新しい接続辞が発達することを見た。必然確定すなわち原因理由文を已然形＋バが構成しなくなる背景には、「已然」形自体が活用形としての機能を後退させる状況の上に、已然形＋バを中心とする「非特定時」の前件を受ける頻度の増加ということがあり、そしてそれが、前件と後件の意味関係を各接続辞によって表し分ける変化と一体のものとしてあったことが関わっていたのである。

　第4章の検討においては、後件に意志・命令表現を取るような、南（1974）のいうC類に当たる自立性の高い従属節の階層レベルにおいて、ホドニが発達していることを指摘した。本章では、まず、近世中期の上方・大阪語の原因理由文の領域において多用されるユエ（ニ）やニヨッテなども、ホドニと同様に、それぞれ従属節の階層レベル及びそれと呼応する主節の表現レベルと密接な関係性を示しつつ発達していること、しかしその使い分けは、近世後期以降は確認しにくくなるにいたること、さらに、それに代わって、ユエ（ニ）、あるいは新たに発達するサカイ・ヨッテなどにおいては、いずれもむしろ位相的な特性が見えやすくなることを述べる。

2. 中世以降の接続辞の推移

　最初に、中世以降現代に至る上方・大阪語における原因理由文の接続辞の推移を明らかにしておく。ここは、条件節を大きく二種類に分けて、その推移の様子を整理してみる。

```
                ┌─ 活用型条件句　　…雨降れば客なし
原因理由文 ──┤                  →接続辞は活用語に続く
                └─ 非活用型条件句　…雨なれば客なし
                                  →接続辞は断定辞に続く
```

　体言などの非活用語を述語に取る条件節では、断定の助動詞を介することが基本となる。そのような、構造上の相違が、変化に際してどの程度の影響を及ぼしているものかを確認する。各資料ごと、接続辞別用例数を表1に示す。

　表1から明らかになるのは、次の点である。

　まず、活用型・非活用型を問わず、已然形＋バが中心だったものが、ユエ（ニ）・ホドニ→ニヨッテ・ヨッテ→サカイ・カラと、時代を追うごとに中心的な形式に交代が見られる。

　活用型と非活用型の区別においては、近世期資料までは、非活用型条件句というナレバを基本とする領域の方が、已然形＋バを維持する傾向が強い。表1に「X値」として、原因理由の接続辞に占める已然形＋バ系（ナレバも含む）の割合を示した。それによると、取り分け近世中期までは、非活用型の方で、已然形＋バ（すなわちナレバ）の維持傾向が明瞭であったことがわかる。

　しかし、その段階を過ぎれば、各資料における接続辞の使用傾向は、活用型も非活用型も極めてよく似ていることも確認しておかねばならない。その転換は、近世後期以降に起こる。それは、事実的条件文において、タレバがタリャを経てタラとなった時期（第3章3.1表3参照）とちょうど符合している。事実的条件文において、近世中期から後期という段階は、已然形タレバを維持する必要がなくなっていた状況があることを指摘した。ナレバも、まさに

表1　資料別接続辞別使用数

型	時代	資料	已然形+バ	アイダ	ユエ(ニ)	ホドニ	ニヨッテ	ヨッテ	サカイ	カラ	ノデ	(他)	(計)	X値
活用型条件句	中世	平家物語	182	29	13	2	12					31	269	68%
	近世中期	歌舞伎狂言本	27	2	51	36	21		2		1	1	141	19%
		歌舞伎台帳	2		1	13	42	1	1			2	62	3%
		近松浄瑠璃	53	1	81	17	3			4	1	4	164	32%
		海音浄瑠璃	46		59	2	1			7		2	117	39%
		噺本	10	2	22	51	20		6			1	112	9%
	近世後期	洒落本	4		35	22	37	35	24	11	7	4	179	2%
		滑稽本	7		15	1	5	241	18	27	65	3	382	2%
	近代〜現代	明治落語速記	6	1	33	2	7	90	4	74	61	10	288	2%
		明治大正落語音声	2				2	23	36	35	26	11	135	1%
		昭和落語音声	3					22	125	50	34	18	252	1%
		昭和談話						6	31	18	25	14	94	0%
		平成談話							103		17		120	0%

型	時代	資料	ナレバ	断定+已然形+バ	断定+アイダ	ユエ(ニ)	断定+ホドニ	断定+ニヨッテ	断定+ヨッテ	断定+サカイ	断定+カラ	断定+ノデ	(他)	(計)	X値
非活用型条件句	中世	平家物語	61	18	4	4		5					5	97	81%
	近世中期	歌舞伎狂言本	29	1		13	4	10					2	59	51%
		歌舞伎台帳					4	12					1	17	0%
		近松浄瑠璃	87	1		6		1					4	99	89%
		海音浄瑠璃	28				2						3	42	67%
		噺本	11			8	4	1						24	46%
	近世後期	洒落本	12	1		6		29	16	10	2		3	85	15%
		滑稽本	8	1		4	3		74	4	6		15	117	8%
	近代〜現代	明治落語速記	6			18		7	43	1	29	4	2	110	5%
		明治大正落語音声	1			1			11	24	28			65	2%
		昭和落語音声	1						4	72	38	8	6	129	1%
		昭和談話							7	42	35	4	5	93	0%
		平成談話									88		4	92	0%

※・本調査範囲で50例程度以下となる接続辞（ところで・もの・で・に・だけに・からして・ところから・し等）を「(他)」で一括する。
・各資料中、使用の多い形式上位二位までに概ね網掛けを施した。
・X値＝（已然形+バ or ナレバ）／(計)＊100%

(補足1)　非活用型条件句における「断定+已然形+バ」とは、次のような例である。
・かへり忠したるの不当人で候へば申すにおよばず。　　　　　　　　　（平家・巻四・上210・5）

(補足2)　「平家物語」の非活用型条件句は、ナレバを取る例以外に、非活用語が断定辞を介さず直接に接続辞を取るか、ニ（テ）＋補助動詞に断定辞を続けるものがある。
・近日人ミのあひたくまる、旨、子細あるかの間、(略) 其恥をたすけむが為に、忠盛に知られずして、ひそかに参候の条、力及ばざる次第なり。　　　　　（平家・巻一・上9・12）
・宗茂は、もと伊豆国の者にて候間、(略) 心の及候はんほどは、奉公 仕 候べし。　　　　　　　　　　　　　　　　　　　　　　　　　　（平家・巻十・下221・16）

同時期に急速に力を失っているのである。

　ただし、表1は、原因理由文の活用型条件句に限ってみれば、すでに、これに先んじて已然形＋バの衰退が進んでいることを示している。非活用型条件句でナレバがそれらよりも長らえていることについては、「ナレバ」という固定的単位で用いられるものであったことが、まずは関わっていたと考えられるものであろう*1。そして、その形式さえも、已然形が本来の「已然」形としての力を失った状況下において存在意義の後ろ盾を喪失し、一段階遅れながら、他の已然形＋バと同様に衰退していったものと見られる。

　ここは、近世中期頃まで、大きく捉えれば非活用型条件句でナレバを維持する傾向が強かったものの、新しい各接続辞の発生、発達は（度合いの違いこそあれ）、活用型・非活用型両条件句とも、基本的には足並みをそろえている事実を確認し、以下の構文の階層レベルの検討においては両者を区別することなく扱っていくこととする。

3. 構文の表現レベルから見た接続辞の推移
3.1　これまでの研究が注目してきたこと

　第4章でも紹介したように、すでに吉田（2000・2007）により、已然形＋バの質的変化を補完するようにホドニが接続辞としての用法を獲得し、さらに中世末期にホドニは従属節でウを受ける「主観的因由」を表し、ニヨッテが「客観的因由」を表すという体系的配置を得る様子など、詳細に明らかにされている。そこで注目されているホドニの用法拡張について、第4章では、近世中期まで観察範囲を広げながら、従属節の階層レベルの点から、吉田氏の指摘に沿った特徴付けができることを述べた。

　この視点に関わるところで、日本語史はすでに多くの研究を蓄積してきている。中でも小林（1973・1977）は、その後の研究に大きな影響を与えた点でも、重要な意味を持つ。

　＊1　矢島（2012b）で、非活用型条件句に備わる固有の文法的性質に注目することよって、近世中期の同条件句の原因理由文でナレバが特に維持されていたことについて説明が可能であることを論じている。参照されたい。

小林（1973・1977）は、詳細に前件・後件の表現を観察し、それとの呼応関係を軸に、各接続辞の消長を記述する方法である。そこでは、階層レベルという捉え方はしていないが、言うまでもなく極めて深い関わりのある視点によるものである。小林氏は、多数の文献調査を踏まえながら、おおよそ次のようなことを指摘している。

ⅰ）ホドニが次第に勢力を弱める中で、上接語に意志・推量などを取り、後件に依頼・命令を取る領域に限って近世期には命脈を保つこと。
ⅱ）ニヨッテが後件で「事実の客観的叙述」を表す場合から使われ始め、次第に前件・後件で取る範囲を広げ、勢力を拡大する。ただしバやユエ（ニ）が文語性を帯びるのに対してニヨッテは口語性があり、位相的に重複しないこと。
ⅲ）サカイ類は近世期にはニヨッテ・ヨッテ類をしのぐほどの勢力を得なかったこと。

　このように、前件・後件の表現の種類や、文語性・口語性といった位相的な特質などの観点から、文献より捉え得る限りの原因理由の接続辞史が詳細に明らかにされている。
　特にⅰ・ⅱ）では、前件（従属節）と後件（主節）の呼応関係が注目されている。本章でも、その考え方に従いながら、改めて呼応する主節の表現レベルの視点から整理し直してみる。さらに、位相面の指摘があることに留意し、各接続辞の存在意義において、文法面の特徴と位相面での特徴は、それぞれどのような関係にあることだったのかについても、合せて検討していく。

3.2　従属節と文の表現レベル
　第4章は、後件に意志・命令表現がくる場合の、従属節の自立性の高さに注目するものであった。そこでは、明確に従属節の自立性が高いことが確認されるものを選り分けることに目的があったものである。全体の状況を把握するには、それよりも、もう少し細かな基準が必要である。
　ここで、現代語について、従属節の階層レベルを検討した益岡（1997）を

参照する。以下は、そこで示されるそれぞれの従属節が取る階層レベルである。

領域	例文	従属節のレベル
対象領域	①：植物の成長にとっては雨が降る<u>こと</u>が大切だ。	事態命名レベル
	②：雨が降った<u>こと</u>がこの事故の原因の一つだ。	現象レベル
主体領域	③：雨が降る<u>ようだから</u>、傘を持って行きなさい。	判断レベル
	④：鈴木さんは私に、雨が降るようだよ<u>と</u>言った。	表現・伝達レベル

　益岡(1997)において、「対象領域のレベル」は「命題のレベル」に、「主体領域のレベル」は「モダリティのレベル」にそれぞれ対応することが示されている。前者はいわば「表現主体からは独立した対象としての事態」を示し、後者は「事態のあり方に対する表現主体の判断」や「表現・伝達するという主体の発話行為」に関わる表現である。「対象領域のレベル」は、さらにテンスの関与しない事態命名のレベルと、関与する現象のレベルとに二分される。「主体領域のレベル」は、事態のあり方に対する表現主体の判断を述べる判断のレベルと、事態や判断を表現・伝達するという主体の発話行為を述べる表現・伝達のレベルとを区別するものである（以上、益岡1997：79-84）。

　以上は、従属節が受ける表現から、直接にその階層レベルを問う方法である。

　ところで、第4章で見たように、中世から近世期に、新たに勃興してきたホドニの特性は、それが呼応する後件に意志・命令表現を取るという表現群に着目することで明らかになったものである。歴史的な検討を行った小林(1973・1977)も、後件の種類に着目する方法を取るものであったことを、先に見た[*2]。これらのことから、主節との関係から、従属節の階層レベルの特性を捉えていく方法を設定することが、この期の状況を捉える上では効果

的であると考える*3。

　従属節の階層レベルの解明にあたって、主節の表現レベルの分析を行うことによって成果をあげたものに丸山（2001・2002）がある。丸山（2002）は、逆接テモによる従属節を観察するにあたって、後件に来る主節を表現レベルの観点から区別することによって、「テモ節は、主節との接続関係に応じて、文の階層構造の異なる位置に分布すること」「テモ節の内部構造は、文の階層構造におけるテモ節の位置に応じて変化する」ことを指摘する。さらに、他の接続辞による従属節についても、広く、主節の概念レベルとの対応という観点から、従属節内部の文法的・意味的性格について分析が可能であると

---

　*2　現代語のカラ・ノデの相違を検討する永野（1952）も、ノデに置き換えにくいカラの特徴が、後件で推量・意志・命令・見解を取ることを出発点に考察するものである。同じく現代語の原因理由用法を広く検討する前田（2009）も、接続辞によって後件で取る表現に制約があることを整理している（以上、第1章3.5参照）。日本語の原因理由文にとって、主節を含めた階層レベルの相違から捉えていくことの重要性がうかがえる。同時に、この方法を採ることにより、現代語の用法との関係を問うことも、本章の検討では重要である。
　*3　本書のように、全使用例を計量的に取り扱う方法から、各接続辞の用法の重心のありかを捉えようとする場合、従属節の階層レベルを直接の検討の対象とする方法は適さないという事情もある。従属節に注目する方法も、南（1993）の言うC類に当たる要素を「とり得るか」否かだけを問うのであれば有効であるが、それに該当する例は、全体の限られた一部に過ぎない。各接続辞の特徴を、使用例全体から捉えようとするときには、呼応する主節の表現レベルを利用しながら、従属節の機能を問う方法が適していると判断するゆえんである。なお、直接、従属節の表現レベルから接続辞の用法を整理する方法を取るものに、中沢（1996）李（1998・2000・2001）などがある。李氏はキリシタン資料・大蔵流虎明本狂言を対象とし、各接続形式の使用に見られる包含関係、および各接続形式が従属節で受ける際の階層レベルの違いを精査する。それにより、ニヨッテがB類、ホドニがC類に属すること、アイダ・トコロデはキリシタン資料でB類だったものが虎明本狂言ではC類で用いられることなどを指摘する。氏は各接続辞の相互の包含関係や、推量ウ類を取る例があるか（C類要素が現れ得るか）否かからB／C類の区別を見定める方法であり、例えばホドニの多くの使用例の、一見B類のように用いられる用法については、当然、不問となる。氏らの方法によって明らかになることがあることはもちろんであり、複数の方法によって多角的に記述を試みることに意味があると考えるものである。

する。ここでも、この考え方に基づきながら、各接続辞の機能範囲を、呼応する主節の表現レベルから検討してみたいと考える。

以下に、各レベルに該当する例をあげておく*4。

○対象領域のレベル
　＊「事態命名のレベル」の例
（1）　おれは死なれた庄右衛門殿弟よ。庄吉為叔父（おぢ）なればそちが為にも主筋（すぢ）。　　　　　　　　　　　　　（狂言本・十七年忌84・7）
（2）　侍の子は侍の親が育てゝ。武士の道を教ゆるゆへに武士と成。町人の子は町人の親が育てゝ商売の道を教ゆるゆへに商人（あきんど）ど成。
　　　　　　　　　　　　　　　　　　　（近松浄瑠璃・山崎10・352・4）

　＊「現象のレベル」の例
（3）　明日江戸の棚へゐてこひと申されましたゆへ、何の用（よう）の事（こと）も聞かず、ついくだりました。　　　　（噺本・福蔵主7・106下17）
（4）　此所へゆかりのものが有によつてきてゐまする。
　　　　　　　　　　　　　　　　　　　　　　　　　（狂言本・伝受24ウ13）

○主体領域のレベル
　＊「判断のレベル」の例*5
（5）　我が身は今日はじめて行（い）きやつたに仍テ見知（し）るまひ。
　　　　　　　　　　　　　　　　　　　　　　　　（台帳・鬼門角6上11）
（6）　たとへ此身も諸共に袖乞の身と成行くとも。母が形見の撫子（なでしこ）のゆ

＊4　益岡（1997）は、文（すなわち主節部分）は原則として4つの表現レベルが階層的に組み合さることで成立すると捉える。一方、本書は、主節の表現レベルと、それを構成し得た従属節の階層レベルの関係を問題とする。したがって、例えば、現象レベルに事態命名レベルの表現を含み得ることは検討において問う対象とならず、現象レベルの表現を構成していることだけが問題となる。

＊5　「判断のレベル」は、益岡（2007）などの「判断のモダリティ」に該当し、いわゆる真偽判断・価値判断のモダリティを主節で取るものである。

えと思へば悔はせぬ。　　　　　　　　（海音浄瑠璃・椀久1・11・1）

＊「表現・伝達のレベル」の例＊6
（7）　ちよつといつてくるほどに門も閉めて火もとぼせ。
　　　　　　　　　　　　　　　　　　（近松浄瑠璃・重井筒5・119・11）
（8）　然らば母じや人のお止めなさるゝ程に先止めませふ。
　　　　　　　　　　　　　　　　　　（狂言本・浅間嶽32・13）

○「不明」（詳しくは「5.2理由を表さない用法の増加」で扱う）
　＊文末で終助詞のように用いられ、呼応関係が問えない例
（9）　（髪の内に掛の残りがあるさかひ取に来たのじや○ナア政吉どん）　政「そふじや〳〵髪の内ハいつでも節季にハくれんよつて。
　　　　　　　　　　　　　　　　　　（滑稽本・穴さがし484・6）

　＊その他、原因・理由関係が読み取れない例
（10）　X2さんのご主人、よー話ししまっしゃろー？＊＊大阪弁でっしゃろー？「ドナイデゴワハンネン」「オイソガシーゴワッカー」て、つい、そーいいまんねん。このごろでもねー？　だか　ごわすっちゅうことはよーゆいますわ。
　　　　　　　　　　　　　　　　　　（昭和談話・大阪・64ふるさとことば集成）
→接続詞的に用いるもののうち、前に展開する事情が理由となって、以下の表現が導かれる関係にないもの＊7。

3.3　文の表現レベルと接続辞の関係
　以下に、この観点から使用例を分類した結果を表で示す。活用型と非活用

＊6　「表現・伝達のレベル」は、原因理由文を扱う本章の問題においては、「意志・命令表現」を主節に取るものに限られる。
＊7　言うまでもないことであるが、接続詞的用法には原因理由関係を構成する例もある（例、「雨が降った。（それ）だから地面がぬれているのだ」）。詳しくは後述する。

表2　文の表現レベルと接続辞の関係

接続辞	資料	対象領域		主体領域		(不明)	(計)	対象領域		主体領域		(不明)	(計)
		事態命名	現象	判断	表現・伝達			事態命名	現象	判断	表現・伝達		
バ	近世中期資料	74	38	120	31	32	295	25%	13%	41%	11%	11%	100%
	洒落本	7	3	7			17	41%	18%	41%	0%	0%	100%
	滑稽本	5	1	7	3		16	31%	6%	44%	19%	0%	100%
	明治落語速記	4	1	6		1	12	33%	8%	50%	0%	8%	100%
	明治大正落語音声	3					3	100%	0%	0%	0%	0%	100%
	昭和落語音声	2		1		1	4	50%	0%	25%	0%	25%	100%
ユエ(ニ)	近世中期資料	83	124	17	7	11	242	34%	51%	7%	3%	5%	100%
	洒落本	8	31		2		41	20%	76%	0%	5%	0%	100%
	滑稽本	6	6	5	2		19	32%	32%	26%	11%	0%	100%
	明治落語速記	19	12	8	11	1	51	37%	24%	16%	22%	2%	100%
	明治大正落語音声		1				1	0%	100%	0%	0%	0%	100%
ホドニ	近世中期資料	1	6	22	105	1	135	1%	4%	16%	78%	1%	100%
	洒落本			2	23	3	28	0%	0%	7%	82%	11%	100%
	滑稽本			2	2		4	0%	0%	50%	50%	0%	100%
	明治落語速記				1	1	2	0%	0%	0%	50%	50%	100%
ニヨッテ	近世中期資料	13	65	30	5	3	116	11%	56%	26%	4%	3%	100%
	洒落本	18	26	10	8	4	66	27%	39%	15%	12%	6%	100%
	滑稽本	4	1	1	1		7	57%	14%	14%	14%	0%	100%
	明治落語速記	1	6	5		2	14	7%	43%	36%	0%	14%	100%
	明治大正落語音声				2		2	0%	0%	0%	100%	0%	100%
ヨッテ	近世中期資料		1				1	0%	100%	0%	0%	0%	100%
	洒落本	14	27	6	3	1	51	27%	53%	12%	6%	2%	100%
	滑稽本	72	48	132	60	3	315	23%	15%	42%	19%	1%	100%
	明治落語速記	22	22	32	40	17	133	17%	17%	24%	30%	13%	100%
	明治大正落語音声	5	6	7	10	6	34	15%	18%	21%	29%	18%	100%
	昭和落語音声	8	5	6	5	2	26	31%	19%	23%	19%	8%	100%
	昭和談話	1	1	2	3	6	13	8%	8%	15%	23%	46%	100%
サカイ	近世中期資料	1	5	3	1		10	10%	50%	30%	10%	0%	100%
	洒落本	7	10	10	3	4	34	21%	29%	29%	9%	12%	100%
	滑稽本	4	4	8	6		22	18%	18%	36%	27%	0%	100%
	明治落語速記		1	3	1		5	0%	20%	60%	20%	0%	100%
	明治大正落語音声	14	4	7	17	18	60	23%	7%	12%	28%	30%	100%
	昭和落語音声	45	26	52	35	39	197	23%	13%	26%	18%	20%	100%
	昭和談話	6	8	6	6	47	73	8%	11%	8%	8%	64%	100%

224

接続辞	資料	対象領域		主体領域		(不明)	(計)	対象領域		主体領域		(不明)	(計)
		事態命名	現象	判断	表現・伝達			事態命名	現象	判断	表現・伝達		
カラ	近世中期資料	5		3	2	1	11	45%	0%	27%	18%	9%	100%
	洒落本	1	3	5	3	1	13	8%	23%	38%	23%	8%	100%
	滑稽本	5	3	17	8		33	15%	9%	52%	24%	0%	100%
	明治落語速記	23	28	26	14	12	103	22%	27%	25%	14%	12%	100%
	明治大正落語音声	15	16	18	8	6	63	24%	25%	29%	13%	10%	100%
	昭和落語音声	34	10	24	6	14	88	39%	11%	27%	7%	16%	100%
	昭和談話	13	7	9		24	53	25%	13%	17%	0%	45%	100%
	平成談話	16	27	26		122	191	8%	14%	14%	0%	64%	100%
ノデ	近世中期資料		3				3	0%	100%	0%	0%	0%	100%
	洒落本	1	4	2			7	14%	57%	29%	0%	0%	100%
	滑稽本	25	20	19		1	65	38%	31%	29%	0%	2%	100%
	明治落語速記	20	26	8	2	9	65	31%	40%	12%	3%	14%	100%
	明治大正落語音声	6	9	4	2	5	26	23%	35%	15%	8%	19%	100%
	昭和落語音声	8	11	5	2	16	42	19%	26%	12%	5%	38%	100%
	昭和談話	1	5	12	1	10	29	3%	17%	41%	3%	34%	100%
(他)	近世中期資料	3	2	7	10	2	24	13%	8%	29%	42%	8%	100%
	洒落本	2	2			3	7	29%	29%	0%	0%	43%	100%
	滑稽本	2	2	12	1	1	18	11%	11%	67%	6%	6%	100%
	明治落語速記	2	1	5	4	1	13	15%	8%	38%	31%	8%	100%
	明治大正落語音声	1	2	5	2	1	11	9%	18%	45%	18%	9%	100%
	昭和落語音声	6	4	3	8	3	24	25%	17%	13%	33%	13%	100%
	昭和談話		1	4	5	9	19	0%	5%	21%	26%	47%	100%
	平成談話			3		18	21	0%	0%	14%	0%	86%	100%

型の条件節の構造による区別は施さない方針から、非活用型を受けるナレバはすべて已然形＋バで一括し、「バ」と表記している（表2）。

表2は、新興の形式の勢力が強くなった近世中期資料以降の状況に限定して示した[*8]。近世中期資料は、様子を概括的に捉えるため、各資料別に記

[*8] 表1では「アイダ」を立項したが、中世以前に多用される語形ゆえ、表2では「(他)」に一括した。

すのではなくまとめている。

　表から読み取れることを、以下に列挙する。

（a）　バは、いずれの表現レベルとも特にその使用において偏りを見せない。
（b）　いずれかの領域への偏りが認められる形式は次のとおりである。
　　　　対象領域＞主体領域：(表中、**四角枠**部分)
　　　　　　ユエ（ニ）…ただし滑稽本以降、その傾向が失われる。
　　　　　　ニヨッテ…判断のレベルなども多少例あり。滑稽本以降、使用
　　　　　　　　数が激減する。
　　　　　(ノデ…若干ながら、この傾向が認められる)
　　　　主体領域＞対象領域：(表中、**丸枠**部分)
　　　　　　ホドニ…表現・伝達のレベルだけでなく判断のレベルも使用例
　　　　　　　　あり
（c）　いずれへの領域へも偏りが認められない形式は次である。(表中、**点線枠**部分)
　　　　　　ヨッテ・サカイ
　　　　　(カラ…近世〜明治期。近年はやや対象領域に偏る)
（d）　近年において呼応が「(不明)」の例が増加傾向にある。(表中、**網掛け枠**部分)

　このうち、(d)については、後の5節において詳しく検討する。以下、(a)〜(c)について検討を加える。
　まず(a)からは、バは、主節の表現レベルとの関係は特に持たずに、原因理由文の全体を担う形式であったことがわかる。そして、その性質のまま、時代を超えて用いられていたということである。
　一方、(b)の指摘は、中世以来、勃興した各接続辞の多くは、表現レベルと深い関わりをもっていた[*9]ことを示す。その接続辞については、小林(1973・1977)で指摘されてきた、前件と後件で受ける表現の種類に相違があったということを、表現レベルの視点からこのように捉え直せる[*10]という

ことでもある。ホドニは、後件にはいわゆる意志・命令表現ばかりではなく、判断のレベルの表現を取る場合も用いている。つまり、後件に対する理由や根拠を主体的に結び付ける際に用いられる。逆に、ニヨッテは、ことがらを一般化して捉える事態命令レベル、および具体的なできごとを個別に捉える現象のレベルに重心をおく。基本的にはことがらのうちに見出された因果関係をつなぐものである。このように（b）は、前件と後件との結び付けにおいて、構造的に異なるそれぞれに、別々の接続辞が用いられていたこと、またそれは限定された時期までのことであったことを示すものである。原因理由を、旧来のバではなく新しい表現によって表現しようとした近世中期までの、いわば、変革の初期段階においては、このことを表現し分けようとする欲求が動機付けとなっていたと見ることができそうである（この点は第4章に詳述している）。

　ところで、（c）で見るように、ヨッテやサカイは、それらとは異なって、後件で取る表現は際立った傾向を示さない[11]。（c）に示す接続辞に共通するのは、近世後期以降に、勢力を広げたものであることである。他に（b）に記したように、ユエ（ニ）も、近世後期洒落本までは対象領域の表現での

---

*9　矢島（2003b）を参照。そこでは、本書で取り上げる近世中期資料以外に、天草版平家物語・虎明本狂言・保教本狂言を合せて対象にして、ここで着目する方法によって分析を行った。それにより、中世末期に調査範囲を広げた場合も、本文の指摘（b）と同様の使い分けの傾向、すなわち対象領域でユエ（ニ）・ニヨッテが多用され、主体領域にホドニが集中するなどの傾向が得られることを確認している。なお、矢島（2003b）では近世中期資料を一括してしまわずに、資料ごとに分けて取り扱っている。参照されたい。

*10　注3に引く中沢（1996）や李（1998・2000・2001）などの、中世末期のホドニ類について、従属節で受け得る表現を直接の観察対象とした検討の成果と、結果として同趣旨のことを確認したことになる。

*11　小林（1977）に近世中期以降上方語のヨッテ・サカイについて、後件の種類、上接語の種類を調査した結果が示されている。それらを読み取る限り、本書の調査と同様、使用例に特段の偏りが認められないようである。また金沢（1998）にも、明治末期以降大阪語のヨッテ・サカイの後件の種類、上接語についての詳しい調査があり、特定のものに大きく偏るような特別な傾向が認められないことを明らかにしている。

使用に大きく傾いていたものが、近世末期・明治以降の資料以降、その傾向が見えなくなっている。

カラとノデの使用状況についても同様である*12。

(11) また別に丸薬をさしあげませうからそれを朝晩に一服づゝけんようなされ升とむさきがひらきましてお食も進みませう。

(滑稽本・穴さがし446・10)

(12) あんまりはしつたので、お腹も弁当(なかおべん)もひつくりかへつた。

(滑稽本・諺臍の宿替22・17)

　主体領域のカラ例（11）と、現象のレベルで用いられるノデの例（12）である。ノデについては主体領域の判断や表現・伝達のレベルでの使用の少なさは認められ、広く用いられるカラに対して制約の大きいノデという対立関係を、見出せないではない。永野（1952）に代表される、現代語のカラとノデの意味的な相違に関わる研究成果によれば、カラには「話し手の主観によって原因結果、理由帰結が結びつけられる」が指摘され、ノデは「事がらのうちにすでに因果関係にたつ前件・後件が含まれていて、それをありのままに、客観的に描写する」場合に用いられるとされる。本稿の捉え方に対応させれば、カラは主体領域、ノデは対象領域にそれぞれ特徴が見えるということである。表2を見る限り、近世後期以降現代に至る上方・大阪語の調査結果にも、多少、その偏りは見出せるといえよう。

　ただし、この傾向も、近世中期資料までに認められた、ホドニやユエ（ニ）などの明瞭な偏りに比べると緩やかなものである。カラ・ノデも、近世後期以降に勢力を広げるという点ではヨッテ・サカイと同様であり、この時期以降に多用される接続辞については、いずれも表現レベルの観点が前面

---

　*12　表2に示すとおり、カラ（ノデも）は、上方・大阪語話者による使用例が一定数認められるものではあるが、江戸・東京語の影響が見出せる一面も有する。例えば、本文例（11）のように丁寧体での使用に特徴が現れたりするのであるが、そのあたりについては第10章で触れる。

に出ているわけではないと見るべきもののようである。このあたりについては、どのように考えたらいいのであろうか。

　このことについては、この表現レベルの使い分けが不鮮明になる近世後期という時期が、上方語が中央語の位置から退きつつあった段階と、ちょうど重なり合うことに注目したい。彦坂（2005）は、『方言文法全国地図』の分布解釈に、近世期の文献調査を踏まえながら、本稿で言う文の表現レベルに対応した接続辞の使い分けについて検討している。その中で、この種の表現に認められる「分析的傾向」が「よく見られたのが中央地域にほぼ限られ」、「地方部では、恐らく過去を含めて、これが顕著には見えない」ことを指摘する。彦坂氏が言う「中央地域」は近畿・関東両地域であり、この指摘は、ここで問題にする上方語が中央語から地域語へと位置づけを変えることと単純に結び付けられるものではない。しかし中央語としての言語運用が、この種の文法的相違を必要とし、地域語ほどそうでないと理解できる分布が実際に確認できることを視野に入れるなら、上方語が中央語としての性格を喪失することについても、その段階で起きる言語変化について関係した現象として捉えることができないかどうか、検討してみる価値は十分にあると考える[*13]。

4. 資料による相違について

　構文の表現レベルと接続辞の相関性は、必ずしも固定したものでなく、特に近世後期以降は、その関係性も稀薄なものとなっていた。それにもかかわ

　[*13] 第1章3.5で見たように、前田（2009）は、現代標準語では「後節（主節）に現れるモダリティ」の相違に注目することで、「ために、もので、だけに」などが「一回性過去」の「述べ立て」（本章の「対象領域」にほぼ該当）と呼応し、「からには、以上、からこそ」などが「推し量り」や「働きかけ」「表出」（本章の「主体領域」に該当）と呼応する相違を整理することができることを指摘する。これらの語形以外にも、原因理由用法に関与する形式には「ばかりに」「てから（に）」「で」「に」「もので」などさまざまある。こういった周辺的な原因理由辞が、その発達傾向において上方・大阪語と江戸・東京語とでどのような相違を見せるのか、あるいは、同一語形でも両言語で使用傾向に違いはないのか等、今後、機会を改めて検討する必要がある。

らず、複数の接続辞が長期にわたって併存しているからには、何らかの別の事情があったと考えるべきであろう。

調査をしていて気付くことは、近世中期資料から一貫して、接続辞の使用状況が資料によって偏りが大きいことである。先に先行研究の成果として、文語性・口語性といった位相面において差があることも引いた（3.1のまとめii）。呼応する主節に影響を及ぼすような文法機能上の相違とは別に、各接続辞が文体的特徴をもって用いられていた可能性があることを物語る。ここでは、その点について検討してみる。なお、明治以降の資料については、第16章で詳しく見るので、本節では、近世期の一部資料について、その一端を確認することとしたい。

次の表3は、先に示した表1の近世中期資料の調査結果について、活用型・非活用型の両条件句の数値を合計して、再掲するものである（X値は表1と同様で全体に占めるバの割合）。

表3　近世中期資料・資料別の原因理由接続辞（表1を一部抜粋して再計算）

資料	バ	アイダ	ユエ(ニ)	ホドニ	ニヨッテ	ヨッテ	サカイ	カラ	ノデ	(他)	(計)	X値
歌舞伎狂言本	57	2	64	40	31		2		1	3	200	29%
歌舞伎台帳	2		1	17	54	1	1			3	79	3%
近松浄瑠璃	141	1	87	17	4		4	1		8	263	54%
海音浄瑠璃	74		68	2	3		7			5	159	47%
噺本	21	2	22	59	24		7		1		136	15%

表中、各資料中、使用の多い順に二箇所ずつ網掛けを施し、少ないことが注目される箇所には黒枠を施した。「浄瑠璃資料」がバやユエ（ニ）を多用する反面、ホドニとニヨッテが少ないこと、逆に「歌舞伎台帳」がバもユエ（ニ）もほとんど用いず、ホドニとニヨッテを多用していることなど、資料ごとの使用の偏りは大きい[*14]。

さらに言えば、資料として大括りに見るよりも、各作品単位ではさらに大きな使用差を示す面がある。例えば、同じ「歌舞伎狂言本」でも、作品によ

って次のような使用傾向を示す（表4）。

表4　歌舞伎狂言本における作品別使用状況

資料	バ	ユエ(ニ)	ホドニ	ニヨッテ	サカイ	ノデ	(他)	(計)
好色伝受	27	2	30	20	1	1	2	83
傾城浅間嶽	23	50	10	11	1		3	98
おしゅん伝兵衛十七年忌	7	12						19

「おしゅん伝兵衛十七年忌」のように、バとユエ（ニ）しか用いない資料もあれば、「好色伝受」のようにホドニ・ニヨッテを多用しユエ（ニ）をほとんど用いない資料もある。

　小林（1977 : 330）には近世上方の「歌舞伎脚本」に「バ・ユエ（ユエニ）が、主として、武士階級の、しかも男性に使われ」る傾向があること、金沢（1998 : 144）にも「洒落本」のユエ（ニ）が「比較的男性に多く使用される固い調子の言葉である」との指摘がある。先に資料別に各接続辞の使用数を示した表1にも明らかであるが、このユエ（ニ）は、バを多用する資料で同じく多用される傾向が強い。ユエ（ニ）やバのようないわば文語的表現を用いやすい資料（浄瑠璃類）と、それらが少なく、代わりにホドニやニヨッテを多用する資料（歌舞伎台帳）というように、近世中期資料はそのジャンルごとに大まかな区分が可能である。一方、表4「歌舞伎狂言本」の様子は、同一ジャンルでも作品によって「好色伝受」のようなホドニ・ニヨッテ多用型と、「おしゅん伝兵衛十七年忌」（および「傾城浅間嶽」）のような「バ・ユエ（ニ）」多用型とがあることを示すものである。

　同じことが、近世後期資料でも見られる。「滑稽本」を例にして、作品別

＊14　矢島（2003b）において、虎明本狂言や保教本狂言がホドニ・ニヨッテを多用し、ユエ（ニ）やバの使用頻度が低い（つまり歌舞伎台帳と似た傾向である）ことを指摘した。資料によって接続辞使用に偏りを生じるのは、中世末期資料も同様だということである。

で分けて示す（表5）。

表5　滑稽本における作品別使用状況

資料	バ	ユエ(ニ)	ヨッテ	サカイ	カラ	ノデ	（他）	（計）
穴さがし心の内そと	6		48	22	13	8	7	104
諺臍の宿替	6	18	217		16	52	20	329
臍の宿替	4	1	50		4	5	2	66

　同じく「滑稽本」と括られるジャンルながら、「穴さがし心の内そと」はユエ（ニ）を用いず、サカイを多用するのに対し、「諺臍の宿替」はユエ（ニ）を用い、ヨッテやノデを多用する反面、サカイの使用例はない。

　なお、「臍の宿替」もヨッテを多用する一方でサカイを用いていない。小林（1977）では、サカイについて（ニ）ヨッテ類と比べて「俗なものとして」用いられていることを指摘する。文法機能上の相違が顕著でない分、位相面でそれぞれ特徴を持っており、それが資料の性格に応じて、偏りを生む原因となっていた可能性がある[*15]。

　各接続辞は、本来、実質的な意味を担う別の品詞（名詞系：ホドニ・ユエ（ニ）・サカイ、動詞系：ニヨッテ・ヨッテなど）を出自とし、形式化したものである。原因理由を表す接続辞として使用し始める段階は、もともとの語が担う実質的な意味を保持し、その拘束力のもとで、それぞれが用いやすい文構造を傾向として生じやすかったことが考えられる。

　しかし、いま近世期資料に見出せたのは、それとは別の、文体的特徴である。このことから考えられるのは、もともと各接続辞が本来的に文法的意味と語彙的意味とをそれぞれでもっており、前者は関与しやすい表現レベルに

　[*15]　小林（1977）では、近世期全般にわたる上方語資料を調査し、バ・ユエ（ニ）・ホドニ・ニヨッテ・ヨッテなどとともにサカイの使用状況を整理している。その使用数の一覧表（小林1977：313、表1）によれば、サカイを用いる資料は限られており、サカイを用いない資料ではニヨッテかユエ（ニ）・バが多い傾向があることなどを読み取ることができる。

違いを生じさせ、後者は用いやすい文体に違いを生んだのであろうということである。調査範囲の古い時代ほど、そのうちの文法的特徴が現れやすい状況があり、それが、新しい時代になるにつれて退く分、文体的位相的特徴が相対的に観察されやすくなっているということではないだろうか。

　近世後期以降、多用されるにいたったヨッテやサカイにしても、ヨッテはニヨッテからニを脱落させた、いわば本来形から一段階、遠ざかった形式であり、サカイも、使用そのものは中世から継続される、歴史のある表現形である（小林1977より）。ユエ（ニ）も中世期以来の文法的特性を失う形で長らえていた。先に、近世後期以降の上方語が、かつて中央語としてあった段階で発達させたはずの文法的使い分けを、それまでほど必要としなくなっていた可能性があることをみた。こういったことを勘案すると、長期に及ぶ接続辞としての使用において、各接続辞の文法的意味を維持する言語事情も薄くなる中で、本来有していた実質的な意味に由来する制約を超えて、多岐にわたる表現への道を開き、各接続辞の使用意義としてはそれぞれの位相上の特徴を担うことに求められ、それが今日に至るにいたっているという見方が可能であるように思う。

　もちろん、これらの解釈は一つの見方に過ぎない。ここは、ここにみる調査結果が、そのような考え方で統一的に説明が可能であるということまでを指摘し、それらの検証は、今後の課題としておきたい。

5. 従属節を構成しない表現の増加について
5.1 接続詞的用法の発達

　本書の第3章において、事実的条件文に認められる変化の一つとして、複文を構成するものという点では異質の、非条件的用法の発生・発達という点をあげられることを指摘した。その点と原因理由文の示す変化との関係を考えておきたい。そのことを測る一つの指標として、いわゆる接続辞本来の用法から隔たりを見せる接続詞的用法について取り上げる。それは、例えば次のような用法である。

　　（13）　常に腹に思ふていても言い憎ひ事ハ、酒呑むと皆言ふてしまふも

んじや。(略) そうじやよつてに、ちつと酒も呑みならへ。

(滑稽本・臍の宿替128・7)

(10) X2さんのご主人、よー話ししまっしゃろー？＊＊大阪弁でっしゃろー？「ドナイデゴワハンネン」「オイソガシーゴワッカー」て、つい、そーいいまんねん。このごろでもねー？ だか ごわすっちゅうことはよーゆいますわ。 (再掲)

接続詞的用法とは、[指示詞＋断定辞＋接続辞]の形式例である。一語化し、接続詞として語彙化する様子が、形式上の特徴（接続助詞としての用法に比べてカラを多用するなど）となって表れる。注意されるのは、近代以降、徐々に使用を増やし、特に現代において多用される形式であるということである。

近世中期：狂言本5、台帳2、近松浄瑠璃3、海音浄瑠璃1、噺本0
近世後期：洒落本5、滑稽本14
近代～現代：明治落語速記22、明治大正落語音声9、昭和落語音声16、昭和談話25、平成談話55

調査量が区々ゆえ、ただちに例数をもって増減を問題にできないものではあるが、現代に近づくにつれて増加傾向にあることはおおよそ見て取れよう。

第3章において事実的条件文で観察した非条件的用法は、多く、従属節が自立性を失うことを背景としつつ生じたものと理解し得るものであった。ここでみる接続詞的用法も、節を構成する機能を後退させることで成る用法であり、その流れに同調するものである。条件表現に広く共通する変化のありようの一つとして捉えられそうである。

なお、この接続詞的用法の語彙化の詳細については、第10章で述べる。

5.2 理由を表さない用法[*16]の増加

接続辞の中には、呼応する主節がない終助詞的用法例や、主節と原因理由の関係で結ばない接続詞的用法など、接続辞本来の機能から拡張した用いられ方をするものがある。第3節の主節の表現レベルの検討に際しては、呼応

関係を問えないことから、広く「不明」と括り、区別した用法である。
　そのうちの終助詞的用法とは、文末を接続辞で終える形式であり、次の例のように主節に該当する部分が言語化されていないものである*17。

（9）（爰の内に掛の残りがあるさかひ取に来たのじや○ナア政吉どん）　政「そふじや〜爰の内ハいつでも節季にハくれんよつて。　　（再掲）
（14）「よふ寝ている物ヲなぜせゝり起さしやんした　「それでもわが身はきつう襲はりやつたに仍テ　「そうかしてきつう襲はれやんした
　　　　　　　　　　　　　　　　　　　　　　　（台帳・鬼門角15上8）
（15）あー、手えたたくとこっち出てきまっか。んなこと知らんもんやさかいなーなー。（パンパンパンパン）
　　　　　　　　　　　　　　　　（明治大正落語音声・天王寺詣り28・11報告書Ⅱ）

---

*16　前田（2009）、白川（2009）は、「理由を表さないカラ」として、「結婚指輪をしているから、彼女は既婚者だ」「車を呼んであげるから、すぐに病院へ行きなさい」などをあげ、前者は後件に表された話者の判断・態度の根拠を示し、後者は後件に表された話者の態度（命令）を実行可能にする要件を示すとする。確かに、後件の理由を問う質問文の解答がそのまま前件に対応しない（例「どうして彼女は既婚者なのか？ ×指輪をしているから」）など「理由」を厳密に設定すると、確かにその枠から逸脱しているように見える。しかし、これらについては、前者例で言えば「後件で示す内容を判断する理由」が前件で示され、後者例では「後件の内容を実行可能になった理由」が前件で示されており、後件成立の理由に関わりのある内容であると考えることができる。したがって、ここで「理由を表さない用法」とする領域に、この種の例を含めることはしていない。しかし、この種の表現例の増加も、ここで問題とする接続辞の変質の背景をなすものとして考えていってよいのは言うまでもない。

*17　終助詞的用法によく似たものに、次のように文末で断定の助動詞類を伴う例がある。
　　・「是なふひよんな事になつた」「そなたが由ないことを云ゆへじや」
　　　　　　　　　　　　　　　　　　　　　　　（狂言本・浅間嶽18・15）
これは、白川（2009）が「言語的・非言語的文脈の中で、話し手・聞き手の間に、「ドウシテＳ２ノカ」という問題設定がされており、それに対する解答として発話される」（p.125.Ｓ２は後件の内容に当たるもの）方法であり、本来の原因理由文の従属節部分の用法に準じて考えられるため、ここでいう終助詞的用法には含まない。

これらの中には、(9)のように、コンテクストから、呼応すべき主節に該当する表現内容（「(だから)取りに来た」）が想定される用法もあれば、(14)(15)のようにその呼応内容が特定しにくい例もある。

これらについては、現代語を対象とした白川（2009）の研究がある。

(16) 「あの土地売らなきゃ、ケッキョク、相続税が払えないみたい。」
「相続税かァ、新宿の一等地<u>だから</u>なァ。」
(白川2009：111.例文(30)より)

(17) 「ややこしいやっちゃなあ」と出て行く。「ちょっと、煙草買うてくる<u>から</u>」
(白川2009：1.例文(2)より)

白川は、これらはいずれも、前件の内容を解答とする問い「どうして〇〇（＝後件に当たる内容）のか？」が想定されないことに注目し、主節の省略や倒置なのではなく、完結した表現であることを主張する。そして、(16)のような例を、原因・理由の帰結に該当する要素が言語化されていなくても文脈中に想定されるもの（「関係付けの「言いさし文」」）とする。一方(17)のような例を、文脈と関わりなく話し手の対人的な態度として用いるもの（「言い尽くしの「言いさし文」」）とする。そして、いずれの場合も、「「言いさし文」は、談話レベルにおいては、文内に談話的な要素（終助詞・接続詞・「のだ」、など）を持つ独立文と同等に位置づけることができる」のであり、「「言いさし文」は、談話レベルにおいては、「完全文」の従属節と異なった働きをする」(p.197)というのである。つまり、ここで終助詞的用法とするものは、これ自体で独立文と同等の談話機能を持つものであることになる。

続いて、接続詞的用法のうち、意味的に原因理由関係を構成しない例である。先に引いた例を再掲する。

(10) X2さんのご主人、よー話ししまっしゃろー？＊＊大阪弁でっしゃろー？「ドナイデゴワハンネン」「オイソガシーゴワッカー」て、つい、そーいいまんねん。このごろでもねー？　<u>だか</u>　ごわ

すっちゅうことはよーゆいますわ。　　　　　　　　　（再掲）

　(10)は、頻繁に「ゴワス」を使用することを指摘された話者が、身近な知り合いにも大阪弁を多用する者がいることを紹介し、自分もその人と同様に「ゴワス」を多用していると言うものである。先行する事情を直接の原因理由として、後続する内容を導くものではない。先行する既述の内容から、順当な文脈にあることを示す「だから」である。いわば、「話し手の発話態度の表示」である「談話上の機能」を獲得したものである（小西2003の捉え方に基づく[18]）。
　これら終助詞的用法や原因理由を構成しない接続詞的用法などを、3.2節の検討では「不明」と位置づけた。そこで行った調査結果を示した表2では、特にこの「不明」に該当する例は、中でもサカイやカラなどのように現代にまで使用の続く形式において、明治以降、大正、昭和と現代に近づくにつれて増加傾向が認められたのであった（表2の網掛け枠参照）。
　終助詞的用法も「独立文と同等の談話機能」を持つものとして用いられるものであり、原因理由を表さない接続詞的用法も「話し手の発話態度の表示」という「談話上の機能」を帯びていた。つまりこれらは、談話機能を担う表現として、近代以降に使用を増すものなのである。該当する語は、ヨッテ・サカイ・カラ・ノデなどであり、いずれも動詞や体言類に出自をもち、辞化を果たした形式である[19]。そういった文法形式が、「主観化」（指示的、命題的意味からテキスト的、感情表出的、あるいは、対人的（interpersonal）への意味変化[20]）を起こすことはよく知られている。「談話標識の発達」はその典型的なあり方の一つとされるものである[21]。ここに観察される用法変化も、そ

---

　[18]　小西（2003）では、「だからさ、何が困るんだよ」のような、接続詞用法から談話機能表示を派生させたものについて、その用法拡張の実相やしくみについて、詳しく明らかにしている。
　[19]　カラを体言出自とする諸説については、山田孝雄の「古くは『から』は理由といふ意の一の体言なりけむ。」（『奈良朝文法史』宝文館・大正2）をはじめとして、松村明編（1969）『古典語現代語助詞助動詞詳説』（学燈社）に詳細に整理されている。

れら文法化の流れに即するものと理解されよう。

6. 変化とその背景

　原因理由文は、中世末期以降、条件表現の必然確定の意味領域から、バ以外の原因理由専用形式を発達させた用法域である。後件に対する前件の提示を固有の形式によって表そうとする動きであり、その点では第2・3章に見た仮定的条件文・事実的条件文で起きたことと同じ方向性を示す。ただ、その形式の多くは、終止連体形に名詞系（ホドニ・サカイ…）や動詞系（ニヨッテ・ヨッテ…）の接続辞を続けるものであり、旧来の条件表現からの独立を指向した変化でもあった。その一方で、非活用型条件句でナレバが急速に力を失うのは、事実的条件文でタレバ→タリャ→タラという変化が起きた時期とまさに符合する近世後期である。このことなどが示すように、条件表現全体の体系的な推移に深く連動する部分も、一方では持っているのである。

　原因理由文が形式上、独立した領域を形成する動きは、文の表現レベルに応じて、異なった接続辞を用いようとする変化であることをも含意するものであった。調査範囲内の初期段階ほど、その表現レベルと対応した接続辞使用の傾向が明瞭であった。ただし、これらの接続辞は、資料によって出現頻度が異なるという、文体的特性によって説明される使用状況も平行して示す。文の表現レベルの相違との関係が顕著であったのは近世中期資料あたりまでである。上方・大阪語が、中央語としての位置から地域語へと立場を変える近世後期以降、その文の表現レベルとの呼応関係に現れる分担方法は第一義としてあり続けたものではなく、むしろ、資料ごとに有する文体的な特徴との相性に応じて用いられる、位相的特徴が前面で観察されるようになる。各

---

　*20　秋元（2002）から引用。秋元（2002）は Traugott, E. C. (1989) "On the rise of epistemic meanings in English: An example of subjectification in semantic change". *Language* 65. 31-55. 等に基づく。
　*21　秋元（2002）から引用。秋元（2002）は Traugott, E. C. (1995) "The role of discourse markers in a theory of grammaticalization". Paper presented at ICHLXII, Manchester, 1995. 等に基づく。

接続辞の長期使用の中で、本来的に有していた文法的意味による主節との呼応関係が不明瞭なものとなり、結果として位相的特徴の面が、新たな存在意義として、重みを持つようになったのではないかと考えたものであった[*22]。
　ただし、現代語に続くカラ・ノデの分担のありようなどには、主節の表現レベルの呼応関係における相違が、それほど明瞭なものではないながらも、傾向としては依然として見出せる[*23]のも事実である。背景的な、二義的な意味合いにせよ、潜行して維持されている一面があることは、注意していいように思う。
　もう一つ、条件表現全体の変化に通じる推移として非条件的用法の発達ということで、接続詞的用法の発生、一般化の様子を確認した。日本語の構文史上において従属節が自立性を失うという流れがあることを想定することによって、理解が容易となる現象の一つである。
　さらに、終助詞的用法と接続詞的用法の一部例とには、文法形式として一つの推移のあり方を体現する「主観化」の様子が見出された。談話機能表示ともいうべく、因果関係を表さない用法の出現である。
　このように、条件表現体系固有の問題から、広く言語変化全体に共有される変容部分までも含みながら、条件体系表現の推移は実現していたのである。

[*22] 本章第16章でも、近代大阪語の原因理由用法において、表現者の個人レベルで、どの接続辞を用いるかに傾向差があることを明らかにしている。それぞれの接続辞の存在理由が「文法的な機能差」の表し分けにはなかったために、表現者個人の属性（出身地・性差・年齢…）を反映しやすく、またここで見た文体との相性差となって現われるということをも生じていたのだと理解される。
[*23] カラ・ノデに関しても、上方・大阪語に代わって中央語の位置につく江戸・東京語の方が、主節の表現レベルとの呼応関係という点では、はっきりとした特徴を示すようである（本章末の（参考）部分参照）。このように、言語の社会的位置づけ（中央語であること、そうでなくなること）が、この種の使い分け指向に質的な影響を及ぼす可能性があることについては、終章で論じる。

※付記　江戸・東京語における原因理由文の接続辞について（参考）

参考までに、本章で示した区分に従って、江戸・東京語における原因理由辞の使用状況を資料別に示す（表6）。

表6　原因理由・接続辞の資料別使用状況（江戸・東京語）

接続辞	資料	対象領域		主体領域		(不明)	(計)	対象領域		主体領域		(不明)	(計)
		事態命名	現象	判断	表現・伝達			事態命名	現象	判断	表現・伝達		
バ	近世後期資料	11	4	13	12		40	28%	10%	33%	30%	0%	100%
	明治小説	4		1			5	80%	0%	20%	0%	0%	100%
	明治大正落語速記	1	1				2	50%	50%	0%	0%	0%	100%
	明治大正落語音声			1	2		3	0%	0%	33%	67%	0%	100%
ユエ(ニ)	近世後期資料	50	54	32	22		158	32%	34%	20%	14%	0%	100%
	明治小説	4		3	2		9	44%	0%	33%	22%	0%	100%
	明治大正落語速記	1	2	1			4	25%	50%	25%	0%	0%	100%
	明治大正落語音声	1					1	100%	0%	0%	0%	0%	100%
	昭和落語音声		1				1	0%	100%	0%	0%	0%	100%
ニヨッテ	近世後期資料	6	11	14	6		37	16%	30%	38%	16%	0%	100%
	明治小説		1				1	0%	100%	0%	0%	0%	100%
	明治大正落語速記		1	1			2	0%	50%	50%	0%	0%	100%
カラ	近世後期資料	175	189	515	349	9	1237	14%	15%	42%	28%	1%	100%
	明治小説	49	97	184	88		418	12%	23%	44%	21%	0%	100%
	明治大正落語速記	29	52	80	86	7	254	11%	20%	31%	34%	3%	100%
	明治大正落語音声	17	18	12	35	4	86	20%	21%	14%	41%	5%	100%
	昭和落語音声	28	21	47	50	16	162	17%	13%	29%	31%	10%	100%
	昭和談話	27	9	40	7	25	108	25%	8%	37%	6%	23%	100%
ノデ	近世後期資料	3	2	2			7	43%	29%	29%	0%	0%	100%
	明治小説	3	11	3			17	18%	65%	18%	0%	0%	100%
	明治大正落語速記	8	18	5	1	3	35	23%	51%	14%	3%	9%	100%
	明治大正落語音声	5	3	4	3		15	33%	20%	27%	20%	0%	100%
	昭和落語音声	8	12	2			22	36%	55%	9%	0%	0%	100%
	昭和談話	1	1				2	50%	50%	0%	0%	0%	100%
(他)	近世後期資料	2	2	7	9	1	21	10%	10%	33%	43%	5%	100%
	明治小説		2	4	2		8	0%	25%	50%	25%	0%	100%
	明治大正落語速記	3	3	3			9	33%	33%	33%	0%	0%	100%
	明治大正落語音声	2	1	1	1		5	40%	20%	20%	20%	0%	100%
	昭和落語音声	1	1	1			3	33%	33%	33%	0%	0%	100%
	昭和談話			1			1	0%	0%	100%	0%	0%	100%

※・「ために」「からして」「ほどに」など用例数の少ないものは「他」として一括した。この用例数が厳密な意味を持たないことについては、注24参照。
・「近世後期資料」は「噺本・洒落本・滑稽本・人情本」を合わせて示している。

この調査結果からわかることは、次のとおりである。

○上方・大阪語との相違
- カラへの集中度が極めて高い。
- バ・ユエ（ニ）・ニヨッテの衰退が著しく、カラ以外にはノデの勢力が目立つ程度で、上方・大阪語の複数並立の状況とは様子が異なる。
- カラが対象領域・主体領域の両領域に広く分布するのに対して、ノデが対象領域に偏る傾向が強い。
- 「不明」にカウントされる、いわば呼応関係のない表現例が、近代大阪語では急増傾向にあったのに対して、近代東京語ではそれほど顕著ではない。

概して、上方・大阪語に比べて、江戸・東京語の原因理由用法の方が、接続辞の種類が少なく、主節の表現レベルとの呼応関係が、比較的に明瞭である点に特徴があると言えそうである（本文中の注23参照）。

ところで、新たな原因理由辞を生み出すことは、近代以降も活発に行われており、「し・だけに・ばかりに」など助詞類、あるいは「ために・かぎり・せいで・もの」など名詞類から、それぞれ派生形がある。本文中の注13に記したように、上方・大阪語、江戸・東京語の両言語間において、これらの諸形式の発達に差がないのか、あるいは用法面に傾向差を生じないのか、興味深い課題である。

例えば、上方・大阪語において多用されるものに「し」がある[*24]。この

---

*24 周辺的な原因理由辞は、原因理由を表す専用の接続辞でないため、本用法例として扱ってよいか、判定に迷うものも少なくない。例えば「し」で言えば、いずれも本来の「累加・列叙」の範囲内での解釈も可能であるため、これらを本文中の表2や表6の接続辞「（他）」の用例数で数えることはしていない。その用法範囲の設定次第で、カウント数は大きく変わる可能性があるものであり、表中の「（他）」に該当する用法については、今後、基準設定も含め、精査が必要である。

「し」のうち、原因理由用法と解釈できる例は、本書の調査範囲内で、上方・大阪語には30例あるのに対して、江戸・東京語には見当たらない。そして、この「し」が呼応する主節の表現レベルは、対象領域レベル6例、主体領域23例、不明1例であり、若干、主体領域レベルとの呼応に偏りを見せる。

・もう時間ばかりかかるし、も、帰ってきました。
(昭和談話・京都・259全国方言)
…「現象のレベル」＝対象領域のレベル

・夕方に用事もありますしね、せーぜー、どうぞはよー、帰ってきとくれやっせ。
(昭和談話・京都・257全国方言)
…「表現・伝達のレベル」＝主体領域のレベル

この種の形式が、上方・大阪語にのみ多用されることがどういう意味を持つのかなどを検討することによって、両言語の表現指向の違いが、より明らかになると考える。

# IV
接続詞的用法の発達

　接続詞的用法は、「指示詞（＋断定辞）＋条件形」の単位で一体的表現をなし、固定的に多用される過程で語彙化を起こすものである。それらは、条件表現の史的推移からは、一旦、切り離されたところで変化をしつつ、しかし基底部分では条件表現の変容のありようとのつながりも失うわけではない。

　一方、語彙化した、独立性の高い形式であることにより、近世中期上方語（中央語）から江戸語（地域語）への、あるいは近世後期以降になると江戸・東京語（中央語）から上方・大阪語（地域語）への影響関係が顕著に現れるという側面ももつ。

　条件表現史との関係を保持しつつも語彙化形式としての固有の変化を遂げる、いわば言語の内的要因によって説明される側面と、顕在的威信のありかから影響を受けるという外的要因によって説明される側面とが組み合わさったところに、接続詞的用法の発達史が実現しているのである。

第8章

上方・大阪語における接続詞的用法ソレナラ類の推移

1. 問題の所在
1.1 検討すべきこと

　近・現代大阪語においては、次のような似通った接続詞的表現が併用される。

　　（1）　（アルバイトの採用面接で、他の採用希望者の様子を見て）「もうあかんわーと思っとってんやん。その人、フリーやねんやん」「んー」「も二十四ぐらいで、ほんじゃーな、平日も空いてるやん　ほんなら」「うん」
　　　　　　　　　　　　　　　　　　　　　　　　　　（平成談話・2・85）
　　（2）　「喜ぶことをやってもしゃーないやろー」「そーやなー、なんかー、それやったら、単におれらえー人やもんなー」
　　　　　　　　　　　　　　　　　　　　　　　　　　（平成談話・6・78）
　　（3）　「えー、一円二十銭でどーでっしゃろ」「あっさいでっか、へー、結構ですわ。ほいたらそれ一ついただきまっさ」
　　　　　　　　　　　　　　　　　　　　　　（昭和談話・全国方言・大阪218・5）

　これらは指示詞ソレ（＋断定辞）＋条件形（例（1）（2））、またはソウ＋「する」＋条件形（例（3））を取り、基本的には指示詞で先行状況を受けて、その取りまとめに対して順当に継起する認識を以下に続ける構造である。現代標準語の語感に従う限り、それぞれは相互に交換が可能であり、特に際立った表現性の相違は認めがたい。
　これら複数の表現方法の併存は、上方・大阪語の歴史の中で、どのような

必然性をもって説明されるのであろう。

　この問題を検討するにあたり、一般的な方法としては、まず上方・大阪語における接続詞的用法ソレナラ類の歴史をたどり、それぞれの実際の使用状況をつぶさに観察する手順が考えられよう。しかし、この問題は、上方・大阪語の接続詞的用法だけを詳しく観察しても、なぜそれぞれの消長が生じるのかを解くことができない。接続詞的用法が構成要素として含む条件形部分を「条件表現全体で起きた変化」との関係において捉え、さらには消長のさまを「江戸・東京語との影響関係」から検討することが必要である。本章は、この視座からの研究によって、初めて接続詞的用法で起きた変化の背景を理解することができることを示すとともに、近世以降現代にかけて上方・大阪語に起きた質的な変化全体の中に、本問題を位置づけることができることを論じる。

1.2　検討の対象

　本章では、近世中期以降、現代までの上方・大阪語、さらには江戸・東京語の様子を比較対照しつつ、概括的に捉えてみたい。調査には、序章3節のⅠ・Ⅱに記した全資料を用いる。

　対象とする表現は、近・現代大阪語で使用が認められるソレナラ・ソレデハ・ソレヤッタラ・ソウシタラである。これらは、指示詞ソレや接続辞ナラ類等の各構成要素がそれぞれ本来の用法を保持し、その和として用いられている場合ほど、他の表現相互の互換性が下がり、接続詞的ではなくなる（以下、［固有領域］の例とする）。

（4）　夫ならそうとはじめから言ばよいに。

　　　　　　　　　　　　　　　　（洒落本・当世粋の曙26・298・上16）

（5）　「いざ立ちのかん」と有ければ。「いやそれでは情の親方の憎しみもまさるべし。（略）」　　（近松浄瑠璃・五十忌歌念仏4・623・11）

　これらでは、指示詞は先行状況を指示した上で、接続辞も本来の機能を保持する。その結果、ソレデハの文は［ソレ→後件］の順当な組合せ・因果関

係にあえて取り立て「は」を介入させる構造によって、その関係に異を唱えたい、受け入れがたい意味合いを生じ、逆にソレナラは順当・当然と考え、実現を望む認識を以下に続ける。この場合、例中のソレナラ・ソレデハを入れ替えた表現は、現代標準語の語感に従う限り、成り立たない。

　逆に、他のソレナラ類と用法が相互に似通い、互換性がある場合（以下［重複領域］の例とする*1。先掲の例（1）〜（3）参照）は、それぞれの固有性の発現が稀薄であることを意味する。その場合は、ソレ＋ナラバ類の構成要素の自立性も稀薄であるために、形態変化を起こしやすい。本稿の調査対象範囲において観察されることのうちから、以下、2例について紹介する。

例1、ソレナラとソレデハの指示詞あるいは接続辞部分の形態変化（表1-1参照。なお表1-1・1-2ともに、本稿の調査範囲中の全体の例数を示す）
　　→互換性ありの［重複領域］の例は、ソレナラは「そんなら」「ほな」等、ソレデハは「それじゃ」「じゃあ」等の変化形を生じやすい。

例2、ソウシタラ：指示詞部分の形態変化（「そう」→「ほ」等。表1-2参照）
　　A．ソレナラ類と互換性ありの［重複領域］の例（例（3）の「ほいたら」等）
　　B．ソレナラ類と互換性なしの［固有領域］の例＝通常の仮定的条件文（例、「彼がそうしたら（＝「この問いが解けたら」）次に進みます」）や事実的条件文（例、「すぐにそうしたら（＝「氷で冷やしたら」）治った」）を構成する例
　　→上方・大阪語資料でA＝ソ系24例対ホ系45例、B＝ソ系32例対ホ系12例（表1-2の合計より）。ホ系への変化は、Aの［重複領域］例で著しい。

＊1　次章で、ソレデハが、次第にソレナラとの［重複領域］の用法を獲得していくさまについて観察し、検討する。そこの議論において、［固有領域］と［重複領域］の関係整理が重要になるので、［固有領域］［重複領域］と捉えていく方法や考え方については、次章においてさらに詳しく述べている。

表1-1　指示詞・接続辞の形態変化（ソレナラ・ソレデハ）

		ソレナラ				ソレデハ			
		[重複]			[固有]		[重複]		[固有]
	指示詞	ナラバ	ナラ	ナ	ナラバ	ナラ	デハ	ジャ	デハ	ジャ
上方・大阪語	それ	17	17		2	7	10	17	29	1
	そん	10	223	1		4				1
	そ(い)			2			3			2
	ふ(ん)		2	5						
	ほ(ん)		9	22			1			
	ん		4	8			1			
	φ		5	1			3	16		
江戸・東京語	それ		1			4	27	83	8	14
	そん	2	208		2	8				
	そい						7			1
	ほん						1			
	φ						8	58		

表1-2　指示詞部分の形態変化（ソウシタラ）

		ソウシタラ	
	指示詞	[重複]	[固有]
上方・大阪語	そう	6	11
	そ(い)	18	21
	ほ(い)	44	9
	ほん	9	1
	φ	1	2
江戸・東京語	そう	1	5
	そ(い)		2
	φ	1	2

※・ソレナラ・ソレデハ・ソウシタラ相互に互換可能例を［重複］、そうでない例を［固有］とする。
・表中「φ」は、「なら、〜」のようにとソレ部分が脱落した形式例を表す。

　以上のように、相互に置き換え可能な［重複領域］において、各構成要素単位での存在意義が失われることによって形態変化が進み、一語化の様子が確認できる*2。このように相互に置き換えて意味に変化が生じずに、語彙化の進んだものを、ここでは接続詞的用法と位置づけ*3、取り上げていくこととする（以下、ソレナラ・ソレデハ・ソレヤッタラ・ソウシタラはそれぞれの変化

---

*2　すでに、近世中期資料（歌舞伎狂言本・台帳・浄瑠璃・噺本）の段階で、接続詞的用法ソレナラの形態変化は確認される。ソレナラと通常の非活用型条件句の「ならば」の「ば」脱落で比較すれば、ソレナラ：「ならば」対「なら」＝23対104／非活用型条件句：「ならば」対「なら」＝100対96例であり、ソレナラのバの脱落傾向の高さは歴然としている。これはこの段階で一語化・語彙化の様相が認められることを物語ろう。

形（「ほな」「じゃあ」「ほたら」等）を含むものとする）。

2. 条件表現およびソレナラ類の歴史
2.1 条件表現における条件形の歴史（概要）

　最初に、調査範囲の条件表現の歴史を概観しておく。ソレナラ・ソレデハ・ソレヤッタラは、形式上は体言を受ける条件句であり、ソウシタラは用言を受ける条件句である。接続詞的用法との比較のためには、体言類を受けるもの（例、「明日、雨なら大会は中止だ」以下、「非活用型条件句」と称する）と用言類を受けるもの（例、「明日、雨が降ったら大会は中止だ」以下、「活用型条件句」）とを区別しておく必要がある。表は、ほぼ資料の成立時代順に並べた（表2）。

　表から、上方・大阪語に関しては、活用型条件句は仮定形+バを中心に各条件形を併用し、次第にト・タラ使用の度合いを高め、現代は中でもタラへの集中傾向を強化していること、非活用型条件句は、ナラが基本形だったが、近代以降は衰退して断定+タラに交代していることなどが読み取れる。つまり、両条件句ともに、上方・大阪語にはタラを用いる方法への一極化傾向が顕著であるということである。

　対する江戸・東京語は基本的に複数の条件形を併用している点で対照的である。特に非活用型条件句ではナラ・デハの拮抗関係を維持しており、上方・大阪語と比べてデハの使用傾向が強いことが注目される。

　＊3　次章の注1ならびにそれに対応する本文で、本書においてソレナラ類が相互に「互換性がある／ない」とする基準に関わって、さらにまた現代語の内省をもってその互換性を検証することに対する考え方について整理している。
　なお、ソレナラは、近年、さらに用法の拡張を見せ、ソウシタラの本来的用法である非接続詞的な表現（本章の3.2節で述べる事実的条件文の用法）と類似した意味をも表す場合がある（例、「あたしな、ディズニーランド行くっつったやんな、んなな、あのーバイト先の奥さんがな、この夏にな、ディズニーランド行ってきてな、あたしーとな、もう一人の人にな、お土産くれてんやん」（平成談話・1・203）昭和落語1、平成談話4の計5例）。この用法は、本章で設定する接続詞的用法の枠組の外にあり、取り扱う対象から外している（したがって本論中の表3からは外し、表2でカウントしている）のであるが、ソレナラ類の接続詞用法が定着する中で起きた変化であり、注意が必要である。

表2 全条件表現（接続詞的用法を除く）の使用状況

	資料	活用型条件句							非活用型条件句					
		未然形+バ	仮定形+バ	ナラ	タラ	ト	テハ	(他)	(計)	ナラ	デハ	断定+タラ	断定+ト	ナレバ	(計)
上方・大阪語資料	近世中期 歌舞伎狂言本	54	101	12	36	16	26	12	257	28	10			10	48
	歌舞伎台帳	8	33	8	18	3	2	1	73	6	6			2	14
	近松浄瑠璃	214	535	66	165	20	145	6	1151	112	39			23	174
	紀海音浄瑠璃	77	131	40	46	6	35	2	337	30	6			12	48
	噺本	37	67	8	25	7	10		154	20	8			5	33
	近世後期 洒落本	12	134	14	110	45	20		335	49	10	3	1	11	74
	滑稽本	4	171	35	266	383	72	4	935	113	71	2	4	6	196
	近代～現代 明治落語速記	9	103	28	220	227	28	2	617	64	29	17	10	3	123
	明治大正落語音声	1	53	5	188	132	13	3	395	20	12	49	1	4	86
	昭和落語音声	6	190	10	482	161	9	27	885	59	35	52	5	4	155
	昭和談話		19		88	43		1	151	1	4	17	2		24
	平成談話		39		107	7	2		155	4	4	31	1		40
江戸・東京語資料	近世後期 噺本	19	29	4	20	23	10		105	18	16			1	35
	洒落本	13	68	14	27	51	30		203	26	25		2	1	54
	滑稽本	72	312	31	156	278	197	4	1050	148	148		13	2	311
	人情本	20	81	12	35	64	36	2	250	34	35		6		75
	近代～現代 明治小説	5	168	22	83	101	77		456	70	48		4	1	123
	明治大正落語速記		143	15	58	171	75	1	463	37	23	3			63
	明治大正落語音声		32	4	20	64	26		146	11	10	4	3		28
	昭和落語音声	1	49		51	98	43	2	244	20	23	5	1	2	51
	昭和談話		16		17	37	10		80	1	6	1	2		10

※各資料の中で、それぞれの条件句で当該条件形の占める比率が30～49%の箇所に薄い網掛け、50%～に濃い網掛けを施した。

2.2 ソレナラ類の歴史（概要）

続いて、同様にして接続詞的用法の使用状況を示す（表3）。

まず、江戸・東京語についておおよそ見ておくと、噺本・洒落本までソレナラ中心であり、滑稽本以降急激にソレデハが伸張し、交代するという大きな動きがある一方、それ以外の使用はほとんどみられない。この江戸・東京語の様子については、次章で、噺本・洒落本がソレナラを限定的に使用していたのは上方語の影響であろうこと、その状況に対して、江戸語の条件表現におけるデハの多用傾向を背景として、中央語としての自立的体系性を指向

表3　接続詞的用法における各条件形の使用状況

資料			ソレナラ	ソレデハ	ソレヤッタラ	ソウシタラ	(計)
上方・大阪語	近世中期	歌舞伎狂言本	20				20
		歌舞伎台帳	32				32
		近松浄瑠璃	49	1			50
		紀海音浄瑠璃	5				5
		噺本	21				21
	近世後期	洒落本	66	1		6	73
		滑稽本	34	3			37
	近代〜現代	明治落語速記	29	18		6	53
		明治大正落語音声	17	13	3	6	39
		昭和落語音声	32	8	2	42	84
		昭和談話	14	2		8	24
		平成談話	7	5	2	1	15
江戸・東京語	近世後期	噺本	34				34
		洒落本	43	2			45
		滑稽本	89	32			121
		人情本	27	17			44
	近代〜現代	明治小説	12	30			42
		明治大正落語速記	5	37		1	43
		明治大正落語音声		28		1	29
		昭和落語音声	1	29	1		31
		昭和談話		9			9

※各資料中、接続詞的用法に占める当該形式の割合が30〜49％の箇所に薄い網掛け、50％〜に濃い網掛けを施した。

する中で、滑稽本以降、接続詞的用法にソレデハを生じ、一般化していったことなどが指摘可能であることを述べる。ここでは、その点を確認するにとどめる。

　一方の上方・大阪語については、まずは一貫してソレナラを多用するが、近世後期以降、ソレデハやソウシタラ、近代以降にソレヤッタラを併用するに至る。表1でソレナラ類について、その形態変化の様子から語彙化の状況

を確認した。その一方で、表2に見る条件表現としての歴史がある。これらの関係がどうあると見ることによって、このソレナラ類の一見複雑ともいえる併存状況は説明されるのか。このあたりをめぐって、以下、検討すべき点を列挙してみる。

（a）近世中期はなぜほぼソレナラ一色なのか。その安定領域に対して、近世後期以降にソウシタラ、明治大正期以降にソレヤッタラはいかにして発生し、一般化するのか。また両者の発生時期の相違は、どのように説明されるか。

（b）近代以降に至って、ようやくソレデハが増加するが、非活用型条件句全体ではデハの占有率は調査期間を通じてほぼ一定である。この齟齬にも見える現象はどのように説明されるか。

以下、（a）（b）について順に考えていく。

3. 上方・大阪語のタラ拡大傾向と連動する接続詞的用法の変化

本節では、問い（a）ソレナラの広がっていた事情、およびソレヤッタラとソウシタラの発生・発達の事情また両表現の発生に見える時間差を生じさせたものについて検討する。

3.1 接続詞的用法にソレナラが発達した状況

最初に、なぜ近世期上方語ではソレナラが多用されるのかについてである。上方語にも、江戸語ほどではないまでも、非活用型条件句全体では一定数のデハを用いる言語土壌があるわけであり（表2参照）、実際、近代以降にはソレデハを用いる事実がある。近代に至るまで、なぜ接続詞的用法では（ソレ）デハを用いなかったのかという観点からも、何らかの説明が必要である（ソレヤッタラ等のタラ系は歴史的に未発達。後述）。

まず、歴史的にみて、本調査の対象期以前から、接続詞化したソレナラを用いていた事実がある。小林（1983a）は、サラバ・シカラバなどが中世日本語で多用されていたこと、それに代わるものとして「「ソレナラバ」の発達

は、狂言台本においてはじめて顕著にうかがわれる」ことなどを明らかにしている。近世中期以前に指示詞と接続辞を用いる方法によって接続詞的な用法を表すことがすでに一般に行われていたこと、かつその表現に該当する指示詞が近世中期の段階ではソレであり、それを受け得る条件形としては、ナラ・デハしかなかった時期であった[*4]ことが理解される（表2参照）。

　問題は、上方語では、体言を受ける条件形として近世の中期からデハを一定数用いているにもかかわらず、なぜ接続詞的用法ではソレナラばかりが用いられ、ソレデハはほとんど用いられなかったのかである。

　まず確認しておきたいのは、ソレナラへの互換性がない、ソレデハ本来の用法例自体は存在しているということである。本稿で調査をした近世期上方資料中に、27例のソレデハが現れるうち、22例がそれに該当する。

（6）　詞こそかはさずとも。ちよつと顔でも見たいが。いや〜それでは世間がたゝぬ。　　　　　　　　　（近松浄瑠璃・冥途の飛脚7・332・5）

　これらは、「指示詞ソレ＋原因・理由を受ける格助詞デ＋取り立てハ」という各構成要素本来の用法の和としてある、つまり接続詞的用法でない、ソレデハ［固有領域］の例である。この用法であれば、近世中期には存在していたということである。

　その一方で、ソレナラとの［重複領域］にあるソレデハも近世の段階で散見された（全5例。表3参照）。ただし、いずれもその判定には慎重にならざるを得ない点を含む。

（7）　襦袢の緋縮緬も見せたいけれど、それでハ着物も脱がんならん。

――――――――――――――――――――――――――――――――

　*4　ソレナラ・ソレデハ以外には、同時期の条件形の用法からして「それなれば」もあり得た。実際に、調査の範囲に少数例（10例）現れるが、いずれもソレデハ類と互換性のない、非接続詞的用法例である（次例参照）。
　・（「廓へは帰らぬ」との言葉を受けて）ヲ、そんなりや跡先首尾がよい。
　　　　　　　　　　　　　　　　　　　　　（近松浄瑠璃・山崎10・363・5）

(滑稽本・諺臍の宿替131・7)

　これらの例は、(7)「緋縮緬を見せるためにはまず着物を脱ぐ必要がある」のように、前件に対する順当な認識が続くとの解釈から、ソレナラと互換性ありと見たものである。しかし、その一方で、ソレ＋デ＋ハの各要素に由来する表現性を維持した、本来の用法としての解釈も成り立たないわけではない。例えば(7)であれば、「緋縮緬を見せたいが着物を脱ぐのは嫌だ」という発話意図による例と捉えた場合である。その状況に対して承服しかねる、受け入れがたいというニュアンスが強いほど、ソレデハ固有の表現性と合致することとなり、ソレナラとの互換性は低くなる。［重複領域］にあるとしたソレデハは、このようにいずれも解釈に幅のある例に限って現れる。このことから考えると、上方語においては、近世期は、ソレナラと等価で用いられるとしていいソレデハは、まだ発達していない段階だったとすべきなのかもしれない。
　いずれにしても、近世期上方語は、接続詞的用法としてソレナラが広く発達する中で、ソレデハは本来的な用法に止まり、接続詞的用法は質・量ともに十分に獲得し得ずにいた段階であったことになる。

3.2　ソウシタラの発生・発達事情

　近世期の接続詞的用法として、このようにソレナラが安定的に用いられていた領域に、近世後期以降、ソウシタラが発生する。この発生時期は、条件表現全体（中でも構造的に等しい活用型条件句）でタラの拡大傾向が見え始めた頃と重なり合う（表2・3参照）。

(8)　夕 わしや野側の大和屋へいてあそこから人やるわいナ。つや そしたら咲さんは。咲 わたしやいつもの通り愛から人やるわいな。

(洒落本・妣閣秘言3・27・下8)

(9)　あや アノモシその家（いへ）わどこらでござりますへ。風 マア米や町辺（へん）。あや アノ米屋町といふのは（略）いやなことじやナア。風 ナンノマアそんなとこじやなひ。あや そしたら堂嶋（とうしま）かへ。風 それは

米相庭のたつ所じや米や町といふのは舟場の方じや。あやムウそんなら泉利さんの方じやな。　（洒落本・十界和尚話17・192・上14）

　これらのソウシタラによる接続詞的用法では、タラによる前件には仮定的な意味合いはなく、先行状況の事実整理を行う。未然形＋バに由来するタラが仮定的条件文を構成するものとは、明らかに異質である。典型的なタラ文とは、次のような例である。

（10）　是がつのつたらば世間にはやる心中とやらをしほるまい物でない。若そんな事が有たらば年寄ておれは何としませう。

（台帳・鬼門角25下9）

　基本的に、前件は「もし」「仮に」といった蓋然性を規定する副詞を冠することができ、その条件が成立した場合に後件の内容が続く、という構造である。
　近世期は、条件表現の体系的な変化が起きており、タラは未然形＋バの一形態としてではなく、仮定表現を構成する独立した一接続辞に位置を変えつつあった段階である（第2章参照）。そのような体系的変質を背景としながら、近世後期に入ると、さらにタラには、事実的条件文を表すに至るという大きな変化が起こる（小林1967／本書第3章参照）。

（11）　先途そちの内へこゝな亭主を掛合したら百廿両いるといふ。それておれも此節はちときまつて居。

（洒落本・十界和尚話17・192・上1）

　表4に、近世上方語のタラ（バ）・タリャ・タレバの使用状況を示した[*5]。

表4　事実的用法タラの発達

	資料	仮定的条件文				事実的条件文		
		タラ	タラバ	タリャ	タレバ	タラ	タリャ	タレバ
近世中期	歌舞伎狂言本	21	15		3			14
	歌舞伎台帳	11	7		1			3
	近松浄瑠璃	100	65	2	6		5	35
	紀海音浄瑠璃	34	12		1		2	6
	噺本	12	13					8
近世後期	洒落本	86		4	1	33	11	15
	滑稽本	217	1		1	50		

　この表から、仮定的条件文がタラを多用しながら、一部タレバ・タリャを用いていること、事実的条件文で多用されたタレバがタリャを用い、次第にタラへと形を変えていくことが読み取れる。前者には、仮定的表現にも、已然形＋バの形式が、表現領域を広げていた当時の条件表現の趨勢が現れ、後者には已然形そのものの衰退を基盤とした音変化のさまが現れている。その両方の変化が、本来、厳然と区別されていたはずの領域に連続性を生み出し、そこを橋渡しとして、両条件文にタラが広く覆うに至る状況を生じていたことが理解される。

　近世後期の洒落本の段階に至って、未然形＋バはいよいよ少数勢力となり（表2参照）、タラ・ナラ・テハがそれぞれ独立した接続辞になろうとしていた。この状況の中で、タラはかつて未然形＋バの一形式として不確定性のある仮定的条件文を構成することが大前提であったものから、タラの時制を表す性質に基づく「前件の成立に引き続いて後件が成立すること」を表すものへと、その性質の重点を移したと言っていい大きな変化を生じていたのであ

　＊5　本書第3章でも事実的条件文の用法を取り上げたが、その際、少数ながら使用例の見られる体言類を受ける表現は、断定辞の介入を必須とする特殊性を考慮して区別して扱った（第3章の注2参照）。本章はその特殊性は問題とならないので、体言類を受ける表現例も一括して扱っている（第3章の表3の用例数と本章表4の用例数の異なりは、その扱いの違いに基づくものである）。

る*6。

　接続詞的用法としてのソウシタラは、このように上方語でタラ文の変質・領域拡大の状況が整う中で生じたものである。もちろん、生起の確定した前件→後件と継起的に配置する事実的条件文の典型とは異なり、ソウシタラは後件を導くためのきっかけとしてあるものではあるが、本質的には、事実的条件文を構成するタラの発生・定着に伴って生じてきたことを理解する必要がある。

　なお、ソウシタラは、その前件で先行状況を整理して、それを契機として以下の話題を振るのであり、それと後件に示される状況との因果関係は、他のソレナラ類と比べて稀薄である。前件としての提示のしかたも、事実的条件文を下敷きにした活用型条件句を取る点で、他のソレナラ類とは区別される。その特性を有するからこそ、ソレナラが安定的に用いられていた領域に参入し得たのであろうし、また同時に、ソレナラを駆逐する方向での発達はせずに、共存の道を選ぶこととなるのであろう。

3.3　ソレヤッタラの発生・発達事情

　近世後期には発生していたソウシタラにやや遅れて、近代に入って発生するのがソレヤッタラ*7である。

---

　*6　このあたりの議論は本書第2・3章を参照。なお、タラ文の質的変化は、後件で推量表現が呼応する例（例(10)など）の占める比率変化においても確認することができる。近世中期資料は290例中161例と六割程度が推量表現と呼応していたものが、洒落本は119例中34例の三割弱へとその割合を減らす。その結果、後件には前件に依存しつつ引き続いて起こることのみが示され、後件の成立に関しては推量を付加しない、仮定性の稀薄な表現例が増加している（次例参照）。
　　・あれで彼奴が胆へはまつたらよいが。　　　　　　（洒落本・南遊記18・195上12）
　*7　ソレヤッタラに対しては、江戸・東京語では「それだったら」が対応するが、本調査範囲ではその丁寧形「それでしたら」が1例見出せたのみである（表3「昭和落語音声」の例）。上方・大阪語では、条件表現全体のタラ拡大を背景にソレヤッタラの広がりがあったのに対し、江戸・東京語ではそのような動きが認められなかったことを示すものと考えられる。

(12)「どこぞ糊の安いとこがあったら教せとんなれ」「あーそれやったらなあ、東の町の荒物屋へ行きなはれ」
(明治大正落語音声・長屋議会170・9報告書Ⅰ)

(13)「もう、むかついてんのでな、講釈やれんようにしたろうと思てんねん」「それやったら、別に暴れんかてえーが。わしがええ知恵貸したげょか」　(昭和落語音声・くしゃみ講釈135・12報告書Ⅱ)

　この種のソレヤッタラは、ソレナラ類と互換可能であるが、いずれの例も「そういうことなら〜」と、先行文脈の真意が他でもなくソレであると、他を排除して「焦点化して捉え直す」コンテクストで用いられる点で特徴的である。ソレナラ類の広い表現領域に比べて、ソレヤッタラは限定的な範囲で用いられているということである。
　この先行状況を「焦点化して捉え直す」表現性というのは、非活用型条件句でナラから断定＋タラへの交代が起こる際にも観察されるものである。

(14)(「一尺八寸は太刀の厚みのこと」だとの説明を聞いて) あ、厚み。うーわっこーりゃー厚いやっちゃなあおえ。一尺八寸で厚みやったら向こう見えへんがな。　(明治大正落語音声・浮世床167・2報告書Ⅰ)

　断定＋タラの発達は、近世後期から段階を追って拡大し、その都度、同形式による表現可能域が広がっていくのであるが、今ここで見る先行状況を前件で「焦点化して捉え直す」特徴は、まさにソレヤッタラの発生期と等しい、明治大正落語以降、初めて見出されるものであった(第5章参照)。つまり、ソレヤッタラの発生・発達は、条件表現史と形式面において連動する現象であると同時に、用法面でも同表現の体系変化の中に位置づけられるものであることになる。
　このように、ソレヤッタラは限定的な用法を持つものとして用いられ、ソレナラ等がカバーする領域全体に等しく対応するものではない。そのことが、ソレヤッタラの増加傾向を緩やかなものとしていたことが考えられる。

以上、近世期上方語の接続詞的用法には、非活用型条件句の中心形式であったナラを構成要素とするソレナラが独占的に用いられており、ソレデハは本来的用法に止まって接続詞化の兆候を十分には示さずにいたこと、その一方で、条件表現史の体系的変化に支えられて生じたソウシタラ・ソレヤッタラが、条件表現史の変化にそれぞれ連動しながら接続詞的用法を発生させていることを見た。

4. ソレデハ使用の特殊性
4.1　明治・大正期のソレデハの使用状況
　続いて、問い（ｂ）のソレデハの発生・発達をめぐる疑問について検討する。ソレヤッタラ・ソウシタラが、いずれも上方・大阪語における条件表現体系のタラ一極化と連動するものとして、それぞれの発生・発達の説明ができるのに対し、ソレデハはその要素を持たない。表2・3で確認したとおり、非活用型条件句全体として、特にデハを取る傾向に変化がないにもかかわらず、特に近代以降、ソレデハだけは増加傾向を示すのである。なぜ近代以降になって、ソレデハを用いることになったのであろうか。
（1）　資料性の確認
　ところで、本書で近代の調査資料とした落語に関わって、その資料的特性について、金沢（1991）で問題としているところがある。氏は、その前後の資料と比べて、断定の助動詞に関して本来ジャまたはヤを用いるはずのところを、落語速記資料に突出してダが多いことを見出し、そのことに関わって、慎重に断定を避けつつも「（速記資料は）速記記号を普通の文字表現に直す「反訳行為」が一種の編集作業に近いものとなって、読み物としての落語速記をまとめ上げるために書きことば的な要素（それは当時の東京語的なことば遣い）が混入してきた可能性」があるかもしれないとしている。
　それまでソレナラがほとんどを占めていた領域において、大阪落語の速記資料から、突如、三割を超えてソレデハを使用している（表3）。この状況は、金沢氏の指摘に通じるものであり、「書きことば的な要素」たるソレデハが「混入」した結果である可能性も考えねばならないことになる[*8]。
　その一方で、表3によれば、「反訳」の問題が関与しないはずの落語音声

資料の調査でも、等しく三割を超えるソレデハの使用が認められる。以降の資料も、比率こそ上下の幅があるものの、一貫して使用が確認される。こうして見ると、明治速記資料のすべてが純粋に大阪語の状況を反映するかどうかは措くとしても、ソレデハは単に非地域的要素が「混入」したものばかりではなく[*9]、実際の大阪語の状況を何らかの形で反映する面があるものと考えておく方がよさそうであることがわかる。

（2）　標準性との関連が見出される使用

　大阪語におけるソレデハ使用の初期の段階の状況を観察するために、明治期以降の落語資料中の使用状況を見てみる。ただし、落語速記資料には、金沢氏の指摘にあるとおり、速記者の特徴や「反訳」に際しての文字言語化意識など、複数の要素が加わる可能性があるので、ここは、明治大正落語の音声資料中の状況に特に注目するとする[*10]。

　まず、ソレデハの例で目を引くのが、次のような敬体の表現中における使用である（同資料中のソレデハ13例中10例）。

　　（15）　あらまあ難しい。それじゃあ、やっぱりウオズカにいたしまするわ。（略）酔うて酔うておーきに遅なりまして。

(明治大正落語音声・脱線車掌15・7報告書Ⅱ)

　これらは、同一文中で丁寧語に「致します」「下されます」「です」「ます」を用い、しかもそれが標準語形のままである（大阪語風に音変化しない）点で共

[*8] 調査対象とした明治落語の速記資料13演目中9演目が丸山平次郎の速記によるものであるが、丸山は長野県松本市の出身であり、大阪語話者ではない。こういったことなども東京語的要素の「混入」に関与する可能性がある。

[*9] ソレデハの使用において、例えば、噺家、速記者、演目、刊行年等に関して、注10に記す待遇的・文体的特徴を除き、特殊な偏った使用事情、すなわち、不規則的な「混入」を疑わせる使用状況は見出せなかった。

[*10] 本文以下で指摘する、ソレデハの敬体での多用傾向は速記本でも若干ながら認められ、ソレデハ17例中6例が該当し、ソレナラ29例中5例に比べて倍に近い頻度である。

通している。
　対するソレナラは、敬体での使用が限られる（全17例中5例）上に、その丁寧語に大阪語固有の語形（「おます」「～まっせ」等）を用いることが特徴である。

（16）　関取「風呂屋の板場で滑りこけた」（略）男「ほんなら、勝ったり負けたりやおまへんで。（略）」
　　　　　　　　　　　　　　　（明治大正落語音声・大安売43・16報告書Ⅱ）

　つまり、ソレナラは地域的特性とともに用いられる傾向が強いのに対し、ソレデハには標準的な表現文で使用されやすい特徴があるということである。
　ただし、すべてのソレナラ・ソレデハが、その特徴を持っているわけではない。例えばソレデハが、丁寧語等を伴わない常体の表現中で用いられている例もある。

（17）　女将「若だんさんをば、ちょっとあんじょうしといてや。あーちょっとちょっと」親旦那「では何か。またマムシでもおごれっちゅうのんか。（略）そなたに任す。何じゃったらかまへん、皆してもろーとくれー。　（明治大正落語音声・親子茶屋120・3報告書Ⅱ）

　これらの存在から、当期の大阪語において、ソレナラとソレデハの使用例すべてに、文体的・位相的特性が歴然と備わっていたわけではなく[11]、ほぼ等価といっていい領域に共存している一面があったものと理解しておきたい[12]。

---

　[11]　この例の話者は本来は堅物の商家の旦那であるが、この場面では、遊郭の遊びに通じた粋人として描かれる。話者の人物設定の表現効果上の狙いから、気取った表現として（ソレ）デハを用いていた可能性は残る。
　なお、調査範囲中の例を見る限り、非敬体で用いられるソレデハは「それ」が脱落した「では」に集中し、「それでは」の例は敬体に偏る傾向が認められる。元の形から隔たった形式ほど、敬体から離れた通常体で多用される傾向がないかどうかなど、ソレデハの受容についてはさらに検討の余地があるかもしれない。後考を期したい。

4.2 ソレデハ発生の要因

　近代に入って、非活用型条件句全体に、特に上方・大阪語にデハが増加する傾向があったわけではなかった（表2参照）。つまり、文法的には、ソレナラの席捲する領域にあえてソレデハが広がる理由は、内的には存在しない状況にあった。それに対して、文体的・位相的な特徴に対応するところでソレデハが広がろうとしていたわけである。その文体的・位相的な特徴の背後に見えるのが、江戸・東京語の存在であり、影響である。

　表3に見たように、江戸・東京語では、後期江戸語の段階ですでにソレデハの著しい伸張傾向が見えた。明治期に入るとソレナラに対するソレデハの優位は歴然とする。それとともに考慮すべきなのが、中央語としての位置づけの明確化である。近世も寛政期頃までは、少なくとも上方が言語・文化の中心地として顕在的威信を持った存在であったが、文化・文政期以降、順次その地位を江戸に譲っていく。明治に入り、その位置は一段と明らかとなる。日本語全体が、東京語の影響の下に置かれていく状況がある中で、この表現形についても当然、その可能性を考える必要がある。

　前節の検討で、明治・大正期の大阪語の使用例に、ソレデハが標準的文体で用いられる傾向を見出せた。このことは、ソレデハが中央語たる東京語の威信を背負う表現形であったことから説明されそうである。すなわち、ソレデハが標準語への連続性を有する東京語での中心形式であり、その用法を取り込む以上、ある種の規範が意識される丁寧な表現文体での使用が多くなったという可能性である。

　さらにもう一点、次章で触れることであるが、ソレデハは江戸・東京語でもそもそも標準性が求められる文体での使用が多いという事実がある。近世

---

　*12　よく似た表現として共存しているとすれば、噺家個人の使用傾向差があった可能性もある。明治大正期落語として調査した10名の噺家のうち8名はソレナラ、ソレデハの一方しか用いていない。本文中の例（17）はソレデハのみを用いる初代桂文治郎のものである。昭和期落語についても、演目ごとにいずれか一方を用いる初代桂春団治と、演目を問わずソレナラのみを用いる五代目笑福亭松鶴のように、個人差が見える。ただ、限られた範囲の調査結果であり、参考情報に止めざるを得ない。

後期のソレデハ発生期において、例えば『浮世風呂』ではソレデハは中層以上の話者に使用が限られ、また講義物の資料中や武士詞で、ソレナラよりソレデハを多用する傾向があるのである。この事実に表れるように、この表現形式が本来的に持つ用法の特性として、標準的な文体での使用が多くなる可能性もあったということである[*13]。

いずれにしても、ソレデハの発生・発達は、上方・大阪語の問題でありながら、江戸・東京語の影響を視野に入れない限り説明がつかない。このように、いわば外的要因に基づく点で、ソレデハはソレヤッタラ・ソウシタラとは異なるのであり、注意される。

5. まとめ

以上、上方・大阪語の接続詞的表現の歴史を概観してきた。各形式の消長について要点を繰り返せば、次のとおりである。

- ソレナラ：近世期には同用法の中心的形式であり、近代以降減少するが、ほぼ最大の勢力を持ったまま使用を維持。
- ソウシタラ：近世後期寛政期に初出、明治期大阪語以降発達。条件表現史における、事実的条件文を構成するタラ拡大の動きと連動。
- ソレヤッタラ：明治大正期以降に初出、以降漸増。先行状況を「焦点化して捉え直す」コンテクストでの使用に特徴。大阪語の条件表現史の動きと連動。
- ソレデハ：明治期大阪語で使用が見られ、以降、一定の割合で使用。

[*13] 上方・大阪語のみならず江戸・東京語のソレデハにも標準性が見出せるとすると、このソレデハは、森岡（1988）が説く、「室町・江戸の講義物の系統」を引いた「時代や地域の隔たりに関わらず等質」な「江戸共通語ともいうべき通用語」において育まれた表現である可能性を疑う必要があることになる。ただし、起きた現象としては、中央語である江戸・東京語の語形・用法をそのまま反映する形で、上方・大阪語で遅れて多用している事実は動かない。ここでは、その発信源を江戸・東京語と、一旦はしておこうと思うが、地域性と関わらない教養層の通用語との関係はどう捉えたらよいのか、今後も検討を継続する必要があると考える。

「敬体」の文体での使用に特徴。中央語たる東京語の影響により使用。

　現代大阪語のソレナラをはじめとする接続詞的用法の各形式の併用は、このような外的・内的要因による歴史を背負いながら、固有の存在意義を持ちつつ展開してきたものである。一語化の進む接続詞的な表現も、その接続辞部分にみる消長は「親（おや）」表現である条件表現体系史全体を視野に入れることで説明されるということである。
　そもそも寛政期頃までの江戸語も、時の中央語だった上方語の影響下で、接続詞的用法はソレナラを用いるのが基本であった。それが、自らが中央語にその立場を変えようとする過程で、当地の条件表現におけるデハ多用傾向を背景として、デハを構成要素とするソレデハが発生・一般化し、主流を占めるに至る（表2・3、次章参照）。
　対する上方・大阪語も、文化・文政期以降、中央語から地域語へと立場を代える過程において、近世中期までソレナラ中心だったものが、その姿を変えることとなる。一つは、上方・大阪語の条件表現体系の史的変化の影響によってソレヤッタラ・ソウシタラを用いること、一つは、代わって中央語の位置についた江戸・東京語の影響を受けながらソレデハを用いることである。前者の変化の根底にあるタラ拡大の流れも、いわば複数表現の併用よりも整理化を重視する動きであり、中央語の地位を譲り、標準的であること・書きことばと連携性を持つことなどの拘束性を弱める中で起きた変化である。つまり、タラ系を多用する方向性自体が、地域語となったことによる必然性の中で、説明される可能性があるわけである。近世期以降の接続詞的用法の推移を理解するには、いずれにしても「中央語（上方語→江戸語）」対「地域語（江戸語→上方・大阪語）」の位置づけ変化を視野に入れることが重要なのである。このように、中央語であること、そうでなくなることが、言語変化に影響を及ぼすという視点は、接続詞的用法に止まらず、多くの事象を説明するものと考えている。

第9章

後期江戸語における接続詞的用法ソレデハの発達

1. 問題の所在

　後期江戸語資料には、指示代名詞ソレに接続辞デハを下接する形式例によって、接続詞的に用いられるものがある。

　　（1）　番頭「イエ糠(ぬか)ばかりで四文でござります。　酔「フム糠代か。　番頭「ハイ。　酔「フム夫(それ)では、ゲイフウ糠代(ぬかだい)番頭代(ばんとうだい)が四文と、売(うっ)て歩けばいゝ。
　　　　　　　　　　　　　　　　　　　　　　　（滑稽本・浮世風呂・前・下43・8）

ほぼ等価の表現を行うのが、同じく指示代名詞ソレに接続辞ナラを伴う表現である。

　　（2）　作「ソコデ「貴殿御大切の御鼻たべ候段、一言之申訳御座なく候」。　みな〳〵大笑ひになる（略）　むだ「そんなら又、「貴殿御大切の御鼻、少ゝ食付(くひつき)候段」とすればいゝ。
　　　　　　　　　　　　　　　　　　　　　　　（滑稽本・浮世風呂・四・上232・8）

　いずれも先行する相手のことばや状況を指示代名詞ソレで受けて、それに対して話し手が順当と考える認識を以下に続ける。現代語の内省に従う限り、ソレナラとソレデハは相互に置き換えることも可能であり、特段の相違を見出しにくいようである。
　前章において、上方・大阪語では同じ接続詞的用法としてソレナラの多用が出発点となって、その後、条件表現史の変容の影響を受けた推移が見出さ

第9章　後期江戸語における接続詞的用法ソレデハの発達　　265

れることを検討した。そこでは、上方・大阪語の接続詞的用法のうちソレデハに関しては、江戸・東京語の影響であろうことなども明らかにしている。

本章では、そのソレデハの発達について、後期江戸語においてソレナラとはどのように異なる意義をもって使用されていたのか、またどういう成り立ちの表現であることによって上方・大阪語に影響を与える存在となり得たのかについて、条件表現史全体のあり方を視野に入れつつ検討する。調査資料には、噺本・洒落本・滑稽本・人情本を用いる。

2. 使用状況の概観
2.1 ソレナラとソレデハの用法整理

ソレデハの発生事情を検討するのに先立って、ソレナラとソレデハの用法上の特徴について整理しておく。

前章でも見たように、ソレナラとソレデハとでは、その成り立ち上、用法領域に相違がある。そのため、両者で似通った用法と見なせる例がある一方で、ソレナラあるいはソレデハのいずれかでしか表しようのない例もある。概して、ナラ、あるいはデ＋ハの各構成要素が有する用法をそれぞれ強く維持する場合ほど、ソレナラ・ソレデハ固有の表現性を発揮し、逆に個別の固有性が稀薄であるほど両者の重なりが大きく感じられる。そこで、ここでは、ソレナラとソレデハとで置き換えが可能であるか否かを一つの指標とすることによって、ソレナラとソレデハの両者で似通いが見出せる領域（以下［重複領域］とする）と、それぞれの固有性が認められる領域（以下［固有領域］とする）とを区別してみることとする[*1]。以下、具体例に沿って用法を見ていく。

[*1] 本章で後述するように、ソレ＋ナラ、ソレ＋デ＋ハの各構成要素の語源意識から遠ざかり一語化が進むほど、後続表現にも制約がなくなるなど接続詞としての特徴を備えるに至る。その領域例を括り出すに際して、現代標準語の語感をもってソレナラ・ソレデハが相互に交換可能であるということが、その固有性の稀薄さを量る一つの目安となると考える。なお、現代語の語感ではかったカテゴリーがそのまま近世期における用法であると主張したいわけではないので、その点を区別する意図で［重複領域］［固有領域］のごとく鍵括弧付きで表現することとする。

A．［重複領域］→先掲例（1）（2）参照

　ソレナラ・ソレデハともに、先行する事態・文脈を受けて、話者が順当と考える認識を以下に続けるものである*2。

B．ソレナラ［固有領域］

　（3）　番頭「アイゆうべ夜を更しました。　▲怪しいぜ番頭。　●俄へでも行たらう。　番頭「へ、、、、夫なら能けれども

(滑稽本・浮世風呂・前・上18・4)

相手の「夕べは吉原俄か（＝寸劇の一種）にでも行って夜更かししたのだろう」とからかうことばに対して、その先行事情を「それ」で受けて、本当に相手の言うとおりであるならいいのだが、と応じる会話である。

　（4）　次郎「モシやつぱり乗せ申ておいでなせへ、かまう事アねへ。」
　　　　アバ「そんならそふよ、サアーツ所に。」

(滑稽本・八笑人・三・下192・5)

話者の友人の母親が「子どもの所へ一緒に連れて行ってほしい」と言うが、話者らは悪ふざけが露見してしまうので、本当はそれを避けたい場面である。しかし、状況からしてやむを得ないと、その申し出を受け入れる心境にある。
　これらデハへの置き換えが困難な例に共通するのは、当該の場面において、その事態が望ましいという評価（例（3））、あるいは受け入れざるを得ない

---

*2　以下のBCのソレナラ・ソレデハ［固有領域］の検討を踏まえると、Aの［重複領域］の特性は、［前件→後件］に対するプラス、またはマイナス評価を伴う受け入れやすさ、受け入れがたさが積極的に示されない、中立的な表現であるということになる。接続詞として頻用される中で、ナラやデハが本来有する、語源に即した用法としての拘束が薄れ、結果として単純に先行事態を順接につなぐ役割に近付いているものと考えられる。

第9章　後期江戸語における接続詞的用法ソレデハの発達　　267

ものとしての認識（例（4））であることを示す表現であることである。両例を、それぞれ全く同じ先行の状況を受けつつも、後件に望ましくない評価、受け入れられないとする内容を続ける文に変えてみると、たちまちデハの許容性が高まる。（現代文で記す）

　　（3）′　ヘ、、、、それじゃア、番頭としては失格だ。
　　（4）′　それじゃア、話が違う。

　ソレナラの固有性を感じる領域がなぜ発生するのかついては、後ほど、後件に制約のあるソレデハとの相対的な関係から説明することとする。

C．ソレデハ［固有領域］

　　（5）　亀「夫（そん）ならの、あのの、幸さんに踏（ふめ）られて居ながらの、ギックリときめねへ。　幸「私はいや。夫（それ）じやア私が男之助よりは鼠の方が強くなるものを。　　　　　　　　　　（滑稽本・浮世風呂・前・下41・15）

　鼠役の子に対して「踏まれたままでギックリと決めよ（見えを切れ）」という亀に対して、「そのやり方では、私の「男之助」役より「鼠」役の方が強くなってしまう（から嫌だ）」とする。ソレが受ける先行状況について、話者のマイナス評価を伴う認識が後件に続く。

　　（6）　とび「（略）（雪が）あたまの上へ二丈（にじやう）も積る。　直兵衛「ハテこはいネ。夫（それ）では死にませう。　　　　　　　（滑稽本・浮世風呂・四・上235・11）

　「それ」は「頭の上に二丈、雪が積る」を受け、まずその成立を前提とした上で、それに対する見解を後件で述べる。前提に対する「死ぬ」という後件の結び付き自体が避けられるべき評価である。
　これらについても、同じ先行状況を受けつつ後件に望ましい評価を続ける表現に改めると、たちどころにソレナラの許容性が高まる。

(5)′ (でも)それなら私が主役のままだから、いいか。
(6)′ それなら、まだ死ぬようなことはないでしょう。

　デハは、元来、格助詞「で」＋副助詞「は」であり、「で」が先行状況を原因・根拠として受け（例（5）「それで→強くなる」、（6）「それで→死ぬだろう」）、取り立ての「は」が介入する構造を持つ。順当な前件と後件の因果関係に対して、わざわざ取り立て「は」を介入させるのは、その関係に異を唱えたい場合であり、意外で、受け入れがたい場合である。それは結果的に往々にしてマイナス評価を伴うこととなる[*3]。つまり、ソレデハという形式で表現する以上、その［前件→後件］に受け入れがたさを感じるのは、デハの本質[*4]に根差した傾向と言え、それは時代を超えて保持する性質であることが想定される。
　上のBにおいて、ソレナラの［固有領域］は、［前件→後件］に望ましさや受け入れの容易さを感じる場合であるとした。ただしこのことは、ナラが断定「なり」未然形に由来することをもって積極的に説明されるものではない。とすれば、それは、ソレデハが表現できないという理由に基づくものであり、相対的に特徴付けられるものであると考えられよう。

2.2　ソレナラとソレデハの使用状況

　ソレ＋ナラ／ソレ＋デハは、形式上は体言を受ける条件句[*5]である。条

[*3]　活用語を受ける条件句でハを取るテハ文（例、「君が行っては、みんなが迷惑する」）も、同様に否定的な内容にとりやすい。テハ文になぜ否定的含意が生じるのかについては、有田（2007）の第12章「テハ文の意味の合成性」に詳しい。
[*4]　「それならイヤだ」という例があり得るように、後件にマイナス評価を取ることはソレナラでも可能である。このことが物語るように、ソレデハの固有性は後件にマイナス評価を伴うということではなく、あくまでも「前件と後件の組合せが意外であり、受け入れがたい」ところに特徴が現れるのである。
[*5]　ここでの検討対象は、ソレナラ・ソレデハが節を受ける意味合いを持つ例に限定し、例えば、ソレデハのデが格助詞、ハが副助詞そのものとして用いられたりするような非節的な用法（矢島2009参照）は対象外とする。

件表現全体の変化との関係を見ようとするときには、したがって、直接には体言類を受ける条件句（以下、「非活用型条件句」と称する。次例参照）と比較する必要がある。

（7）　ゑご「もし煙草の脂なら乾ねへ内に味噌汁で洗ひなせへ。
(滑稽本・浮世風呂・三・下181・6)

ここで、後期江戸語において、資料ごとに非活用型条件句全体およびソレナラ・ソレデハの使用状況を概観しておく。表1に、本稿で調査対象とした資料中の、それぞれの使用例数を示す。ソレナラとソレデハについては［重複領域］［固有領域］を区別している。

表1　条件表現全体とソレナラ・ソレデハとの関係

資料		成立年	非活用型条件句（ソレ＋接続辞の類を除く）				ソレ＋接続辞の類				ソレナレバ	(計)
			ナラ	デハ	ナレバ	断定＋ト	ソレナラ		ソレデハ			
							[重複]	[固有]	[重複]	[固有]		
噺本	鹿の子餅	明和9	2	2			5	1		1		11
	聞上手	安永2	1	3			6			2		12
	鯛の味噌津	安永8	3	1			1	1		1		7
	無事志有意	寛政10	10	6	1		22					39
洒落本	遊子方言	明和7	3	3			7					13
	辰巳之園	明和7	6	6	1		9					22
	通言総籬	天明7	6	5		1	3		1	1		17
	傾城買四十八手	寛政2	5	3		1	17					26
	傾城買二筋道	寛政10	6	5			7		1	2		21
滑稽本	浮世風呂	文化6-10	60	68		3	32	4	6	4		177
	八笑人	文政3-嘉永2	82	74	1	10	57	2	26	2	1	255
人情本	春色梅児誉美	天保3-4	33	31		6	27	1	17	4		119

表に示すとおり、非活用型条件句では、ナレバおよび断定＋トを少数ながら用いる[*6]が、大部分がナラ・デハである。特に、デハがナラと同程度に多用されている点は注意される[*7]。

ソレナラ・ソレデハについては、表から、特に文化・文政期あたりにおいて、すなわち滑稽本以降において、それまでとは異なる重要な変化が起きていることがわかる。
　まず非活用型条件句全体としては、デハとナラと、この調査範囲の期間はほぼ一貫して伯仲した勢力をもって用いられている。一方のソレナラ・ソレデハは、［重複領域］に限れば噺本の全例、洒落本のほぼ全例がソレナラである。ところが、ソレデハが、噺本の段階ではソレナラが表し得ないソレデハの［固有領域］の例に限られていたものが、一部は洒落本から、特に著しくは滑稽本以降において、ソレナラとの［重複領域］例の使用を一気に増しているのである。
　これらを踏まえると、次の点が具体的には問題となってこよう。

（ａ）　デハを一定使用する非活用型条件句全体の趨勢と異なり、ソレナラ・ソレデハの［重複領域］が、本調査初期段階はナラ（ソレナラ）に限られていたのはなぜか。
（ｂ）　ソレナラを多用していた領域に、ソレデハはどのようにして勢力を拡大したのか。

　これらを問うことによって、文化・文政期頃にどのような変化が起きたのかが明らかになる。以下、この２点をめぐって具体的に検討をしていく。

＊６　ナレバはほぼナラと同様に用いられる。なお、ソレナレバは次の一例のみである。
　　・（相手のことばを受けて）卒八「そんなれば、外に稽古もいらず、たゞ橋の上に、後見が一人あればいゝ。」　　　　　　　（滑稽本・八笑人・三・上150・2）
　断定トは、接続詞的に用いる例はなく、非活用型条件句としての用法は滑稽本以降使用を増している。いずれも使用数が限られ、また本論で問題とすることとの関わりも大きくないので、以降、特に扱うことはしない。
＊７　上方・大阪語では、非活用型条件句におけるデハ使用は限られており（第８章、表２参照）、その点と比較すると、江戸語におけるデハ多用の傾向は一段と明瞭なものとなる。

3. 条件表現全体とソレナラ・ソレデハとの傾向差について

　最初に、上に示した問いの（a）、すなわち後期江戸語の非活用型条件句全体の傾向とは異なって、接続詞的な表現としてなぜソレナラを用いていたのか、という点についてである。

　まず、ソレナラと上方語の関係についてである。第8章で見たように、上方では、近世期を通じて接続詞的な表現はほぼソレナラのみを用いる状況であった。明和～天明期頃までの上方語が中央語として影響力を持ち得る位置にあった（序章2節2.2参照）こと考えても、その時期までは上方語の習慣が持ち込まれる可能性は常にあったものとしてみておく必要がある。

　さらに、江戸語においては、ソレを用いた接続詞的な表現を固定的に使う習慣が十分に育っていなかったのではないかということがある。江戸語の源流の一部をなす前期東国語の状況として、『雑兵物語』を用いて調べてみる[*8]と、指示代名詞ソレを用いた接続詞的な表現としては固定的な表現が見当たらず、次のように仮定表現の一部として、未然形＋バによって類似表現を行っている例が散見されるに過ぎない。

　　（8）　一番鑓を合せべい、と云なさつた所で、左候はゞわつちめが鉄炮
　　　　　鑓脇をおつつめ申べい。（略）と述べたれば、　（雑兵物語・下88・7）

　小林（1983a）久保田（2000）によって、『雑兵物語』の成立期（17世紀後半）より以前の上方語において、すでにソレナラをはじめとするソレ系の接続詞を多用しつつあった実態が明らかにされている。その状況と比較しても、東国語においてはソレによる接続詞的な表現が見当たらない点は注意してよさそうである。

　その一方で、『雑兵物語』はデハによる仮定的条件文は盛んに用いている。（非活用型条件句13例中ナラ3例、デハ9例、（体言に直接する）タラ1例である）

　　（9）　具足の上は片手では切れないによつて、刃がうつかけて、何もす

　＊8　調査テキストは『雑兵物語・おあむ物語』（岩波文庫）である。

べい事がなくて、隙な者が多かつた。　　　（雑兵物語・上56・8）

　仮定的条件文としてはデハを一定使用する言語的土壌がある以上、仮に、接続詞的な表現を行おうとすれば、ソレデハの使用は当然あってもよいところである*9。事実、後世はその形式がこの地域ではソレナラを圧倒し、席捲していく。それが噺本・洒落本に例を見ず、滑稽本・人情本にようやく増加の兆しを見せるということは、宝暦期より以前の前期江戸語においては上方語に比べてソレを用いた接続詞的な表現の発達が遅れており、上方語の影響下でその形式を用いるに至った状況があったと考えるのが順当であることになろう。

4. ソレデハの発達
4.1　ソレデハの使用初期の用法
　問いの（ｂ）、すなわちソレナラを多用していた領域に、ソレデハがどのようにして勢力を拡大したのかについて検討する。
　最初に、ソレデハの最初の段階の用法について確認しておく。表１に見たとおり、ソレデハの使用は噺本にも見られる。そのいずれもがソレナラには置き換えにくい、ソレデハ［固有領域］の使用例であった。

　　（10）「いや〰地穴は毒気がある。これもなるまい」「それでは、せつかくの好みが無になります。どうぞ御了簡を被成て下されませ」
　　　　　　　　　　　　　　　　　　　　　（噺本・鹿の子餅360・11）

　これらは、接続辞としてデハを普通に使用する言語である以上、指示代名詞ソレとの組合せによって、自然に用いられ得る言語形式、用法だったと見なせよう。
　これらを除いて、ソレナラとの［重複領域］の用法に限定してみる。次は

　＊９　言うまでもないことではあるが、指示代名詞ソレ自体は、同資料中に多数の使用がある（「それは仕様が有べいぞ」雑兵物語・下100・3）。

調査範囲内では最も古い使用例と見たものであるが、解釈次第ではソレナラの用法との重複性は下がる。

(11) ゑん二郎 おしやう、むかふからくるのは、誰だと思ふ。しあん 竹屋の哥衣さ。喜の こいつはきつい。それでは近眼(きんがん)とは思はれねへはへ。
(洒落本・通言総籬372・11)

「しあん」は「近目」と設定される人物である。遠くから来る人が誰であるかを言い当てたのに対することばである。「それ(=言い当てたこと)→近眼と思えない」という［前件→後件］の内容が、「目が不自由なのに相手を特定できた」のが話し手にとって意外であるという意味合いが強いなら、ソレデハの［固有領域］の例となる。「相手の目の不自由さがハンディとなっていない」ことを肯定的に、喜ばしいこととして表現するとすればソレナラとの［重複領域］にての使用例との解釈が強まる。

他に洒落本中で、［重複領域］例の可能性があるソレデハは、次の一例だけである。

(12) そふみんなが名残を惜(お)しんでくれるは、ほんにうれしい、かたじけねへが、それじやア猶さら帰られねへ。
(洒落本・傾城買二筋道460・2)

客の、廓通いを止めざるを得ない状況と、廓の人たちが名残を惜しんでくれる状況との中で、「それ→帰ることができない」状況を満更でもなく悦ぶ気持ちと、それではまずいので受け入れてはいけないと思う気持ちと両面あり得る。前者の意味が強いほど［重複領域］例としての解釈が成り立ちやすくなり、後者ほど［固有領域］の用法例と見るべきこととなる。

いずれとも捉え得るような、この種の用法の存在が、次第にデハが用法を広げていく道筋を作ったことがうかがえる。

滑稽本の段階に至ると、［重複領域］の使用例としての判断が容易な例、つまりソレデハとしての制約が緩やかなものへと変わったことが確認できる

例が現れる。

(13) 八兵衛「(略)たつた二つだから客も一つ食つて立つ。そのあとで「(略)」と半分づゝ食(くふ)との事だ。夫(それ)じやア金(かね)もたまるはづさネ。
(滑稽本・浮世風呂・前・上28・12)

「それ→金もたまる」は他人の行状に対する観察・把握であり、話者にとって意外なことでも受け入れがたいことでもないこととしての解釈が容易である。この領域へのソレデハの進出が、ほぼ文化・文政期の滑稽本以降であったことになる。

4.2 用法上の変化・発達

続いて、用法面から、ソレナラとの[重複領域]におけるソレデハの発達の様子を検討する。ソレデハの接続詞としての発達により、一語化の傾向が強まる中で、各構成要素の部位の和という[固有領域]の用法としての拘束が薄れることによって、後件に取り得る表現の種類の拡大をも引き起こしていた。その点を、ここでは確認してみる。

次の例のように、後件に、命令や意志、推量など、いわゆるモダリティ表現を取る例は、噺本・洒落本、滑稽本の『浮世風呂』あたりまではソレナラばかりが用いられる。

(14) 「(略)もふ晩には叱らぬほどに、来てくれ給へ」といふゆへ、「そんなら行かふ」と約束して咄(はなし)にゆきける。
(噺本・聞上手398・1)

それに対してソレデハは、後件には発話時空下に限定されない考え方や評価を続ける表現が中心である（次例の他、例（1）（11）～（13）参照）。

(15) 住吉「なるほど夫(それ)ぢやア割るものがねへのう。
(滑稽本・浮世風呂・三・下209・11)

ソレナラも同様にこの種の表現を行える（例（2）参照）のであるが、これらに限定されないという点で異なる。
　ようやく滑稽本『八笑人』や人情本『春色梅児誉美』になると、ソレデハが、命令・意志・推量といったモダリティ表現を後件に取る例が見えるようになる（意志は例（16）、命令は（17）のみ。他、推量が4例）。

(16)　眼七「ム、それでは居ねへとでもいおふ。

(滑稽本・八笑人・三・上166・9)

(17)　米八「アイそふだッけネ夫(それ)じやアそふしてお呉(くん)なさいヨ。

(人情本・春色梅児誉美・一・59・15)

　ソレデハの［重複領域］への進出は、ソレナラとの互換可能例の増加によって確認されるとともに、後件に取る表現の種類の広がりという点にも現れていたということである。ソレナラとの互換性ありの用法を生むことと、後件で多彩な表現を取れるようになることは、おそらく無関係ではない。ソレデハはその構成要素の特性から、本来的に［それ（原因）→後件（結果）］の意味関係を前提としている。当初、後件の「結果」部分が、前件との因果関係を明瞭に表現できる一般的認識を多く取ったのも、そのことから考えると当然なのであり、一語化が進んでその語源意識から遠ざかるほど、その拘束から自由となり、さまざまな表現を取るに至るのも、また理解しやすいことといえる。
　なお、ソレナラとソレデハの後件に続く表現の傾向差について、使用例数を示すことによって確認しておく。後件に命令・意志・推量等のモダリティ表現が来るものと、それ以外のすべて（多くは一般的認識を表す）とで大きく二分して捉える。本調査範囲中の全体を合わせて示すと次のとおりである（表2）。

表2 後件の種類と接続辞の関係

前件	後件	用例数 ナラ	デハ	(計)	使用率 ナラ	デハ	(計)
非活用型条件句	一般的認識	130	181	311	42%	58%	100%
	モダリティ表現	87	26	113	77%	23%	100%
接続詞的な表現	一般的認識	88	45	133	66%	34%	100%
(ソレナラ・ソレデハ)	モダリティ表現	105	6	111	95%	5%	100%

※ここのソレナラ・ソレデハは［重複領域］の使用例に限る。

　表2に明らかなように、デハは非活用型条件句を受ける場合にも、モダリティ表現より一般的認識を後件にとる傾向が強い。ソレデハの場合は、その傾向はさらに顕著である。表2には示していないが、モダリティ表現と括る中でも、行為の発動に直接関わる意志・命令を伴うものに限ると、この調査範囲ではソレナラ94例に対し、ソレデハはわずか2例（例(16)、(17)）である。ソレデハの方での同用法の発生が『八笑人』以降（すなわち文政期以降）であって、ソレデハの［重複領域］における使用の発生・発達よりも遅れる上に、この調査期間にはほとんど広がりをみせない点、注意される[*10]。

　一方のナラに関しては、表2から見る限り、非活用型条件句を構成する場合は概してモダリティ表現とともに用いられることが多く、特に［重複領域］のソレナラではそれが顕著であったことがわかる。

　この時代のナラとデハとは用法の広さ、重心のありかが異なるものであり、取り分け［重複領域］のソレデハの発達初期においてはそれが顕著であった。ソレデハが用法を広げる中で、ソレナラと同様、多様な表現をようやく後件に取り始めた段階にあったといえる。

---

*10　ちなみに、明治期以降東京語は、接続詞的用法はほぼソレデハが担うことになるが、この段階になると、後件の表現に特段の制約はなくなって意志・命令表現等をも広く取るに至る（例えば本書の調査対象資料として示した明治大正期落語の速記本・音声資料中、意志・命令表現を後件に取るソレデハは全65例中の26例、ソレナラは全5例中の1例である）。

4.3 ソレデハの『浮世風呂』における使用者について

　以上、見てきたように、ソレデハが発達途上にある段階では、ソレナラとは用法領域の重心も異なり、［それ（原因）→後件（結果）］の色彩が明瞭で、後件の種類もその制約の下で限られるものであった。つまり両表現は非対称な用法を持つものとして捉えるべきであったといえる。

　そのことを確認した上で、改めて、［重複領域］に進出していった際のソレデハの特徴を、もう少し正確に捉えてみたい。そもそも、ソレナラは上方語で勢力を誇る形式であり、ソレデハは江戸語で新たに発達した形式である。一般に、東国語対上方語の対立が認められる言語事項の中には、東国語的要素は特殊位相・下層言語に、上方語的要素は上層言語に現れるものがあることが指摘されている[11]。そうであるとすると、ソレデハが特殊な位相あるいは下層、ソレナラが上層の話者にそれぞれ集中するなどの傾向を示すのではないかという問いを立てることができる。

　その点を、ソレデハの発達初期の様子を観察できる『浮世風呂』の使用例で確認してみる。同資料については、連母音 ai の e:長音化の状況を指標として、言語の使用者層を弁別し、それに基づいてさまざまな言語事項の位相的特性を整理する試みがなされている（例えば、奥村1999の格助詞ヘとニ、中沢2006の打消の助動詞ヌとナイ・ネヘ、など）。本稿でもそれらにならい、ソレデハを使用する話者の特徴を探ってみることとする。具体的には、福島（1999）に示された話者の音訛状況一覧の表を利用し、0～4グループに該当する話者を特定する方法に従う[12]。それに基づいて、ソレデハ・ソレナラがどういった言語の層で用いられるかという観点から、それぞれの特徴を捉える方法とした。

---

　[11]　小松（1982）は、ワア行五段動詞連用形の東国語系の促音便と上方語系ウ音便に着目し、明和期洒落本では「上層の遊客ではウ音便形が多く、その他では促音便、特に男だての世界では促音便形だけが用いられていた」とする。あるいは中沢（2006）では『浮世風呂』などに現れるヌ対ネエの使用状況を捉え、上方起源の「威信形」であるヌを比較的上層の話者が用い、逆に「非威信形」ネエを比較的下層の話者が用いるとする。

その結果、［重複領域］にあるソレデハの例を見てみると、ソレデハ6例中5例までが、いわゆる中位以上の言語層[*13]に偏ることが判明する。

(18)　八兵衛「(略)たつた二つだから客も一つ食つて立つ。そのあとで「(略)」と半分づゝ食(くふ)との事だ。夫(それ)ぢやア金(かね)もたまるはづさネ。
　　　　　　　　　　　　　　　　　　　　　(例(13)の再掲。1グループ)

ただし、老人、医者など明らかな上位の位相や知識人ばかりに話者が限定

＊12　福島(1999)は全話者について所属グループを特定するものではない。論文の趣旨を踏まえつつ、以下のように私に分けた（グループ0→4の順に「下層階級と思われる話者が多くなってくる」（福島1999）とされる分類となる）。
　〇男性
　0：晩右衛門・鬼角・二階番頭・松右衛門・ゆずのいち・栗のいち・太夫・水屋・医者・点兵衛・70ばかりの隠居・福助・俳助
　1：甘次・先蔵・後兵衛・やみ吉・古右衛門・義遊・八兵衛
　2：番頭・生酔・月八・衰微・とび八・金兵衛・むだ助・店助・鉄・世話やきぢいさま
　3：猿田彦・鼓八・あば民・金・又・中六・22.3の男・鶴の兄・肝右衛門
　4：鉄砲作・源四郎・八百屋・三助・ぶた七・いさみ・魚屋・20余りの男
　〇女性
　0：おにく・おはる・60近ばあさまa・やす・いぬ・きぢ・人柄よきかみさま・おさめ・お初・福助の下女・よめ・かも子・けり子・おむく
　1：辰・子守り・おむす・住吉・おたこ・おいか
　2：女房・お家・おさみ・山出下女・巳・高慢な女・ばば・お壁・お角・お丸・おてば・湯屋のおかみ・指先洗かみさま・おえご
　3：婆文字・乳母・おはね・お囲・おかさ・豊ねこ・とり・お川・60近ばあさまb・50余かかさま・おべか・お舌・お丸どん・さる・お山・中年増・太下女・おばち・かかと洗ばあさま・おさる
＊13　福島(1999)で示すところの2グループ以上の話者である（八兵衛、勝、生酔、おはる、住吉）。残り一例は「よいよい」を病む「ぶた七」（4グループに所属）の発話中の例である。文意、ソレデハの意味ともに特定しにくい。
　・ヱヱ大丈夫(でじよぶ)だつて、大丈夫(でじよぶ)だつて。夫(それ)ぢやア讃岐(さんき)の金毘羅(こんぴらさま)様ヱ、金毘羅様ヱ、お礼参(でめへ)に行(いか)、行(いか)ア、行(いかでつて)ぅ迊。　　　(滑稽本・浮世風呂・前・上17・2)

されるわけではない。特徴として言えるのは、下位層に集中する事実はないということである。
　一方のソレナラは、上・下層の違いに関わらず、広く使用例がある*14。

(19)　けち「(略)いまだに心がドッキ〜と云て、腹な虫めがグイ〜ぬかすはい。　商人「サアそんなら下から這て直切るめへぜ。掛直は云ねへよ。

（4グループ。滑稽本・浮世風呂・四・中261・6）

　東国語的要素を含むソレデハが特殊位相・下層言語に、上方語的要素を含むソレナラは上層言語に現れるかという問いに対しては、この範囲の使用例には当てはまらないというのが実態のようである。

4.4　ソレデハの使用者と用法との関係について

　前節で、『浮世風呂』ではソレデハが特殊位相・下位層の言語に偏る事実はないことを指摘した。ソレデハが、後期江戸語で新たにソレナラとの［重複領域］の用法を獲得していくものであり、江戸の地域社会に根付いた特定の位相が保有していた表現ではなかった（3節参照）と考えると、それは当然とも言える。その一方で、限られた例数とは言え、ほとんどが中位以上の層で用いられていたという事実もあった。これは何を意味するのであろうか。この点については、今は十分な用意がないが、例えば、江戸共通語ともいうべき*15講義物の文体で使用されやすいことなどとも、つながる可能性があることを見ておきたい。

---

　*14　福島（1999）で示すところの2グループ以上の上層話者による例は14例、3グループ以下が18例であり、特定の言語層に使用例が偏る様子はない。
　ちなみに、接続詞的な表現ではない、通常の非活用型条件句例は、ナラは0〜2グループ：41例、3・4グループ：19例と上層言語層に多く、デハは0〜2グループ：29例、3・4グループ：39例と下層言語層にも多い。つまり、上層の話者ほど、通常の体言を受ける条件句ではナラを用い、接続詞的な表現ではソレデハを用いやすいという、一見矛盾した状況があることになる。

(20) 吾モ今ハトント人ノシラヌ処ヘ行タラハ此方ヲタレモ害スル者ハナイトコヘ行タヤラシラヌヤウニカクレ去フト存スルソレテハ此方ヲネタム李林甫ヤ牛仙客等カ害スルコトハナルマイ

(唐詩選国字解・巻一 3・9)

『唐詩選国字解』(1782・天明2年刊) 中のものである。此方 (=張九齢) が人知れず雲隠れすれば、敵対関係にあった李林甫や牛仙客らは害することができなくなるはずだとする。ソレデハは「雲隠れをするのなら」を受けており、ソレナラへの置き換えが可能な [重複領域] の例と見る*16。江戸の文学資料では、未だ [重複領域] のソレデハの発達を見出しにくかった段階の使用例であり、注意される。

同じく講義物であれば、上方系の資料『鳩翁道話』(1835・天保6年刊) などでも、ソレナラは見出せず、ソレデハが用いられている。このあたりのことも、講義物の文体とソレデハの親和性を示すものと言えそうである*17。

(21) (継母が娘を殺そうとしたことを白状したのを受けて役人が当の娘に確認しようとしたところ)「(略) すべておぼえませぬ」といふ。御役人様がたが、「それではすまぬ。まさしく継母がしめ殺さうといたし、又井戸へ投こんだではないか」と、御たづねなさるゝ。

(鳩翁道話・三・下288・8日本思想史大系『石門心学』による)

---

*15 森岡 (1988：66-67) は「江戸時代の講義物の文体・語法が、その時代や地域の差にかかわらず等質的で、江戸共通語がすでに存在していたと推定される」とし、「この種の一対多のコミュニケーションの伝統」から標準語が形成されてきたとする。
*16 『唐詩選国字解』(寛政3年版を用いた) の悉皆調査は行っていないが、全六巻中の第一巻中非活用型条件句13例中、ナラバ4例、ナレバ4例、デハ5例でやはりデハの勢力はなかなかに強い。うちソレデハ3例が見出せる一方、ソレナラはない。
*17 例 (21) は、「娘」の発言の真偽を疑う「役人」のことばとすればソレデハの [固有領域] 例とも捉え得るが、被害者当人である「娘」が庇うはずがないという文脈中ゆえ、客観的な立場からのことばと考え、ソレナラとの [重複領域] にある例としたものである。

なお、(21)は役人の発話の引用中の例でもある。［重複領域］のソレデハが未発達である近世中期上方語資料で、管見の限りにおいて、唯一見出せたソレデハの使用例がやはり武士によるものであった。

(22) 四十平小隅へ招き。「して切米は何程ほしい。」「はんきに二両二ぶ下され。」四十平興さまし。「それでは一年五両か。」「いかにも〰。近年五両取まする。」　　　　　　　　　　（近松浄瑠璃・薩摩6・655・1）

　上方でも標準的言語使用者である武士の発話などでは、早い段階からソレデハが現れやすかった可能性があったことを示す例である。このようにソレデハの特に初期の例には、ある種の標準性を持った文体と相性が良かった一面をうかがうことができる*18。

　デハは前件を原因として受ける格助詞デ＋取り立てハから成り、ナラは本来「判断」を表す「だ」の条件形である。それぞれの語源から考えると、［前件（＝ソレ）→後件］の因果関係は、ソレデハはことがらに見出し、ソレナラは話者の主体的な判断において捉えることとなる。その相違が、不特定多数を聞き手とするような、話者個人の個別的態度よりも無色の表現が求められる場合にソレデハを用いる状況を生じ、逆に個人の主体的関わりが表れる表現にはソレナラが多いという実態に結び付いているのかもしれない。少なくとも今言えることは、こういった用法に由来する表現性に対して、例えばソレデハの出現する文体、使用者層の特徴が対応しているという事実が、資料中に見出されたということである。

　ソレデハについて、標準性が求められる文体で使用が見られ、かつ、『浮

---

　*18　それは、次のような現代語のソレデハの使用状況とも関連する可能性がある。
　　「質問はありませんね。それでは、次に進みます」（作例）
　例は浜田（1991）が「転換」の用法とするものに準じ、不特定多数を聞き手とし、標準的な物言いであるという特徴も帯びる。なお、浜田（1991）はこの種の用法にはナラは用いられないと、一旦した上で、「関西方言では「ナラ」系列の接続語（共通語の「ソレナラ」に対する「ホンナラ」「ホナ」等）を「転換」として使うことができる」としている。

世風呂』で中位以上の層が用いていた事実が並行してあることは、当時の江戸共通語のあり方を考える上でも興味深い。ソレデハが有する用法上の特性と、こういった文体で使用されていることとに必然性があるのかどうかということも含めて、さらに今後、調査を増やした上で考えていかなければならない問題である。

5. まとめ―ソレデハ拡大の様相と、文化・文政期に起きたこと―

　ソレナラは近世中期上方語で、すでに条件表現体系から自立した、一続きの接続詞的用法をもつ形式として盛んに用いられていた。そのソレナラは、ソレを用いた接続詞的用法を持たない江戸語に、そのままの形で（すなわち条件表現の一部としてではなく、接続詞として）持ち込まれた。その一方で、依然としてナラ部分は条件表現の一翼を担う接続辞と同形式であり、条件表現体系から完全に切り離されたものではない。そして、その条件表現体系においては、江戸語には似た表現を行う語形としてデハがあり、それを活発に用いる状況がある中でソレデハは発生し、発達していたということであった。
　ソレデハの本格的な広がりは、文化・文政期の江戸語からである。その状況を理解するためには、ソレデハが、当初、上方系のソレナラに対立するものとしてでなく、用法が異なる独自の存在意義をもつ表現としてあったことを押さえておくことが重要であった。その上で、ソレデハが、ソレナラと用法上、近接した［重複領域］を橋渡しとして、用法を広げ始めたのが文化・文政期の『浮世風呂』の状況だったのである。
　当時ソレデハは、ソレナラに比べ、後件は一般的認識を取るものに大きく偏るなど制約の大きいものであったが、意志・命令表現をも取れるようになるなど、次第にその領域を広げる。ソレナラとの［重複領域］での使用が増すにつれ、ソレデハが本来持っていた、個々の構成要素に由来する表現性への意識が稀薄化し、用法上の制約も緩やかなものへと変わっていったのである。この段階に至って、ようやくソレデハは、接続詞と呼ぶにふさわしい用法を獲得したと言える。
　なお、ソレデハは、このように用法を拡大した初期の段階においては、中位・上位層の町人の会話、武士詞、標準性のある文体などでの使用が目立っ

た。ソレデハの［前件（＝ソレ）→後件］にある因果関係をことがらに見出そうとする性質ゆえに、必然的な傾向としてあったことなのかどうか、今後、さらに考えたい点である。

　江戸語の、体言を受ける条件句においてはデハを多用するという言語土壌を背景として、その趨勢に同調すべく、一たび接続詞的用法への道が開かれるとソレデハの拡大は急であり、ソレナラからソレデハへの交代は一気に進む*19。この点に明らかなように、ソレデハの発生・発達には、江戸語固有の事情─条件表現の体系的要請─に裏打ちされた変化であったという面があることを、まずは押さえておく必要がある。
　このソレデハの本格的な発達傾向が明瞭に見えたのが文化・文政期であった。この時期は、中央語の位置が上方語から江戸語へと交代することが顕然とする段階に当たる。江戸語として、自立的な姿を整えようとする指向性の内的な高まりがこの時期にはあって、そういう中で起きた、あるいはそういう中でこそ可能であった変化である。その意味で、ソレデハの発達史は、当時、中央語としての意味合いを発揮しつつあった江戸語の姿の一局面を象徴的に表すものと言える。この段階で獲得された、江戸語固有の表現が、やがて上方・大阪語に影響を与える存在へと育っていく（前章参照）。文化・文政期の江戸語を凝視することで、江戸語が中央語となること、上方語が中央語から地域語となることの意味が、さらに見えてきそうである。

---

　*19　鈴木直枝氏により、河竹黙阿弥による幕末～明治初期歌舞伎においては、武士や上層町人層はソレデハではなくソレナラを用いること、ソレデハは上層でない町人層が用いる傾向があること、さらに「そんなら・それじゃあ」等の音訛形を河竹歌舞伎の「虚構世界」における人物類型化に利用していた可能性があるとのことなどをご教示いただいた。本稿で見た『浮世風呂』の様子などとはまた異なった言語使用が存在していたということである。一旦、ソレデハが用法を定着させ、拡大した後、どのような特徴を持つ表現として受け入れられていったのか、さらに検討してみる必要がある。

第10章

上方・大阪語／江戸・東京語におけるソレダカラ類の発達

1. 問題の所在
1.1　検討の方向性

　ここまでの第8・9章において、近世期以降の上方・大阪語と江戸・東京語資料を取り上げ、接続詞的用法ソレナラ・ソレデハ類の歴史的推移について観察を行った。その結果、明らかになったのは次のことである。

・中央語の位置にあった上方語でソレナラの語彙化が先行。江戸語はその影響を受け、後追いで同形式の使用を始める。
・やがて江戸語ではソレデハが発生し、のちに一気にソレナラに代わって定着する。
・明治期以降、大阪語でも、一部でソレデハを使用。そこには、それまでの上方語に代わって中央語の位置についた東京語からの影響が認められる。

　いわば、ソレナラ類の推移を記述するに際し、その構成要素である接続辞を条件表現全体の使用状況と比較すること（言語事項的比較）を通じて語彙化の状況を観察し、近世期の特徴を、続く近代以降の流れも含めた歴史の中に位置づけ（時間的比較）、さらに上方・大阪語と江戸・東京語という地域的に隔たった言語の影響関係を視野に入れた検討（空間的比較）を行うことによって、状況が多面的に解明されることを述べたものであった。
　本章は、その方法を拠りどころとしながら、ソレナラ類に隣接する表現であるソレダカラ類の歴史記述を行う。それによって、近世語文法史研究にお

いて、これら複数の比較軸を用いた検討方法によって初めて明らかになる部分があることを述べ、この方法の実効性を改めて主張することとする。それを通じて、接続詞的用法として語彙化した表現の移り変わりのさまとその構成要素たる原因理由辞の変化の関係を整理するとともに、改めて、近世後期以降の、地域語としてあった上方・大阪語の、変化の方向性の一端を明らかにする。

1.2　方法の設定

　調査対象を、近世中期以降現代までの上方・大阪語ならびに近世後期以降現代までの江戸・東京語とする。他章で用いてきた資料と同様に、両地域の文芸作品（歌舞伎狂言本・台帳・浄瑠璃・噺本・洒落本・滑稽本・落語など）や談話資料を調査対象と設定することで、まずは時間的・空間的比較の軸を定める。
　また本章で取り上げるのは、「それだから」のように「指示詞＋断定辞＋接続辞」の形式[*1]を取る、原因理由を表す接続詞的用法である（以下、「ソレダカラ類」とする）。もう一つの観点である言語事項的比較については、ソレダカラ類の構成要素である接続辞部分と、通常の原因理由文の接続辞を、その中でも特に構造的に共通する体言類を受けるものと比較することによって行っていくこととする。

【体言類を受ける原因理由文】
→（a）を検討対象の中心とし、（b）を比較対象とする。
　（a）【指示詞を受ける原因理由文】　　例、（それ）　だ　から、行かない。
　（b）【体言類（指示詞を除く）を受ける原因理由文】
　　　　　　　　　　　　　　　　　　　例、雨　だ　から、行かない。
【活用語を受ける原因理由文】
→検討対象としない。　　　　　　　　　例、雨が降っているから、行かない。

　＊1　指示詞を取らない「だから」も、同系統の表現として検討対象に含める。後述する歴史的状況や用法等から、「だから」という形式は「それだから」の安定使用があってそれを前提とすることによって派生するものと考えられることによる。

2. 原因理由文を構成する接続辞の推移

2.1 概要

最初に、通常の原因理由文として用いられる接続辞の推移についてである。以下に、調査対象中に用いられる体言類を受ける原因理由文の接続辞・形式別用例数を、資料ごとに示す（表1）。

表1 体言類を受ける原因理由文を構成する接続辞の推移（接続詞的用法を除く）

資料			ナレバ	ユエ	断定+ニヨッテ	断定+ヨッテ	断定+サカイ	断定+カラ	(他)	(計)
上方・大阪語	近世中期	歌舞伎狂言本	29	8	10				7	54
		歌舞伎台帳				10			5	15
		近松浄瑠璃	86	4	1				5	96
		紀海音浄瑠璃	28	9	1				3	41
		噺本	11		4		1		8	24
	近世後期	洒落本	11	6	27	15	9	2	10	80
		滑稽本	8	3		65	3	5	19	103
	近代〜現代	明治落語速記	6	10	7	34	1	24	6	88
		明治大正落語音声	1			10	22	23		56
		昭和落語音声	1			3	65	31	13	113
		昭和談話					6	41	13	8	68
		平成談話						33	4	37
江戸・東京語	近世後期	噺本	2	2	5			8	1	18
		洒落本	3	3	4			24	1	35
		滑稽本	7	38	2			287	2	336
		人情本	2	16				56	1	75
	近代〜現代	明治小説	1	4	1			159	4	169
		明治大正落語速記		1	2			74	6	83
		明治大正落語音声	1				1	29	2	33
		昭和落語音声						46	3	49
		昭和談話						23	1	24

※・項目には接続詞的用法にも共通して使用が見られた接続辞だけを立てるとし、同用法のない「ほどに・ので・もの・で・に・だけに等」は「(他)」で一括する。
　・各資料中で使用の最も多い形式例数に網掛けを施した。

この表に明らかなように、まず上方・大阪語は、ナレバ（断定＋バ）・ユエ
→断定＋ニヨッテ→断定＋ヨッテ→断定＋サカイ・カラ（以下、断定辞を必須
とする形式については一々「断定＋」を記さない）と、使用上位の形式の移り変わ
りが激しい。一方、江戸・東京語は、近世期にはナレバ（本形式に限り、古来、
断定辞ナレとバとで固定的に用いられてきた形式であることを示すべく「ナレバ」と以下
記す）・ユエ・ニヨッテの一定使用が見られるが、カラを基本形式とするこ
とでは調査期間を通してほぼ一貫している。このように変化の大小という点
で、両言語に著しい相違が見て取れることがわかる。

2.2 地域差ならびに影響関係

続いて、両地域で共有される接続辞について検討する。そのうち、**ナレ
バ・ユエ**は、改まった、あるいは硬い物言いの文体中で用いられる。断定辞
が、前者はナレであり、後者は基本的に不要である点でも、他の原因理由表
現とは異なっている。

（１）（中老・尾上）用意の御銚子もあり、お肴もある事なれバ、此もの
どもへ大きなる器にて呑せ、手より手にわたし、少しも下に置と
きは、館へ引立ませう。　　　　　　　　　（江戸・滑稽本・八笑人302・11）
（２）御当家も今日の事に付きまして何分多忙故延引の段お海容下され
まするやう。　　　　　　　　　（大阪・明治落語速記・焼物取15・6噺の種）

このような文語性を帯びた表現は、汎地域的な日本語として、少なくとも
この両地域においては広く共有されていたことを、まずは確認しておく。
　それ以外の接続辞については、地域的特性を考えるために、それが受ける
断定辞も込みで検討する。次の表2に、断定辞の使用状況を、接続辞別に示
した（デ＋補助動詞類を除く。上方語の近世中期資料、江戸語の近世後期資料は、それ
ぞれまとめて示す）。

表2 体言を受ける原因理由文における接続辞と断定辞の関係

(断定辞)	ジャ				ヤ				デス			ダ	
(接続辞)	ニョッテ	ヨッテ	サカイ	カラ	ニョッテ	ヨッテ	サカイ	カラ	ヨッテ	サカイ	カラ	ニョッテ	カラ
上方・大阪語　近世中期資料	24		1										
洒落本	27	15	9										2
滑稽本		58	3										2
明治落語速記	3	8		1	1	25	1	2			8	3	8
明治大正落語音声				3		7	19	9	1	1	6		3
昭和落語音声		1		1		1	48	6	1	12	21		1
昭和談話							4	9		3	26	3	1
平成談話								26			1		6
江戸・東京語　近世後期資料	8		5								3		348
明治小説	1			6							5		129
明治大正落語速記	1										10	1	52
明治大正落語音声											4		19
昭和落語音声											9		34
昭和談話													23

　ニヨッテは、その使用数から見て、さらにはヨッテをその後継とすることも含め、上方・大阪語で勢力が強い。上方・大阪語資料では、基本的に断定辞は上方系のジャとの組合せで用いている。一方、江戸・東京語のニヨッテは、カラの圧倒的な勢力と比べ、限られた使用に止まる。全14例中10例が断定辞にジャを受け（噺本5、洒落本3、明治期資料2）、ダは4例（洒落本1、滑稽本2、明治期資料1）である。ダを多用する江戸・東京語にあって、ニヨッテのジャとの相性のよさは注目に値しよう。さらにまた、使用数の少ないことも合わせると、江戸・東京語の原因理由表現としては周辺的な位置に止まるものであることが知れる[*2]。

　＊2　ニヨッテが、江戸語で、ジャなどのように上方語の影響下で用いられたと見ているわけではない。近世前期の東国資料である「雑兵物語」などでもニヨッテは用いていた（原因理由文全147例中11例）のであり、ここは、ニヨッテが上方語に先んじて、江戸語で生命力を失いつつあった様子を観察するものである。

対照的に**カラ**は江戸・東京語での使用に特徴がある。上方語では近世中期資料には例が見出せず*³、近世後期資料に現れる例も、すべて東の方言要素を含む発話者の使用例に限られる。

　　（3）　老実（まじめ）に講（こう）しやくとでかけたがイヤモ面白（おもしろ）くもねエことをいつてゐるもんだから気（き）づまりでいけねエノダ。
　　　　　　　　　　　　　　　　　　　　　（上方・滑稽本・穴さがし459・14）

　ところが、明治期以降大阪語資料では明らかにカラの増加傾向が認められる。ただし、そのカラ例は、他の接続辞に比べてダやデスを受ける傾向が強く、この点に東京語の影響を考える必要がありそうである。

　　（4）　素（もと）より番頭（ばんとう）は華美（はで）な事（こと）が好（す）きですから、友染（いうぜん）の襦袢鹿子（じゆばんかのこ）の襦袢取（じゆばんとり）交（ま）ぜ四五枚（かさねぎ）も重着をして（略）芸妓幇間（げいこほうかん）に取囲（とりかこ）まれて大道（だいどう）を我儘（わがま）一杯（ぱい）。
　　　　　　　　　　　　　　　　　（大阪・明治落語速記・百年目13・10速記の花）

　なお、カラがデス・ダとよく共起する事実はあるとしても、表2に示すとおり、ジャ・ヤを受ける場合も少なくない。この点は、後述する接続詞的用法と異なるところである。

　　（5）　うちらの一年代やから、ナニ、着物のヤツ来おへん？振袖の。
　　　　　　　　　　　　　　　　　　　　　（大阪・平成談話・1・110）

　一方の江戸・東京語では、調査範囲では一貫してカラが基本形である。断定辞にはデス・ダがほとんどであるが、明治小説までは一部ジャとの組合せ例がある*⁴。この点でも、後述するとおり、接続詞的用法と異なっている

　＊3　ただし、活用語を受ける原因理由文であれば近世中期資料からすでにカラは少数ながら見出せる。つまり、もともと上方語においてもカラの原因理由文での使用（すなわち格助詞から接続助詞への転用）の素地はあったということである。

のであり、注意が要る。

（6）　晩には皆<ruby>が<rt>みな</rt></ruby>くるはづじやから、何もないが、貴様もきてはなし給へ。
　　　　　　　　　　　　　　　　　　　　　　（江戸・噺本・聞上手397・13）

　上方・大阪語にのみ見出されるのがヨッテ・サカイ[*5]である。断定辞はジャ・ヤを取り、昭和期まではカラよりも勢力が強い。なお、江戸・東京語には進出していない点に、明治期以降の大阪語が、それまで上方語が有していたような影響力を持ち合わせていない様子がうかがえよう。

（7）　まあ、久しぶりやよって一本つけよう。
　　　　　　　　　　　　　　　（大阪・明治大正落語音声・絵手紙44・5報告書Ⅰ）
（8）　お久しぶりでっさかいゆっくりしとくれやんな。
　　　　　　　　　　　　　　　　　　　（大阪・昭和談話・全国方言211・4）

　以上、上方・大阪語と江戸・東京語の原因理由接続辞の使用を概観した。以下で述べる接続詞的用法との相違を検討する上で重要な点を繰り返せば、次のとおりである。

・両地域で共有する接続辞には、ナレバ・ユエの他に、ニヨッテ（上方・大阪語で多用）、カラ（江戸・東京語で多用）がある。大阪語でのカラの使用には、東京語の影響が関わっていそうである。
・大阪語のカラは断定辞にダ・デスの他にジャ・ヤも取り、江戸・東京語

[*4]　江戸語資料の体言類を受けるカラ原因理由文の場合、断定辞ジャを取るのは少数派であり（噺本4例、滑稽本1例）、上方語系表現との相性の良かったニヨッテとは、その点で様子が異なる。

[*5]　小林（1977）に「人天眼目抄」等の東国系抄物や「雑兵物語」にサカイ類が用いられるという指摘がある。この調査結果は、江戸語ではカラの勢力が強かったために、サカイは日常語として広がらなかったことを示すものであろう。

のカラはダを基本としつつも、近世後期・明治期の限られた時期に一部でジャも取った。また同時期の江戸・東京語のニヨッテにも、ジャを取る傾向が明確に認められる。つまり、断定辞は、それぞれの地域特有表現を中心として、両地域言語相互の影響（上方語→江戸語／東京語→大阪語）をも反映するものである。

・大阪語におけるヨッテ・サカイは断定辞にジャ・ヤを原則として取り、昭和期までカラより多用される。

3. 接続詞的用法を構成する接続辞の推移

次に、接続詞の用法として用いられる例について資料別使用状況を見ておく（表3）。

表中の網掛け部分と黒枠部分の重複／ズレ（表1と3の比較。すなわち「言語事項的比較」）からおおよそ以下のことが見えてくる。

まず、概して網掛けと黒枠の多くの箇所が重複している。このことから、体言類を受ける原因理由文の接続辞と、接続詞的用法の接続辞の推移・使用傾向は似通っていると言える。ただし、次の二点に食い違いがある。

（a） 近世中期上方語において原因理由文で多かったナレバが、接続詞的用法では少なく、代わりにユエが多い。

（b） 近・現代大阪語の原因理由文ではサカイの勢力が強いのに対し、接続詞的用法ではカラが強い。

（a）は、ソレナレバの形では接続詞的用法は未発達であった[*6]ことを物

[*6] ソレナレバという指示詞＋断定辞＋接続辞という形式が、原因理由を表す接続詞的用法として未発達だったのは、已然形＋バがその位置づけを仮定形＋バに変えつつあった時代にあって仮定用法として用い得たこと（次例参照）、そしてそのことが、特に接続詞的用法のように文脈依存の高い表現では、情報交換上の負担を強いることに結び付いてしまうことなどが関わっていたと考えられる。

・兄きの手へ渡りしはお主から行た文な。それなれば此小春は死ぬるぞ。

（上方・近松浄瑠璃・網島11・732・8）

表3　接続詞的用法における接続辞の推移

資料			ナレバ	ユエ	断定+ニヨッテ	断定+ヨッテ	断定+サカイ	断定+カラ	(他)	(計)	X
上方・大阪語	近世中期	歌舞伎狂言本	5							5	8.5
		歌舞伎台帳				2				2	11.8
		近松浄瑠璃	1	2						3	3.0
		紀海音浄瑠璃			1					1	2.4
		噺本								0	0.0
	近世後期	洒落本	1		2	1	1			5	5.9
		滑稽本		1	2	9	1	1		14	12.0
	近代〜現代	明治落語速記	8			9		5		22	20.0
		明治大正落語音声	1			1	2	5		9	13.8
		昭和落語音声				1	7	7	1	16	12.4
		昭和談話				1	1	22	1	25	26.9
		平成談話						55		55	59.8
江戸・東京語	近世後期	噺本		1	1			1		3	14.3
		洒落本						4		4	10.3
		滑稽本		6	5			49		60	15.2
		人情本	1	5				9		15	16.7
	近代〜現代	明治小説						27	1	28	14.2
		明治大正落語速記	2					11		13	13.5
		明治大正落語音声						6		6	15.4
		昭和落語音声						10		10	16.9
		昭和談話						59		59	71.1

※・各資料中、使用の最も多い形式に黒枠を施した。
　・表1で網掛けをした箇所（＝原因理由文・接続辞として使用多数の箇所）に、本表でもそのまま網掛けを付した。
　・X欄＝（接続詞的用法）／（接続詞的用法＋原因理由文）×100（％）
　　　　＝（表3の用例数／表1と表3の用例数の合計）×100（％）

語る。一方の（b）であるが、これは、カラ使用には東京語の影響が関わっているとすると、接続詞的用法の方が原因理由文の接続辞よりもその影響が大きかったことを示していよう。

　また、表中のX欄の値は、いわば各資料中における接続詞的用法の用いられやすさの度合いである。近世期の上方語では接続詞的用法例の使用率が低く、滑稽本以降に至ってようやく江戸・東京語並みの比率となる。一方の江戸語は、調査範囲の初期段階から接続詞的用法の多用傾向が見える。つまり、上方語に先んじて江戸語において接続詞的用法が発達したことになる。上方・大阪語で、特に近代以降、原因理由文より接続詞的用法でカラを突出して多用するのは、その江戸・東京語の影響を受けたためであると考えられよう。

4. 近世期資料における接続詞的用法―指示詞・断定辞・接続辞の関係より―

　接続詞的用法が、近世期上方語においては十分に発達していなかった様子、江戸語の方で先行して多用する傾向があったことなどを先に見た。ここでは近世期資料を限定的に取り上げて、接続詞的用法の発生・定着の様子を詳しく明らかにしたい。

　最初に、接続詞的用法を構成する指示詞および断定辞の形式別に使用状況を見る（表4）。

　表の傾向を大きく捉えると、近世上方語の接続詞的用法は、各種形式を取りかつ低頻度の使用であり、「接続詞」としての安定性を欠いていること、対する江戸語は、「それだから」という特定の形式を高頻度で用いており、対照的である様子がうかがえる。

　さらに細かな点も含め、表からわかることを、以下、順に指摘していく。

　まず、ソレナレバ・ソレユエであるが、これらはナレバ・ユエが原因理由文で用いられる場合と同様、文語性が強く、汎地域的に用いられることに特徴がある。

（9）　あなた様のお気質（きしつ）は常（つね）からよう存じておりまする。それ<u>なれば</u>こ

表4　接続詞的用法における指示詞・断定辞・接続辞の関係（近世期資料）

	（断定辞）	ナレ	φ			ジャ				ダ	
	（接続辞）	バ	ユエ	ニヨッテ	ニヨッテ	ヨッテ	サカイ	カラ	ニヨッテ	カラ
上方語	歌舞伎狂言本		ソレユエ5							
	歌舞伎台帳				㋔ジャニヨッテ2					
	近松浄瑠璃	ソレナレバ1	ソレユエ2							
	紀海音浄瑠璃			ソノ儀ニヨッテ1						
	洒落本	ソレナレバ1			ソウジャニヨッテ2	ソジャヨッテ1	㋔ジャサカイ1			
	滑稽本		ソレユエ1		コレジャニヨッテ1 ㋔ジャニヨッテ1	コレジャヨッテ6 ソウジャヨッテ3	ソウジャサカイ1	㋔ジャカラ1		
江戸語	噺本		ソレユエ1						㋔ダニヨッテ1	㋔ダカラ1
	洒落本									㋔ダカラ4
	滑稽本		ソレユエ6						コウダニヨッテ3 ㋔ダニヨッテ2	アレダカラ3 コウダカラ1 ㋔ダカラ44
	人情本	ソレナレバ1	ソレユエ5							ソレダカラ9

※表中の数字は用例数を表す。太線の左側は文語性の強い表現。太線右側の口語性の強い表現については、指示詞に「それ」を含む形式に丸印を付した。

そ此度（このたび）のやうな事（こと）もおたのみ申上ました所（略）悦（よろこ）んでおります。

(上方・洒落本・南遊記18・184下4)

(10) それからだん〴〵あらはれて来たそうでごぜへます。それゆゑ唐（から）琴屋（ことや）はどうもむづかしい様子、どうか立（たち）そうもないといふ噂（うわさ）でございます。

(江戸・人情本・春色梅児誉美236・12)

　この二形式を除くと（表4太線の右側）、上方語は全19例、江戸語は69例であり、前者はすべて断定辞にジャを用い、後者はすべてダを用いるという対照をなす。上方語では使用頻度が低い上に、さらにその中でも指示詞に「それ」を取るソレ＋ジャ形式（表中丸印）はわずか5例に過ぎない。他の14例

は他の指示詞「そう・これ」等を用いるのであり、接続詞的用法としては固定的表現を持たずに、次例のごとく文脈に応じて適宜表現形を使い分けていた様子がうかがえる*7。

(11) 常に腹に思ふていても言い憎ひ事ハ、酒呑むと皆言ふてしまふもんじや。（略）そうじやよつてに、ちつと酒も呑みならへ。
(上方・滑稽本・臍の宿替128・7)

一方の江戸語については、断定辞がダに集中する点に注意したい。接続詞的用法以外の原因理由文が受ける断定辞には江戸語でジャを用いる場合もあった（第2節の表2参照）。限られた調査範囲のことゆえ、慎重に扱う必要はあるが、注目すべき食い違いといえる。

先に、表3のX欄で江戸語では同用法の使用頻度が高いことを見た。しかも、指示詞は全69例中61例でソレを取り（表4参照）、ダを基本的に取る。こういった、固定的な使用傾向が顕著であることは、当接続詞的用法が、上方

＊7　特に近世中期上方語でソレダカラ類の接続詞的表現の使用頻度自体が低かったのは、サレバ・シカレバ等の旧来の表現が、当時、まだ使用されていたことと関わっていたかもしれない。ただしここで調査対象とした資料中には、サレバ・シカレバともに原因理由を担う接続詞と特定できる例は少なく、サレバはほとんどが感動詞（一部話題を転じる接続詞）であり、シカレバも仮定的意味合いを持った接続詞との区別に迷う例が多い。

・「（母に）道であひはせなんだか」「さればいの。母様の山城屋へよらしやんして（略）ととんと桶な物打ち明けたやうなお心。（…）」
(上方・近松浄瑠璃・宵庚申12・581・2)
・此事ゆへにそとも縄目の恥にあひ此ごとく預られた。しかれば同罪はのがれがたい。
(上方・近松浄瑠璃・昔暦8・530・3)

この時期、已然形＋バが確定条件として用いられる趨勢が弱まり、恒常性のある仮定条件として重心を移しつつあったことで、サレバ・シカレバは口語的な資料中では「だから」の意では用いにくくなっていたものと推測される。とはいえ、依然として、この表現方法があったために、近世中期上方語ではソレダカラ類の語彙化が抑えられていた可能性はある。

語の影響の下においてではなく、「それだから」を一単位として江戸語で固有に育まれたものである可能性が高いことを示していると考えられる。

(12) (泣き真似を褒められて)ヘンそれだから人を破家(ばか)にばかりしなさんなよ、何かしらちつとは能(のふ)の有る物だ。

(江戸・滑稽本・八笑人51・3)

以上、江戸語主導で広がったと見られる指示詞+断定辞+接続辞の接続詞的用法が「それだから」という特定形式をもって発達してきている様子について観察した。

5. 明治期以降資料における接続詞的用法
5.1 指示詞・断定辞・接続辞の関係より

近世期までと大きく異なる、明治期以降の接続詞的用法の特徴は、次のごとくである。

- 大阪語…接続辞としてはカラが増加する。指示詞としてソレ系が中心となり、断定辞としてはデス・ダが用いられるようになる。
- 大阪語・東京語共通…指示詞を取らないφ形が増加する。ニヨッテの例がなくなる。

以下、このことを、調査範囲内の使用状況を表に整理することによって示してみる(表5)。

最初に、大阪語の様子のうち、指示詞がソレに集中することについてである。表5の下に〈参考〉として、近世上方語資料と明治以降大阪語資料とに分けて、指示詞に「それ」類を取るもの、「それ」類以外の指示詞(コレ・ソゥなど)を取るもの、指示詞を取らない「φ」のものの、それぞれの用例数を合計して示した。近世期は各種指示詞をさまざまに取り、「それ」類と「それ類以外」とが拮抗している様子が見える。その傾向は明治以降次第に変化し、ソレ系に集中するに至るのである。

表5 接続詞的用法における指示詞・断定辞・接続辞の関係（明治期以降資料）

	（断定辞）	φ	ジャ		ヤ			デス		ダ	
	（接続辞）	ユエ	カラ	ヨッテ	サカイ	カラ	（他）	カラ	（他）	カラ	（他）
大阪語	明治落語速記	ソレユエ8		ソヤヨッテ5 ソウヤ ヨッテ3 コレヤ ヨッテ1				ソレデスカラ1 コンデスカラ1		ダカラ3	
	明治大正落語音声	ソレユエ1	コレジャカラ1	ソヤヨッテ1	ソヤサカイ2	ソヤカラ2 ホヤカラ1 ヤカラ1					
	昭和落語音声			ソヤヨッテ1 ソウヤサカイ1	ソレヤサカイ2 ソヤサカイ2	ソヤカラ1	ソヤッテン1	デスカラ5	デスサカイ2	ダカラ1	
	昭和談話				ソヤサカイ1	ソヤカラ13	ホヤケニ1	デスカラ4	ソウデスヨッテ1	ダカラ5	
	平成談話									ソダカラ2 ダカラ53	
東京語	明治小説									ソレダカラ8 ダカラ18 コレダカラ1	ソレダモノ1
	明治大正落語速記	ソレユエ2						デスカラ1		ソレダカラ4 ダカラ5 サイダカラ1	
	明治大正落語音声							ソレデスカラ1 デスカラ1		ダカラ4	
	昭和落語音声							デスカラ2		ソレダカラ1 ダカラ6 コレダカラ1	
	昭和談話									ダカラ57 ホエダカラ1 コンナダカラ1	

※網掛けは指示詞がない形式、四角枠は、「それ」系以外の指示詞に付した。

〈参考〉

	「それ・そ・ほ」	「それ類・φ」以外	「φ」
近世上方語資料	15	15	0
明治以降大阪語資料	45	8	74

かつて近世上方語においては、「それ」を取る場合も、各種指示詞を用いた接続詞的用法のうちの一形態に過ぎず、特別な存在ではなかったものが、明治以降「それ」を取ることが基本となっていく。大阪語で接続詞的用法の使用頻度そのものが高まっていたが、それはソレ系が牽引していたことになる。そして、そのソレ系に集中する動きは東京語の方法に準ずる方向への変化なのであり、その影響下で促されたものだったという解釈が可能であることを押さえておきたい。

　東京語の影響ということがさらに顕著に表れるのが、指示詞を取らないφ形[*8]＋断定辞＋接続辞という形式（「だから」等）の使用である。東京語では明治期の段階から高頻度で用いられるものであるが、大阪語でも、平成期資料で激増する。大阪語での用法でも、ダカラ・デスカラという大阪語固有形ではない断定辞＋カラの組合せにほぼ限られるのが特徴であり、大阪語系の要素を含むものとしては、わずかに「やから・ですさかい」があるばかりである。このことは、指示詞を取らない接続詞的用法は、大阪語において、断定辞＋接続辞という構成要素の合計ではなく、「だから」という一まとまりを単位として、東京語から受容していることを示唆しよう[*9]。

　対照的に、指示詞「それ」を冠する形式であれば、ソヤサカイのように断定辞ヤ、接続辞サカイ・ヨッテなど大阪語系の表現も広く取り込む[*10]。た

　[*8]　「だから」のような指示詞を取らない接続詞的用法の発生・発達について山口（1981）は「その形式が句的判断をより強く対象化できる分析的な形式として句と句の接続に用いられた」ためとする。
　[*9]　大阪語で拡大するダカラの受容に関わって小西（2000・2003・2007）は、ダカラの原因理由を表さない用法を取り上げ、その機能拡張のシステムを分析する。関西語では、対応する地域語形ソヤサカイ等は機能拡張を見せず、そこには指示代名詞ソレの前文脈照応の機能が関与していることなども指摘している。
　[*10]　大阪語は指示詞「それ」の音韻変化形・短縮形を多用し、対する東京語はφ形「だから」を用いるという、「それ」使用に関する対照的な関係が、同じく接続詞的用法「それなら・それでは」類でも見出される。大阪語ではホナ・ホンナラ・ソレヤッタラのように「それ」を残した形態の使用が続くのに対し、東京語はジャアを多用するのである（第8章、表1-1参照）。指示詞の用い方については、両言語に広く通じた地域的相違が現れるようである。

だ同時に、ソヤカラという、断定辞ヤに接続辞カラを取る組合せが使用例の半数程度を占める事実もある。先に2.2節で、少なくとも昭和期までは、通常の原因理由文であれば、大阪語は、サカイ・ヨッテの大阪語系の形式がカラを圧倒していることを確認した。接続詞的用法では、それと比してカラの勢力が強いのであり、より東京語の影響力が明瞭に表れている点、注意する必要がある。

対する東京語は、近世期の段階から指示詞はソレに集中する傾向が強く、なおかつ断定辞もダを、接続辞もカラをそれぞれ固定的に用いていた。使用頻度の高さも含め、「それだから」の形式をもって語彙化が促進される環境が整っていたのであり、その状況の中で、φ形（「だから」）が生れている[*11]と理解される。

以上、接続詞的用法は、原因理由文の場合と異なり、東京語資料では「大阪語系のジャ・ヤを受ける形式を用いず（ソレ）ダカラ類に限られる」こと、大阪語資料では「指示詞を取らない場合はダカラ・デスカラという東京語的要素から成る形式を用いる」こと、「指示詞を取る形式はソヤカラ・ソヤサカイと大阪語系の断定辞を中心とする（接続辞は東京語系カラと大阪語系ヨッテ・サカイと競合する）」ことなどを見た。東京語に比べ、大阪語は、一見、錯綜した様子があるように見えるが、東京語の影響を強く受けつつも、地域固有の特徴を維持する部分があることによる多様性であり、固定的な組合せが並列するものであることがうかがえる。

5.2 大阪語における接続詞的用法カラの進出——規範性・標準性との関係——

ところで、先の表5に明らかなように、大阪語でデスを接続詞的用法に含む場合、そのほとんどがカラとの組合せであった。地域固有形式であるヨッテやサカイはデスとの相性が、相対的に見てカラに比べて低く、このことか

[*11] 小西（2003）には、「だから」の発生について検討するところがあり、滑稽本『妙竹林話七偏人』（1857-63／安政4-文久3）以降、用例が見られるとする。ダカラの形式は、したがって幕末期から明治にかけて発生・定着したものと見てよさそうである。

ら、デスに表れるような表現上の規範性・標準性が意識される丁寧な文体*12において、特にカラが進出している一面があることがわかる*13。

(13) (惚気話中の嫁さんの発話の再現で) 我われ按摩稼業では、家族温泉は行かれ、行かれやられません。ですからうちでこーして、新家族温泉を沸かしたんです。

(大阪・昭和落語音声・按摩炬燵177・6 報告書Ⅲ)

さらにまた、明治期以降の大阪落語資料中では、いわゆる「枕」(傍白)部分の使用にカラが多く見られるという事実がある。

(14) この寝起きちゅのが妙なもんで、まず人間なれば顔いっぺんなぜるとか、脈どこ掻くとかちょっと段取りのあるもんで。蛸は目え覚まして顔なぜよと思いおって、手がないもんやかー、すかたん食いよる。　　　　(大阪・明治大正落語音声・蛸の手80・5 報告書Ⅰ)

「枕」(傍白)は地の文に当たるとはいえ、音声で聴き手に向けて語られるので話しことば的である。やり取りを前提とする受け手がいない代わりに、不特定多数の聴き手に理解される表現でなければならない独白体であり、講義物や演説にも通じる特殊な規範性を帯びる。調査対象資料のうち、大阪落

---

　*12　山本(1962)に「デスで注意すべきは、共通語からきたもの以外に、島田勇雄氏や楳垣実氏が説かれるように、「で候」からきた土着のデスがあることである」とある。ここで見るデスは、カラとの組合せで用いられることとともにφ形という東京語に特徴的な形式を構成する。これらのことから、この場合のデスは「共通語からきたもの」と見るのが妥当であろうと考える。
　*13　同じく順接の接続詞的表現であるソレナラ類において、ソレナラをもっぱらとする大阪語の領域に、東京語的要素であるソレデハが進出する場合においても、ソレデハが標準語的な敬語表現類を含む文体に目立って進出している事実がある(第8章4節参照)。ソレデハとソレダカラの大阪語での伸張のしかたには酷似した点があるといえる。

語資料だけを抜き出し、「枕」（傍白）と通常の会話部分とを分けて、接続辞の使用状況をまとめると、下の囲みに示したとおりである。一見してわかるとおり、通常の原因理由文で用いられる接続助詞も、接続詞的用法もともに、大阪落語では、会話部分よりも「枕」（傍白）部分においてカラの占有率が歴然と高いのである。

```
接続助詞…断定カラ：それ以外の接続辞
    ＝枕（傍白）  〜   36：16（カラ占有率69％）
     会話部分    〜   42：163（カラ占有率20％）
接続詞的用法…断定カラ：それ以外の接続辞
    ＝枕（傍白）  〜    6：5 （カラ占有率55％）
     会話部分    〜   11：25（カラ占有率31％）
```

　以上のデス・マスの文体やあるいは「枕（傍白）」の表現中のカラ使用に見出される規範性・標準性とは、書きことば性・文語性とは別のものである。発話において音声言語として用いるに際して、通常の一対一のやり取りとは異なる、何らかの改まった意識が必要とされる場合に用いられているということである。

　参考までに明治期の演説体の例も示しておく[*14]。演説の音声そのものではなく、文字化を経た論説文ではあるが、この種の文体中に一定数のソレダカラの使用が確認される点は注意されよう。

（15）　是迄に此大切なる管理法がなかつたが為に（略）販賣組合に化せざるものは稀な位である。それ<u>だから</u>醇正無私なる批評審査を此間に求めんとするは無理である。
　　　　　（論説・美術奨励の一策・正木直彦・文久2年大坂生れ・太陽1901年12号）
（16）　非常に卓絶せる政治家に非ざる限り、如何も文無し政治家には、危險なる分子を伴ふ實例が多いのである。<u>だから</u>私は、此の點か

[*14] ちなみに、論説・演説体中の接続詞の表現はソレユエが多く、原因理由を表す接続辞としてナレバも高頻度で用いられている。

らも恒産説を主張するので、(…)。
（論説・政治家は恒産あるを要す・鎌田栄吉・安政4年和歌山生れ（談）・太陽1909年11号）

　(15)の正木直彦、(16)の鎌田栄吉はともに関西出身の教育者・政治家である。こういった知識階級に属する人々が、例に見るような規範性の求められる表現中では、いわゆる大阪語的特徴を消した文体でソレダカラを用い、ソレヤサカイ等の使用は見出されない。先に確認した「ですから」の多用に象徴される本調査範囲中の位相的な偏りも合わせ、大阪語におけるカラの拡大には、このような規範性・標準性を背景とする文体における使用が関わっていた面があったことを認めるべきであろう。

6. 総括
6.1　ソレダカラ類の推移について
　以上、接続詞的用法ソレダカラ類の使用の推移を時間的・空間的比較と言語事項的比較を軸に、整理してきた。接続詞として語彙化する様子が現代に近づくにつれてはっきりしてくるのであり、その変化は、その表現母体である原因理由文の接続辞の歴史との連環性において捉えられるものであった。
　その上で、接続詞的用法固有の特徴として押さえるべきこともあった。まず一つは、本表現の発達・一般化は、江戸・東京語で先行し、上方・大阪語では相対的に見て活発な表現ではなかったということである。その歴史においては、江戸・東京語では形式面においては大きな変化は起きておらず、上方・大阪語でいくつか目立った推移が観察されたのである。例えば、明治以降の大阪語に限定して、起きた変化を列挙すると次のごとくである。

- 原因理由文の接続辞にはカラの増加傾向が見られるが、接続詞的表現のカラの多用傾向はさらにそれを上回る。
- 接続詞的用法の指示詞はソレに集中する度合いを高める。その後、指示詞を取らないφ形の使用が増加する。
- 断定辞にデス・ダを、多く指示詞のないφ形やカラとの組合せで用いる。

そしてこれらのいずれの変化についても、その背後に見えるのが東京語の存在であり、影響なのであった。すでに、明治期の段階から、大阪語資料では東京語的な物言いが共有されつつあり、現代に向かうにつれてその勢力が漸次拡大していったわけである。その影響は、原因理由文よりも接続詞的用法に明確に表れるのであり、大阪語的な特徴を維持し得たのは、指示詞を冠して断定辞にジャ・ヤを取る定型（ソヤサカイなど）においてであった。
　その東京語の影響が見えるカラの使用例には、明治期以降大阪語資料では、規範性・標準性を帯びた文体に馴染む一面があることを観察した。この傾向は、威信形としての中央語たる東京語の、当時の大阪語における受容のあり方[15]として、今回の調査範囲において観察されたものである。幕末から明治以降における、中央語としての東京語[16]の位置づけを考える上においても、標準語の成り立ちを考える上でも、興味深い傾向と言える。それは、明治三十年代以降に、標準語とすべき枠組みを人為的に定めようとする流れが明瞭になる[17]前提段階として、すでに東京語が、一部の表現において、規範性・標準性に和するという捉え方が広がっていた可能性があることを示唆するからである。例えば杉本（1988：297）に「すくなくとも二十世紀（明治三十三年＝一九〇〇）の初頭までで、東京語が標準語の資格ありと認定され、全

---

　[15]　もちろん、接続詞的用法の「だから」や接続辞「〜から」を、いわゆる標準語文体に相応しい表現としてのみ大阪語が受容したと主張するものではない。そういった表現文体に馴染む用法に含まれるカラの使い方が契機となって、既存の原因理由文の表現体系に変化がもたらされたことを含めて受容と捉えるものである。そうであるからこそ、改まった物言いでない通常の物言いでもカラは用いられていたのであるし、「ですさかい」のような大阪語固有のサカイと東京語的要素のφ形の組合せも生みだすこととなったと見ている。
　[16]　本書で「東京語」と称するものは、あくまでも「今回調査した東京語資料中に用いられていた言語」の意味合いに止まるものである。その言語と実際に東京で使われていた言葉との関係、あるいはその言語と標準語との関係は、別に改めて問われなければならない。
　[17]　上田万年博士の「標準語に就きて」（『帝国文学』1）が明治28年であり、小学校令（明治33年）を受け、標準語の普及に大きな役割を果たす国定教科書の第一期が明治36・37年である。

国民的にもほぼ合意を得るまでに基礎がかたまってきた」という指摘もある。本章で捉えた内容は、その捉え方と根底で通じるものであると言えよう。

6.2 文法史の捉え方に関わって

ところで、冒頭で引用した第8・9章のソレナラ類が示した歴史との関係について、重要な点に限定して、改めてまとめ直せば次のとおりである。

（a）共通点[18]
　（イ）中央語である明治期東京語から地域語である明治期大阪語に対して、影響関係が認められること。
　（ロ）東京語の影響が見える表現が、大阪語において規範性・標準性と関わる一面を示しつつ用いられていること。

（b）相違点
　（ハ）ソレナラ類は上方語で語彙化が先行して多用されていたのに対し、ソレダカラ類は江戸語で語彙化が先行して盛んに用いられていたこと[19]。そのことと関わって、近世期に上方語から江戸語への影響関係が、ソレナラ類では認められたのに対して、ソレダカラ類では認められないこと。

---

[18]「共通点」として本文で二点あげることの他に、指示詞ナシのφ形（ダカラ／デハ）が、いずれも明治期以降東京語で多用されることや、接続辞部分（ニヨッテ・ヨッテ・サカイ・カラ…vs.カラ／ナラ・ヤッタラ・シタラ・デハ…vs.ナラ・デハ）の変化は上方・大阪語（前者例）の方が江戸・東京語（後者例）より著しいことなどあげられる。これらが、他のいかなる事象と連なっていくのか、またどのような意味を持つのかについては、機会を改めて論じる必要がある。

[19] 東京方言・関西方言の談話展開の方法を検討した久木田（1990）で、「東京方言では「ダカラ」「ホラ」「ネッ」がキーワードとなって感情を込めた文を交えて説明を進める展開」が好まれ「関西方言では順接の接続詞「それで」「そして」類の頻用で客観的説明を累加していく展開」を見出しやすく、展開方法に地域性が認められることを論じている。本文にあげた（b）相違点の（ハ）の指摘と興味深い一致を示すのであり、歴史的に見て、すでに江戸期から継続的にその傾向差が存在していた可能性があることを示す。

(ニ) ソレナラ類では、近・現代大阪語における東京語の影響は相対的に限られたものであったが、その状況に比べれば、ソレダカラ類では東京語の影響が顕著であり、大阪語的要素の後退が著しいこと。

　以上は、ソレダカラ類の推移を明らかにするにあたり、その構成要素である接続辞を条件表現全体の使用状況に位置づけ（言語事項的比較）、また近世期の特徴を、続く近代以降の流れも含めた歴史の中で捉え（時間的比較）、さらに上方・大阪語と江戸・東京語という地域的に隔たった言語の影響関係を視野に入れる（空間的比較）ことによって、いずれも明らかになったことである。この方法に拠ることで、例えば、近世期上方語におけるソレジャニヨッテと江戸語におけるソレダカラの両言語における使用価値が異なることの実情（前者は指示語＋断定辞＋接続辞の各構成要素の組合せとしてあり、後者は接続詞として一語化の度合いを強めて用いられていた）が定かに読み取れることになる。また(b)相違点にあげた（ニ）は、近世期の状況である（ハ）が解き明かされていない限り、なぜ起こるのかを考えることができない。すなわち、この場合、ソレナラ類は上方・大阪語で強い使用基盤を持っていたのに対して、ソレダカラ類（ソレジャニヨッテ等）はそうではなかったために、近代以降の同表現類の大阪語での後退（東京語的要素の席捲を許す状況）を招いていたわけである。

　現代語のあり方は、近世にまでさかのぼって考えることで、初めて正確にその真の意味が見えてくることが多い。

V
当為表現の推移

　「〜べきだ」などの意味をもつ当為表現は、条件表現を構成要素として成る複合形式「〜ねばならぬ」などによって表すこともできる。これら条件形を含む当為表現は、定型的に多用される中で文法化を起こし、条件表現の体系から次第に距離を取った推移のさまを示す。その過程においては、条件表現史といくつかの点で興味深い連動を示しながら、次第に文法形式としての特性を備えていく。

　例えば、「〜ねばならぬ」の条件形は、ネバやニャからン、さらにはナとその姿を変え、通常の打消条件句と、少しずつ隔たったさまを示す。また、「〜ばいい」から「〜たらいい」の変化には、タラの拡大という条件表現史における変化を下敷きにしつつ、同時に他者への行為の促しという要素が関わっている。これらの検討により、文法形式として今日定着する各形式の由来を鮮明に跡付けることが可能になるとともに、タラの拡大という大阪語らしさの獲得・促進には何が関与し、それは条件表現全体の問題とどのように連動するのかについて複眼的な回答を得ることができる。さらにまた、中央語から地域語への影響という観点を視野に入れることで、当為的な表現の移り変わりの意味合いが正確に理解される一面も併せ持つのである。

　第Ⅳ部の接続詞的用法の場合と同様に、本表現領域の推移は、日本語史全体の中に位置づける条件表現史という視座があって、はじめてその説明が可能になるものである。

第11章

上方・大阪語における二重否定形式当為表現の推移

1. 問題の所在
1.1 当為表現と文法化

　条件表現の歴史的な移り変わりは、各用法にわたって一様であるわけではなくさまざまな事情の下に実現している。中でも、打消の助動詞を伴って条件句を構成する表現をなす当為表現[*1]と呼ばれる一群は、形式の面で注目すべき特徴を示す。

　　（1）　こゝへこふと思ふ程（ほど）。一倍（いちばい）せい出さねばならぬわいな。

[*1] 「当為表現」の術語についての本書の立場を述べる。ネバナラヌなどによって表される当為的表現の、その根拠となる当為判断は「「その事態の実現に価値がある」判断であり、その判断が話し手だけに止まらない一般性を含意する際に、付加的に立ち現れるもの」と考える（矢島2011b 参照）。したがって、本来、ネバナラヌ類のすべてに認められるものではないし、またネバナラヌの形式以外にも広く認められるものとみる（例えば「氷を作るには水を０度以下に冷やさねばならない」には当為判断は関わらないし、ネバナラヌ以外の形式でも「諦めずに頑張ればいい」には当為判断が関わる）。そう理解した上で、実際のネバナラヌ類の使用例においてその多くに当為判断が認められる事実もあり、論じる上での便宜を重視して、ネバナラヌ類すべてに対して広く「当為表現」の呼称を当てる方法で、以下、述べることとする。
　なお、第13章では、ネバナラヌ類を、同じ当為表現の一種であるテハナラナイ類と対照的に捉えながら歴史記述を行う。その際には、両形式を並行して扱うために、ネバナラヌ類を肯定的当為表現、テハナラナイ類を否定的当為表現と呼び分ける。本章では否定的当為表現は問題としないので、肯定的当為表現の類のみを指す称として「当為表現」を用いる。

(洒落本・北川蜆殻27・350下7)

　この当為表現の前項部「(出さ)ねば」という条件句および後項部「ならぬ」の組合せに関して、江戸語・東京語を対象とした田中（2001・2002ab）、湯浅（2002・2007）などの研究成果によれば、おおよそネバナラヌ系統の表現からナケレバナラナイへの交代があり、その周辺において前項部ズハ・ナイデハ・ナクテハ・ナイト、後項部イカン・イケナイなどの盛衰があったことが指摘されている。上方語についても、近世前期の狂言資料を用いた松尾（2003）によって、狂言台本においてはイデ（ハ）カナハヌ（／ナラヌ）からネバナラヌへの交代があり、やはり限られた表現を固定的に用いていたことが明らかにされている。
　このように前項部・後項部が定型化した組合せで用いられることに関わって、花薗（1999）は、これらが文法化した機能語であり、そのことによってどのような特徴を示すのかについてや、形式によって文法化の程度にどういった差があるのかなどについて整理している。
　その中で花薗（1999）は、同一の条件形は一文中に複数回用いられることはないという特徴に注目している。

　　（2）　？明日雨が降ったら、学校が休みだったら、君の家に行くよ。
　　　　　　　　　　　　　　　　　　　　　　　　　　　（花薗1999：41）

ところが当為表現はそれが可能であり、それは本来の条件形式としての統語的特性を失ったためである、すなわち文法化したためであるとする。

　　（3）　直（ぢき）に聞けば。拗はさうか忝ないと。礼を云て泣かねばならぬ。
　　　　　　　　　　　　　　　　　　　　　　　　　　（狂言本・浅間嶽61・9）

　近世中期上方の資料でも、この例（3）のように、仮定形＋バと当為表現が共起する例が一般的に用いられており、すでにこれらが文法化して用いられていることを確認することができる。

しかしその一方で、上方語の当為表現には、現代標準語のそれとは異なった面も見える。例えば現代語では、文法化が進むことでネバナラヌの構成要素である「なる」の自立語としての性質が失われて、副詞によって修飾されるという本来有していた特徴を失う。

　　（４）　？学校へ行かなければ 絶対に ならない。　　　（花園1999：44）

ところが、近世上方語の例には副詞の修飾を受ける例が存在する。

　　（５）　されども一度は父御さんのお耳へ入ねば どふも ならぬぞゑ。
　　　　　　　　　　　　　　　　　　　　　　　（近松浄瑠璃・生玉9・572・12）

このように、当為表現の文法化の度合いは、必ずしも現代標準語と近世上方語とでは等しいものではなく、時間の経過に伴って、変化してきているものであることが想像される。

1.2　当為表現と条件表現―本章で問題とすること―

　当為表現の前項部は条件形を用いる。近世期以降の上方・大阪語において、その条件形が歴史上起こした大きな変化については、これまでの検討において次のことを観察している。

［Ⅰ］　近世中期あたりで未然形＋バが滅び、タラ・ナラ・ト・バ（およびホドニ・ヨッテ等）が伸張することで、それまで条件表現体系の骨格を担ってきた未然形＋バ対已然形＋バの対立の意味が消滅する。（第2〜4章）

［Ⅱ］　近世後期と明治末期以降大正期の二期において、仮定表現の中でタラの占める比率が段階的に拡大する。（第5章）

　［Ⅰ］は、条件句の未然形＋バ、已然形＋バがそれぞれの活用接続としての自立性をもち、いわば後続する帰結句とは独立して用いられていた時代か

ら、条件句の提示のしかたの違いを個々に体現する時代へという交代を、近世中期以降には完了したということである。その大きな変化の中で、已然形＋バは仮定形＋バへと、その機能的な位置づけも相対的に変化させていた。一方の［Ⅱ］は、中央語から地域語へとその位置づけを変えた上方・大阪語が、仮定的条件文ではタラを多用するという現代の大阪語の特徴を明瞭にしていく時期、段階を示している。

　当為表現が文法化した表現であるのであれば、［Ⅰ］［Ⅱ］に見るような他の条件表現の歴史とは無関係の推移を示すのか、それともそうではなく、全体のあり方と連動して変化するものなのか、あるいはその関係の連動のしかたにおいても変化があるのであろうか。本章はそのあたりの疑問を出発点として、当為表現を、近世中期以降現代までの上方・大阪語において実際にいかなる形式を取るのか、条件表現全体の中に位置づけながら整理を行っておくことしたい[*2]。

2. 本章の検討対象

　田中（2001・2002ab）をはじめ、湯浅（2002・2007）、松尾（2003）など、これまで当為表現を取り扱った研究では、通常、打消表現を条件句および帰結句に取る、二重否定形式のものを取り上げてきた。その、同じ二重否定形式を取るものの中には、当然のことながら当為表現ではないものがある。

（6）　頭動かにゃ尾が動かん。　　　（昭和落語音声・青菜185・15・報告書Ⅲ）
（7）　初段から切まで語りぬかせにや堪忍せぬ。

（近松浄瑠璃・二枚4・179・2）

[*2] ネバナラヌ類が当為表現として文法化する過程に関しては、中世末期において動詞ナルが否定形ナラヌで不可能を表し、さらにそれがマイナス評価と結び付き禁止・当為を表現するに至る様子などが問題となるが、そのことについては、すでに、松本（2000：48-49）、山田（2001：10）に検討がある。それに対して本稿は、当為表現の構成要素たる接続辞が、文法化した表現として、どのような変化をたどって今日に至るのか、文法化していない他の条件句の場合とどう異なり、またいかなる影響関係にあるのかを見極めようとするものである。

(6)のように単純にできごとを二重否定で表現するものから、(7)のごとく「頭から終りまで諳んじて語れなければ許さない」と、話者の個人的な思いを表現するものまでさまざま存在する。二重否定の条件表現はわざわざこの形式を取ることによって、ある状態や認識について、肯定内容を単純に組み合わせたそれとは異なった意図を加えて表現するものであり、その点ではいずれも共通性を有する。
　一方、当為表現の意味面に注目すると、その範疇を少し広げたところに、条件句を肯定形とした(8)のような禁止表現、あるいはさらに帰結句も肯定形とした(9)のような勧告表現などがある[*3]。

(8)　そんな無茶、無茶したらいかん、そんな無茶したら。
　　　　　　　　　　　　　　（昭和落語音声・按摩炬燵181・8・報告書Ⅲ）
(9)　チット外(ほか)へも参れバゑひのに(略)。とてものことなら四国(しこく)ゑでも行(ゆけ)バよひ。　　　　　　　　　　　　　　（滑稽本・穴さがし479・2）

　これらは、いずれも「その事態の実現に価値がある」判断に基づく表現であり、大きくは当為表現の枠組みで捉えることができる。
　以上のように、二重否定形式による典型的な当為表現の周辺には〔1〕「打消条件句＋否定表現」の二重否定という形式上の共通点を持つもの、〔2〕「当為表現」という意味上の共通性を持つものが、それぞれ位置している。本章では、当為表現であるということが、条件表現の移り変わりの歴史において特別な意味を持つのかどうか、これらの用法例と、二重否定形式の当為表現とを比較することによって検討することとしたい。以下に、ここで扱う範囲を、領域の区別を示しながら図示する[*4]。

---

　*3　本書の第13章では、例(8)の禁止表現の類を「否定的当為表現」と称し、また第12章では、例(8)の類とさらに(9)の類とあわせたカテゴリーを「評価的複合形式」と名づけ、それぞれ検討を行っている。

```
        ┌─────────────────────────────────┐
        │         活用型条件句              │
        │   ┌─────────────────────────┐   │
        │   │      打消条件句           │   │
        │   │         D                │   │
        │   │  ┌───────────────────┐   │   │
        │   │  │ [1] 二重否定形式    │   │   │
        │   │  │       A            │   │   │
        │   │  │    ╱─────╲         │   │   │
        │   │  │   ╱[2]当為表現╲      │   │   │
        │   │  │  │    B      │     │   │   │
        │   │  └──│           │─────┘   │   │
        │      │           │            │
        │       ╲    C     ╱             │
        │        ╲_____╱              │
        └─────────────────────────────────┘
```

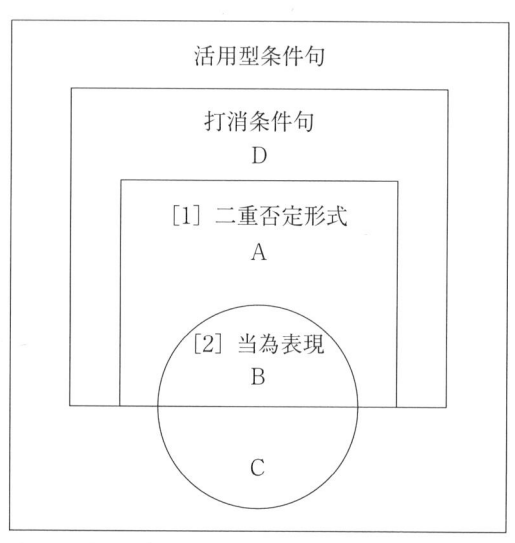

図1　活用型条件句・打消条件句と当為表現の関係

[1]　打消条件句＋否定表現・帰結句（二重否定形式）
　A：二重否定のうち当為表現以外のもの
　　（6）　頭動かにゃ尾が動かん。　　　　　　　　　　　　　　（再掲）
　　（7）　初段から切まで語りぬかせにや堪忍せぬ。　　　　　　（再掲）
　B：二重否定形式のうちの当為表現（当為表現Ⅰ）
　　（1）　一倍せい出さねばならぬわいな。　　　　　　　　　　（再掲）

＊4　図1から漏れるカテゴリーとして、次の例のように、打消条件句の中でも二重否定形式を取らない当為表現がある。
　・とかくおさん様にきづさへつけねばよいと思ふて（…）。
　　　　　　　　　　　　　　　　　　　　（近松浄瑠璃・大経師昔暦9・524・10）
上方・大阪語の調査範囲中に該当例が12例と少なく、条件形も仮定形＋バがそれぞれ半数程度を占める他は各形式に分散しており、文法化の兆候は認めにくい。この表現例についてはこの点を指摘するに止め、以下、便宜的にD（当為表現以外の打消条件句）に含めて扱うことにする。また当為表現には、条件表現を取らない〜ベキダ等があるが、ここでは対象外となる。

［2］ 当為表現*5
　　B：当為表現のうちの二重否定形式（当為表現Ⅰ）（例略）
　　C：打消条件句を取らない当為表現（当為表現Ⅱ）
　　（8）　そんな無茶したらいかん。　　　　　　　　　　　　（再掲）
　　（9）　チット外へも参れバゑひのに／行バよひ。　　　　　（再掲）
　　--
　　D：二重否定形式を取らない打消条件句
　　（10）　それでも。いなぬと手形がやけます。
　　　　　　　　　　　　　　　　　　　（洒落本・短華蘂葉13・289下7）
　　※備考：A～Dを含め、ここで扱う条件表現はすべて活用語を受ける
　　　　　条件句の仮定的条件文である。

3. 打消条件句と当為表現
3.1　用法と前項部・条件形との関係

　前節で整理した諸用法領域と前項部・条件形との関係を見ておく。まずおおよその傾向を捉えるため、前項部の条件形を仮定形＋バ／未然形＋バ／タラ／テハ／ト／ナラの七種類で区別する。未然形＋バにはズバだけでなくズハ（連用形＋ハ）の用例数も合わせて数えた*6。また仮定形＋バはネバの他、音融合したニャ・ナ、さらには次の形式例も含む。

　　（11）　おかしな物食うて、腹悪うして、明日もあさっても休まんならん。
　　　　　　　　　　　　　　　　　（昭和落語音声・猫の災難48・4報告書Ⅲ）

----

*5　ところで、否定表現を受ける当為表現には形容詞「ない」を受ける条件句によるものもある。
　・何でも一芸あるものでなければならぬ。　　　　　　　（狂言本・浅間嶽21・10）
江戸・東京語とは異なり、上方・大阪語では一貫して打消の助動詞ヌ（ン）系と形容詞ナイ系は形の上で別物として使用されていることもあり、例も少ない（調査範囲中に37例）ので、以下の検討においては打消の助動詞による表現に限定して考えていく。
*6　この扱いは、助詞ハに濁点が付されるか否かのみの違いで用法上の相違が認められないことによる。矢島（2004a）の注5参照。

この形式例（以下、ンと記す）については、次のように捉えられている*7。

> 後になると「ねばならぬ」と同じ意味の「んならん」が現れる。(略)「ネバ」→「ニャ」→「ナ」となるのは最も自然である。然るにその直ぐ次に「ならん」の「な」があるので母音「ア」を略して「んならん」となったものであろうか。(湯澤1970：344)

この捉え方に従い、以下ンを仮定形＋バに含めて扱う。

以上の方法に基づき、用例数を数えたものを表1に示した。なお、近世中期資料については、狂言本・台帳・浄瑠璃・噺本等ジャンルによる相違が認められなかったので、表では一括して調査結果を示している。

表中、各資料中で仮定形＋バの占める割合を「仮定形＋バ（％）」欄に示した。その数値から全体的な傾向を読み取ると、仮定形＋バはBに多く、Aがそれに続き、C・Dには少ない。これはすなわち、二重否定の構造を持つ打消条件句は、当為表現である（B）か否（A）かに関わらず、仮定形＋バを多用する傾向があるということである。

その一方で、Cの打消条件句を取らない当為表現はタラが多い。

(12) しょうもないこと抜かしよる。おのれが勝手に読んだらええのじゃ。
(明治大正落語音声・浮世床163・10報告書Ⅰ)

表1の「(参考−合計)％」に、活用型条件句全体から打消条件句・当為表現の例数を除いて各接続形式の使用割合を求めたものを記した。この全体におけるタラ使用率（36％）と比べても、Cのタラ使用率は62％（＝204/331＊100）であり、高い。一方、仮定形＋バは両者で同程度の占有率である（Cの仮定形＋バ使用率は、表1中の最右列に表示。その「小計」欄の21％と、(参考−合計)

---

*7　前田勇（1964）『近世上方語辞典』（東京堂出版）「んならん」の項にも同様の捉え方が示され、「ナ」が「ン」に先行するという見方も同様に示されている。この前後関係の捉え方には異論があるが、その点については後述する（注14など）。

表1　用法領域別条件形・使用状況推移

用法領域		資料	仮定形+バ	未然形+バ	ナラ	タラ	ト	テハ	(他)	(計)	仮定形+バ(%)
二重否定形式	A（非当為）	近世中期資料	49	8						57	86%
		洒落本	9				2			11	82%
		滑稽本	10	1			30			41	24%
		明治落語速記	5			4	7			16	31%
		明治大正落語音声	9				5		1	15	60%
		昭和落語音声	26				3		8	37	70%
		昭和談話	1				1			2	50%
		平成談話	5				1			6	83%
		（小計）	114	9	0	4	49	0	9	185	62%
	B（当為I）	近世中期資料	76	8						84	90%
		洒落本	27							27	100%
		滑稽本	52				8	1		61	85%
		明治落語速記	28				2			30	93%
		明治大正落語音声	22				1			23	96%
		昭和落語音声	68	1			3			72	94%
		昭和談話	16							16	100%
		平成談話	20							20	100%
		（小計）	309	9	0	0	14	1	0	333	93%
非二重否定形式	C（当為II）	近世中期資料	17	2		18	2	14	1	54	31%
		洒落本	14			7	2	4		27	52%
		滑稽本	11			23	11	8		53	21%
		明治落語速記	7			20	3	2		32	22%
		明治大正落語音声	1			27		5		33	3%
		昭和落語音声	14			83	2	1		100	14%
		昭和談話				11				11	0%
		平成談話	6			15				21	29%
		（小計）	70	2	0	204	20	34	1	331	21%
	D（非当為）	近世中期資料	33	36	1		5			75	44%
		洒落本	7	2			3			12	58%
		滑稽本	11				28	1	4	44	25%
		明治落語速記	6	2	2		5		2	17	35%
		明治大正落語音声	1				4		1	6	17%
		昭和落語音声	9				16		18	43	21%
		昭和談話	1							1	100%
		平成談話	1			5				6	17%
		（小計）	69	40	3	5	61	1	25	204	34%
		（合計）	562	60	3	213	144	36	35	1053	53%
		（参考）	1179	418	226	1355	686	353	45	4262	28%
		（参考−合計）%	19%	11%	7%	36%	17%	10%	0%	100%	

※・「(他)」は、C領域[8]の1例が「行ば」とあり動詞の活用形が特定できない例であり、それ以外はすべて「なんだら（打消過去の助動詞）」である。
・表中の「(参考)」は調査資料中の活用型条件句による仮定的条件文全用例数である。

%の19%とが同程度である)。このCの結果から、当為表現であることと仮定形＋バを用いることは特に関係のないことであることが確認される。

　一方のD、すなわち二重否定形式を取らない打消条件句では仮定形＋バは一定の使用割合に止まり、他の接続辞を用いる頻度も高めである。

(13)　お袋さまにあわすことがならずばこなたの手にかけて殺さしやれ。
(狂言本・伝受18ウ6)
(14)　丁寧に言うてもらわなんだらよかったんやがな、へえ。
(明治大正落語音声・日和違い108・2報告書Ⅰ)
(15)　そのやうにいふこときかぬとまた宿の親父をよびにやるぞヨ。
(滑稽本・穴さがし450・5)

　帰結句で否定表現以外のさまざまな表現を取るDでは、それぞれの表現性に応じて、異なった条件句の形式を取っていたということである。ただし、それでも「(参考-合計)％」に示したように、他の活用型条件句の仮定形＋バが19％であるのに比べればD用法の打消条件句も各資料ともに同接続辞の使用割合は高めである。打消条件句が仮定形＋バを多めに用いていた事情については、第6章で検討しているので、ここではこれ以上は触れない。

3.2　二重否定形式条件句の推移

　仮定形＋バは、当為表現全体において一様に多いのではなく、二重否定形式を取る場合に多いという限定があることを見た。ところで、表1に示した「仮定形＋バ(％)」欄を詳細に見ると、同じ二重否定でも当為表現Bとそうでない A とでは様子が微妙に異なる。

　Bは調査期間を通じて、各資料で仮定形＋バに集中する度合いが安定して高い。ところが、Aは、C・Dと比べれば仮定形＋バの使用の度合いの高さは明白なのだが、近世中期資料以降、仮定形＋バの占める率は不安定に上下

＊8　C領域は打消条件句以外で当為表現を表すものとするため、形容詞ナシを受ける「なければならぬ」の例もここに含む。この扱いに関わっては注5参照。

し、Bほどの圧倒的状況を示さない。1.2の［Ⅰ］［Ⅱ］で条件表現の推移において大きく二度、段階的な変化を示すことをみた。本書の調査資料で言うと、洒落本まで／明治落語速記まで／平成談話までの区切りとほぼ対応する[*9]。以下に、この三区分でそれぞれまとめて仮定形＋バの使用率を算出し、比較してみる（表2。表2では、仮定形＋バ以外の接続形式は、「(他)」にまとめて示した）。

表2　用法領域別仮定形＋バの占める割合（概要）

領域		資料	仮定形＋バ	(他)	(計)	仮定形＋バ(％)
二重否定	A	近世中期〜洒落本	58	10	68	85％
		滑稽本〜明治落語速記	15	42	57	26％
		明治大正落語音声〜平成談話	41	19	60	68％
	B	近世中期〜洒落本	103	8	111	93％
		滑稽本〜明治落語速記	80	11	91	88％
		明治大正落語音声〜平成談話	126	5	131	96％
非二重否定	C＋D	近世中期〜洒落本	71	97	168	42％
		滑稽本〜明治落語速記	35	111	146	24％
		明治大正落語音声〜平成談話	33	188	221	15％

　表2から、B領域に限り期間を通じて仮定形＋バの使用率にほぼ変化がなく、同じ二重否定でもAでは滑稽本〜明治落語速記資料で減少傾向が認められたのちは比較的高率で安定、二重否定を取らないC・Dでは減少傾向をたどっているという違いがあることがわかる。

[*9]　洒落本は過渡期の様相を示すため（矢島2004b）、以降の滑稽本類の方とまとめる分け方も可能であるが、ここは仮定形＋バの使用状況からみて近世中期資料とまとめる。第6章において、仮定的条件文の全体と比べて、当為表現を含む打消条件句の方が、概して変化が遅れる傾向があること、その理由として打消条件句が〔様相〕を表すことが関わりそうであることなど論じた。打消条件句であるために、仮定的条件文の全体的な推移の傾向より遅れる事由があることを考慮すれば、そのことも含めて洒落本は、それに先立つ近世中期資料とまとめる方法がよいと判断する。

1.2の［Ⅰ］に示す条件表現全体の歴史的変化との関係で言うと、古代の条件表現体系が解体した段階において、C・Dでは変化が起きており、AとBは全くその影響を受けていない。つまり、近世中期・洒落本あたりまでの段階で、二重否定形式を取る表現は仮定形＋バを維持し続けるのに対し、それ以外の表現では仮定形＋バを手放すという傾向差を、まず、生じている。

　続いて［Ⅱ］で示すタラの二段階にわたる拡大期との関係で見ると、当為表現Bではその前後で一切の変化がなく、Aでは不安定な増減、C・Dでは減少という変化が見て取れる。ただこのA領域での推移、すなわち一度は大きく減らした用法を、その後に再び多用するに至るという動きはややわかりにくい。例を見ると、滑稽本～明治落語速記資料の「（他）」42例のうち37例がトの例である。うち30例が滑稽本のものであり、資料の偏りが見られる。滑稽本は、A領域の打消条件句に限らずB～Dのいずれにおいても他の資料の状況に比べてトを突出して用いているのであり（表1参照）、資料としての独特の傾向を有している。その点を反映した結果であることが、ここでは注意される[*10]。

　このような資料の特徴を反映することもあって、滑稽本～明治落語速記資料の時期に仮定形＋バの使用が低くなっていた可能性が大きい。別な言い方をすれば、そういった資料の特殊性があっても、Bはその影響を全く受けず、Aの用法であれば（あるいはC・Dも）受けやすいということである。

　いずれにしても重要なのは、当為表現以外の打消条件句は、条件表現の推移や使用状況の影響を受けることによって、仮定形＋バの使用を減じていること、その結果として、文法化により一体の表現として使用される領域Bの当為表現は、近世後期以降は独立した機能語として、他の打消条件句から、取り分け二重否定形式を持つ打消条件句から、袂を分かつ方向に一歩踏み出

　[*10]　本書の調査対象資料において、活用型条件句による仮定的条件文の全使用例で見た場合にも、滑稽本のトの使用傾向の強さは際立っている（全799例中トは327例で41％。上方・大阪語全資料でその値は16％であり、江戸・東京語資料まで視野に入れても、30％を超える資料は存在しない）。特別な指向を持った資料であることがうかがえよう。

した状況になっているということである。

3.3　仮定形＋バの各形式と用法の関係

表1で仮定形＋バと一括したものの中には、ネバだけでなく、その音融合形ニャ・ン・ナを含んでいる。それら各形式別の使用状況をみておく（表3）。

表3　前項部条件形・形式別用例数

グループ		ネバ	ニャ	ン	ナ	(他)	(計)	ネバ	ニャ	ン	ナ	(他)	(計)
二重否定	A(非当為)	57	19		38		114	50%	17%	0%	33%	0%	100%
	B(当為Ⅰ)	99	39	115	51	5	309	32%	13%	37%	17%	2%	100%
非二重否定	C(当為Ⅱ)					51	51	0%	0%	0%	0%	100%	100%
	D(非当為)	42	13		11	3	69	61%	19%	0%	16%	4%	100%

※「(他)」にはザレバ・ナケレバ・ンケレバ等の他、打消の助動詞以外の仮定形＋バをまとめた。

ネバの使用率を基準にABDを並べ替えて、表3をグラフに改めたものを図に示す（Cは条件句に打消助動詞を用いないので除く）。

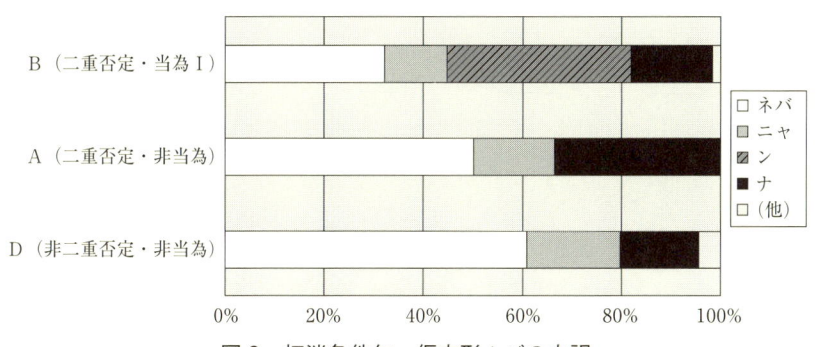

図2　打消条件句・仮定形＋バの内訳

ンはBの当為表現のみに現れる形式である。図2に並べ替えたグラフに示すとおり、ネバの使用傾向に着目すると、用法領域別にD→A→Bの順で少ない。これは、ABの二重否定形式の方が、Dよりも、ネバ以外、すなわちニャまたはナ（さらにBはン）といった、仮定形＋バ本来の形（ネバ）から隔たりのある形式を使う比率が高いということである。Bという当為表現領域

で最もネバが少なく、逆にン形式がBにしかないことも含めてネバからの逸脱形が多いのは、文法化した表現として定着する中で形態の単純化が起こることによって生じた事態であることが推測される[*11]。

3.4 二重否定形式条件句と当為表現

　前節までの検討では、同じ二重否定形式であるＡＢ領域の条件形の特徴、特にその中でも当為表現Ｂが示す特徴に注意して見てきた。ところで、表１・２において、同じ二重否定形式を取る条件句でも、滑稽本以降（少なくとも明治大正落語音声資料以降）、当為表現でないＡは、仮定形＋バ以外の表現を取る傾向を強めつつも、他の活用語を受ける場合に比べれば仮定形＋バを保持する傾向を示したのであった。現代大阪語においてさえ、依然として仮定形＋バを用いている例の特徴を見てみる。

　　　(16)　それーとらなーやっぱ卒業できひんの？　　　（平成談話・8・71）
　　　(17)　うん、提出せな、単位、もらわれへんし。　　　（平成談話・8・68）
　　　(18)　ペンキがついたかなんかで、もー切らなしゃーない　とかいって
　　　　　　切っててんやんか。　　　　　　　　　　　　　（平成談話・1・98）

　(16)(17)はいずれも帰結句で不可能表現を伴い、(18)は他の選択肢がないことを述べる。いずれも実現してほしいこと、実現させざるを得ないことに関わって、条件句と帰結句とが一体となって表現するという点で、当為表現のもつ特質と共通している。このように「その判断が話し手だけに止まらない一般性を含意する」意味特徴を有する二重否定形式の条件句では、それが「「その事態の実現に価値がある」判断」に基づく当為表現であろうと否とに関わらず、仮定形＋バを継続的に用いている事実があるということである。

　　[*11]　日本語における文法化に伴った形態変化については、ハイコ・ナロック（2005）などにまとまった整理がある。ここに見る当為表現のン形式使用も、言語全般に観察されるプロセスに則ったものといえる。

一方のAのうちで仮定形＋バを取らない例には、当為表現とは異なった表現内容を認めることができる。

　　（19）　（大阪弁は）そのときにならんと出ませんけどね。
　　　　　　　　　　　　　　　　　（昭和談話・ふるさとことば集成・大阪・97B）

「大阪弁がそのときになると出る」という前件と後件とが継起的位置関係にある内容を、話者は観察的な立場から捉えて二重否定で表現している。条件句に対して帰結句が引き続いて起こるという継起的な関係に、当為表現、あるいは例（16）〜（18）の仮定形＋バの表現の一体性とは異質な点を見出すことができる*12。
　これらは、二重否定条件句のうち、意味面で当為表現と連続性のある領域では形式面においても似通った表現を使用すること、逆に意味面で距離のある領域では形式も相違する傾向があることを物語る。このことから、当為表現は、相対的にその形式上の特異性を強めはしたものの、その用法と形式の関係は、条件表現の体系の中で、特に隣接する領域とは連続性を持った表現として説明されるものであることが改めて確認される。

4. 当為表現の推移―B領域の前項部と後項部の関係について―

　B領域の二重否定形式を取る当為表現には次のような例がある。

　　（20）　がんへい殿じや。是は出てあわずは成まい。　（狂言本・伝受16オ13）
　　（21）　此おきはが顔ばつかりやいやでもおふでも一期見せねば叶はぬと。

---

*12　ちなみに大阪語の二重否定当為表現としてト＋アカンの形式が用いられないということではなく、例えば『方言資料叢刊』第5巻（1995：173）には大阪語としての使用例が報告されている。また京都の談話を対象とするものではあるが、中井（2008）にト＋イカン／アカンの使用例が報告されている。B領域の当為表現は、なおも姿を変え続けているとみるべきなのであろう。また、それが調査範囲に現れなかったことは、その変化がA領域の二重否定形式のものに比べて緩やかであったことを物語るものと想像される。

第11章　上方・大阪語における二重否定形式当為表現の推移

表4　二重否定当為表現の前・後項部呼応関係

前項部・条件形		資料	ナルマイ	ナラン	カナワン	イカン	アカン	(略)	(他)	(計)
未然形+バ		近世中期資料	8							8
		昭和落語音声							1	1
仮定形+バ	バ	近世中期資料	52	7					8	67
		洒落本	17							17
		滑稽本	2							2
		明治落語速記	8							8
		昭和落語音声	5							5
	ニャ	近世中期資料	5						3	8
		洒落本	6						1	7
		滑稽本	11	1						12
		明治落語速記	10		2					12
	ン	洒落本	3							3
		滑稽本	38							38
		明治落語速記	6							6
		明治大正落語音声	15							15
		昭和落語音声	40							40
		昭和談話	13							13
	ナ	明治大正落語音声	3		2					5
		昭和落語音声	8		11	2	2			23
		昭和談話	1		2					3
		平成談話			3	15	2			20
	(他)	近世中期資料	1							1
		明治落語速記	2							2
		明治大正落語音声	2							2
ト		滑稽本	4	1	2				1	8
		明治落語速記			2					2
		明治大正落語音声			1					1
		昭和落語音声						3		3
テハ		滑稽本	1							1
		(計)	8	253	9	25	17	7	14	333

※表中の前項部「(他)」は表3、図2中で「(他)」とした特殊例（ザレバ・ナケレバ・ンケレバ等）である。後項部の「(他)」は帰結句表現のうちの少数例（ワルイ・オカヌ等）をまとめた。イカンには「いけません」類（5例）を含めた。

(近松浄瑠璃・生玉9・604・1)

(22) 二荷入りだけでおますともう五十銭いただきません<u>と</u>。

(昭和落語音声・壺算75・13・報告書Ⅲ)

(23) 若い者が寄ッて好都合(あんばい)して遣(や)らにやア<u>不可(いか)ん</u>ぢゃないか。

(明治落語音声・胴乱の幸助26・12胴乱の幸助)

(24) 頭の悪いとこを見せつけな<u>あかん</u>からなー。　　　(平成談話・6・86)

　調査範囲の初期資料には条件句に未然形＋バ（例20)、帰結句カナワン（例21）が現れる。(22)は否定内容をもった帰結句が略された例である。この形式例は明治期以降の資料に増える。同じく明治期以降には、帰結句にイカン・アカンが発生し（例23、24)、その後次第に一般化していく。このような推移を、条件句とその呼応する帰結句のそれぞれの関係ごとの用例数を資料別に示したのが表4である。
　表4に基づき、二重否定形式による当為表現の前・後項部の呼応関係を簡略化して捉えると、表5のごとくとなる。

表5　二重否定当為表現の推移

帰結句	近世中期資料	洒落本	滑稽本	明治落語	明治大正落語	昭和落語	昭和談話	平成談話
ナルマイ	ズバ・ズハ							
ナラン	ネバ　ニャ	ネバ　ニャン	ニャント	ネバ　ニャン　ト	(ネバ)　ンナ	ンナ	ンナ	(ナ)
カナワン	ネバ		(ニャ)(ト)					
イカン				ニャト	ナト	ナ(ト)	ナ	ナ
アカン						ナ		ナ

※各資料中で最も多用される形式に網掛けを施している。逆に、1例程度しか確認できないものは括弧に入れた。

表4および表5から読み取れることは次のとおりである。

・未然形＋バが近世中期資料に集中し[*13]、ナルマイと呼応している。
・B領域の打消条件句の仮定形＋バの中心形式の推移については、ネバ→ニャ→ン→ナという順が認められる[*14]。
・ナランが呼応する前項部の条件形は、明治大正落語資料を境にネバ・ニャ・ンの併存期からン・ナの併存期へと交代した。同時期に後項部にイカンが出現、定着する。

　条件句の形式に注目すると、大きな変換期は洒落本の前後（未然形＋バ系の前項部の消滅、ニャ・ンの多用）、および明治大正落語資料以降（ニャ＋ナラン→ン＋ナランへの交代、ナ＋イカンの一般化）にあったと見ることができる。ここにおいても、1.2の［Ⅰ］［Ⅱ］に引いた、条件表現の推移と連動する点があることを認めていくことができよう。［Ⅰ］はそれまでの条件表現の体系を支えてきた未然形＋バと已然形＋バの対立の意味が近世中期に失われたこと、［Ⅱ］は上方語が中央語の地位を降りつつあったこと、さらに大阪語が独自の体系を明確に確立しつつあったことをそれぞれ意味した[*15]。文法化した

[*13] 昭和落語音声資料に例外が1例あるが、ことさらに文語調を採る特殊例である。
　・コノ講釈を聴か<u>ずんば</u>あるべからず。
　　　　　　　　　　　　　　（昭和落語音声・くしゃみ講釈144・4報告書Ⅱ）
[*14] 先に、ンの発生事情についてナ＋ナランの母音「ア」の脱落形と捉える湯澤（1970）らの考え方（注7参照）を引いた。ただ、ナ＋ナランをはじめ、ナの形式の出現そのものがンよりもかなり遅れることから、ンはニャナランから生まれたと考えたい。『方言文法全国地図』206～8図「行かなければならない」の分布図でも、京畿に限定すると前項部「行かん」（すなわちン）の方が「行かな」よりも周辺に広く分布しており、その点からもンの古さが想定される。また、中井（2008：165）は、アクセントがンナランは多くが1単位となり、ナアカンが2単位であることを指摘する。この点においてもンナランの方で文法化が先行するという見方が支持される。なお、湯浅（2009）に尾張方言では、ンおよびナが寛政期洒落本にほぼ同時期の使用が見られ、上方語よりも先行するとの指摘がある。周辺地域との前後関係・影響関係については、さらに検討の余地がありそうである。

形式としての特徴を明確にしながらも、時期を同じくして当為表現に起こったこれらの変化、すなわち近世中期で未然形＋バを失い、ニャ・ンといった已然形＋バから隔たった形式を用いるに至ったこと、また明治末期にン＋ナラン、ナ＋イカンという仮定形＋バ本来の形から逸脱した形に交代することは、まさにそれらと同根の現象であることが認められよう。文法化した表現である当為表現も、条件表現の歴史と歩みをともにしながら変化している面があるということを、再度、指摘しておきたい。

5. まとめと課題

　以上、近世中期以降の上方・大阪語における当為表現の形式に注目して、その移り変わりの実態を見てきた。明らかになった点を繰り返しておく。
　まず、打消条件句について、近世中・後期頃までは二重否定形式を取るものは当為表現であろうと否と、実際の運用の中では仮定形＋バを条件句として基本形式とする事実があった。ところがその後、当為表現のみ仮定形＋バを高率で維持し、他の二重否定形式を含む打消条件句では他の表現を取ることが増え、結果的に形式上の特異性が明瞭になった。仮定形＋バの本来形であるネバからの音変化形の使用において、当為表現だけがンを使用したり、ニャ・ナを多用することなども含め、文法化した表現固有の特徴が次第に顕在化する。
　一方、表現内容の点で似通う面を持つ当為表現以外の二重否定の例でも、比較的高率で仮定形＋バを維持する歴史がある。その中でも用法上、当為表現と通じ合う部分ほど形式上の関連性が認められた。また、当為表現の前項部である条件句の構成法に関しては、洒落本の前後（近世中・後期頃）、明治大正期落語資料以降のそれぞれで大きな変化が起こっていた。前者について

＊15　明治末期以降の東京語においても、当為表現で、前項部の条件形および後項部の表現において、いくつかの変化がまとまって観察される（第13章で詳述。また湯浅2002にも同時期がネバ→ナケレバの交代期に当たるとある）。そのことも視野に入れると、本章で大阪語において二段階めの変化が起こるとした時期については、近代日本語という枠組み全体に及ぶものである可能性もあることになる。

は未然形＋バ形式の衰退、ン形式の発生、ニャの多用であり、後者については ンの拡大、ナの一般化などである。これらのことは、当為表現というものが、文法化しつつも依然として条件表現体系の一翼を担うものであり、推移のありようは、その大きな歴史の中で説明されるものであることを物語る。

さらに、当為表現の問題として、後項部の表現のバリエーションは明治落語〜昭和落語資料を境として増加する実態にあった。前項部の条件句の形式において大きな変化があった時期と重なるものであり、大正期前後は、当為表現の一体的なあり方にやや変動のあった時期ということができる。

本章はその目的上、当為表現に起きた推移を、取り分け条件句に限定して条件表現史との関係において位置づけることに重点を置いた。そのため、ナランからなぜイカン・アカンに交代したのかといった、帰結句に関わる問題には触れていない[*16]。また、条件表現史上で注目される大きな二段階の変化は何によって起こるのかということについても、さらにさまざまな事象の変化とあわせて、解決しなければならない問題であると考えている。

---

*16　中井（2008：166）に、タラ・ト節とともに用いられるンナランに「マイナスの状況に陥ることになるだろう」ことを表す用法が固有に備わること、「聞き手への命令に近い意味」ではナアカン・ナイカンを多用することなど、意味・用法の相違について指摘がある。交代を推し進めた事情について検討する材料が提供されるとともに、共存の原理についても考える必要があることが示唆される。

第12章

上方・大阪語における「評価的複合形式」の推移

1. 問題の所在
1.1 検討すべきこと

　前章では二重否定の構造を取る当為表現を取り上げ、その構成要素に含む条件形の推移について、条件表現史との関係を視野に入れながら検討した。

　　（1）　頭の悪いとこを見せつけなあかんからなー。　　（平成談話・6・86）

　打消の助動詞＋条件形＋後項部の全体が一語化し、文法化することによって、条件表現史とは大きく異なった推移を示しながらも、条件形の音変化や後項部の形式変化において、条件表現史の段階的変動と連動する面も見出せることを指摘したものである。
　この二重否定（～ナアカン＝～ネバアカン）の当為表現の隣接領域には、似通った意味合いを持つ次のような評価のモダリティを表す評価的複合表現が続いている。

　　（2）　ここのおばさんも大師さんに限らずチット外へも参れバゑひのにゑらひ堅真言じや。　　（滑稽本・穴さがし479・2）
　　（3）　（川で溺れる人を目撃し、その場に居合わせる人に向かって）今這入たら不可ぞ。(略)浮て来た處で摑まへやう……
　　　　　　　　　　　　　　　　（明治落語速記・迷ひの染色41下9芦のそよぎ）

　（2）は後項部でヨイを用いて〈適当〉評価を表し、（3）は後項部で否定

評価の表現を取って〈不適当〉評価を表す。(1)の二重否定当為表現とは、いずれも当為に関わる表現をなす点や前項部で条件形を取る点で同様であり、(3)の類は、さらに後項部にアカンやイカン等の否定評価を取る点でも共通する。いずれも複合辞の一種で、文法形式の特性を持つ表現として位置づけられる[*1]ものである。

このように複合辞的な用法において用いられる条件形は、条件表現史全体の推移とはどのような関係の歴史を歩むのだろうか。異なるところがあるとすれば、その歴史を選択した必然性は、どのように説明されるのだろうか。ここでは、(2)(3)の類—条件形＋ヨイによって〈適当〉評価を表すものと、条件形＋否定評価による〈不適当〉評価を表すもの[*2]—を取り上げ、それらの疑問について検討する（以下本章では、二重否定当為表現を除いたこれらの評価表現を、「評価的複合形式[*3]」と特に記すこととする）。「評価的複合形式」の中でも、特に活用型条件句によるものに限定し[*4]、近世中期から現代までの上方・大阪語における状況を検討していくことにする。

[*1] 例えば、国立国語研究所（2001）にて、助動詞的複合辞としてB28にタライイ類、B29にタライケイナイ類、B42にナケレバナラナイ類の用法と用例が、それぞれ示される。

[*2] 〈不適当〉表現の類は、第13章で「否定的当為表現」とするカテゴリーに対応する。第13章では、「前項：否定表現＋後項：否定評価」である二重否定形式の当為表現（肯定的当為表現）と、「前項：肯定表現＋後項：否定評価」（＝本章の〈不適当〉評価群）による当為表現（否定的当為表現）を比較対照しながら行う検討である。本章は、前項部分が肯定表現であるもの同士で、後項が肯定評価か否定評価で対立する表現群を検討の比較対象とする。このように、それぞれの問題設定に対応したカテゴリーの呼称を取るものである。

[*3] 評価のモダリティに関わる表現のうち、複合形式を取るものは、ここで扱うものの他にベキダ・ホウガイイ・ザルヲエナイ等多数ある。本章では条件表現史との関係において捉え得る、条件形を前項部に含んだ評価的複合形式だけを取り上げる。ここで〈適当〉〈不適当〉評価を表す表現として取り扱う範囲は、高梨（2002・2010）等において規定される通常の評価的複合形式の枠組みよりも、順接条件形を取らない形式（テモイイ等）や二重否定当為表現を除く点で狭いカテゴリー設定であり、その点を区別して「評価的複合形式」と記す。

1.2 「評価的複合形式」の用法

「評価的複合形式」とする〈適当〉〈不適当〉のそれぞれの用法について整理しておく（表1）。「評価的複合形式」の歴史を捉えるには、以下の本文で述べるように、他者への働きかけ性に注目する必要がある。その観点から〈適当〉〈不適当〉両表現ともに、あらかじめ大きく二分して説明する。

表1 「評価的複合形式」の下位分類

	働きかけ性	用法	例番号	意味
〈適当〉	○	[勧め]	…(4)	勧め
	×	[許容]	…(5)～(7)	当為判断・願望・後悔・不満
〈不適当〉	○	[禁止]	…(3)	禁止
	×	[非許容]	…(8)～(10)	当為判断・危惧・後悔・不満

○ 〈適当〉表現

・働きかけ性ありの表現（以下[**勧め**]とする）

（4） 己が勝手に読んだらええのじゃ。

（明治大正落語音声・浮世床163・10報告書Ⅰ）

・働きかけ性なしの表現（以下[**許容**]とする）

（5） （相手の「思ひ切りました」に続けて）思ひ切ば良い。サア此証文に判ヲせい。

（台帳・鬼門角26上13）

（6） 何卒切戸が開いて居れば可いがなア……

（明治落語速記・お玉牛50・11お玉牛）

（7） 当座にしやんとよめつてのければよい物を。あほうな斟酌しすご

＊4　非活用型条件句を取るもの（例、「火を灯しておいてやといいのに」明治落語速記・お玉牛52・5お玉牛）は調査範囲中に12例現れる。旧来ナラでのみ表し、順次「断定＋タラ／ト」に交代する構造である。これらは、断定辞の要素を必須とする点で、他の場合とは異なった事情を含みつつ、同時に、例を見る限り、活用型の例と通じる変化を示す。ここは、それらの点を確認しつつ、以下の検討では除外しておく。

　　　　いて湯の時宜は水になる。　　　　（近松浄瑠璃・薩摩歌6・659・6）
　※（5）は働きかけ性のない当為判断を相手に対して述べ、（6）は未実現事態に対して願望を、（7）は非実現事態に対して後悔や不満を表す。

○〈不適当〉表現
・働きかけ性ありの表現（以下［禁止］とする）
　（3）　今這入(いまはいっ)たら不可(いかん)ぞ。（略）浮て来た處(うきたとこ)で摑(つか)まへやう……　　（再掲）

・働きかけ性なしの表現（以下［非許容］とする）
　（8）　おっ、仰山あるなー。こない仰山あったらいかんわ。ちょっとほかしたろー、これ。　　（明治大正落語音声・灸丁稚156・1報告書Ⅰ）
　（9）　彼奴(あいつ)がまた饒舌(しゃべ)ると不可(いか)ぬによツて……
　　　　　　　　　　　　　　（明治落語速記・三枚起請10・6滑稽曾呂利叢話）
　(10)　これ程に情が強ふてハ。（以下略される。受法せずに逃げた猫を見て以下に「ダメだ」の意が続く）　　（噺本・福蔵主7・123・上・13）
　※（8）は働きかけ性のない当為判断を相手に対して述べ、（9）は未実現事態に対する危惧を、(10)は既実現事態に対する後悔や不満を表す。

　まずは、上記の〈適当〉〈不適当〉の区別に基づき、また必要に応じてそれ以下の［勧め］等の下位分類を行いながら、実際の使用状況について観察していく。

2.「評価的複合形式」の使用状況（概要）
　以下の細かな分析に入る前に、調査資料中の「評価的複合形式」の使用の全体的な様子について、大づかみに捉えておく。ここでは、働きかけ性の有無による下位分類は行わず、〈適当〉〈不適当〉のそれぞれについて、条件形と後項部の関係がわかるよう、資料別の用例数を示した（表2[*5]）。なお、先取りして言えば、近世中期資料は本表現の使用はわずかであり、未発達な

段階にあったようである。そこで、ここでの検討においては、狂言本・台帳・浄瑠璃・噺本のジャンルの区別はせずにひとまとめにして示すことにする。

さらに表2のデータに基づき、表3で、資料別に、各前項部とそれぞれ呼応する後項部の関係を概略的に捉え、各形式の盛衰の状況がわかるように示し直してみている。

なお、「評価的複合形式」に関与するバは、調査範囲内では未然形＋バの該当例はごく一部である。以下、バとのみ記すものはすべて仮定形＋バの意味である。また、平成談話資料は標準語の影響と見られる使用状況が認められる[*6]。これについては、参考データとしての扱いが必要であると考える。

＊5　前章では、打消条件句を取る当為表現を扱い、本章では条件句で否定表現を取らない当為表現を扱っている。この範囲をそれぞれ検討対象としたので、形容詞「ない」を条件句に取る当為表現（前章注5参照。調査範囲で37例）はいずれにも含めずに扱っている。なお、そのため、本章表2で扱う「評価的複合形式」の用例数と前章表1のC領域（二重否定形式を取らない当為表現）の用例数と、その用例数分だけ食い違いを生じるものとなっている。

＊6　平成談話資料で、それまでの流れとは異なって、仮定形＋バの使用率が（再び）上がっている点などについては、標準語の影響を考慮する必要がありそうである。高木（2004）で、同資料を検討対象の一部とした関西方言の研究を行っているが、そこでも標準語との接触が否定辞の使用に影響をもたらすことを明らかにしている。ここで、標準語の影響が認められそうな事象については、ことさらに取り上げることはせず、データも参考資料として示すこととしたい。

表2 「評価的複合形式」の前・後項部呼応関係

条件形	資料	〈適当〉		〈不適当〉						(略)	(計)
		イイ	ドウ	ワルイ	ナラン	イカン	イケナイ	アカン	(他)		
バ	近世中期資料	8			7				1		16
	洒落本	11									11
	滑稽本	8									8
	明治落語速記	7									7
	明治大正落語音声	1									1
	昭和落語音声	2									2
	平成談話	6									6
タラ	近世中期資料	17		1							18
	洒落本	7		1							8
	滑稽本	17	3		3						23
	明治落語速記	6	7		2	2	2			1	20
	明治大正落語音声	8	7		3	7	1	1			27
	昭和落語音声	20	22		11	13	1	14		2	83
	昭和談話		2			5	1	1		2	11
	平成談話	9						6			15
テハ	近世中期資料		1	2	2				2	1	8
	洒落本			2							2
	滑稽本			6	1				1		8
	明治落語速記			1	1						2
	明治大正落語音声						1				1
	昭和落語音声						1				1
ト	近世中期資料	2									2
	洒落本	2									2
	滑稽本	4		2	1						7
	明治落語速記					3					3
(他)	近世中期資料	1		1							2
	(合計)	136	42	14	31	32	7	22	4	6	294

※・接続辞の「(他)」は「行ば」のごとく活用形を特定できないものが該当する。帰結句の「(他)」は「かなはん」3例「いかが」1例である。
・「(略)」は後項部が省略される例で〈適当〉〈不適当〉両表現がある。
  ・もーちょっとゆっくりしていただきました<u>ら</u>(昭和談話・全国方言248・6)…（イイノニの意味合いが続く〈適当〉表現）
  ・そんな無茶した<u>ら</u>。殺生なことしよんなー。(昭和落語音声・按摩炬燵181・8報告書Ⅲ)…（ダメダの意味合いが続く〈不適当〉表現）
・後項部ナランは、<u>風邪を引いたらどんならん</u>(昭和落語音声・按摩炬燵182・2報告書Ⅲ)のような「どうもならん」系の表現を含む。

表3 「評価的複合形式」の当為表現の推移

	後項部	近世中期資料	洒落本	滑稽本	明治落語	明治大正落語	昭和落語	昭和談話	(平成談話)
〈適当〉	イイ	バ / タラ / (ト)	バ / タラ / (ト)	バ / タラ / (テハ)	バ / タラ	タラ	バ / タラ		バ / タラ
	ドウ	(テハ)		タラ	タラ	タラ	タラ	タラ	
〈不適当〉	ワルイ	バ / (タラ・テハ)	(タラ)	(ト)					
	ナラン	(テハ)	(テハ)	タラ / テハ(ト)	タラ / (テハ)	タラ	タラ		
	イカン			タラ / (テハ)	タラ / ト(テハ)	タラ	タラ	タラ	
	イケナイ				タラ	(タラ・テハ)	(タラ・テハ)	(タラ)	
	アカン					(タラ)	タラ	(タラ)	タラ
	(略)	(テハ)			(タラ)		タラ	タラ	

※各資料中で用例の集中するところに網掛けを施している。逆に、明らかに用例数が限られるものは括弧に入れた（平成談話資料はこの処理の対象外とする。以下の表も同様）。

　まず前項部に関しては、〈適当〉表現、〈不適当〉表現ともに、目立った変化が起きるのは、タラの拡大の兆候が認められる洒落本前後と、さらに明治大正期落語資料以降である。〈適当〉表現では拮抗していたバとタラであったが、明治末期以降はタラの勢力が強まり、一方の〈不適当〉表現ではバ・テハ・トとさまざま用いられていたものが、同じく明治末期以降タラを基本形とする状況になる。

　後項部に関しては、〈不適当〉表現において各表現形式が時代を追って発生・発達する。まず近世中期資料ではバとワルイとの呼応例が盛んに見られたものが、洒落本以降、急速に減少する。その後はワルイ・ナランと呼応しつつも該当例そのものが極めて少ない時代を経て、明治以降、特に明治大正期資料あたりからイカンが、昭和落語資料からアカンが発達する。イカン、

アカンの出現時期は二重否定の当為表現の場合と似通っており（前章参照）、両者の関連性が見出せる*7。この両表現の影響関係については、次章で取り扱う。

　重要な変化が洒落本、および明治大正落語資料のそれぞれ前後に認められたが、これは、これまで見てきたとおり条件表現史の段階的変化と重なるものである。そのような体系的な変化と連動する面が見えるという点を確認しておきたい。

3. 〈適当〉表現
3.1　形式別使用状況（概要）

　〈適当〉表現について、1.2に示した下位分類に従って用例を弁別しながら、詳しく歴史を見ていく。最初に、後項部の形式別に資料ごとの用例数を掲げおく（表4）。

　［勧め］は、対人性があって他者に働きかける用法であるが、基本的にタラを条件形に取る歴史で一貫している。一方の対人性の認められない［許容］は、仮定形＋バとタラを併用しており、両者には著しい相違が見られる。さらに後項部の形式まで視野に入れると、次のような違いで捉えられる。

　　・近世中期資料　　　　　　　：対人性あり＝タラ＋ヨカロウ
　　　　　　　　　　　　　　　　　対人性なし＝バ＋ヨイ
　　・（洒落本）滑稽本以降現代まで：対人性あり＝タラ＋ヨイ・タラ＋ドウ
　　　　　　　　　　　　　　　　　対人性なし＝バ＋ヨイ・タラ＋ヨイ

　未然形＋バが後項部で推量ウと、已然形＋バは言い切り系と呼応するという図式は、それまでの条件表現の基本構造である*8。近世中期は、その体

---

　*7　ただし、二重否定当為表現のナランの勢力は圧倒的に大きく、かつ長く維持され、その分イカン・アカンの伸張が抑えられて発達が遅れる（前章参照）。なお、イカン類が条件形と一体ではなく単独で「ヨクナイ」の意を獲得する事情や歴史については坂梨（1995）等に詳しい。

表4 〈適当〉表現の形式別使用状況

条件形	後項部	近世中期資料	洒落本	滑稽本	明治落語	明治大正落語	昭和落語	昭和談話	(平成談話)
[勧め] タラ	ヨカロウ	15	1	1					
	ヨイ			6	2	6	8		1
	ドウ			3	6	7	21	2	
	(略)							2	
[勧め] ト	ヨイ	1							
[勧め] (他)	ヨイ	1							
[許容] バ	ヨカロウ		1						
	ヨイ	8	10	8	7	1	2		6
[許容] タラ	ヨカロウ	1	1						
	ヨイ	1	5	9	4	2	12		8
	ドウ				1		1		
[許容] テハ	ドウ								
[許容] ト	ヨイ	1	2	4					

※・後項部ヨイには「いい・ええ・よかった・よけれど・よし・よろしい」を含めた。
　・条件形「(他)」は、バの受ける動詞の活用形が特定できない例である。
　・使用数が多く注目すべき箇所に網掛けを施した。

系の骨組みが依然として維持されていた状況にあったといえる。つまり、タラは未然形+バの一翼を担う活用語の一種として機能する面を残していたと捉えられるのである。ところが、近世後期の洒落本・滑稽本以降は、条件表現体系としてその図式が崩れる[*9]。それと同時に、「評価的複合形式」にお

[*8] 中世期の状況を精査された小林（1976）が、未然形+バの帰結句が推量辞を取る傾向が強いこと、必ずしも推量辞を取らないものに、形容詞をはじめとする「事物の属性や状態」を帰結句に取る場合などがあること、已然形+バの帰結句は「ほとんど断定表現・平叙表現」であることを述べている。

[*9] 近世中期上方語の仮定的条件文は、全体としてバが言い切り形と呼応し、タラがモダリティ表現と呼応してそれぞれ〔一般性〕〔個別性〕を帯びた表現に与る傾向がある（矢島2004b参照）。ただし、近世後期の洒落本以降の上方語ではその対立的性格は、次第に不鮮明なものとなる（第8章、注6参照）。

いてもタラが推量系と共起しないタラ＋ヨイの形式によって［勧め］も［許容］も表し、バ＋ヨイが［許容］を表すことになった。ここに見られる変化は、「評価的複合形式」の問題であると同時に、条件表現史全体の性格変化を反映するものだといえる。

以下、［勧め］がタラのみを用い、［許容］にバとタラが並行することの意味を考えていく。

3.2 ［勧め］用法にタラが用いられること

最初に、近世中期資料の例が、中世以前の条件表現の基本的な方法に則り、前件で未然形を取れば帰結句で推量辞を取り、已然形なら取らないという呼応関係を示すことについて確認する。

(11) 此所へ呼び、私が御意見を申、その上でお渡しなされたらよからふ。　　　　　　　　　　　　　　　　　　　　　（狂言本・浅間嶽43・1）

（5） （相手の「思ひ切りました」に続けて）思ひ切ば良い。サア此証文に判ヲせい。　　　　　　　　　　　　　　　　　　　　　　　　　　（再掲）

（7） 当座にしやんとよめつてのければよい物を。あほうな斟酌しすごいて湯の時宜は水になる。　　　　　　　　　　　　　　　　（再掲）

(11)のタラ＋ヨカロウはバ＋ヨイの表現とは異なり、具体的な動作を念頭に置いた個別事態を表現する。いずれも相手に具体的な行動を促す［勧め］の意味合いを持つ。一方のバ＋ヨイは（5）の当為判断や（7）の後悔・不満といった話者の考え方や思いを表明する［許容］表現を広く担っている。バ＋ヨイの特徴は、事態の特定時における成立を想定していないという意味で一般性のある表現を担うことだといえる。先にも触れたように、このタラの個別性、バの一般性は、当時のこれらの接続辞による仮定的条件文に広く認められる性質だったのであり、その事実に対応した状況を示しているといえる。

重要な変化が明瞭に現れるのが滑稽本の時期である。この段階において、条件表現史と連動するように、タラは推量系を伴わない主節と呼応する例を

増やすにいたる*10。そしてそのタラ＋ヨイが［勧め］（例12）を獲得し、以降、使用数を増加させ、［勧め］用法における基本形となるのである。

(12) 内へいんだらけいこやでまつていたといふたらよいでヱ。
　　　うち
（滑稽本・穴さがし437・11）

表4に、タラが推量系を必須としない主節とともに用いられるようになった時期（近世後期）以降に対人性のある［勧め］用法を獲得していることが現れているが、両者には密接な関係があると見る。この点については、5.1で述べる。

この他、［勧め］でタラが増加する滑稽本以降には、次のようなタラ＋ドウの表現も現れ、以降、安定的に多用される*11。

(13) 是ハマアおたがいに、そつと口を合して見たらどふでムり升。
（滑稽本・諺臍の宿替128・6）

［勧め］用法は、こうして、洒落本の時代までのタラ＋ヨカロウも含め、本稿の調査範囲内は一貫してタラを用いる。［勧め］とは、具体的にいつ何をすべきであるかを内容とするものであり、その前項部では個別的な動作の成立が表現される。その点で、タラはその表現性に合致しているといえよう。

---

*10　福嶋（2011a）は、中世末期以降、動詞基本形が次第に［未来］を担う傾向を強め、ウの下接を必須としなくなる傾向が認められることを指摘する。その捉え方に従えば、本文で観察する変動は、動詞、または推量ウに起きた変化に基づくものと見るべきかもしれない。いずれにしても、［勧め］の領域を担う条件形タラが、主節末の表現方法の変化を契機としていわば主節末に特定の呼応関係を必要とすることなく、広がっている事実があることが重要であると考える。

*11　久保田（2002）は、天明・寛政期以降の江戸語において「連用形名詞節＋はどうだ」を特徴的に用いること、「～てはどうだ」が享和期に1例、あとは明治期東京語になって例が増えることを指摘する。上方語のタラ＋ドウの増加時期と重複しそうでもあり、その前後関係および影響関係について検討する必要がありそうである。

3.3 ［許容］用法に各条件形が用いられること

　一方の［許容］用法は、その用法の特性に対応して条件形も、帰結句もさまざまな形を取る。［許容］用法の特徴は、バを条件形に取り続けることであった。タラが、仮定的条件文全体でも広がりを顕著に示しつつあった明治以降においても、なおバを維持するものから例を示す。

(14)　気張(きば)て貰(もら)ふて一度(いつぺん)に出(で)れば宜(よろ)しいが二度も三度も気張てお貰ひ申さんければならん事(こと)が御座(ござ)います。

　　　　　　　　　　　　　　　　　　（明治落語速記・短気息子19・13改良落語）

(15)　旦那様も置きなさりゃえーのに*12。

　　　　　　　　　　　　　　　　（明治大正落語音声・灸丁稚158・15報告書Ⅰ）

(16)　あやまりゃそんでええけど。　（昭和落語音声・寄合酒83・6報告書Ⅱ）

　これらに著しいのは、「〜のに。〜けど。」などのように、前件＋後件の単位がさらに従属節的な表現内で用いられていることである。調査範囲中の［許容］用法例のうち、ヨカロウ・ヨカッタなどを除いた言い切り形（いわゆる終止形・連体形）を取る全56例について、その条件句の呼応表現のスタイルの内訳を示すと次のとおりである。

・バ＋ヨイ類　：従属節的21例／主節11例
・タラ＋ヨイ類：従属節的3例／主節21例

　この結果にさらに補足すると、バ＋ヨイ類の従属節的表現の内の大部分が、

---

　*12　ヨイは滑稽本で「よい」から「ええ」の形を派生し、明治落語速記資料まで混在・併用が見られ、以降「ええ」が基本形となる。特に［勧め］［許容］の用法との関係は見出せない。また同じく滑稽本と明治落語速記資料に限り「いい」の使用例が見られた（計4例。平成談話を除く）。三者の関係は、この限られた調査範囲ではよくわからないが、混在・併用期が一致している点で、エエが派生する仕組みを考える上で興味深い。ここではこれらの語形の違いは特に問題とせず、ヨイに代表させて考えていくとする。

例(14)〜(16)のように逆接の意味合いで続けるものであった。従属節的な表現内で用いられるということは、それに対応する主節の根拠や前提として用いられるということであり、認識の一部を構成する要素として表現されるということである。中でも多くを占める逆接の従属節内の使用例は典型的であるが、その発話時点では、具体的な動作の実現が想定されない。このような場合にバ＋ヨイが多用されているということが、バの概念や考え方を表す本義との親和性を示すとともに、バの使用の必然性を説明するものと考える。

一方のタラは、調査範囲内では文末で用いられることが多く、バの例とは対照を為す。

(17) うす疱瘡と申たハ確のやうなみつちやじやといふたらよひ。
(滑稽本・穴さがし478・10)

(17)は話し手の「(嘘モ方便デ)「うす疱瘡と(私ガ)言ったのは「薄」疱瘡ではなく「臼」疱瘡のことだったのだ」と言えば(その時は)大丈夫だ」という見通しに基づき、聞き手に動作を促す。このように、対人性を帯びた［勧め］が典型となる。繰り返し見てきたように、近世後期には上方語はタラの拡大期を迎えている。タラが進出可能な領域のうち、実際の使用が優先されたのが、従属節内のように認識・考え方を表現する箇所ではなく、表現者の発話態度が求められるような箇所だったということである。

次の例は、タラを受ける［許容］用法のうち、既定的事実を受ける事実的条件文を構成する例である。この例の条件形タラは、タレバの音融合タリャを経て成ったものであり(小林1967参照)、［勧め］例で用いられるタラとは、また性質が異なるものである。

(18) それ聞たらモウよい。 (洒落本・南遊記18・188上6)

また、帰結句でヨカッタと呼応して反事実的条件文を構成する用法が洒落本以降、継続的に使用される。

(19)　エ、タベ来たら、よかったもの。　（洒落本・月花余情3・109・下2）

　さまざまな領域において、タラの条件表現としての拡大の影響を受け入れている様子が確認できる。

　なお、もう一点、補足をしておくと、(18)(19)例に顕著なように、［許容］用法は、副詞「もう」の介入、帰結句「よかった」の呼応など、文意に応じて各種表現を取っている事実があることである。つまり、条件形の部分でも評価語の部分でも特定の表現が固定的に、一体化して用いられているわけではないのである。この点では、働きかけ性のある［勧め］用法は、ほぼタラ＋ヨイ／ドウと固定的な使用状況にあったのであり、両者で様子が違っていることに注意しておきたい。

　ところで、これらの働きかけ性が認められない［許容］の領域においても、明治大正落語資料以降には、前項部・条件形がおおよそバからタラへとその中心を移している（明治落語資料まで：バ対タラ＝34対23／明治大正落語資料～昭和談話：同比＝3対15。表4参照）事実がある。明治大正期以降は、条件表現全体としても、タラがその使用を、もう一段階、拡大させる時期であった。つまり、［許容］領域でも、仮定表現全体のタラ拡大と足並みをそろえる形でタラ＋ヨイ一本化の傾向を強くするのである。その帰するところとして〈適当〉表現全体で徐々にタラ＋ヨイという特定表現を使用する状況が生まれているということである。

　以上、〈適当〉表現について、［勧め］領域では滑稽本以降にタラ＋ヨカロウからタラ＋ヨイへ、［許容］領域ではバ＋ヨイとタラ＋ヨイの併用から、じわりとタラ＋ヨイ専用へとそれぞれ推移があったこと、いずれの変化についても、仮定的条件文全体の歴史の段階的推移のそれと密接な関係があること（ただし後者の変化については明確に確認できるのは昭和落語資料以降とややずれる）を見た。

4. 〈不適当〉表現
4.1 形式別使用状況（概要）

続いて〈不適当〉表現の推移について同様にまとめてみる（表5）。

表5 〈不適当〉表現の形式別使用状況

条件形	後項部	近世中期資料	洒落本	滑稽本	明治落語	明治大正落語	昭和落語	昭和談話	(平成談話)
[禁止] タラ	ナラン類			1	1		8		
	イカン類				3	6	9	1	
	アカン					1	12		2
	（略）						2		
[禁止] テハ	ワルイ	1							
	ナラン類	1		4	1				
	イカン類				1				
[非許容] 未然形+バ	ワルイ	1							
[非許容] 仮定形+バ	ワルイ	7							
	イカガ	1							
[非許容] タラ	ワルカロウ	1	1						
	ナラン類			2	1	3	3		
	イカン類				1	2	5	5	
	アカン						2	1	4
	（略）				1				
[非許容] テハ	ワルカロウ	1							
	カナワン	2		1					
	ナラン類	1	2	2					
	イカン類				1		1	1	
	（略）	1							
[非許容] ト	ワルイ			2					
	ナラン類			1					
	イカン類				3				

※・イカン類には「いかん」の他「いけません」「いきまへん」等を含めた。
　・ナラン類は一部が「ならん」である他は「どうもならん・どむならん・どんならん」である。

この表からは以下のことが読み取れる。

・〈不適当〉表現は、近世期（滑稽本まで）は概して使用が不活発であり、条件形、後項部ともにさまざま用いられている。
・明治以降は〈不適当〉表現の使用に増加傾向が認められ、条件形にタラを取る形式に用例が集中する。その結果、［禁止］領域ではテハからタラへの推移、［非許容］では各条件形の並行使用からタラ一本化へ、という推移が生じている。後項部にはイカン・アカンを用いる形式が新たに生まれ、使用も増える。

以下、特に条件形の推移に着目して、それぞれを詳しく見ていく。

4.2 ［禁止］用法のテハ→タラ

上方語にタラの拡大が顕在化する前の段階で、この領域に用いられていたのがテハであった。

(20)　見付られてはならぬ。　　　　　　　　（狂言本・十七年忌82・1）
(21)　おれを喰物にしられてハどむならん。（滑稽本・諺臍の宿替170・14）

テハに含まれる取り立ての助詞「は」が後項部に来る否定表現と呼応する方法である。後の章で詳しく取り上げるが、江戸・東京語で多用される表現である。上方・大阪語においては、この後、徐々にタラが拡大する動きの方が勝り、勢力を広げきれない表現だったようである。

そのタラの例を、特に使用を増す明治以降のものから示す。

(22)　向ふへ突いたら不可ぞ。
　　　　　　　　　（明治落語速記・迷ひの染色41下16芦のそよぎ）
(23)　白の着物着て、おまはん、ここで歩いてるけど、おまん、のれんのままはぐれたらあかんがや。
　　　　　　　　　（昭和落語音声・いかけ屋107・17報告書Ⅱ）

表5に示すとおり、［禁止］用法のタラは滑稽本から使用が見られ、以降、それまでのテハを抑え、タラが基本形となっていく。〈適当〉表現の［勧め］もそうであったように、［禁止］用法も、他者に働きかけるために、具体的な行為を特定して禁ずる。タラの仮定が具体的・個別的な事態と対応するものであり、その点で、他者への行為指示に際しての表現性として適しているという前提があった上に、近世後期以降は、上方・大阪語の条件表現ではタラの拡大を迎える時期でもある。これらの事情の中で起きていた変化と理解されよう。

4.3 ［非許容］用法のタラ拡大

　［非許容］用法の特徴は、〈適当〉領域の［許容］用法と同様に、近世期にはそれぞれの表現内容に応じて各種条件形が用いられていたことである。ただし、明治期に入ると、ほとんどタラに収斂される点が異なる。
　近世中期資料にしか現れなかった仮定形／未然形＋バの例を示す。

（24）　目を開け<u>ば</u>悪い。　　　　　　　　　　　　　　　　（狂言本・浅間嶽47・6）
（25）　アゝ酒に酔ふたら忘れてひよいつといやれ<u>ば</u>わるい。

（近松浄瑠璃・大経師昔暦9・544・4）

　現代標準語では、この種のバ＋マイナス評価語は用いられない[*13]。
　バが例に見るごとくワルイともっぱら呼応関係を構成するのに対し、テハはカナワン・ナラン等とも共起する。

---

　　*13　現代標準語でも、［禁止］はもちろんのこと、働きかけ性のない当為判断や危惧等を表す［非許容］でも仮定形＋バは用いにくい。
　　　・？ばい菌が入れ<u>ば</u>いけないから、手をよく洗いなさい。　　　　　　　（作例）
　　近世中期にはバはワルイ等のマイナス評価語と呼応していたものであるが、その表現に対応するテハが伸張することによって、許容度が下がったものと考えられる。なお、現代標準語について、蓮沼（1987）が、バの用法特性について、テハと対立する面、共通する特徴を整理し、上記の例の類の適格性が下がる理由について説明している。

(26) あふては叶(かな)はぬと。　　　　　　（紀海音浄瑠璃・二十5・72・1）
(27) あやまちあつてはならず。　　　　（洒落本・色深狭睡夢27・319上11）

タラは、未然形＋バの一形式として推量ウと呼応して用いられていた。

(28) おそなつたら悪(わる)ふごさりませふ。　（洒落本・十界和尚話17・187下15）

　具体的な個別事態の実現に対応して導かれる認識「わるい」を述べる。こういったさまざまな表現形式が用いられていることから、近世期の段階では、［非許容］用法においては、それぞれのコンテクストに応じて各条件形・後項部を選択していた、すなわち仮定的条件文の一表現として用いられていたと見るべきだと考える。
　その事情が、明治期以降、タラを圧倒的に多く取るに至り、様子が変わる。

(29) 午睡(うたゝね)して感冒(かぜ)引いたら不可(いけ)アしまへん。
　　　　　　　　　　　　　　　（明治落語速記・妾の内幕11・2噺の種）

　対人性ありの［禁止］が明治期に入って急増する様子に比べると、その変化は緩やかではあるが、［非許容］の用法例も近世期に比べればまとまってその使用が見られるようになり、それと同時に形式もタラドムナラン→タライカン→タラアカンと徐々にその中心的用法を移していく（いずれも表5参照）。条件形にタラを取るのは、仮定的条件文におけるタラ拡大が前提となっていると同時に、同じく否定的当為表現を表す［禁止］のタラによる使用頻度の高まりも背景となっていたことであろう。

　以上〈不適当〉表現について見た。〈適当〉表現とは異なって、バが近世中期資料にしか見られなかったり、働きかけ性のある表現が近世期は未発達であって明治以降まで用いられない[*14]などの点では〈不適当〉表現固有の歴史が認められる。
　しかし、その一方で両表現の双方で共通する動きもあり、働きかけ性あり

の領域で条件形にタラを用いた用法が他の意味領域に先行して発達し、量の面でもリードすることや、やや遅れて働きかけ性なしの領域でもタラを用いた同形式による表現が開始されることなどにおいては、両者に通じ合う歴史が現れていると理解される。

5.「評価的複合形式」の推移の意味
5.1 「評価的複合形式」と文法化

　花薗 (1999) は、本稿で扱う「評価的複合形式」が、二重否定当為表現と比べて、文法化の度合いの点において差があることを指摘する。例えば、次のような修飾語句の取り方の違いなどに現れるとされる。

　　(30)　＊頭の悪いとこを見せつけな もっと あかんからなー。

　　　　　　　　　　　　　　　　　　　　　　　　　　（例（1）に基づく作例）
　　(31)　「酒がありゃ もっと いい」　　　　　　　（花薗1999、例（40）aより）

　二重否定の当為表現ではこの種の表現は取れない（例30）のに対し、「評価的複合形式」の〈適当〉表現例（例31）では可能である。こういった点を根拠として二重否定の当為表現の方が文法化の度合いが高いと捉えるのである。
　この点に関わって、さらに同じ「評価的複合形式」の表現であってもその一体化の様子に段階差があることを指摘することができる。例えば、次のような表現の場合は、例（31）と同じバ＋ヨイであっても修飾語句は取りにくい。

　　(32)　？そんなに行きたいなら行けば もっと いい。　　　　　　　　（作例）

　＊14　近世までの禁止表現は、助詞ナや助動詞マイ、動詞措ク など、条件句を取らない形式による表現を基本とする。それ以外にも「半時も此内に置ことならぬ勘当じや」（近松浄瑠璃・女殺11・165・11）等ナラヌを用いた形式や、「心にそまぬ人には身をまかさぬかよいぞや」（洒落本・南遊記18・186・下12）等、さまざまな方法を用いていたようである。

(31)と(32)の違いは、他者に行為を働きかける意味を持つかどうかである。(32)のように［勧め］の内容を取る場合にはこの種の修飾語句は取りにくく、一体化の度合いは高くなるのである。

　〈不適当〉表現に関しても同様のことがいえる。次の(33)は事態への危惧を述べる［非許容］の例、(34)は受け手への働きかけが認められる［禁止］の例である。この場合、例えば(33)はタラが条件句を構成するものとして本来の用法を維持しているために副詞「万一」などの修飾語句を取ることができるのに対して、他者への行為指示を内容とする(34)ではそれができない。

　　(33)　ま、万一嫌われたらあかんからなー。
　　　　　　　　　　　　　　　　　　　　（平成談話・4・173に基づく作例）
　　(34)　＊万一(いまはいつ)今這入(いかん)たら不可ぞ。　　　（例3に基づく作例）

　(34)の［禁止］でこういった副詞が取れないのは、他者への行為指示を行うことと、前項部における条件成立の確からしさを述べることは相容れないことによるものと考えられよう。

　先に3.2において、条件表現史における質的変化を背景としてタラが推量を取らない主節と呼応するに至り、その形式によって［勧め］用法を表すようになったことには重要な意味があることを示唆した。この変化は、タラを取っても主節に推量が必須でなくなることによって、確からしさが問われない、他者への指示を明確に意図する表現が可能になったことを意味する。それは、それまでの帰結句に蓋然性を表す副詞が修飾し得ることに象徴される、条件表現の一部としての［勧め］*15ではなく、タラ＋ヨイという表現と［勧め］という表現意図とが一対一で対応する固定的な表現への途が開かれたこととつながる。その後、その形式をもって、上方・大阪語で多用する時代が続くのであり、変化を捉える上では、重要なポイントだったと考えられる。

　「評価的複合形式」の表現においては、同一形式同士であっても、このように受け手へ働きかけ性を含むか否かで表現としての一体性に異なりがあり、文法形式として一括りにはできないこと、その点で二重否定当為表現とは事

情が異なることを押さえておく必要がある。

5.2 タラの拡大が物語ること
　このように働きかけ性の有無によって用法面に質的な違いがあることに留意しつつ、両者を区別した上で、以上見てきたことをまとめてみる。

　○働きかけ性のある領域において
　　〈適当〉表現の［勧め］領域では、滑稽本の近世末期以降、タラ＋ヨカロウを前身とするタラ＋ヨイが発達する。〈不適当〉表現の［禁止］領域では、近世期は「評価的複合形式」による表現が不活発であり、明治期以降、タラと各種後項部の組み合わせによる形式が発達する。
　○働きかけ性のない領域において
　　〈適当〉表現の［許容］領域、〈不適当〉表現の［非許容］領域ともに、それまでは各条件形を使い分けていたものが、明治大正落語資料（確認できるのは昭和落語資料）以降になって、条件表現史の推移と足並みをそろえる形でタラ中心へと推移する。その結果として〈適当〉表現では［勧め］領域と同様のタラ＋ヨイを、〈不適当〉表現では［禁止］領域と同様のタラ＋イカン・アカンを、それぞれ全域で多用する状況に至る。

　働きかけ性ありの表現において、〈適当〉表現の［勧め］領域では当初よりタラ＋ヨカロウと条件形にタラを用いており、その後、タラ＋ヨイを生んだ。また〈不適当〉表現の［禁止］領域では、「評価的複合形式」以外の表

　＊15　洒落本まで用いられたタラ＋ヨカロウは、働きかけ性があっても文法化はしておらず、また文法化しにくいものであったと見る。
　　・その上でお渡しなされたら もっと よからふ。　　　（例11に基づく作例）
現代標準語の内省に基づけば、このようにタラ＋ヨカロウは修飾語を介入させた表現が成り立ち得る。帰結句に推量表現を取り、その評価の確からしさを問える形式であるからであり、そのような文法的な相関事情は当時においても同じであったと推測される。その点で、タラ＋ヨイが持つ一体性と同様のものにはなり得ず、働きかけ性があっても、この形式単位での文法化は起こりにくいものであったろうと見る。

現が根強く用いられていたが、明治期以降、「評価的複合形式」によるタラ＋イカン（引き続いてアカン）が発生・発達した。いずれにしても、上方・大阪語において他者への働きかけを含んだ表現は、条件形を用いた「評価的複合形式」で表される場合、一貫してタラによっていたということである。そしてタラ＋ヨイ／タラ＋イカン（アカン）の形式発生以降は、いずれもこの単位で安定的に使用され、文法形式として定着して今日に至っている。

　ところで、二重否定当為表現がタラを取らずバを維持したのはなぜだったのであろうか。この点については、同表現が基本的に考え方や認識を表すものであり、働きかけ性を帯びにくいということが関わっていたと見る。例えば、［勧め］のタラ＋ヨイは近世中期資料ではその前身タラ＋ヨカロウを用いていた。同時期、二重否定当為表現で、個別事態を条件形で受けて働きかけを行う表現を担っていたのは、同じ未然形＋バ～推量形のズバ＋ナルマイであった。

　（35）　かう寄たらば金銀出して打たずば成まいぞ。
（近松浄瑠璃・山崎10・349：8）

　この例では、話者が将棋を指す相手に対してこの後の相手が取るべき行動についての認識を示し、結果として、ある行為を促している。二重否定による例には、このように個別的内容を表現するものがもともと少ない（前章の表1参照。近世中期資料の二重否定当為表現84例中、未然形＋バで受ける8例）上に、聞き手に対する何らかの働きかけを内容とするものは（35）が唯一であった。つまり、二重否定当為表現はあくまでも考え方や認識を表明するものであって、他者に行為を要求する発話で用いることが、実際には限られるものであったことが予想される。そして、タラ系の表現（打消過去ナンダの仮定形ナンダラも含む）を取る契機を持たぬ[16]ままバ＋ナラヌ類の形で多用され、文法形式となっていたのである。

　それに対して本章で取り上げた〈適当〉〈不適当〉表現は、他者への働きかけを意図する場面での使用頻度は相対的に高く、［勧め］［禁止］の領域を特立することができる様子は本文で見てきたとおりである。このような他者

への働きかけを意図した個別的事象を表現する場合を端緒として、その表現と親和性のあるタラで受ける方法を広げていくのが、上方・大阪語の実態だったといえよう。

　さて、一方、「評価的複合形式」の働きかけ性のない表現についてである。いわば認識の表明であり、元来、バで受ける方法が馴染む領域である。それと同時に、この表現おいては、〈適当〉〈不適当〉両表現ともに一貫して現代に至るまで、文法化は起きていない、あるいはその度合いは極めて低い領域であった。その前提があったからこそ、例えば近代大阪語において仮定的条件文全体としてタラが拡大する変化が起きたときに、その推移に連動してタラ＋ヨイ／タラ＋イカン・アカンを用いる方法を選択することが可能であったのだと言える。このことから、現代大阪語において、この働きかけ性のない表現領域で、複合辞としてタラ＋ヨイ、タラ＋イカン・アカンを用いる状況があるとは言っても、それは第一義としては条件表現史を反映した結果であると見る。もちろん、［勧め］［禁止］領域において、それぞれの文法形式を多用するという事情が一方にあったわけであり、その前提、影響があった上で存在する用法であることは言うまでもないが、［勧め］［禁止］の用法と同質の文法形式として、ただちに位置づけられるものではないと考える。

　以上、近世中期以降の上方・大阪語の「評価的複合形式」を構成する条件形に注目し、その歴史を見てきた。バを維持する二重否定当為表現との違いは、「評価的複合形式」がそもそも個別事態を前件で受ける働きかけ性を帯びた領域を持っており、それがタラの表現性に適していたこと、また働きかけ性のない領域では、文法化の兆候が認めにくく、近代大阪語・仮定的条件文におけるタラの拡大という表現体系上の要請を反映する余地があったことによって生じたものと捉えたものである。

　＊16　本来、前件が否定事態であるということは状態性の表現を受けるということであり、二重否定を取る表現はその形式から必然的に個別事態を受ける意味合いが薄れる点でも、タラ系との適合性が低かったものと言える。このあたりは第6章でも扱っている。参照されたい。

第13章

上方・大阪語／江戸・東京語における当為表現の推移

1. 問題の所在

　第8～10章では、接続詞的表現を取り上げ、その歴史的な推移のさまについて検討した。そこでは、かつての中央語であった上方・大阪語と新たに中央語の位置を占めるに至る江戸・東京語の両地域語の勢力交代・影響関係を視野に入れることで、両地域の接続詞的表現の推移に、はじめて説明がつく点があることを主張したものである。

　本章で取り上げるのは、条件形を前項部に取る評価的複合形式である当為表現である。本表現は、前項部に含まれる条件形と、その母体である条件表現体系とが、それぞれ異なった推移の軌跡を描くことを第11・12章で述べた。そこには、上方・大阪語の地域性が現れる一方で、その地域性のみでは解釈しかねる事象が含まれる。そのことについて、中央語史がどのように影響していたのかという視座からの検討により、その変化の必然性について、さらに正確な解釈を加えることができることを論じる。

　当為表現として取り上げるのは、次のものである。

・肯定的当為表現：行カナケレバナラナイ類　　…指示・義務を表す。
・否定的当為表現：行ッテハナラナイ類　　　　…禁止・非許容を表す。

　肯定的当為表現とは、二重否定の形式を取る当為表現を指す。否定的当為表現は、前項部では肯定表現を条件形が受け、後項部に否定表現を取る形式のものである[*1]。両表現は後項部の表現を共有するので、その歴史においてどのように影響し合ったのか、相互の関係についても検討したい。

なお、両当為表現をめぐる歴史の問題は多岐にわたるため、目標を限定する必要がある。ここでは、これらの推移を概括的に捉えることで見えてくることを重視し[2]、接続辞に現れるさまざまな音変化形（例、ネバ→ニャ・ン・ナ）や、あるいは打消助動詞の各形式（例、ネバ・ナイケレバ・ンケレバ・ナキャ）における相違などは必要に応じて触れるに止め[3]、文法的に同一のものは一括して扱う（上のカッコ内の例であれば、すべて「仮定形＋バ」とする）。

2. 条件表現全体の推移

　当為表現類が構成要素とする条件形は、その本来をたどれば、活用語を条件節で受ける仮定的条件文を構成するものである。したがって、当為表現の条件形が示す形式上の推移の特徴を明らかにするための比較対象としては、条件表現のうちでも活用型条件句を取る仮定的条件文を限定的に取り出す必要がある（つまり「明日が雨なら〜」のように体言類を受けるものや「きのう、来たら〜」のような事実的条件文を除く）。そこでまず、調査範囲中の活用語を受ける

---

　[1]　ここで肯定的当為表現とするものは、第11章で取り上げた「二重否定の当為表現」に該当する。否定的当為表現は、第12章で取り上げた「評価的複合形式」から「行ケバイイ」のように前項部、後項部ともに肯定形を取る当為表現を除いたものである。本章では、後項部を共有する「行カナケレバナラナイ類」と「行ッテハナラナイ類」の歴史を対照させつつ捉えるために、両者の関係性を際立たせるべく、「肯定的／否定的当為表現」というカテゴリー設定を改めて行った上で、以下の検討を行う。また、本章は打消の助動詞にズ・ヌ系のみならずナイ系を取る江戸・東京語をも考察対象に加えるため、形容詞ナイを取るものも否定的当為表現に含めて検討対象とする。第11章は、打消助動詞はズ・ヌ系を基本形とする上方・大阪語を対象としたため形容詞ナイを条件句に取る例は対象外とした。従って、本章とは、形容詞ナイによる例の分だけ、考察対象範囲（及び、表の用例数）に異なる部分を含むものである。

　[2]　例えば否定的当為表現は、対人性のある禁止（例、行っちゃダメだ！）と対人性のない非許容（例、行くといけないので〜）とで、条件形の使用傾向に若干の相違があり、また文法化の度合いにも違いがある（第12章参照）。本章は、全体の歴史の概略を捉えることに目標を限定するためそれらについては取り上げないが、より詳密な歴史記述にはこういった相違の区別が、当然、重要になる。

　[3]　田中（1967・1969）や湯浅（2001・2002）は、江戸・東京語における肯定的当為表現の変遷を、打消の助動詞の諸形式の消長も視野に入れ、詳細に記述している。

表1　活用型条件節全体の使用状況（当為表現を除く）

		資料	仮定形+バ	未然形+バ	ナラ	タラ	ト	テハ	(他)	(計)	仮定形+バ	未然形+バ	ナラ	タラ	ト	テハ	(他)	(計)
上方・大阪語	近世中期	歌舞伎狂言本	47	51	12	35	15	22	8	190	25%	27%	6%	18%	8%	12%	4%	100%
		歌舞伎台帳	20	8	8	18	3	2		59	34%	14%	14%	31%	5%	3%	0%	100%
		近松浄瑠璃	322	208	66	165	15	137	3	916	35%	23%	7%	18%	2%	15%	0%	100%
		紀海音浄瑠璃	81	74	40	46	2	33		276	29%	27%	14%	17%	1%	12%	0%	100%
		噺本	36	36	8	25	4	9		118	31%	31%	7%	21%	3%	8%	0%	100%
	近世後期	洒落本	58	12	14	84	35	12		215	27%	6%	7%	39%	16%	6%	0%	100%
		滑稽本	86	4	35	213	312	63	4	717	12%	1%	5%	30%	44%	9%	1%	100%
	近代〜現代	明治落語速記	60	9	28	153	103	25	2	380	16%	2%	7%	40%	27%	7%	1%	100%
		明治大正落語音声	24	1	5	113	57	8	2	210	11%	0%	2%	54%	27%	4%	1%	100%
		昭和落語音声	93	5	10	319	91	6	26	550	17%	1%	2%	58%	17%	1%	5%	100%
		昭和談話	2			46	18			66	3%	0%	0%	70%	27%	0%	0%	100%
		平成談話	16			60	5	2		83	19%	0%	0%	72%	6%	2%	0%	100%
江戸・東京語	近世後期	噺本	15	18	4	8	16	7		68	22%	26%	6%	12%	24%	10%	0%	100%
		洒落本	33	12	14	22	42	22		145	23%	8%	10%	15%	29%	15%	0%	100%
		滑稽本	201	62	30	96	197	152	4	742	27%	8%	4%	13%	27%	20%	1%	100%
		人情本	46	16	12	22	44	28	2	171	27%	9%	7%	13%	26%	16%	1%	100%
	近代〜現代	明治小説	102	5	21	45	47	61		281	36%	2%	7%	16%	17%	22%	0%	100%
		明治大正落語速記	100		15	50	59	20	1	245	41%	0%	6%	20%	24%	8%	0%	100%
		明治大正落語音声	22		4	17	23	3		69	32%	0%	6%	25%	33%	4%	0%	100%
		昭和落語音声	34	1		36	42	13	2	128	27%	1%	0%	28%	33%	10%	2%	100%
		昭和談話	9			8	12	3		32	28%	0%	0%	25%	38%	9%	0%	100%

仮定的条件文全体の使用状況を示してみる（表1）。

表1からわかるのは、以下の二点である。

・上方・大阪語では未然形＋バ・仮定形＋バ・ナラ・テハなどが使用率を減らし、タラへの集中度を増す。
・江戸・東京語は、未然形＋バが減少する他は、基本的に仮定形＋バ・タラ・ナラ・ト・テハは一定の均衡をもって推移している[*4]。なお、江戸・東京語は上方・大阪語に比べてテハの使用が多めである。

＊4　ナラが漸減している点は除く。これにはここでカウント外となるノ＋ナラの増加（明治以降の東京語資料で12例）等、他の事情も関わっており、ここでは問題視しない。

以下、このことを踏まえて当為表現類の歴史の特性を捉えていく。

3. 当為表現の条件形における推移
3.1 肯定的当為表現

まず肯定的当為表現の前項部・条件形の使用状況について、地域別・資料別に見る（表2）。

表2から、上方・大阪語でバ（以下、単に「バ」と記す場合は、未然形＋バではなく仮定形＋バを指すものとする）を現代まで一貫して多用し続けること、対照的に、江戸・東京語では、バ以外にもテハ・トを併用し、バに固まる趨勢を示さないことが見て取れる。このことには、条件形が受ける打消の助動詞が上方・大阪語ではヌ系の一種類なのに対し、江戸・東京語ではヌ系に加えてナイ系を取り、また例えばテハはそのナイ系のみに続く[*5]こと等も関わっていよう。江戸・東京語が未然形＋バの一定使用ののちに減少傾向を示すこと、各接続辞を併用する様子などには、条件節全体の推移のさまと通じる面も見出せそうである（各接続辞例は以下の例1～3参照）。

（1）里長縣ざたになつたら、藤兵衛さんでも、マア明白の立までは、闇い所へ行ザアなるめへ。　　　（江戸・人情本・春色梅児誉美177・6）
（2）今廃つて居る大錢も、近いうちに通用するであらう。その時は太い緡が急になくてはならぬ。　　　（江戸・噺本・鹿の子餅378・4）
（3）能く沈着んと不可ない。
　　　　　　　　　　（東京・明治大正落語速記・粗忽長屋3・345・下13）

[*5]　テハ例は、上方・大阪語、および江戸語の例は本調査範囲ではすべて形容詞ナイを受ける。打消を受ける例は、明治期東京語資料に至ってようやく増加する。ちなみに本稿の調査範囲外では、例えば人情本「春色辰巳園」の「言て置なくちやアならねへことが有」（初・二）のように助動詞を受ける例も少数ながら見出すことはできる。なお、ナク＋テハの前身にあたる表現に、ナイ＋デハの例（「そこを女房も得心して居ねへぢやアならねへ」浮世風呂191・13）が滑稽本に4例ほど見える。後期江戸語における打消助動詞ナイ用法域の拡大、整理の様相がうかがえる。

表2　肯定的当為表現の前項部・条件形

	資料	仮定形+バ	未然形+バ	ト	テハ	(計)	X	Y
上方・大阪語	近世中期 歌舞伎狂言本	17	2		1	20	217	9.2%
	近世中期 歌舞伎台帳	4				4	65	6.2%
	近世中期 近松浄瑠璃	40	3		5	48	969	5.0%
	近世中期 紀海音浄瑠璃	8	2			10	288	3.5%
	近世中期 噺本	8	1			9	128	7.0%
	近世後期 洒落本	29			2	31	249	12.4%
	近世後期 滑稽本	55		12	1	68	799	8.5%
	近代～現代 明治落語速記	28		2		30	422	7.1%
	近代～現代 明治大正落語音声	22		1	4	27	250	10.8%
	近代～現代 昭和落語音声	79	1	5		85	677	12.6%
	近代～現代 昭和談話	16				16	89	18.0%
	近代～現代 平成談話	20				20	109	18.3%
江戸・東京語	近世後期 噺本	2	1		1	4	74	5.4%
	近世後期 洒落本	10	1	1		12	161	7.5%
	近世後期 滑稽本	20	9		3	32	807	4.0%
	近世後期 人情本	2	4		1	7	190	3.7%
	近代～現代 明治小説	12			8	20	311	6.4%
	近代～現代 明治大正落語速記	26		2	15	43	333	12.9%
	近代～現代 明治大正落語音声	2		1		3	98	3.1%
	近代～現代 昭和落語音声	1		2	2	5	166	3.0%
	近代～現代 昭和談話	2			1	3	42	7.1%

※・各資料で当該形式が8割以上を占める箇所を太枠で囲った。
　・X欄は仮定的条件文（当為表現を含む）の調査例の合計である。
　・Y欄はXに示す例中に肯定的当為表現が占める割合である。
　・Y欄中、5％以上、10％以上の箇所に網掛け（二種）を施した。

　さらに、表2のY欄の結果は、上方語では江戸中期の段階から肯定的当為表現を多用し、特に明治以降の大阪語で高頻度で用いるのに対し、江戸・東京語は一部の資料を除き、使用が少ないことを示している。つまり、上方・大阪語の方で、一貫して盛んな表現であり、その地では条件形はバという特

定の表現に固定化し、それほど盛んに用いられない江戸・東京語では、条件形で受ける打消助動詞がヌ・ナイと特定形式でなかったこともあって、条件表現史に連動する形で条件形の移り変わりも早かったことになる。これは同時に、肯定的当為表現の文法化が、上方・大阪語の方で進んでいることを物語る[*6]。

　ところで、江戸語資料では調査範囲中の初期にあたる噺本や洒落本から、ネバナラヌという上方語形のまま用いることを基本とする。

　　（４）　お梅は男さだまれば思ひきら<u>ねばならぬ</u>ぞや。
　　　　　　　　　　　　　　　　　　　　　　（上方・近松浄瑠璃・心中万年草５・725・３）
　　（５）　毎日(まいにち)しれた事に世話をやかせて、啼ても笑ツてもせ<u>ねばならぬ</u>事を骨惜(ほねをしみ)をした物さネ。　　　　　　　　（江戸・滑稽本・浮世風呂168・３）
　　（６）　手前のよほうとおもふきやくは、ちつとは地切(じきり)を切ら<u>ねへけりやア</u>ならねへ。　　　　　　　　　　（江戸・洒落本・傾城買二筋道448・12）

　江戸語資料中の肯定的当為表現のうち、前項部で形容詞ナイを取るものを除いて打消助動詞を取る49例中で見ると、例（５）のようなズ・ヌ系が42例で、例（６）のようなナイ系は６例に過ぎず[*7]、その出現状況に資料間の相違は認めがたい（洒落本３、滑稽本３、人情本１例）。一方、打消助動詞を受ける通常の条件句は、同範囲に現れる100例中、ズ・ヌ系が58例、ナイ系42例であり、そのナイの使用は多くが滑稽本（23例）と人情本（12例）である（他

　[*6]　第11章において、近世期上方語の肯定的当為表現が多用され、前項部条件形が、その形式上、条件表現全体の推移と次第に距離を取ることなどを踏まえながら文法化する様子を確認した。江戸・東京語の状況は、条件表現の推移との連動性や使用頻度の面で、それとは異質であり、上方・大阪語に比して文法化の度合は相対的に低いといえる。なお、江戸語で肯定的当為表現ネバナラヌ類の使用が不活発であったことには、東国語の特徴として知られる助動詞ベイ（ロドリゲス『日本大文典』第二巻）の使用が影響していないかなど、他の類似表現の使用状況も視野に入れて検討してみる必要がありそうである。

は洒落本に7例）。つまり、江戸語では、次第に打消助動詞にナイが発達するという全体的な流れの中で、肯定的当為表現を構成する条件形に限り[*8]、上方語的表現のズ・ヌ系を強く維持し、江戸語の特徴たるナイに交代しにくかったという実態があるのである。

　このことは、肯定的当為表現が、上方語の影響下で用いられたものであり、かつ、打消の助動詞の用法や条件表現の体系から独立した一続きの文法形式として用いられていたことによって起きている現象と理解される。そもそも上方語に比べて、江戸語では使用自体が不活発であった事実も合わせ、本表現が上方語主導の表現であった点を、改めて確認しておきたい。

3.2　否定的当為表現

　続いて、否定的当為表現についても同様に状況を整理する（表3）。

　表3から否定的当為表現は、先の肯定的当為表現とは逆に、上方・大阪語では多用傾向を示さず、江戸・東京語の特に明治期以降に著しく発達する表現であることがわかる（Y欄参照）。

　上方語では、条件形は特定形式に定まることなく推移し、明治期以降大阪語で、タラが一気に多用傾向を強める。ここには条件節全体の推移に連動する面がうかがえる。特に近世期までは、使用が極めて限られていることも含

　[*7]　ちなみに、助動詞ナイを肯定的当為表現の前項部に取る例のうち、江戸語資料の7例中6例がバで受ける例であるが、その全例が「ナイ」ケレバ（本文中の例（6）参照）である。「ナ」ケレバの例は明治以降の資料に現れる。なお打消の助動詞ナケレバの発生の時期、およびその仕組みについては奥村（1998）に詳しい観察・考察がある。

　[*8]　通常の打消条件句が仮定形＋バを取る場合だけで見ても、ヌ系対ナイ系＝15例（噺本4・洒落本1・滑稽本8・人情本2）対16例（洒落本4・滑稽本7・人情本5）と、やはり肯定的当為表現よりもナイ系の発達が確認できる。

　なお、奥村（1996）でも洒落本を対象として18世紀後半江戸語のヌ系対ナイ系の条件表現の用法分担について調査がなされている。通常の打消の助動詞の用法では、明和期はズ・ヌ系がナイ系より優勢であったのが、寛政・享和期にはナイが優勢となる。しかし条件表現では寛政・享和期もナイ系は優勢とならず、恒常条件を中心に用いられ、当為表現では限られた使用であったことなどが明らかにされている。

表3　否定的当為表現の前項部・条件形

資料		仮定形+バ	未然形+バ	タラ	ト	テハ	(計)	X	Y
上方・大阪語	近世中期 歌舞伎狂言本	3	1	1		2	7	217	3.2%
	歌舞伎台帳	2				2	65	3.1%	
	近松浄瑠璃	3				2	5	969	0.5%
	紀海音浄瑠璃					2	2	288	0.7%
	噺本					1	1	128	0.8%
	近世後期 洒落本			1		2	3	249	1.2%
	滑稽本			3	3	8	14	799	1.8%
	近代～現代 明治落語速記			7	3	2	12	422	2.8%
	明治大正落語音声			12		1	13	250	5.2%
	昭和落語音声			41		1	42	677	6.2%
	昭和談話			7			7	89	7.9%
	平成談話			6			6	109	5.5%
江戸・東京語	近世後期 噺本			1		1	2	74	2.7%
	洒落本					4	4	161	2.5%
	滑稽本	1		1		31	33	807	4.1%
	人情本			1	6	5	12	190	6.3%
	近代～現代 明治小説				2	8	10	311	3.2%
	明治大正落語速記				5	40	45	333	13.5%
	明治大正落語音声				3	23	26	98	26.5%
	昭和落語音声			1	4	28	33	166	19.9%
	昭和談話			1		6	7	42	16.7%

※・各資料で当該形式が8割以上占める箇所を太枠で囲った。
・X欄は仮定的条件文の調査例数であり、Y欄は否定的当為表現の占める割合である。
・Y欄中、5％以上、10％以上の箇所に網掛け（二種）を施した。

め、特定形式を取る一体の文法形式として用いられていたわけではなく、実態としては通常の仮定的条件文の用法に止まるものと理解されよう。

（7）　あれ傍輩の弥兵衛が来る。見付られてはならぬ。

（上方・狂言本・十七年忌82・1）

（8）　今這入<ruby>入<rt>いっ</rt></ruby>たら<ruby>不可<rt>いかん</rt></ruby>ぞ。（略）<ruby>浮<rt>うい</rt></ruby>て<ruby>来<rt>き</rt></ruby>た<ruby>處<rt>とこ</rt></ruby>で<ruby>摑<rt>つか</rt></ruby>まへやう……

（大阪・明治落語速記・迷ひの染色41下9芦のそよぎ）

　一方の江戸語では、先の肯定的当為表現で見出せた上方語の影響はここでは認められず、調査資料の初期段階からテハを基本形式とし、一部トが担うという分担傾向*9を独自に継続する。条件節全体の推移との関係は見出しにくく、明治期以降の爆発的な使用頻度の上昇と合わせ、文法形式として定着したさまがうかがえる。

（9）　（しまっておきな。）イヤ〜、しまつてはならぬ〜。

（江戸・洒落本・傾城買四十八手405・10）

（10）　又<ruby>迎<rt>むかへ</rt></ruby>でも来るといけねへから、ちつともはやく<ruby>發足<rt>ほつそく</rt></ruby>する工面にしよふではねへか。

（江戸・滑稽本・八笑人173・2）

4．当為表現の後項部における推移
4.1　肯定的当為表現

　続いて、肯定的当為表現の後項部について、資料別使用状況を見る（表4）。

　表4より、上方・大阪語では、一貫してナランに集中傾向を示すこと、明治期以降、イカンを生じるが一定の勢力にとどまり、近年はアカン*10が急増していることがわかる。対する江戸語では上方語と同様のナランを用い、継続使用する一方で、滑稽本で一部見えたイカン・イケナイ類を明治期以降多用している*11。先に、肯定的当為表現は江戸・東京語の方で未発達であり、条件形が各種形式を取ることを見たが、後項部も同様に特定形式に定ま

＊9　江戸語、東京語の否定的当為表現について、渋谷（1988）はテハを取るものが禁止表現、トを取るものが危惧表現を担うことを明らかにしている。

＊10　アカンは前田勇（1964）『近世上方語辞典』（東京堂出版）に「（宝暦頃から現れる）①埒が明かぬ。天保十一年・新撰大阪詞大全「あかんとは、らちのあかんこと」②むだである。宝暦七年・祇園祭礼信仰記四「抜あかん〜何ぼいうても次風呂ならぬとおつしやる」（以下略）」などとある。当為表現の後項部としての一般化はもう少し時代が下るが、本動詞アカンの使用は近世末から広がりつつあったようである。

表4 肯定的当為表現の後項部

		資料	カナワン	ナラン	イカン	イケナイ	アカン	(他)	(計)
上方・大阪語	近世中期	歌舞伎狂言本		15				5	20
		歌舞伎台帳		3				1	4
		近松浄瑠璃	9	34				5	48
		紀海音浄瑠璃	1	9					10
		噺本		8				1	9
	近世後期	洒落本		28				3	31
		滑稽本	2	61	2	2		1	68
	近代〜現代	明治落語速記		26	4				30
		明治大正落語音声		24	3				27
		昭和落語音声		58	12	4	4	7	85
		昭和談話		14	1	1			16
		平成談話			3		16	1	20
江戸・東京語	近世後期	噺本		4					4
		洒落本		9				3	12
		滑稽本	1	27	2	1		1	32
		人情本		6				1	7
	近代〜現代	明治小説		20					20
		明治大正落語速記		15		27		1	43
		明治大正落語音声		1		1		1	3
		昭和落語音声			2	2		1	5
		昭和談話		2		1			3

※・「(他)」は「ダメ・アシ・ワルイ・ベカラズ・オカヌ・(略)」である。
・ナラン・イケナイには「ならない」「いけません」等の例も含む。
・各資料で当該形式が7割程度以上占める箇所を太枠で囲った。

りにくい傾向がある。

(11) どちら道一ぺん焼(や)いてこんといかんよつて、まアそのつもりしなさ

---

*11 渋谷(1988)は、ナランからイカン(イカナイ)へ、さらに次第にイケナイへ交代していく事情や各形式の併存状況等に関しても、観察と分析を行っている。

　　　　　　　　　　　　　　　　　　　　　　れ。　　　　　　　　　　　　（上方・滑稽本・諺臍の宿替23・13）
　(12)　そやよって人間は新聞読まなあかん。
　　　　　　　　　　　　　　　　　　（大阪・昭和落語音声・阿弥陀池67・14報告書Ⅱ）
　(13)　きたねへ笈から出すのだから、きれい事でなくつてハいけねへか
　　　　ら、折角骨を折て詰させたに。　　　　　（江戸・滑稽本・八笑人37・5）
　(14)　教えを聞くが孝行の道てえことがある。人間は孝行しなくっちゃ
　　　　ーだめだ。　　　　　　　　　　（東京・昭和落語音声・二十四孝92・4報告書Ⅳ）

4.2　否定的当為表現

　同様にして、否定的当為表現の後項部を整理する（表5）。

　表から明らかなように、肯定的当為表現とは逆に、否定的当為表現が未発達の上方・大阪語で、後項部の交代が活発であり、ワルイ→ナラン→イカン→アカンと、ほぼ時代を追って多用される形式が移り変わる。一方の江戸・東京語は、江戸から明治初期まではワルイ・ナラン・イカン・イケナイ類が併用される段階ののち、特に使用の頻度が高まる明治期東京語以降（表3のY欄参照）は、イケナイ（一部イカン）に極めて高い度合いで集中するに至る。

　(15)　お目がさめればわるいぞ。　　（上方・近松浄瑠璃・薩摩歌6・688・12）
　(16)　それお客さん、むちゃーしたらあかん。鼻食べてやったわ。
　　　　　　　　　　　　　　　（大阪・明治大正落語音声・ひやかし133・14報告書Ⅱ）
　(17)　きつい松葉屋の晦日どうふだ。こいつア、つめたくちやいかぬや
　　　　つだ。　　　　　　　　　　　　　　　（江戸・洒落本・通言総籬360・3）
　(18)　コレサ卒公、爰へ来てまで、そうふざけてハいけねへ、もふまじ
　　　　めでやらツしナ。　　　　　　　　　　（江戸・滑稽本・八笑人178・3）

　表4・5の結果を合わせてみると、まず、文法形式として多用する地域（および時代）において、両当為表現とも後項部において変化が少なく、安定した使用状況を示すと言える（肯定的当為表現＝上方・大阪語のナラン／否定的当為表現＝東京語のイケナイ）。この点は、3節で見たように前項部・条件形でも全く同様の傾向が観察されるものであった（肯定的当為表現＝上方・大阪語バ／

表5 否定的当為表現の後項部

	資料	ワルイ	ナラン	イカン	イケナイ	アカン	(他)	(計)
上方・大阪語	近世中期 歌舞伎狂言本	5	1				1	7
	歌舞伎台帳	2						2
	近松浄瑠璃	3	1				1	5
	紀海音浄瑠璃	1					1	2
	噺本						1	1
	近世後期 洒落本	1	2					3
	滑稽本	2	10	1			1	14
	近代〜現代 明治落語速記		3	6	2		1	12
	明治大正落語音声		3	7	2	1		13
	昭和落語音声		11	13	2	14	2	42
	昭和談話			5	1	1		7
	平成談話					6		6
江戸・東京語	近世後期 噺本						2	2
	洒落本		2	1			1	4
	滑稽本	13	2	8	5		5	33
	人情本	8		2			2	12
	近代〜現代 明治小説	2	4		3		1	10
	明治大正落語速記	1	1	2	40		1	45
	明治大正落語音声			3	23			26
	昭和落語音声		3	5	22		3	33
	昭和談話				7			7

※・(他)は「カナワン・アシ・ダメ・ドウ・(略)」など。
・各資料で当該形式が7割程度以上占める箇所を太線で囲った。
・ナラン・イカンには「ならない」「いかない」の例も含む。
・上方・大阪語資料のナランの多くは「どうもならん」類である。
・イカン・イケナイ使用・多用の先行箇所に網掛けを施した。

否定的当為表現=東京語テハでそれぞれ安定)。

　また、概して否定的当為表現の後項部は肯定的当為表現に比べてイカン・イケナイ(・アカン)の発達も早く、占有率も高い。両当為表現の意味差を物語るとともに、この事実により、先行する否定的当為表現から肯定的当為

表現への影響関係を考える必要がありそうであることがわかる。

5. 当為表現の歴史と東西言語の影響関係
5.1 前項部・条件形の使用状況と条件表現史の関係

以下、上方・大阪語と江戸・東京語とで見られた、両当為表現の条件形と後項部のそれぞれの形式の共通点、相違点のありようについて、両当為表現・両地域相互の影響関係を視野に入れながら、順に解釈を試みる。

最初に前項部・条件形において、肯定的当為表現が概してバを多用する（ただし、江戸・東京語ではその後テハ・トとの併用へ）のに対し、否定的当為表現が上方・大阪語で各接続辞併用からタラへの集中傾向を示し、江戸・東京語で最初からほぼテハ中心であった点についてである。

肯定的当為表現でバを用いることについては、条件表現を構成する已然形＋バが、小林（1983b）等の言う「恒常」条件を担うことを本質とする形式であり、当為表現という「恒常」性を前提とする表現とは元来馴染むものであったことから説明されよう。実際に、本書の調査範囲以前の段階から、肯定的当為表現はそれまでのイデカナハヌからネバナラヌによる方法が主流となっていたことは、松尾（2003）によって詳しく明らかにされている。条件形でバを用いる方法をもって文法形式となり、徐々に条件表現の体系的な推移と乖離していくさまについては、第11章でも論じたところである。そして、この上方語の影響下で、当初の江戸語も肯定的当為表現自体を用いていたのであり（3.1参照）、同時に条件形バを用いていたのである。

その状況に対し、もう一方の否定的当為表現については、まず上方・大阪語はこの表現が未発達であり、江戸・東京語が先行した表現であった点に注意しなければならない。江戸・東京語では調査範囲当初から、否定的当為表現はテハが中心形式である。この点には、江戸・東京語は条件表現全般で、ハを含む形式を多用する傾向があった[12]ことが関わっていよう。先に、仮定的条件文全体としてテハを多めに用いることを確認した（表1）。他にも、次例のような、体言を受ける条件句でデハを多用する傾向がある（第8章参照）。

(19) イ、〼、しやれが出る様ではきつい事アねへ。

(江戸・滑稽本・八笑人114・6)

　また、江戸語の源流の一つをなす江戸前期東国語でも、すでにテハによる否定的当為表現例が認められる。

(20) 惣じて川の水が増しても増さないでも此やうな頑馬にとつつく時は、べらぼうづらをしてはならないぞ。

(雑兵物語114・10・岩波文庫)

　このように、江戸・東京語に、ハを含んだ条件表現の多用傾向がある中で、当為表現におけるテハの一般化が生じている事実があるのである。
　テハは、順接「て」で続く内容に取り立て「は」が介入する構造から、条件句＋後項部に対して意外性を感じたり、受け入れられない場合に用いられる[13]。肯定的当為表現は、条件句＋後項部の組合せにおいて指示・義務を、否定的当為表現は禁止・非許容を表すものである。否定的当為表現は、したがってテハの意外性や受け入れられなさを表す性質と本質的に合致する。対する肯定的当為表現は条件句＋後項部で指示・義務を表し、基本的に話者が是とする認識そのものを言語化するものである。後項部単独では否定的内容を持つために、そこと呼応する形でテハも用いることはできるものの、条件句＋後項部の全体では「は」を必要とする表現性を有しているわけではない。この「は」の必要性の差が、江戸・東京語の否定的当為表現でテハを基本形

---

[12] 国立国語研究所編『方言文法全国地図』167〜9図、133図に各種仮定的条件文が扱われている。いずれの地図でも関東地域にはテハ（あるいはデハ）の回答地点があるのに対し、他の地域ではほとんどない。これらにも、江戸・東京語の条件表現においてハ使用の傾向が高いことが現れている。

[13] 現代標準語についても、例えば蓮沼（1987）により、テハが通常のあり方や評価からして「相反する」認識を続けるのに対し、バは対照的に通念や期待に「合致する」関係を接続する傾向を示すことおよびなぜその傾向を生じるのかについて明らかにされている。

とするほどに定着を見せるのに対し、肯定的当為表現では部分的な進出に止まるという違いとなって現れているのであろう。

　ところでこの事実は、言い方を換えれば、江戸・東京語は、条件句＋後項部に受け入れられなさを感じる場合には、そうであることをテハによって表す指向が強い言語なのであり、そのために、否定的当為表現については、恒常性を持ちつつも、バではなくテハを用いたということができる。一方の上方・大阪語は、そういう言語ではなかった。近世中期上方語は、「人が来れば悪(わる)い」（狂言本・浅間嶽63・13）のような、江戸・東京語あるいは現代標準語では用いないバを一定の割合で用いていた[*14]（表3参照）。また、否定的当為表現を多用する明治大正期以降は、順接の仮定表現には広くタラが覆うという同地域語全体の趨勢を下敷きにして、本当為表現もタラが担う[*15]。つまり、否定的当為表現における江戸・東京語のテハ使用は、バ・タラ・ト・ナラなどを併用する、特定の表現性には特定の言語形式を分担させる分析的指向を背景としたものであり、また上方・大阪語のタラ使用には条件表現は広くタラをもって表現しようとする同言語の整理指向の動向がそのまま現れる。否定的当為表現の形式選択は、その意味で、両言語の近世後期以降の趨向を象徴的に体現するものとして理解できるのである。

5.2　後項部使用状況の背景

　次に、後項部におけるイカン・イケナイ（・アカン）類の進出状況の相違についてである。このことに関わっては、4節で見たように、否定的当為表現で、肯定的当為表現における使用よりもかなり早い天明期江戸語において、イカン・イケナイを用いていたことが出発点となった（表5中の網かけ参照）。否定的当為表現は禁止・非許容を表し、後項部においては肯定的当為表現よ

　　[*14]　現代語においても、テハにあたる表現を持たない方言では、近世期上方語と同様にバによる否定的当為表現が可能であることが、日高（1999・2008）に指摘されている。
　　[*15]　上方・大阪語の否定的当為表現の条件形でバを用いる方法からタラを用いるに至る事情については第12章で論じている。

りも話者の否定的意向が直接的に求められる。そのため、否定的当為表現の使用が活発であった江戸・東京語で、最初に同表現においてイカン・イケナイを用いる方法が生まれ、発達・定着していたのであろう。その後に、同じく当為表現を表す肯定的当為表現でもイカン・イケナイを用いるようになるが、それは先行した否定的当為表現の影響を受けることで起きた変化と見るのが自然ではないかと考える[*16]。

さらに、文化・文政期以降に起きた変化として注意すべきなのが、江戸・東京語が、それまでの上方語に代わって中央語として影響力を増す地位に着くということである。明治期東京語において、否定的当為表現を文法形式として劇的に多用する状況になった頃に、それまで特定形式をもって表現する習慣のなかった大阪語でも同表現を多用し始める。また、大阪語の肯定・否定両当為表現でイカン類を多用し始めるのもこの時期である。そうであるとすると、この変化の背景には、中央語である東京語の存在があったと見ることができるのではないだろうか[*17]。第8・10章も、接続詞的用法の「それでは」「だから」などの表現を、それまで用いることのなかった大阪語で、同じく明治期以降において、同表現を多用する東京語の影響を受けながら一定数を用いるに至る[*18]という事象があることを指摘したものである。さらなる検証が必要ではあるが、まずは東京語の使用状況が刺激となって、その影響下で起きた変化と捉えることで、状況が整合性をもって説明できることを指摘しておきたい。

[*16] 先行研究でもイカン・イケナイの出自に言及するものがあるが、肯定的当為表現に限定して検討する立場が多い。田中（2002b）は、「西日本の「〜イカン」や「〜イケン」の影響のもとに、明治期の東京語に生じた」とし、湯浅（2002）は田中氏の一連の見解を受けつつ「（江戸期の用例は）関西から伝播したというよりは、むしろ、類似の発想のもと、独自に形成したと考えられる」とする。いずれも否定的当為表現との関係について積極的に関係づけるものではないが、同じ当為表現でもある否定的当為表現で明らかに先行使用の事実がある以上、ここでは、まずはその影響関係を勘案する必要があると見る立場を取りたい。

6. おわりに

　以上見てきたように、大きくは、肯定的当為表現が、近世中期以前の上方語において、すでに文法形式として多用されるものであり、一方の否定的当為表現が、明治期以降、東京語において文法形式として発達するものであるという相違があった。それは言い換えると、両当為表現が、それぞれその時期における中央語において発達・一般化していたということである。

　そして、肯定的当為表現においても、否定的当為表現においても、地域語（前者の場合は江戸・東京語、後者の場合は上方・大阪語）において、中央語で発生・発達したそれぞれの表現方法の影響を受ける[*19]かのように、まさに時期的に後を追う形で、同種の表現を用いている事実があった。例えば、肯定的当為表現で江戸語においてネバナラヌ類をもって使用していたこと、肯定的当為表現では明治期の大阪語になって後項部イカンの形式をもって多用す

[*17]　ここはあくまでも当為表現の用法について考えるものであるが、「いかん」類にはヨクナイの意の単独用法もある。「いかん」「いけん」の使用例として、上方語については、『近世上方語辞典』は天保年間の新撰大阪詞大全の例を掲載するのみであり、湯浅（2002）も近世後期上方洒落本に同用法例が得られないことを指摘する。対する江戸語は、坂梨（1995）が宝暦年間からの使用例を豊富に示す。単独の用法も近世期は江戸で盛んだった可能性がある。なお『方言文法全国地図』の肯定的当為表現207図、否定的当為表現226図を見る限り、イケン・イカンは西日本にも広く分布している。ただこの場合、後発の否定的当為表現は、先行する肯定的当為表現の分布の影響も勘案する必要があり（例えば、肯定的当為表現を使用する地域では一たびナラン→イカン類の変化を生じると両当為表現ともにその変化が容易であった可能性があること等）、単純には捉えられない要素を含むと見る。後考を期したい。

[*18]　大阪語における「それでは」使用に東京語の影響が見出せるとしたのは、他の東京語的要素（敬語表現類）を含む表現文で勢力を広げていたことなどを根拠として判断したものである。

[*19]　本書で言う東西言語の関係のうち、特に東京語から大阪語への影響ということに関しては、具体的にどのような状況として起こったものなのか、さらに検討の必要がある。例えば、中央語・標準語のありようと深い関わりのある教養層の言語（＝「通語」：野村2006）を通じて伝わっていくことなどが可能性の一つとして考えられる。そういった見方の適否の検証も含め、今後の詳細な調査と検討を俟たねばならない。課題としたい。

るようになったことなどである。さらに、その上で、当該地域固有の特徴を顕在化させてさまざまな表現を取る―例えば江戸・東京語のネバナラヌ類が次第に打消の助動詞にナイ系を取り、また両当為表現で後項部にイケナイ類を取る、大阪語の肯定的当為表現が条件形でタラを取る等など―という点も共通する。要するに、両当為表現の推移は、中央語における発達を承けつつ、それぞれの地域固有の事情を反映させながら、同種の表現を発達させていると捉えることができるのである。

　上方・大阪語と江戸・東京語の影響力の授受関係が入れ替わることを視野に入れることで、言語推移の正確な解釈が可能になるとする見方は、第8～10章で述べた見通しを支えるものである。この観点はさらに広い範囲に及んで有効であると考えている。

VI
言語資料と条件表現

　本書は、ここまで調査対象とした資料については、一定以上の「話しことば性」を有するものとして用いてきた。しかし、言うまでもなく、各資料は、文献固有の成立事情に基づいた、それぞれの特徴を帯びたものであるはずである。

　第VI部においては、条件表現を指標として、本書で用いる文献の言語資料としての特徴を見極めてみることと、同時に、言語資料としての特性に注意することで、条件表現について、多角的な理解をもたらす可能性があることを論じる。

第14章

言語資料として見た近松世話浄瑠璃

1. 問題の所在

　ここまで口語的要素を多く含んだ文芸資料を用いて、条件表現の歴史を観察してきた。言うまでもなく、これらの資料は、それぞれの成立目的に応じた話しことばらしさが追求されてはいるものの、さまざまな工夫が施された書きことばからなるものである。当然、話しことばそのものが再現されているわけではなく、その制約についても十分承知しておかねばならない。ここでは、その中でも近松浄瑠璃を取り上げ、その言語資料としての特性について検討してみる。

　近松浄瑠璃は舞台化された語り物であり、科白劇ではない。当然、そこには、日常対話そのものでは言い尽くせない情念や内心の表出、あるいは叙事的な要素も盛り込まれてくる。語り物としての文体的装飾も必要である。それら制約を前提としつつ、言語的な研究の領域においては「登場人物や場面の変化にも富み、当時の一般的な話しことばが体系的に捉えられる」(小松1980) ゆえに近世の上方言語の重要資料として用いられてきた経緯がある。重要資料ではありつつも、しかし、近松浄瑠璃の詞章が、浄瑠璃固有の特徴、さらには近松固有の特徴を帯びるものであることは、やはり忘れてはならない。ここでは、条件表現を指標としながら[*1]、近松浄瑠璃が言語資料としていかなる特徴を有するのかということについて明らかにしておきたい。

　ところで、言語研究を行う場合、取り分けかつての日本語がどういう姿をしていたか、その本質的な部分を扱おうとするような場合、できるだけ筆記者固有の、あるいはその文献固有の「装飾」を取り払って、当時の言語使用として普遍性のある部分を選別し、検討の対象としていく必要がある。その

際、書き手の事情が織り込まれやすい書きことばよりも、人間の生の意識が表現されやすい話しことば性の高いものが求められるところとなる。そこで、ここでは「装飾」の度合いが高い時代物ではなく、本書でも調査対象として取り上げてきた世話物を対象とし[*2]、さらにそのうちでもいわゆる会話部分に検討対象を限定しながら[*3]、そこで用いられる言語の特質を見ていくとする。

　文体の特徴を見定めるための方法はさまざまあり得るが、ここでは仮定的条件文をなすうちでも特に未然形＋バ・タラ・ナラ[*4]を取り上げる。第2章で取り扱ったように、近世中期には、すでに仮定的条件文の領域においては、仮定形＋バやテハ、さらにはト等も重要な役割を占める段階に至っており、用法としての連続性や重複性を考えるとこれらも含めた検討も可能である。しかし、本章の目的は、あくまでも文体の特徴を明らかにすることである。この場合には、旧来の未然形＋バと、そこから派生し育ちつつあった新興のタラ・ナラの使用状況を比較対照することに焦点を限定することが、むしろ効果的であると考える。

---

　*1　近松の文体特性として、浄瑠璃固有の文語的性質を有することなどに関わって、かつて矢島（1999ab・2000ab・2002b）において述べたことがある。それらにおいては、いずれも文法事項を検討指標としている。文法は演ぜられる内容・素材の影響を受けにくく、また表記のように近松以外の関与者の問題も考慮する必要がないため、文体特性の検討指標としては適した面があると考える。
　*2　近松世話物として取り上げるのは、本書で調査対象とした全二十四曲である。序章に記したように、調査テキストには『近松全集』（岩波書店）を用いている。なお、本章は、引用例はすべて近松浄瑠璃を出典とするものであるので、典拠表示においては曲名のみ記すこととする。
　*3　近松の詞章には会話から心内表現を経て地の文へと連続的に続いていくような表現も多く、単純に会話とそれ以外とを区別できないところがある。本書では、会話的要素が認められる場合には、広く調査対象として取り上げている。
　*4　タラ・ナラが未然形＋バの一形態であり、近世中期には用法の点においてもそう捉えるべき面を含むことは、本書の検討で見てきたとおりである。ただ、議論をわかりやすく進めるために、ここまでの表記方法に倣い、未然形＋バと記した場合は、タラ・ナラを含まないものとする。

なお、以下、近松の表現意識を見るという姿勢で考えていく。もちろん、正本を検討対象とする方法である以上は、そこに現れるのは近松の言語意識のみならず、例えば太夫の表現指向や、特に表記との関連がある事象については版下の意向も反映している可能性がある*5。ただ、ここでは、近松浄瑠璃の正本として目にすることができる文体的特徴そのものを問題とし、その特徴が近松以外のいかなる表現者の意識が反映するものなのかということには関わらない方針である。

2. 近松世話浄瑠璃の文体変化―前期と後期の相違―
2.1 タラとタラバ、ナラとナラバ

近松の仮定的条件文の表現方法を、まずは形式に現れる相違から見ておく。

近松の世話物においては、仮定的条件文における新形式であるタラ・ナラは、さらにバを伴った本来の形タラバ・ナラバでも使われている。

（1） ぐい〳〵とゑぐつて。うんといふたらこなさんも尋常に死んでくださんせと。　　　　　　　　　　　　（刃は氷の朔日 5・491・5）
（2） 今で請出すあだてはなし。恥をすてゝいふたらば国の迎ひが蔵屋敷で。ついかねをとゝのへ国へつれて帰ふし。時にはこなたと縁切れる。　　　　　　　　　　　　（刃は氷の朔日 5・463・1）

タラバ・ナラバは、完了の助動詞・断定の助動詞の未然形にバを添えるという、いわば旧来の未然形＋バの姿を形式上は維持する。それに対してタラ・ナラは、仮定表現の要である接続助詞バがなくても、それ単独で接続辞としての機能を果たし得る。つまり、形式上で見る限り、未然形＋バとは別個の新たな接続助詞としての機能を備えたものといえる。現代口語では、ナラバ・タラバはよほど改まった状況にでもない限り用いられることがないが、ナラ・タラはごく普通の言い方として用いられる。当時においても、バがあ

---

*5　近松正本の成立過程については、長友（1979）や山根（1985）などに詳しい考察がある。

るとないとでは、本来形と非本来形という対立関係が意識されることで、現代と同様に、規範性の高さという点において差が感じられるものであったことが想像される。

その使用の様子を、近松の詞章内における変化という観点で見てみる。一曲ごとでは用例数も限られ、内容等による偶然的要素を反映する可能性が大きいので、初演年度順に4曲ずつまとめ、6期に分けて、図1（具体的な用例数は表1）に示してみるとする。なお、各期のそれぞれに該当する曲は次のとおりである。

第1期：曾根崎心中・心中二枚絵草紙・卯月紅葉・堀川波鼓
第2期：卯月の潤色・五十年忌歌念仏・心中重井筒・丹波与作待夜のこむろぶし
第3期：心中刃は氷の朔日・淀鯉出世滝徳・心中万年草・薩摩歌
第4期：今宮の心中・冥途の飛脚・夕霧阿波鳴渡・長町女腹切
第5期：大経師昔暦・生玉心中・鑓の権三重帷子・山崎与次兵衛寿の門松
第6期：博多小女郎波枕・心中天の網島・女殺油地獄・心中宵庚申

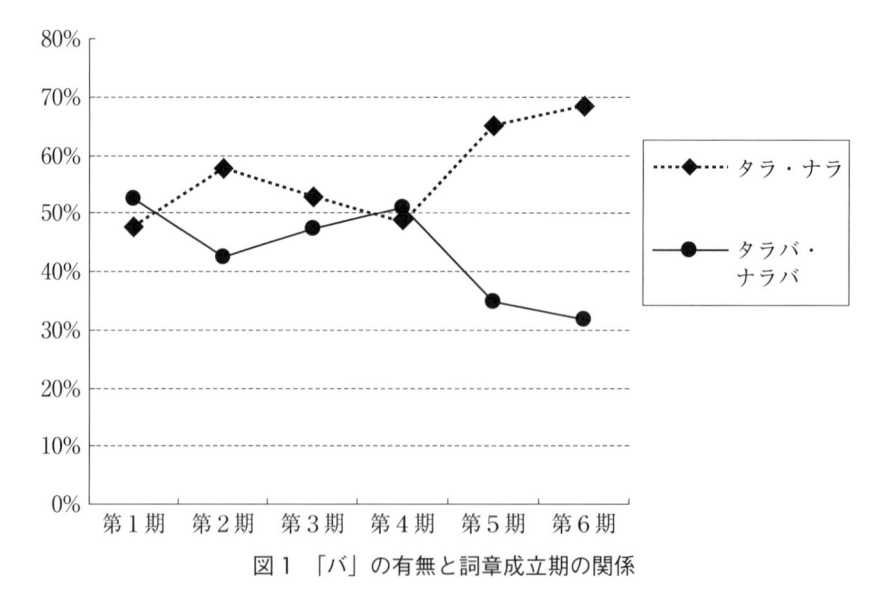

図1　「バ」の有無と詞章成立期の関係

表1 「バ」の有無と詞章の成立時期の関係

	第1期	第2期	第3期	第4期	第5期	第6期	(計)
タラ・ナラ	20	38	47	24	56	41	226
タラバ・ナラバ	22	28	42	25	30	19	166

　図1を見て気付くことは、第4期までと第5期以降とで大きく傾向が異なる点である。すなわち、第4期まではバを伴う場合と伴わない場合とで使用頻度はほぼ拮抗していたのに、第5期以降は明らかにバを下接しない表現の方が多くなるのである。

　この状況は、タラ・ナラに対するバの下接の有無という点にのみ、偶然に観察されるものではない。矢島（1999b・2000a）では、意志・推量の助動詞あるいは指定表現で見た場合にも、全く同趣の傾向がうかがえることを明らかにしている。その際に取り上げたのは、意志・推量の表現「〜ならふ」（例3）などと、そういった本来形に対するところの「〜てもらを」のごとき短呼形（例4）の関係（矢島1999b）、および体言に終助詞ゾを直接添える旧来の指定表現（例5）に対するところの新興形式「体言＋断定助動詞ジャ＋終助詞」（例6）の関係（矢島2000a）である。

　（3）　こちからよけてもらふたらば。根性も取なをし人間にもならふかと。男づくの念比だけ。　　　　　　　　（冥途の飛脚7・308・2）
　（4）　ハツア大事の物忘れたコレ船頭殿。こちふたりはあげてもらを。
　　　　　　　　　　　　　　　　　　　　　　　（鑓の権三重帷子10・191・4）
　（5）　有がたや忝やあたご参りの一しるし。仏神のおかげぞ。
　　　　　　　　　　　　　　　　　　　　　　　　　　（長町女腹切8・18・10）
　（6）　コリヤ半兵衛。はしりの出刃包丁よふとがしておいたぞや。ちよいとさはつてもつるぎじやぞ。　　　　　（心中宵庚申12・584・8）

　これらにおいても、同一内容を表す文法形式が新旧併用される場合には、それらのうち新しい表現形式の方が、第4期までに比べて、それ以降の詞章において高頻度で用いられるという事実があるのである。

以上、近松の詞章は、第4期までと第5期以降とで、文体が質的に相違している可能性が高く、後期において新しい口語的表現を取る傾向が強まることを見た。

2.2 接続辞に上接する活用語

次に、未然形＋バ vs. タラ（バ）・ナラ（バ）という観点から、新旧両形式の勢力関係の推移を見たい。ここでは単純に当該形式の用例数だけを問題とするのではなく、あわせてこれらの接続辞が上接する活用語にも注目する。

この場合ポイントとなるのは、国語史上において、例えばラ変の動詞あるいは形容詞などが条件句で用いられる場合に未然形＋バが残りやすいという事実があったことである[*6]。その点を踏まえることにより、未然形＋バを維持しやすいとされる要素が、近松の詞章内でどのように現れるのかという視点から文体の変化を捉えることができる。

先に近松の詞章を成立順で第4期までとそれ以降とに分けて見ることに意味があることを述べた。ここでも、近松の詞章を前期（第4期まで）と後期（第5期以降）で二分して、条件句の述語を構成する活用語の種類別に、各接続辞の使用状況を見ることとする。

ところで、次例のように、従属節の述語が体言である非活用型条件句の場合は、この時期の接続辞はナラ（バ）に限られる。

（7）この拍子ならば大坂の仕合もよかろ。（五十年忌歌念仏4・610・3）

この場合、ここで問題としたい「未然形＋バ vs. タラ（バ）・ナラ（バ）」を問えないので、ここでの検討対象からは除いている。同様に、活用の種類を

＊6　坂梨（1982）等を参照。なお、本書の第6章でもそれに関わるところについて触れたが、そこでは、未然形＋バの維持しやすさに関しては、以下の本文に述べる語幹末母音が［a］であるということではなく、ラ変が（形容詞も）状態を表す語であるということが重要な要素であったであろうことを述べている。そういった複数の事情に支えられて、当時の実際の使用状況があったものと考える。

問題にできない、次のような例も除外して考える[*7]。

（8）　六尺どもが手にかゝり。ぶち殺されふば殺されふ。
　　　　　　　　　　　　　　　　　　　　　　（淀鯉出世滝徳5・537・10）
（9）　精進すなならしますまい。　　　　　　　（薩摩歌6・682・1）

　これらのものを除き、表2に、曲の成立期別に、条件句で用いられる活用語の種類ごとに未然形＋バが占める比率を求め、まとめた結果を示す。なお、ここは活用の種類だけを問題とし、その活用語がいかなる品詞であるかには拘らない。したがって、例えば、表中「形容詞型」とするものは、形容詞以外にも形容詞型活用をする助動詞タシなども含む。

表2　上接語の活用の種類別接続辞使用状況

上接活用語	前期				後期			
	未然形＋バ	タラ(バ)＋ナラ(バ)	(小計)	(未然形＋バ)％	未然形＋バ	タラ(バ)＋ナラ(バ)	(小計)	(未然形＋バ)％
四段	50	57	107	47％	18	48	66	27％
形容詞型		6	6	0％	10		10	100％
上一・二段	1	6	7	14％		4	4	0％
下一・二段	8	19	27	30％	3	20	23	13％
カ変		4	4	0％		2	2	0％
サ変	6	17	23	26％	1	10	11	9％
ナ変	10	8	18	56％	4	6	10	40％
ラ変	26	11	37	70％	16	5	21	76％
(計)	101	128	229	44％	52	95	147	35％

　前期（第4期まで）と後期（第5期以降）と比べて、未然形＋バの形式を取る

＊7　推量の助動詞や打消の助動詞、近世期に多用される丁寧・尊敬の助動詞（ヤル・シヤル類）など、活用が不備、あるいは特殊なものはすべて対象外である。

比率について、上接活用語別に認められる傾向は次のようにまとめることができる。

（a）　前期に比べて後期に減るもの
　　　　　　…四段、上一・二段、下一・二段、サ変、ナ変
（b）　後期にのみ使用があるもの…形容詞型
（c）　前・後期を通じて大きな変化がないもの…カ変、ラ変

このうち（c）は、詞章成立の時期による違いがなかった部分である。カ変「来る」には「こば」の言い方がなく、「きたら（ば）」「くるなら（ば）」のみであったということであり、反対にラ変「あり」は未然形＋バ「あらば」を維持し、「あったら（ば）」「あるなら（ば）」は用いにくかったということである。この点については、表現者個人の特徴が出にくい、すなわち当時の表現意識として普遍的に共有されていたものを反映している可能性が高いと判断される。

（a）は、近松が、後期の詞章において、これらの活用語に続ける際には、新たな口語的表現、タラ（バ）・ナラ（バ）による仮定表現を多用したものである。前節で、近松の詞章では、前期に比べて後期は口語的要素が多用されることを指摘した。（b）（c）に比べて（a）に分類される活用語が多い、すなわち旧来の未然形＋バをあまり用いなくなる活用語が増えるのは、文体が後期に口語性を高めたという見方を別角度から支える事実として位置づけることができよう。

一点、注意されるのは、同じ（a）に属するものでも、例えば後期の未然形＋バの占有率に注目すると大きな差があることである。すなわち、四段・ラ変を条件句で受ける場合の方が、他の一・二段活用やサ変が来る場合に比べて、未然形＋バを維持する傾向が明らかに強いのである。この点については、先も述べたとおり、すでに先学によっても指摘されるところである（注6参照）。未然形＋バを構成した際、バの直前母音が、四段・ラ変は［a］であり、他の活用語は［e］または［i］である。当時、仮定的条件文の代表的な接続辞として力を得つつあったタラ（バ）・ナラ（バ）は、バ（脱落する場

合は、想定されるバ)の直前がすべて［a］であり、これらとの共通性を持つ四段・ラ変は、新興の表現が次第に勢力を増す言語環境にあっても、聴覚的に違和感が少ない。その分だけ、こられについては旧来の表現（未然形＋バ）を用いやすかったという可能性を考えることができるかもしれない。

　そして、この仮説に沿う方向において、ナ変の使用に関わって近松独自の特徴を指摘することができる。ナ変は近松世話物の仮定的条件文で28例用いられるが、そのうち、未然形＋バは14例あり、うち11例が、次に示す完了の助動詞ヌの例なのである[*8]。

　　(10)　明日は在所へ聞えなばいかばかりかは嘆きをかけん。

(曽根崎心中4・38・9)

　このような〜ナバの言い方は、当時、「生きた口語としては、全く廃れたもの」(湯沢1962：404)として、一般的な口語では使用されない表現と見られている。この表現例11例中10例までが、本章で前期とするうちの曲で現れ、しかも、前期の中でも第1期に7例が集中している。詞章の文体の質的な変化を象徴することといえる。

　さらに注目すべきなのが、完了ヌの未然形＋バに、さらに前接する表現である。11例中1例を除き、他はすべて下一・二段活用語が来ているのである（例10参照）。これは、右に見たことと根底で通じる重要な傾向である。すなわち、未然形＋バを取ろうとすれば、バの直前母音が［e］になる表現ばかりが、あえて口語では滅びた、完了ヌの未然形＋バを取る傾向があったというわけである。つまり、そうすることでバの直前を［a］となし得るために、これらの表現は選択されたものであったことが考えられるのである。

　このように、浄瑠璃の文体において、聴覚的な要素が仮定表現の形式選択に関わっていたと理解される状況があること、そしてその表現が前期の詞章

＊8　ちなみに、ナ変を取る28例から完了ヌの11例を除いてしまうと、タラ（バ）・ナラ（バ）ではなく未然形＋バの形を取る例は3例のみであり、他の活用語と同程度の未然形＋バ占有率（3/(28−11)＝18％）となる。

に集中していたということには注意してよいと考える。

　ところで、近松の詞章のうち前期よりも後期において、すべての表現で等しく口語性を増すのであれば、未然形＋バはあらゆる表現で衰退を見せるはずである。しかし、先に整理したうちの（ｂ）形容詞型活用の語が条件句に来る場合は、逆に未然形＋バは後期にしか用いられておらず、その推測に反する。この点について考えておきたい。まず例を示す。

　（11）　なぶつてよくはなぶられふがかねはけふ請取。
　　　　　　　　　　　　　　　　　　　　　　　（冥途の飛脚7・288・3）
　（12）　それ程名残おしくば誓紙かゝぬがよいわいの。
　　　　　　　　　　　　　　　　　　　　　　　（心中天の網島11・729・5）

　念のため、注記すれば、（11）のごとき連用形＋ハの例は、表2ではカウントの対象外である。形容詞型活用、さらには打消の助動詞などが条件句に用いられる場合、この連用形にハが続く形式が本来であった。未然形にバが続く方法は、寛文期頃から見え始め、元禄・正徳・享保期に次第に増えてきたとされる（吉川1971参照）。つまり、これらの表現に限っては、未然形＋バの方が新形式という位置づけになる。そのことを踏まえると、前期の詞章で未然形＋バが用いられず、後期に集中している事実も、国語史上の事情と一致するものとして理解できることになる。

　先の表2では対象外ゆえに未掲載であった、形容詞型の連用形＋ハの用例数を表3に示す。参考までに、同じく連用形＋ハを並行使用する打消の助動詞の用例数についても掲載した。いずれにおいても、旧形式の連用形＋ハが前期に、新形式である未然形＋バが後期に集中している点が確認される[9]。

　ただし、ここで生じる連用形＋ハと未然形＋バの違いは、単に「ハ」に濁音符を振るか否かの違いでしかない。国語史上の実態と符合することから文法の問題として一旦は扱ったが、その一方で、表記上の問題としてみる、すなわち文法上の問題として扱わない立場もあり得る[10]。表記の問題であるならば、それは版元の事情の変化を映している可能性もあることとなり[11]、位置づけに慎重を要するところとなろう。

表3 連用形＋ハの使用と「前期・後期」の関係

		前期	後期	（計）	後期％
形容詞型	連用形＋ハ	23	8	31	26％
	未然形＋バ	0	10	10	100％
	（他）	6	0	6	0％
打消助動詞	連用形＋ハ	15	4	19	21％
	未然形＋バ	0	4	4	100％

　ここは、正本として残される資料に現れる言語特性を、事実の面からのみ指摘することにとどめておくこととしたい。

3. 浄瑠璃と音数律
3.1 仮定的条件文と七五調

　資料が浄瑠璃の詞章であることによって、仮定的条件文の接続辞の形式選択において勘案しなければならない要素がもう一点ある。それは音節数の問題である。四段活用の「書く」を例に取れば、この動詞が条件句で用いられ

　＊9　連用形＋ハか未然形＋バかの問題の他に、表3でわかるように、形容詞型を受ける条件句は前期中の資料に限り、「（他）」を6例受けている。いずれも、ナラを取る例である（例、「憎いならきてたたかんせ」冥途の飛脚7・301・7）が、これらが連用形＋ハを取らなかったこと、逆に後期の詞章中ではナラ（バ）が用いられず未然形＋バばかりを用いたことにどういった意味があるのか、判然としない。口語性・文語性という軸ともまた異なる、表現の指向性の変化などがあったのかどうか、検討の余地が残るところである。
　＊10　本書の他の章では、ここで連用形＋ハとする例はすべて未然形＋バに含めて扱っている。そのように扱ったのは、例を見る限り、仮定的条件文として、両者に特別に異なった用法差が見出せないと判断されたことによる。なお、本章とそれ以外とで未然形＋バの用例数に違いがあるのは、本章に限って、両形式を区別してカウントしたことによるものである。

る場合、「書かば」「書いたら」「書いたらば」で、文節の音節数として、3〜5までの三種類もの長さを取り得るのである。浄瑠璃の詞章のように、七五調を取ることがある文体では、この観点によって接続辞の選択がなされている面がないかどうか、またあるとしたら前期と後期とでどのような違いがあるのかなど見ておく必要がある。

　近松の詞章には明らかに七五調を取る箇所から、部分的にその調子が感じられるもの、さらには全くそれとは関わりない表現がなされるところまで実にさまざまある。次に、その一端を見てみる。

　　(13)　爰は母がおさへましあいを致してあげませんと。また引うけてついとほし。さゝが御気にいつたらば。一つあがつてくださんせ。
　　　　　　　　　　　　　　　　　　　　　　　　　　　　（堀川波鼓4・504・10）

　　(14)　馬のかいぐにはどろのかゝる物ゆへに。あおりといふじはどろをへだつとかく。どろのかゝらぬ物ならば何しにへだつるといふじの入べきぞ。ちじよくもりよぐはいもとがもなし。
　　　　　　　　　　　　　　　　　　　　　　　　　　　　（女殺油地獄12・148・3）

　　(15)　今のけいせいの物まねしばい御すきの一徳。銀請とるとそのまゝかけ出していそいだら。夜の中に七八里は心やすい宮津に落付。
　　　　　　　　　　　　　　　　　　　　　　　　　　　　（大経師昔暦9・548・10）

　(13)はほぼ七五調で語られている。(14)は音数律への意識が部分的に見られるものの、逸脱も認められ、いわゆる典型的な七五調とはやや趣を異にする。(15)は一定のリズムでは捉えにくく、七五調からの乖離は大きい。

　＊11　浄瑠璃正本の板式が、それまでの八行本から七行本へと宝永七年から徐々に移行する（その経緯等については祐田1975に詳しい）。本書の調査で用いた『近松全集』で底本としている資料が、ちょうど第4期末の「長町女腹切」までが八行本、第5期の「大経師昔暦」からは七行本で刊行されたものである。諏訪（1991）は、七行本の方が八行本よりも「わかりやすく明確な、しかも均整のとれた美しい浄瑠璃本文を提供しよう」とする意識が見えるとする。表記法に関しては版下作成者の問題など合せて考えるべきことがありそうである。

七五調との関係は単純に特定できるようなものではなく、上記する三段階の間に無数に各表現が配置する。また、実際にどのような調子で語られていたのかということでも不明な点が多い。しかし、ここはおおよその傾向を捉える試みとして、仮定表現を含む該当例を右の三種類に弁別し、七五調への志向が強い文体で用いられているのか、その意識からは離れた表現で使用されているのか、その中間に位置するのかという観点から、文体の特性と接続辞との関係を見てみたい。

　ここでも前節の方法にならい、初演順に4曲ごと6期に分け、どのような推移を示すか見ることにする。表4に、文体別の各接続辞の使用数を示した。さらに、図2に、各接続辞の使用例中七五調の箇所で使用されるものの占める割合を曲の成立期別に算出（表4の「○％」）し、その推移をグラフ化した。

表4　各接続辞と詞章成立期・「七五調」の関係

		○	?	×	○%	×%			○	?	×	○%	×%
第1期	タラ	4	2	1	57%	14%	第4期	タラ	3	2	3	38%	38%
	タラバ	5	1	2	63%	25%		タラバ	2	2	5	22%	56%
	ナラ	6	4	3	46%	23%		ナラ	6	2	8	38%	50%
	ナラバ	12	1	1	86%	7%		ナラバ	8	2	6	50%	38%
	未然形+バ	21	2	1	88%	4%		未然形+バ	10	3	6	53%	32%
第2期	タラ	4	5	5	29%	36%	第5期	タラ	4	9	16	14%	55%
	タラバ	2	1	1	50%	25%		タラバ	3	4	11	17%	61%
	ナラ	10	3	11	42%	46%		ナラ	4	12	11	15%	41%
	ナラバ	17	3	4	71%	17%		ナラバ	2	5	5	17%	42%
	未然形+バ	15	6	5	58%	19%		未然形+バ	4	7	15	15%	58%
第3期	タラ	11	3	5	58%	26%	第6期	タラ	2	6	15	9%	65%
	タラバ	11	5	1	65%	6%		タラバ	6	2	6	11%	22%
	ナラ	15	4	9	54%	32%		ナラ	3	4	11	17%	61%
	ナラバ	16	1	5	64%	32%		ナラバ	5	4	1	50%	10%
	未然形+バ	19	10	5	56%	15%		未然形+バ	6	14	14	18%	41%

※「○」は七五調、「×」は七五調ではない文体、「?」は中間的文体での使用例である。

図3は、七五調とは関わらない文体で使用されるものについて、同様の値を求め（表4の「×％」）グラフ化したものである（表4で「？」とした、七五調を一部意識する表現例は双方のグラフで除いており、図2と図3の計は100％にならない）。

　図2のグラフが一見して右下がり、図3が右上がりであること、すなわち

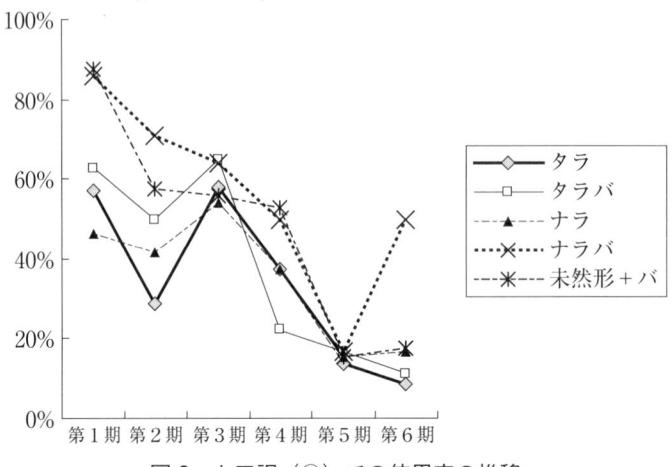

図2　七五調（○）での使用率の推移

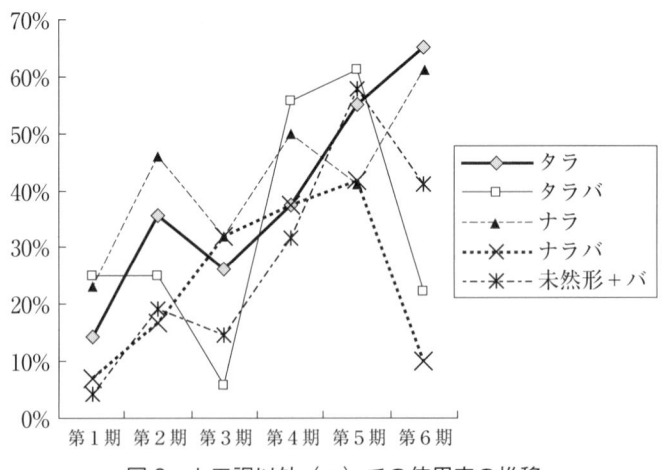

図3　七五調以外（×）での使用率の推移

すべての接続辞例について、成立が後の曲ほど七五調とは関わりのない表現中の用例が増えていることがわかる。これは要するに、近松浄瑠璃は後期のものほど七五調に拘泥しなくなっているということである。その点を押さえた上で、個別の使用状況を見ていく。

図2のグラフからは、タラとタラバ、ナラとナラバでは、それぞれタラバ・ナラバの方が、ほぼ全期間を通じて七五調の表現での使用例の占める割合が高いことが読み取れる。これは、バを伴うといういわば規範意識と、七五調という文体とが適合するということであり、近松浄瑠璃の文体が有する特性の一つとして捉えることができそうである。

図3で注意されるのは、概して右上がりといっても、第6期においては著しく下がっているものがある点である。それはタラバ・ナラバおよび未然形＋バである。このことは、接続辞バを伴う形式例は、七五調以外の文体では使用が避けられていることを意味する。一方では、図2のグラフでは対照的に、特にナラバは七五調の文体での使用率を急激に増している事実がある。これらを合わせると、近松の詞章は、第6期という特に最後の時期においては、文体の調子によって使用する接続辞を使い分ける志向―七五調ではバを伴う形式を好み、そうでない文体ではその形式を避ける傾向―が強まったという特徴を見て取ることができる。

3.2 紀海音との比較から

ところで、近松の詞章と七五調との関係は、同じ浄瑠璃でも紀海音のそれとはどのように異なるであろうか。

次の表5は、紀海音の世話物において、各接続辞がどの程度七五調の文体で用いられているかどうかをみたものである（調査した世話物は、序章の調査資料を列挙した箇所に示した六曲である）。先の近松の状況と比べ、著しく高い率を示す。近松の最も七五調と文体の関係が緊密であった初期の頃の値と比べても、はるかに高い数値である。

表5　紀海音浄瑠璃における
接続辞と七五調の関係

	○	?	×	○%	×%
タラ	28	3	3	82%	9%
タラバ	10	2		83%	0%
ナラ	35	3		92%	0%
ナラバ	35	2		95%	0%
未然形＋バ	55	3		95%	0%
（計）	163	13	3	91%	2%

　近松ではタラに比べてタラバが、ナラに比べてナラバが七五調の文体で好んで用いられる傾向があった。しかし、表5に明らかなように、海音はいずれの接続辞もほぼ同程度に高い割合で七五調の文体で使用している。つまり、海音は、近松に見られたような言語表現として規範性のある形式は特に七五調の文体で用いようとするといった使い分け意識は全くなく、七五調を基本的に守る姿勢で一貫しているということである。その調子を整えるためにタラ（バ）・ナラ（バ）のバを用いたり脱落させたり、あるいは未然形＋バを選んだりしていると理解される。文体の調子をどう整え、またそれに対してどのような表現を用いるかという意識に関しては、近松と海音の浄瑠璃においては相当の隔たりがあったと見てよい。

　ここに、近松の言説を載せるとされる「難波みやげ」の一節を引く。

(16)　文句に「て、に、は」多ければ、何となくいやしきものなり。しかるに無効なる作者は、文句をかならず和歌あるひは誹諧などのごとく心得て、五字七字等の字配りを合わさんとするゆへ、おのづと無用の「て、に、は」多くなるなり。たとへば「年もゆかぬ娘を」といふべきを「年はもゆかぬ娘をば」といふごとくになる事、字割りにかゝわるよりおこりて、自然と詞ことづらいやしく聞こゆ。されば、大やうは文句の長短を揃へて書くべき事なれど

も、浄るりはもと音曲なれば。語る所の長短は節にあり。しかる
　　を作者より字配りをきつしりと詰め過ぐれば、かへつて口にか
　　らぬ事あるものなり。この故に我が作にはこのかゝわりなき故、
　　「て、に、は」おのづからすくなし。

　近松の姿勢として、七五調に拘泥することによって生じる無用の「てに
は」は「詞づらいやしく聞こゆ」として排そうとしていた様子がうかがえる。
海音と近松の比較によって明らかになった相違は、まさに、近松が「難波み
やげ」で示すところの表現観が現れているようである。つまり、タラバ・ナ
ラバでバを添えるか否かによって七五調に合わせようとする傾向が海音ほど
高くなかったのは、七五調にとらわれることで生じる表現上の不自然さを回
避しようとした結果であったということである。そして、その七五調への拘
りは、後期ほど低いものであり、その結果、当時の口語的な表現形であるタ
ラ・ナラの使用も増加しているという状況を生んでいたと理解されるのであ
る。

4. まとめ

　以上、近松の詞章が文体の性質として不均一性を有することをみてきた。
概略を繰り返せば、前期のものほど古い言い回しが多く、取り分け七五調の
音数律に影響された表現選択がなされており、後期のものほどその縛りから
自由で口語的な表現が用いられていた。七五調への意識とともに、ナ変の未
然形＋バの用法に現れたバの直前母音を［a］にしようとする傾向など、
「音」に対する配慮も全体として見出される。これらについてもやはり前期
の詞章で特に明瞭な傾向として観察されたのであった。

　これらの質的変化は連続的なものでありつつも、いくつかの項目では本章
でいう第4期と第5期を境としてその傾向を大きく異にしているものであっ
た。その時期とは、具体的には「長町女腹切」（正徳二年）までと「大経師昔
暦」（正徳五年）以降ということである。ちょうどこの時期に起こった大きな
できごととして、義太夫が亡くなり、太夫が政太夫に交代するということが
あった。曲を提供する相手が代わることが、近松の表現志向を変化させるき

っかけとなった可能性がある。義太夫の死去以降、座本竹田出雲の舞台趣向や話の筋について影響力も大きくなったとも言われている[*12]。そのような近松を取り巻く環境の変化によって、表現する世界にも変化が促されることがあったのかもしれない。

　言うまでもなく、そもそも固有の目的をもって存在する文芸資料としてある書記言語である以上、さまざまな特徴—言語研究にとっての「制約」—が備わっているのは、近松浄瑠璃に限らず、すべての資料において同様である。その利用に際しては、その質的な特徴を十分に承知して用いる必要があるということである。

---

*12　祐田（1975）、アンドリュー・ガーストル（1998）など参照。

第15章

落語録音資料と速記本
―五代目笑福亭松鶴の条件表現の用法から―

1. 問題の所在
1.1 昭和初期大阪落語の資料価値

　国語の歴史は、多くは文献に残された文字言語から口頭言語を推測する方法によって、その実態が明らかにされてきた。文字によらない言語資料の一つである音声の録音資料などはたかだか1900年頃までしかさかのぼることができず[1]、それ以前の研究は文字言語に頼らざるを得ないのが実情といえる。

　文字言語はその時代のいわゆる標準的な言語によって記されることが多く、江戸時代の中期（宝暦年間頃）までは主として上方の言語、それ以降は江戸・東京の言語を基盤とした方法によって記されることが基本となる。言語研究もそれに対応する形で、古代から近世中期頃までは上方語について、それ以降は江戸・東京語についてそれぞれ偏ってなされる傾向がある。しかし標準的な言語であることだけが、研究対象としての価値を担うわけでは決してない。歴史を多角的に把握するためにも、文字言語によって構築される標準的な言語の特徴を正当に捉えるためにも、資料として可能性のある限り、広く研究対象としていく姿勢が重要であると考えられる。

　そういった現状を確認する中で、本書で調査対象とする近代大阪落語資料には、次の点で固有の価値があるとみる。

---

　[1]　録音資料の初期の事情については、清水（1988）において、十九世紀末以降の様子を中心に、言語史資料としての価値についても触れられつつ、整理されている。

- 落語資料であること：話芸であり、古い形を継承する一面はありつつも、生粋の大阪人によって育まれ、生命力をもった話しことばが用いられていること。
- 録音資料について：音声言語資料であり、同資料として手にし得る範囲では、最古の部類に入るものであること。
- 速記本について：録音資料として入手可能な時期よりも前の時代の資料があること。江戸期で最も口語性の高い資料群と、その成り立ち上、質的な連続性のある点において、言語史研究としての利点があること。
- 大阪語であること：古代以来の中央語として、歴史的研究の主たる対象であり続けた地域（に近い）言語であり、歴史的な連続性・不連続性を問うことにおいては固有の価値がある言語であること。同時に、かつての中央語としてあったものが地域語へとその位置が交代することにより、影響を検討することのできる言語であること[*2]。

　このように、言語資料としての一定以上の価値が認められるところではあるが、その一方で抱え持つ限界、弱点についても把握しておく必要がある。本章では、落語資料のうちでも、特に昭和初期のものを取り上げて、言語資料としての価値や特性について、さらなる正確な把握を行ってみるとしたい。
　ところで、昭和初期とは、その言語史上、いかなる特性をもった時代であっただろうか。近年はテレビをはじめとするメディアの発達により、急速に東京語化が進行し、ことばの純粋な意味での変遷は捉えにくい状況となっている。それに対して昭和初期は、まだテレビ放送が開始されておらず、ラジオ放送（1925（大正14）年本放送開始）の影響力も甚大なものとなる前の段階にある。つまり、そういったメディアの洗礼を本格的に受ける直前の、いわば言語の歴史の自然な推移が観察できる最後の時代ともいうことができるので

---

　*2　以上に記した、落語資料が近世文芸類とその資料性において連続性を有するものであることについて、また大阪語を中央語とすることに関わる本書の立場等については、序章に述べたとおりである。

ある[*3]。

同時に、本書で調査対象とする落語のレコード化が積極的に行われた時期でもあり、幸いにもそれらを音声言語の初期の資料として用いることができる。落語レコードの歴史については清水（1982・1988）に詳しい整理があり、1903年以降のSP盤レコードの初期の落語の歴史が明らかにされた。さらに清水（1986ab・1998）などによって、特に二十世紀初頭の東京語資料としての利用価値の高さ（それに加えてその制約）が明確にされたといえる[*4]。大阪落語についても、金沢（1998）などによって精力的に調査がなされ、資料的価値の確認とともに言語の使用状況についても次第に明らかにされつつある段階である。

1.2　五代目笑福亭松鶴を対象とすること

本章では五代目笑福亭松鶴の落語を取り上げる[*5]。この時代に活躍する落語家は他にも数多くいる中で松鶴を対象とするのは、次の二つの理由による。

（a）　松鶴が明治17年の大阪生まれ、大阪育ちであり、近代大阪語の観察対象者として適していること。
（b）　松鶴自身の語りによるSPレコードが現存するとともに、雑誌『上

[*3]　第229回近代語研究会（2005年11月11日）における加藤正信氏による講演「戦前・戦後における地方の言語問題」において、地方言語は戦前・戦後を通じて根本的な変化を遂げることはなく、その本格的な近代化は昭和中期以降（昭和50年代とさえいえる）と捉えるべきである旨のお話があった。その後、その内容は加藤（2007）にまとめられている。本章で対象とする昭和10年代は、かなりの純度を保った大阪語を観察できると考える。
[*4]　落語の速記本についても、野村（2001ab・2003・2004）などにより、語彙や表記などの面から東京語資料としての固有の価値について、詳細に明らかにされている。
[*5]　金沢（1993）は、五代目笑福亭松鶴落語所収の雑誌『上方はなし』を用いて、同資料を「明治期大阪語が反映するもの」とする立場から、原因理由文について観察を行っている。本章は、氏の捉え方について、別角度からその正当性の実証を行うとともに補足を行うものでもある。

方はなし』の刊行によって笑福亭松鶴と署名の入った速記本が数多く残されていること。同一の演目による落語を、音声による語りと速記本における文字資料の両方で残している点で、資料を検討する上で大変恵まれた条件を備える噺家であること。

　五代目松鶴は、当時、万歳（のち漫才）に押されて下降期にあった落語を再興し保存することに力を注いだ活動家として著名である。SPレコードに落語を多く吹き込んだり、積極的に独演会を開いたりする一方で、雑誌『上方はなし』（1936〜1940年、全49集）を刊行した。その主たる活動期に当たる昭和10年代前後は、そろそろラジオ放送（大正14年放送開始）等によって音声としての標準語が身近な存在とありつつあった時代である。上方言語が、標準語化の波によって甚大な影響を被る前の姿を、あるいはその影響を被りつつあったとしても、なお色濃くそれまでの歴史を脈々と伝える姿を残すものとして、格好の言語資料を提供してくれるものと考える。

1.3　ここで検討しようとしていること

　上で述べたとおり、松鶴落語は、幸いにも、同一演目によって同じ素材を表現対象としながら、文字言語（速記本）と音声言語（録音資料）という異なった二つの言語体系による記録を残している資料である。音声で語る言語は、言語記号の線状性が純粋な意味で保たれるのに対し、文字言語は、表現するに際しても受容するにおいても、考えたり吟味したりする時間を、言語者にとって必要なだけ確保することができる。両者の質的な隔たりは、ふだん我々が意識する以上に広い可能性がある。

　同時に、その一方で、落語という語りは、その場限りに反芻の間を持たずに作り出される日常会話とは違う「話芸」であるという面も持ち合わせる。かつまた「速記」は、その名が示すとおりであるとすれば、語りをそのまま直写することを前提とする行為である。果たして実際に語られる落語と、読み物としてある速記資料の落語とはどれ程の共通性を有するのか、そこにある相違はどの程度であり、その違いは言語研究の上でどのような意味を持つのであろうか[*6]。

それらの検討によって、落語について、その言語資料としての価値を見定めることができるとともに、一定の口語性が保証された、異質の二種類の資料調査により、実際の昭和初期大阪語の特徴についても、一面的ではない、奥行きをもった情報を提供することができると考える。
　資料の特徴を把握するために、条件表現の特徴を利用したい。

・「(担当が) お前なら大丈夫だ」→「お前やったら大丈夫や」

　近・現代大阪語における条件表現（仮定的条件文・事実的条件文）は、各接続辞にタラが次第に取って代わる流れにあり[*7]、その点を利用すれば、資料に写される言語の「新しさ・古さ」の弁別が可能であり、「口語らしさ」を検証しやすい。また言語の表現スタイルは、直接的には文末の形式によって印象付けられるところがあるが、それらと比べて意識に上りにくい従属節を取り上げることで、表現者の意図的でない部分についての観察が可能となるメリットもあると考える。

2. 検討対象とした資料
2.1 調査資料
　検討に用いる資料の選定には、五代目笑福亭松鶴によるSPレコードの吹き込みと速記本とが、同一の演目によって残されていることを条件とした。その条件に合致するものから、「天王寺詣り」「船弁慶」「くしゃみ講釈」を取り上げる。それぞれのテキストは次による。

[*6] 同様の観点から、東京語落語を対象として清水（1984）が落語の速記資料とレコード資料の比較研究を行い、両者の具体的な相違点を挙げ、速記資料が口演をそのまま"直写"するものではないことを明らかにしている。なお、清水（1984）は全般的な言語状況を明らかにするところに力点があるものであった。ここでは、それに引き続く課題である、両資料の共通点と相違点が言語記述に何をもたらすのかについての検討を行うものである。

[*7] 本書の第3章および第5章を参照。

○ SPレコード
- 「天王寺詣り」タイヘイ・昭和13年発売（収録時間19：16）：㋑
- 「船弁慶」キャニオン落語大全集・昭和初期（発売年不明）（収録時間13：35）：㋺
- 「くしゃみ講釈」ダイヤモンド・昭和10年発売（収録時間12：51）：㋑
- …以上、㋑はCD-ROM「古今東西噺家紳士録」、㋺は「ご存じ古今東西噺家紳士録」（いずれも株式会社APPカンパニー）の再録音源を使用。

○ 速記本（雑誌『上方はなし』より）
- 「天王寺詣り」『上方はなし』第11集　昭和12年3月発行
- 「船弁慶」『上方はなし』第26集　昭和13年6月発行
- 「くしゃみ講釈」『上方はなし』第45集　昭和15年4月発行

ここに取り上げる速記本資料は、本書全体の検討においては調査対象に含めておらず、本章に限定して取り上げるものである。SPレコード（文字化資料）分については、本書の全体の検討対象に用いているものである。

2.2　資料の扱い方について

実際演じられる際の録音資料と速記本の関係について、具体的に本文に即して簡単に見ておく。次に見るように、たとえその内容が一致する箇所でも、表現が完全に対応関係にあるものはほとんどなく、細かく見ると少しずつ異なる表現を用いる場合が多い。その対応の度合いには濃淡があり、それぞれ渾然となっているのが実情である。「天王寺詣り」の冒頭部分を用いて示してみる。

A）録音資料：SPレコードより[*8]
（傍白）エー　一席おしゃべりをさしてもらいます。
甚兵衛「さあ、アーこっち入んなはれ。えろうにこにこ笑ろてるがどうした」
喜　六「あんたは珍しいもんがすっきゃいーなはるで、一遍珍しいもん

見せまひょか」
　　（中　略）
　甚兵衛「何じゃ、お前が言うてると、イタチのようなな」
　喜　六「ちゃっとも違いまへんねん。あてもイタチやばっかり思てん。あんまり出入りしよるで、下駄で蹴ったろ思て、蹴りかざすなり、隣りの藤助はんが入ってきて……」

B）速記本：雑誌『上方はなし』より
　（傍白）エエ、一席伺いますは、天王寺詣りの、お噺でございます。
　喜　六「今日は」
　甚兵衛「コレ喜さんえろうにこにこ笑うているが、どうしたんや」
　喜　六「貴郎珍らしい物が好きだすが、珍らしい物見せまヒョか」
　　（中　略）
　甚兵衛「ナンや、お前が言うてるのは、鼬みたいなナア」
　喜　六「ヘエ、ちょっとも違えしまへん、私いも鼬やとばっかり、思うてました、余り出たり這いったりするもんやさかいに、下駄で蹴ってやろと蹴りかけたら、隣りの藤助はんが這入って来て……」

　内容が重なる場合でも、上記のごとく、表現は微妙に異なる。上記の引用中に条件表現文がA）B）両資料にそれぞれ一例ずつ含まれるが、そのどちらも、もう一方の資料中では対応する表現箇所に条件表現を用いていない（下線部参照）。このように対応が確認できない場合がかなりあるのが現状である。
　それでも上記の範囲は内容が重なっているため、表現の対応関係を一応は見出していくことができるのであるが、中には話の展開さえ異なっていて一

　＊8　以下、論中で調査資料から例を引用する際に、録音を文字化した資料分は、読みやすさを考えて適宜漢字や平仮名を当てる点、本書全体の方針と同様とする。なお本章と次章に限り、落語資料については、必要に応じて話者名や傍白の区別、音声か速記かの区別も記す。

方にしか存しない表現箇所もある。例えば、「船弁慶」は、SPレコードの録音資料では喜六と清八が舟遊びに行く途上の街頭でのやり取りで終わるが、速記本はそれに続く大川の大散財の様子や、そこにお松が乗り込んでいって展開する修羅場まで描かれてサゲとなっている。つまり、その速記本の記述箇所は、録音資料ではそっくり対応が欠落するわけである。

それほど極端ではなくても、速記本にはある内容が、録音資料では細かい展開が省略されていたり変更されていたりするところは多数見られる[*9]。清水（1984）に、1900年前後東京落語の速記本と録音資料の比較検討を行いながら「当時のレコードの場合は、極々限られた時間内に、ともかく、話をまとめねばならなかったので、おそらく平素とはかなり異なる刈り込みをした演出をしなければならなかったろう」の見方が示される。当時のレコードの録音上の制約という事情において理解すべきことのようである。

このような状況を踏まえながら、ここで行う検討においては、逐語比較をねらいとするのではなく、同様の展開を持つ同一の素材について、同じ笑福亭松鶴によって描かれるものであることに意義を認めていくものである。このような条件設定において、以下、音声の場合と文字の場合とで同一素材がどのような質的相違をもって描写されるのかについて検討していくこととする。

2.3 速記本の成り立ちとその過程に関わって特に本稿が問題とする点

落語の速記本については、その成り立ちに際して、通常、次のような過程を経るものであるとされる（田島1998：25）。

①演述→②速記→③反訳（反文）→④文章装飾→⑤組版→⑥出版

『上方はなし』収載の落語は、その筆記法を同誌中で「速記」と位置づけ

[*9] これは、録音資料の方でストーリーや場面描写が欠けることがあるということであって、ある表現をなすに当って、用いることばが減って簡潔になるということを直ちに意味するものではない。

（第二十三集編集後記など）、実際に速記本として扱われる（三田1972等）のであるが、上記①〜⑥のような過程を必ずしもたどらなかった可能性がある点で、やや特殊である。すなわち、演述者であるはずの松鶴自身が筆記したケースもあるという記述（『上方はなし』第33・36集の編集後記など）からも推測されるように、②が、演述をその場で速記記号によって書き取っていくような方法によるものではなかったであろう点である[*10]。

そうであるとすると、『上方はなし』における速記本は、口演という一回性の音声を逐語的に直写して成るのではなく、読み物としての完成度を念頭に置く校正を一定程度は施された蓋然性が高い。前提はあくまでも演述（音声言語）だとしても、書記言語としての特性が織り込まれる可能性が十分にあったということである。

その点を確認した上で、本章では、演述に対して、上記②〜④に当たる文字に起こす作業に際して実際にどのような手が加わったかということについて、仮定的条件文・事実的条件文の表現法を観察することによって、推測する材料を提供してみたい。

3. 音声資料対文字資料における条件表現の使用概況

五代目松鶴において、音声資料と文字資料とでどのような差があるかを、まずは概括的に用例数を集約することで見てみることとする。なお、条件表現の観察にあたっては、条件句の性質によって大きく二分してみていく必要がある。

〇条件句の構成法からみた条件表現の二分
- 非活用型条件句：条件句で体言および体言に準ずるもの（助詞等、活用しない表現のすべて）を断定の助動詞系の表現で受け、その上で接続辞で受けるもの。

[*10] 筆記には松鶴の他に、四代目桂米団治、一部は六代目松鶴などが関与したとされる。このあたりの事情については、三田（1972）、金沢（1993）、戸田（1997）などに指摘がある。次の第16章で詳しく検討する。

　　　　例、車に乗るの〔だったら／なら〕飲むな。
　　　　車〔だったら／なら〕飲むな。
・活用型条件句：条件句で活用語を直接に接続辞（ト・バ・タラ・ナラ類）で
　受けるもの。
　　　　例、車に乗るなら飲むな。

　体言類を受けるか活用語を受けるかの区別は、いわば断定の助動詞を定型的に要するかどうかの区別を施すという意味である。条件表現の交代を扱う際には、この区別による両者で問題の質が異なることがあるために必要な手続きである。
　調査対象とした五代目笑福亭松鶴の諸資料中の条件表現を、条件句の形式別にみると次のとおりであった（表1）。

表1　松鶴落語における条件表現の使用状況

条件句	資料	用例数							使用率（％）						
		φ	断定+タラ	断定+ト	ナラ	ナレバ	(他)	(計)	φ	断定+タラ	断定+ト	ナラ	ナレバ	(他)	(計)
非活用型	音声資料		13	1	18	1		33	0	39.4	3.0	54.5	3.0	0	100
	文字資料		6	1	39			46	0	13.0	2.2	84.8	0	0	100
条件句	資料	φ	タラ	ト	ナラ	バ	(他)	(計)	φ	タラ	ト	ナラ	バ	(他)	(計)
活用型	音声資料	2	73	24	2	17	2	120	1.7	60.8	20.0	1.7	14.2	1.7	100
	文字資料	1	95	45	1	17	2	161	0.6	59.0	28.0	0.6	10.6	1.2	100

表の結果から特に次の点が注意される（表中、網掛け参照）。

・非活用型条件句では、音声資料で断定＋タラが多く、その分ナラが少ないのに対し、文字資料では逆に断定＋タラが少なくナラが多い。
・活用型では文字資料でトが多用される。タラの使用率については、音声・文字の両資料で大差ない。

非活用型条件句の状況は、新しい表現形である断定＋タラの用いられ方か

ら考えれば、音声資料に対して文字資料の方が「非口語性」が強く、「規範的」「保守的」傾向が表れているといえる。一方、活用型条件句の方の使用状況に関わっては必ずしもこの段階では明らかなことは言えない。

以下、上記の傾向が意味するところについて、さらに詳しく検討することとする。

4. 非活用型条件句について―前接語別に見た使用傾向から―

まず、非活用型条件句について見ていく。非活用型条件句の条件表現は、原則として事実的条件文を取らない（第3章参照）ため、本節は、実質的に、仮定的条件文のみが問題となる。非活用型条件句では、この調査範囲では断定＋ト・ナレバがわずかに3例見られるだけで、他はすべて断定＋タラとナラである。そこで、ここでは断定＋タラおよびナラの関係に限定して検討を行っていくこととする。

4.1 第5章の指摘から

第5章では、上方・大阪語の非活用型条件句における断定＋タラの進出を検討した。その際に捉えた断定＋タラの進出条件を端的に言えば、「話者が主体的に設定を行う」意味を強く持つ条件句においてほど、その新出形式は用いられやすいということであった。

そしてそれは、条件句を構成する述語形式の別に断定＋タラがどの程度進出しているのかということと深い関わりを示した。その際の調査結果の一部を、形式を改めつつ、ここに引用しておく（表2）。本表は、本書調査の範囲内で使用された非活用型条件句について、その述語を構成する語（つまり、接続辞が受ける語。表中では「前接語」とした）別に用例数を示したものである。前接語としては、特に意味のある「て」「の」「指示代名詞」以外の体言類を受けるものはすべて［体言］と一括した（「（他）」は文や句を受けるものである）。資料は、左から右の順で成立が新しくなるように並べている。

表2　非活用型条件句・前接語別使用状況（第5章表2を変形して引用）

前接語	接続辞	近世中期資料	洒落本	滑稽本	明治落語速記	明治大正落語音声	昭和落語音声	昭和談話	平成談話
て	断定+タラ		3	2	10	5	5		
	ナラ	1	1						
の	断定+タラ				1	7	17		5
	ナラ		2	15	10		6		
［体言］	断定+タラ				5	36	25	15	18
	ナラ	179	37	87	40	17	60	1	
指示代名詞	断定+タラ				1	3	4	1	2
	ナラ	130	74	40	43	18	30	14	11
（他）	断定+タラ					1	3	1	8
	ナラ	13	1	5		2	5		

　表中、当該の前接語を受ける場合に、その資料において断定＋タラが優勢であれば**網掛け**を、ナラが優勢であれば**黒枠**をそれぞれ施した。

　網掛け部分が早く現れる順に、すなわち断定＋タラの進出が早い順に示せば次のとおりである。

　　　て　＞　の（＞）［体言］　＞　指示代名詞

　この進出順と「話者の主体的設定」というタラの進出条件との関係を簡単に説明する。

　断定の助動詞を下接する「て」の表現はテゴザルなどの活用語出自の表現を語源にもつ待遇表現とされ（村上2006）、その成立の事情から、本来であれば活用型条件句によって表されるはずの「完了性仮定」と同内容の表現をなし得る形式である。

　（1）　もし千(せん)さんが来(き)てじやあつたら。知らしてもろうておくれや。

　　　　　　　　　　　　　　　　　　　（洒落本・北川蜆殻27・348下1）

「もし、千さんがお出でだったら、そのときは〜」と、話者自らが、ある動作や変化が未来時において完成することを「設定」する内容をもつ。この例のように、前件で、ある事態が成立した内容に引き続いて後件が起こる前後関係にあることを表すのは、上方語の活用型条件句において近世後期以降は広くタラが担う用法である（第5章参照）。この種の表現例には、早い段階から断定＋タラが進出し、ナラは近世後期以降用いられていない。

一方、時代を通じてナラを強く維持するのが「指示代名詞」を受ける例である。

(2) （相手の「放っとけそんなもの。猫が片付けよるわい」を受けて）そんならそうしまひょか。　　　　　　　　　（昭和落語音声・青菜185・4報告書Ⅲ）

条件句で受ける表現が「指示代名詞」であるということは、先行して表現される内容を指示したものを受けるということであり、話者が初めて話題とするような内容をもつものは受けない。つまり、条件句は、その条件句の発話時においては「前提」とされるものを受けることが基本である。第5章で、非活用型条件句でタラが進出しやすかったは、「話者が主体的に命題の設定に関わる表現」であることを指摘した。「前提」の用法は、その点で、対極をなす性質である。その「指示代名詞」を受ける条件句で、ナラがいつまでも根強く用いられる事実があったということである。

「て」および「指示代名詞」を受ける場合をそれぞれ両極として、「の」や［体言］を受ける場合がその間に配置する。［体言］の例から、ナラおよび断定＋タラの表現を一例ずつ示す。

(3) （先行して「手々噛むいわしや」とある説明を受けて）手噛むような新しい鰯なら買おうと思て　　　　　　（昭和落語音声・豆屋125・10・報告書Ⅲ）
(4) 私が過般若旦那さまに御異見を申したなればこそ……平日だつたら拳骨の二つも撲れて居のぢや……

（明治落語速記・短気息子28・10改良落語）

（3）のように、先行事実を繰り返すだけの「前提」内容を受ける場合には昭和期に入ってもナラを用いる傾向が強く、逆に（4）のように事実と異なる事態を話者がわざわざ「想定」する内容を受ける場合には、明治の比較的早い段階でも断定＋タラで受けている。

以上のように、「話者が主体的に命題の設定に関わる」意味合いの持ちやすさは、条件句の述語を構成する語によって傾向差があり、その意味合いを持ちやすい「て」で断定＋タラが先行し、「指示代名詞」では遅れるというような、表2に示す状況を生んでいたと理解されるのである。

4.2　松鶴落語の状況と時間軸への位置づけ

4.1と同様の観点で、松鶴落語の使用状況を整理すると次のとおりである（表3）。

表3　松鶴落語における使用状況

前接語	接続辞	音声資料	文字資料
て	断定＋タラ	4	3
の	断定＋タラ	2	2
の	ナラ		4
［体言］	断定＋タラ	5	
［体言］	ナラ	4	9
指示代名詞	断定＋タラ	2	
指示代名詞	ナラ	14	26
（他）	断定＋タラ		1

音声資料および文字資料のいずれにおいても、まず大雑把に言って、ナラに対する断定＋タラの勢力が大きい順に前接語を並べると、おおよそ次の順で共通している。

　　て　＞　の　＞　［体言］　＞　指示代名詞

このさまは、いわば松鶴落語という共時的な言語体系における勢力関係の観察から得られたものであるが、第5章で見た断定＋タラの進出順と完全に重なる点が注意される。
　もう一つ注意すべき点がある。断定＋タラへの交代がすでに完了した「て」を除いて、これらの順は、各前接語のいずれにおいても、音声資料の方が文字資料に比べて少しずつ断定＋タラの進出が進んだ状況にあることである。
　この点を、表2で見た他の資料の状況とも照らしつつ、歴史的な軸において位置づけ直してみると次のようになろう。

- 松鶴の音声資料は、「の」に断定＋タラが多く、［体言］で断定＋タラとナラが拮抗する。この点で、表2に示す明治大正／昭和の音声落語の状況と似通っている。
- 松鶴の文字資料では、「の」「体言」がほぼナラに偏る。この点は、表2に示す明治落語速記資料の状況と似通っている。

　このように整理してみると、松鶴の音声資料と文字資料とは歴史的に前後関係にある、すなわち音声資料に比べて文字資料の方が一段階古い言語が用いられているという解釈を導くことができる。しかもそれは、前接語の別という形式面から用法を分析する限りにおいては、すべての領域にわたって同程度に一段階前を示すという規則的なものであったのである。
　ところで、第5章で調査に用いた資料も、明治落語は速記本で、明治大正・昭和落語は録音文字化資料であった。この点を重視すると、このあたりの解釈は慎重を要することになる。すなわち、明治落語資料と明治大正・昭和落語資料の差は、時代差を映しているのではなく、明治から昭和初期の落語資料において共通して存在した速記本と録音資料（実際の語り）の実態の差を示しているのかもしれないということである。そうであるとすると、松鶴落語に見る文字資料対音声資料の差も、近代大阪落語にあった速記本対録音資料の質的相違を示す一例として位置づけられることになる。
　この点については、さらなる調査を踏まえた検討が必要である。今は、松鶴落語の文字資料と音声資料に質的な差があり、それは文字資料の方が変化

の一段階前の状況を示す内容をもつものであったという事実関係のみを押さえておきたい。

5. 活用型条件句について―トの使用頻度差に着目して―

先の表1で見たように、活用型条件句について顕著であったのは、文字資料でトが多いということである。以下、この点に注目して、文字資料と音声資料の差について考えてみる。

5.1 トの用法整理
5.1.1 検討対象の限定―〔一般性〕をもった表現への注目―

トがなぜ文字資料で多用されるのかを考えるにあたり、最初に、検討対象を条件表現のうちでもトの条件句に特徴的な用法部分に特定しておきたい。

かつて筆者は、矢島(2004a・b、2005)において、条件表現を以下の観点で区分することによって、各接続辞の勢力関係の推移が捉えやすくなることを述べた。

　○主節(帰結句)の表現レベルからみた条件表現の二分
　　一般性：主節の表現レベルが否定の対象となり得るもの。主節は特定の
　　　　　時空間が想定されない考え方や事実を表現する。
　　　例、(喜六)可愛いときかてあるやないかいな言いよるとな、殴れんもんやで。　　　　　　　　　　　(音声・船弁慶160・13報告書Ⅱ)
　　個別性：主節の表現レベルが否定の対象となり得ないもの。主節は表現
　　　　　時の表現者個人の捉え方や態度を表現する。
　　　例、(傍白)唐辛の粉を火鉢へ燻べますとその煙が鼻の先へモヤモヤと
　　　　　来ましたので、……　　　　(速記・くしゃみ講釈45・672上1)

いわば条件表現の主節(帰結句)において、話者が表現時にどう見えるかを直接表現するもの(=〔個別性〕)と、そういったものが現れず、「いつ」、「どこで」などが問題にならないことを表現するもの(=〔一般性〕)を区別する方法である。この区別を用いることによって、条件表現に起きた歴史的変

遷の様相が捉えやすくなることを論じたのであった。

　ところで、矢島 (2004a) において、近世末期までのトの使用をみた場合、〔一般性〕を有する表現で用いられることが多いことを指摘した。この観点で本章の調査範囲のトを検証してもやはり同様の結果が得られる（表4）。

表4　〔一般性〕と〔個別性〕の弁別と接続辞の使用

資　料	表現レベル	タラ	ト	ナラ	バ	(他)	(計)
音声資料	一般性	42	23	2	12	3	82
	個別性	31	1		5	1	38
文字資料	一般性	51	43	1	15	2	112
	個別性	44	2		2	1	49

　調査範囲中の活用型条件句で用いられるト69例中66例が〔一般性〕の表現で用いられ、〔個別性〕のものはわずか3例（音声資料1、文字資料2）のみである。つまり、トの特徴は〔一般性〕を帯びた条件表現をなすことに現れている。

　ここで問題とするのは、「音声資料に比べて、なぜ文字資料にトが多いのか」である。トを選択し得た領域は、主として〔一般性〕の表現と呼応する箇所である。そこで以下、トの用法との関係を問う価値を見出しやすい〔一般性〕のある表現例に検討対象を限定し、他の接続辞との相違を視野に入れながら、資料性の問題を検討していく。

5.1.2　〔知識系〕と〔判断系〕の区別

　表現選択に吟味の余裕を持ち得る文字資料では、他の形式との違いを意識しやすいトの中心的用法部分と、それ以外の用法部分とで、その使用状況に差を生じる可能性がある。そこで、次にこれまでに先学によって明らかにされてきたトの特徴を手がかりに、用法を細分化してみる。

　前件をトで受ける場合の条件表現の特徴としては、次のようなことが指摘されている。

- 「ト形式の文の中心的用法は、非現実の事態ではなく、現実に観察された事態を表現するものである」(益岡1993：14)
- 「トの最も基本的な用法は現に存在する事態間の関係の認定であり(略)」(鈴木1994：86)
- 「ト形式はとくに話し手が事実として認識している立場での(二つの異なる事態間の)依存関係を定立させる機能を担うところに特徴が見られる」(田中2004：43　カッコ内は同論中の先行記述表現から矢島が補う。田中1994：62からは、一部表現が改められている。)

これらより、トの典型的な用法として、話者の外側の現実としてある事態に目を向けた表現を構成することをあげることができる。その性質のため、次のように既有の知識とは関わりなく、特定の事態についてその場での話者の当為判断や意志が問われるような表現ではトは用いることができない。

(5)　荷物が〔○着いたら／＊着くと〕連絡すべきだ／連絡しよう。

ただし、トの例を見ると、基本的には話者の外側にある事態を問題としながらも、さらに条件句と帰結句の結び付け自体が、すでに事態として話者の外側の現実としてあるものと、その結び付けにおいては話者個人の判断が関与するものとで、二種類あることがわかる。つまり、次のAに示すような、条件句に対して得られる帰結句が話し手の経験に基づく知識[11]としてある内容をもつものと、Bに示すような、その場の話者の何らかの判断が加わっているものとである。

A〔知識系〕(＝「対象領域レベル」　第7章3.2参照)
　(男1)　わい、せくと、ものが言えんねん。
　　　　　　　　　　　　　　　(音声・くしゃみ講釈147・3報告書Ⅱ)
　(甚兵衛)　石を持ってたたくとぽんぽんと唐金のようなおとがする。

　＊11　田野村(1990b)に示される「知識表明文」の選別に通じるものである。

(速記・天王寺詣り11・196上2)

B〔判断系〕(A以外=「主体領域」の「判断レベル」)

(清八)　お前とこのおやっさんが行かん<u>と</u>な、この話おさまらんよってに。

(音声・船弁慶157・14報告書Ⅱ)

(甚兵衛)　三度廻す<u>と</u>、手を洗うたも、同全や。

(速記・天王寺詣り11・196下13)

　両者の違いは、例えば「～と考える」という話者の思考を表すことばが、〔知識系〕は共起し得ないのに対し、〔判断系〕は可能であるというようなことに明確に現れる。

　以上のようにトの用法を二分してみることによって、松鶴の音声資料と文字資料の相違について、検討していく。

5.2　トの用法別使用状況から見る音声資料と文字資料

　5.1で整理した弁別方法にしたがって、活用型条件句で用いられる各接続辞別に〔一般性〕ありの表現例を分析すると次のようになる(表5)。

表5　〔知識系〕と〔判断系〕の区別と活用型条件句・接続辞の使用の関係

資料	系別	用例数						占有率（％）					
		タラ	ト	ナラ	バ	(他)	(計)	タラ	ト	ナラ	バ	(他)	(計)
音声資料	知識系	20	17		6		43	46.5	39.5	0	14.0	0	100
	判断系	22	6	2	6	3	39	56.4	15.4	5.1	15.4	7.7	100
文字資料	知識系	20	33		6		59	33.9	55.9	0	10.2	0	100
	判断系	31	10	1	9	2	53	58.5	18.9	1.9	17.0	3.8	100

　用例の多いタラとの比較において、トの使用状況をみていく。タラは〔知識系〕に比べて〔判断系〕の使用割合の方が、音声資料では少々、特に文字資料においてはかなり多い。対照的にトは両資料において〔知識系〕の方が〔判断系〕に比べて三倍程度、多用されている。トの例の多くを占める用法として〔知識系〕があることが、まずは確認される[12]。

次に、音声資料と文字資料との相違についてである。〔知識系〕の表現に限ってみると、音声資料ではタラとトが拮抗するのに対し、文字資料ではトの方が圧倒的に多い。一方の〔判断系〕では、トに比べてタラの使用が三倍強という点で、音声資料、文字資料ともに大差ない。

このことから、〔知識系〕では、比較的に、タラに比べてトが文字資料で用いられやすい傾向を示すのに対し、〔判断系〕の表現では、タラ、トとも

---

*12 〔知識系〕でトが多用されるという用法上の特徴は、傍白部に多く用いられるという形になって明瞭に表れる。ここで傍白とするのは、落語の枕に当たる前口上部分、あるいは噺の中でも情景や状況説明で噺家による独白箇所など、噺家という話者が観客という聞き手に対して一方的に語りかける部分である。

ここに、活用型条件句の例に限定して、傍白部とそれ以外の通常の会話部分とに分けて、各接続辞の使用状況を示してみる（〔一般性〕〔個別性〕を合わせた全例を対象）。

資料	位相	タラ	ト	ナラ	バ	(他)	(計)
音声資料	会話	73	18	2	17	4	114
	傍白		6				6
文字資料	会話	95	32		15	3	145
	傍白		13	1	2		16

傍白部の活用型条件句の特徴として、トに使用が集中することの他に、タラが使用されないこと、どちらかというと文字資料で傍白の占める割合が高いことがあげられる。傍白という説明表現は、いわば噺家が物語世界に対して「全知のもの」として語るものである。したがって傍白のト19例（音声・速記合せて）のうち17例と大半が、次のような〔知識系〕で用いられる。

・(傍白) 立つと水は腰ぎりしかござりまへん。　　　　　（速記・船弁慶26・666下20）

例外的存在である〔判断系〕（2例）の場合でも、噺家にとってはあたかも既有の知識であるかのような立場から語られる。

・(傍白) こないいうてますと、天王寺さんの中にはたった二人しか歩いていんようだが、なかなかそうやおまへんで。　　　（音声・天王寺詣り176・2報告書Ⅱ）

特定のこの状況下での噺家の判断を述べているようでありながらも、傍白であるがゆえに、客観的な観察者としての立ち位置からの解説と見るべきであり、個別事態を離れた世界が描かれる。この特殊性が、〔判断系〕であってもトを用いやすくしていたのであろう。

に、音声資料・文字資料の違いによる影響をあまり受けず、一定の使用頻度を示すことがわかる。

　この現状については、まず1つ、トに対して、文字資料として適しているとの認識が、〔判断系〕の表現より〔知識系〕の表現において顕在化しやすかったのであろうことを指摘することができる。これはすなわち、次の（6）のように音声資料で〔知識系〕をタラで表す例は、文字資料ではトになりやすく、逆に（7）のように文字資料でトの例は、音声資料ではタラを用いやすかったことを意味する。

　　（6）　あ、来よる、来よる。手ー鳴ら<u>したら</u>来るなんて、うまいこと仕
　　　　　込んだある。　　　　　　　　　　　　　（音声・天王寺詣り175・8）
　　（7）　アア来る来る、手を叩く<u>と</u>来るとは、うまい事仕込みよったな。
　　　　　　　　　　　　　　　　　　　　　　　　（速記・天王寺詣り197・下23）

　（6）（7）がそうであるように、同じ演目の同一箇所を音声資料ではタラを、文字資料ではトを用いる例も散見される。こういったことからも、〔知識系〕の表現は、文字資料であればトで表すという形で、文体の影響を受けやすいものといえそうである。

　それに対して、タラには交換しにくいトの例が多く見られるのが〔判断系〕の表現である。〔判断系〕を表すトのうちでも、例えば、次の（8）（9）の用法は、資料の違いとは関係なく、タラは用いにくかった可能性が高い。

　　（8）　何じゃ、お前が言うてる<u>と</u>、イタチのようなな。
　　　　　　　　　　　　　　　　　　　　　（音声・天王寺詣り162・13報告書Ⅱ）
　　（9）　お前とこのおやっさんが行かん<u>と</u>な、この話おさまらんよってに。
　　　　　　　　　　　　　　　　　　　　　　（音声・船弁慶157・14報告書Ⅱ）

前節で見たとおり、トは基本的に観察者的な立ち位置から、「話者の外側の現実としてある事態」を描く。〔判断系〕の表現とは、一見、相容れない

第15章　落語録音資料と速記本　　411

性質のようであるが、話者の考えることを、話者が考える因果関係としてではなく、あたかも「話者の外側の現実」であるかのこととして描く表現では、むしろトが用いられている（例8）。あるいはまた、タラの侵出が著しく遅れた打消条件句を受ける場合にもトが用いられている（例9．打消条件句にタラが侵出しにくかったことについては、その条件句の性質の関係から説明できることを、本書の第6章で述べている）。このように、いずれも〔判断系〕の表現で用いられるトは、タラには置き換えにくい事情を有している。

　本節の問いは、文字資料にトが多いのはなぜかということであった。それについては、〔知識系〕の表現をタラではなくトで表すことを、文字資料では好んでいたという実情が関わっていた。トの「話者の外側の現実としてある事態」を描く性質が、文字化という規範意識の関わる言語活動において、この用法においては適していると感じられたということであろう。一方、文字資料・音声資料の相違と関わりなくトを優先的に用いる用法領域も、〔判断系〕の表現において観察された。トの中でもタラには容易に交換し得ない、固有の用法ゆえに文体差に左右されにくいということであり、ここにはトの用法の本質部分を鮮明に見出すことができるといえる。

6. 条件表現の用法から見た五代目松鶴落語の資料性

　以上、音声資料と文字資料の違いを、五代目笑福亭松鶴の落語における条件表現の用法に着目して、検討した。速記本という、実際の音声が可能な限り本来の形で再現されていることが想定される文体も、詳細に見ると質的な相違を有するものであることが明らかになった。具体的な指摘を繰り返すと次のとおりである。

　ⅰ）非活用型条件句のナラ対断定＋タラの使用から
　　・音声資料に比べて文字資料の方が一段階前の言語を使用している実態がある。なおこのことは、録音資料と速記本の使用言語の質的な相違として、近代大阪落語に普遍的に存在していたものだった可能性もある。
　ⅱ）活用型条件句のトの用法の検討から

・トは〔一般性〕の表現に大きく偏って用いられる。その〔一般性〕の表現例を〔知識系〕と〔判断系〕で分けた場合、トは〔知識系〕の表現を担う傾向が、取り分け文字資料において明瞭に現れた。これについては、トに対する書きことばとしての用法意識の所在を示していると考えられる。

なお、ⅱ）に加えるとすれば、一方の〔判断系〕の表現では、音声資料と文字資料とで、タラ、トの使用頻度に大きな差が認められなかった点に関わって、例えば、打消条件句を受ける場合など、タラの侵食を受けにくいト固有の表現領域が広がっていたことを指摘できることである。大阪語におけるタラの拡大という事情下にあっても、トは一定の用法を分担し続ける可能性を示すものであり、今後の検討への示唆を含むものと考える。

以上のように、落語における音声の録音資料と、速記本という文字資料とが、言語の質において、相当程度隔たりを持つものであることが明らかになった。その隔たりは、概括して言えば、音声資料に比べて文字資料では古態を反映する指向、および規範を意識する傾向が強いことによって生じているとみることができよう。

両資料の比較を通して、筆記という言語活動において求められる、あるいは結果として帯びざるを得ない、「普遍的なるもの（＝規範性・標準性）」の具体的な内容が見えてきた。この特徴を持つ速記本と、その制約がかかりにくい録音資料との比較により、国語史上の歴史を凝縮した形で見出すことができるかもしれないことも指摘した。同時に、どちらか一方の資料の観察だけでは位置づけが難しい側面、例えばトに固有な用法領域を検討する方法への可能性も広がるものであった。限られた範囲のものとはいえ、音声資料と文字資料とを併用することによる、多面的な言語研究の方途を、幾分かでも示し得たのではないかと考える。

なお、本研究は五代目笑福亭松鶴という一落語家の条件表現のみに注目した、わずか三演目についてのささやかな検討報告に過ぎない。さらに広範囲の調査をもってここで得た見通しを検証する必要がある。

第16章

原因理由文の用法に見る
五代目笑福亭松鶴落語

1. 問題の所在

　前章では、仮定的条件文を指標とした場合の、五代目笑福亭松鶴落語の録音資料と速記資料の質的な相違を検討した。そこでは、近代大阪語における条件表現に関して共時的な研究としての知見が得られることに加えて、両資料の比較から、実態として、音声言語に「革新」性、文字言語に「保守」性ともいうべき面が認められること等を指摘した。

　同じ松鶴落語でも、原因理由文を指標とするとまた異なった面が見えてくる。本章では、まず原因理由文の特徴として表現者によって大きく異なった接続辞を取る傾向があることを明らかにし、その上で、松鶴落語においては、録音資料という音声言語と速記本という文字言語の媒体の違いに加えて、速記本には五代目松鶴以外の者の口語意識の介入が見られること、また原因理由文の用法上の特徴を踏まえることで言語資料としての松鶴落語に関わる資料研究が可能になることを論ずる。

　本章で取る調査方法はすべて前章にならう。調査資料には、五代目笑福亭松鶴によるSPレコードの吹き込みと速記本とが、同一の演目において残るものとして「天王寺詣り」「船弁慶」「くしゃみ講釈」を取り上げる。それぞれのテキストは次による。引用の際の典拠の示し方等は、すべて前章に示すとおりである。

　　〇SPレコード
　　　・「天王寺詣り」タイヘイ・昭和13年発売（収録時間19：16）：㋑
　　　・「船弁慶」キャニオン落語大全集・昭和初期（発売年不明）（収録時間13：

35）：㋺
- 「くしゃみ講釈」ダイヤモンド・昭和10年発売（収録時間12：51）：㋑
…以上、㋑はCD-ROM「古今東西噺家紳士録」、㋺は「ご存じ古今東西噺家紳士録」（いずれも株式会社APPカンパニー）の再録音源を使用。

○速記本（雑誌『上方はなし』より）
- 「天王寺詣り」『上方はなし』第11集　昭和12年3月発行
- 「船弁慶」『上方はなし』第26集　昭和13年6月発行
- 「くしゃみ講釈」『上方はなし』第45集　昭和15年4月発行

2. 『上方はなし』の成り立ちおよび本章で注目すること
2.1 『上方はなし』における「速記」とは

　速記本の収載される『上方はなし』は五代目笑福亭松鶴の主宰により編集・発行された機関雑誌である。ただ速記本の成り立ちについてはよくわからないところが多く、いかなる速記者によったものか[*1]、演述をどういう形で書き取ったものなのか判然としない。

　手がかりが、しかし全くないというわけではない。『上方はなし』の編集後記や雑誌中の記事には、この速記本の成り立ちに関して参考となる情報が記されている箇所もある。

　ⅰ）第20集　編集後記（「中浜生」（矢島注：中浜静圃＝四代目桂春団治）署名）より抜粋
　今度は松鶴氏の演題に「尻餅」を撰んでもらった。先代譲りのお家物である。何しろ形で見せる個処が非常に多いので、（　）を用いてト

[*1] 『上方はなし』では笑福亭松鶴の署名入りで筆録されているが、速記者については噺の一つ一つについて必ずしも明らかにされているわけではなく、多くを四代目桂米団治によっていることが伝えられるのみである。一部は松鶴本人が記し、また中には息子六代目笑福亭松鶴が手伝ったものもあるようである（三田1972および戸田1997参照）。

書きじみた拙い表現法を、なるべく採りたくないと思うところから、彼の比較的短い落語を写すのにもかなりの苦心がいった。(中略)校正に際しても数回実演してもらったぐらいである。

ⅱ）第22集　編集後記（「中浜生」署名）より抜粋
松鶴氏に願った「鍬潟」。これまた校正に今一工夫の余地が充分ありましょう。

ⅲ）第23集　編集後記（「中浜生」署名）より抜粋
「百年目」松鶴氏としてはごく珍らしい出し物です。先月に懲りて今度は充分入念に筆写したつもりです。ある程度の良心をもってすれば、落語を紙上に生かすのは筆写より他に方法はありません。この意味で従来出版されていた速記本は、小誌の落語よりはるかに杜撰な、不親切なものだといいきっても、おそらくどこからも苦情は出まいと思います。むろん演者の苦労は速記の場合と比較になりませんが。

ⅳ）第24集　野崎万里「「上方はなし」二年を見る」の記事より抜粋
松鶴君の落語も、静圃君（矢島注：中浜静圃＝四代目桂春団治）が手を入れるといっては語弊があるが、筆記するようになってからは、厚意をくずさずしかも読みものとしても調子のあった読みいい、がっちりとした内容のものとなってきたことを特記したい。

ⅴ）第33集　編集後記（「堅丸生記」（矢島注：野崎万里か[*2]）署名）より抜粋
落語も松鶴十種の内「高津の富」として、松鶴師が三年間とっておきの至宝篇を出してもらいました。一字一句おろそかにせずと松鶴師が書き上げられたものです。

ⅵ）第36集　編集後記（「野崎万里」署名）より抜粋
松鶴君の「三十石」はこの記念号にふさわしい長篇で、この名作が「三十石」を家の芸とする松鶴君によって文字に移されたことは、何としてもうれしいことである。一つの経文を文字にするためにわざわざ天王寺まで出かけてきた、と松鶴君がいうほど苦心のものである。

＊2　『上方はなし』解題による。

これらより、明らかとなるのは、『上方はなし』に掲載される速記本が、いわば口演という一回の音声を逐語的に直写して成るのではなく、読み物としての完成度を考え、苦心の「校正」を経て成ったものだということである。さらにその速記者はさまざまであって、少なくとも第20・23・24集には中浜静圃が筆を執ったことが記され、第33・36集分については松鶴自身が筆録していることが明記される。ただし、ここに掲げたような、速記者の特定につながる記事は残念ながら稀であり、大部分については推定によらざるを得ないのが実情である。

2.2 速記者についての推測

一方、主として編集に携わった者については、もう少し正確な整理が可能である。上記ⅰ）～ⅵ）の記事をはじめとする『上方はなし』の編集後記の記事内容や執筆者などの諸情報を合わせると、次のごとくであることがおおよそ推定される。

第1・2集：沓脱英介
第3―16集：松鶴（10集以降、中浜静圃の関与が増えるか[*3]）
第17―30集：中浜静圃
第31―35集：堅丸（野崎万里か）
第36―46集：野崎万里
第47―49集：中浜静圃

第47集に、それまでの編集者・野崎氏の急逝により、急遽編集の担当に戻ることとなった中浜氏の編集後記があり、その中に過去の編集担当を交代した経緯について振り返る記事がある。

○さいわい各位の支持を得て歪みなりにやり続ける中に、何とも小五月蠅い問題が起きたものだからいやになって、無責任にもゴリ押しからバト

[*3] 『上方はなし』47集編集後記の記述による。

ンを再び野崎に押っつけて引き退った。時に三十一集。

　第32集の伊勢三郎「桂米之助に与う」（二代目米之助＝中浜静圃）の記事にも、その頃、急速にこの雑誌との距離を置く中浜静圃に対して、「過去一年半、君が手塩にかけて成長させてきた『上方はなし』に対する情熱を、今一度呼び戻してくれることを僕は切望したいのである」としている。

　中浜静圃は『上方はなし』の編集者としても速記者としても大きな役割を果たす人物である。その中浜氏の関わり方を軸に時期を区切ってみると、おおよそ第1〜［10〜16］集頃までの関与の様子が前面に出てこない前期があって、それから第30集まで最も明確な関わりが認められる中期が続き、さらにそれ以降の遠ざかった時期である後期、続いて雑誌の末期にあたる第47〜49集と捉えることになろう。

　編集者としての位置づけが、速記本の筆録者と直接結び付かないのは言うまでもない。しかし、今ここで中期とする時期に編まれた上の引用 i ）〜iv）には中浜氏が速記本を執筆したことを明記する記録が続くのに対し、松鶴が筆を執ったとされる記事がある引用 v ） vi）は、いずれもここでいう後期、すなわち中浜氏が『上方はなし』から離れた時期に当たるものである。本章で取り上げる噺には、速記者に関わる記載は一切なく不明であるが、ちょうど前期（「天王寺詣り」第11集）・中期（「船弁慶」第26集）・後期（「くしゃみ講釈」第45集）のそれぞれにあたる時期に刊行されていることは、検討の上で念頭に置くべきであろう。つまり、速記本において、この三話で速記者が一致しない可能性が高いこと（ただし、前・中期分にあたる「天王寺詣り」「船弁慶」は同一者である可能性もある）が、その言語使用においてどのような影響として現れるのかということである。

　以下、大きくは二点、こうして成る文字資料と松鶴によって語られた音声資料とがその表現においてどのように異なるのか、また、速記本の編集に関わる者の変化が、文字資料として何らかの相違をもたらしているのかどうかについて、具体的な言語の用法を通して観察してみることとする。

3. 原因理由文の使用上の特徴
3.1 文字資料で多用される傾向

　五代目松鶴の、ここで調査対象とする文字資料・『上方はなし』とSPレコードに録音された音声資料とは、内容・ストーリーは一致しているところが多いとはいえ、基本的には文字資料の方が詳しく、分量も多めになる。このことには、「当時のレコードの場合は、極々限られた時間内に、ともかく、話をまとめねばならなかったので、おそらく平素とはかなり異なる刈り込みをした演出をしなければならなかった」（清水1984）ことが関わっている。その結果、同一の言語事項を調査しても概して文字資料の方が用例数は多い。

　ただしその状況は、各表現によって偏り方が異なり、文字資料の方が表現量が多い分、比例的に多くなるというような単純なものではない。そのことを原因理由文と、前章で取り上げた条件表現（仮定的条件文・事実的条件文）、さらに参考として断定表現および否定表現を取り上げて、それぞれの用例数を比較することで示してみる（表1）。調査対象は、「天王寺詣り」「船弁慶」「くしゃみ講釈」の三演目である。

表1　SPレコードと『上方はなし』における各表現の用例数比較

	原因理由文	条件表現	否定表現	断定表現
音声資料	47	153	126	170
文字資料	95	207	186	209
文字／音声	2.02	1.35	1.48	1.23

　速記本での使用度数が、録音資料のそれと比べて断定表現で約1.2倍、条件表現や否定表現でも約1.4〜5倍であるのに対し、原因理由文のみ2倍を超える。

　この結果からわかることは、音声言語と文字言語とで、原因理由文は現れ方に違いがあり、他の表現に比べて原因理由文は、文字言語の方で多用される傾向があるということである。言い換えれば、文字資料という、音声資料に比べて表現を選択し、吟味する過程を多く含む資料の方で、この表現は多用されやすいということである。当然、その分、話しことばの再現性という

点においては、異なった要素を含みやすいものであろうことが予想される。

3.2 音声資料における噺家による違い
3.2.1 四～六代目笑福亭松鶴の場合

速記本の検討に先立ち、音声資料の演者による相違をみておきたい。本章で調査対象とする演目のうち「天王寺詣り」については、五代目笑福亭松鶴だけでなく四代目・六代目笑福亭松鶴による録音資料も残されている[*4]。それぞれの生年、録音年および録音時間〔分：秒〕は次のとおりである。

・四代目笑福亭松鶴　明治2（1869）年生、大正末年頃録音〔6：13〕
・五代目笑福亭松鶴　明治17（1884）年生、昭和13年録音〔19：16〕
・六代目笑福亭松鶴　大正7（1918）年生、昭和49年録音〔26：17〕

ここでは「天王寺詣り」中の原因理由文を、五代目松鶴に先行する四代目、および後の時代の六代目がどのように語るかという視点から比較を試みる。以下に、調査結果を示す（表2）。

表2「天王寺詣り」における原因理由文用例数

噺家	カラ	サカイ（ニ）	デ	ノデ	ヨッテ（ニ）	（他）	（計）
四代目		3		1			4
五代目	3		6		6	2	17
六代目	1	23	1			1	26

用例数が少ないため検討には注意を要するが、表2に示すとおり、同じ笑福亭松鶴による同じ演目の噺でも、何代目の松鶴なのかによって、使用する接続辞はかなり異なっている。概括的に捉えれば、四代目・六代目の使用は

＊4　四代目・六代目松鶴による「天王寺詣り」はいずれも「古今東西噺家紳士録」（APPカンパニー）に収録されたものによる。

サカイ（ニ）を中心とするのに対し、五代目はそれ以外の各接続辞を広く用いるという相違が認められる。

ところで、ヨッテ（ニ）とサカイ（ニ）に限定すると、歴史的にはヨッテ（ニ）が先行し、サカイ（ニ）が後から発達してきたものであることが明らかにされている。例えば小林（1977）は中世から近世期の文献を広く調査された上で、近世期はヨッテ類が隆盛期を迎える一方で、サカイ類が一定範囲に止まる勢力しか得られなかったこと、サカイ類の伸張は明治・大正・昭和という世代を経なければならなかったであろうことなどを述べる。金沢（1998）では、近代大阪語における両表現の使用状況を踏まえながら「大正〜昭和においては、（多分、拮抗期を経た上で）徐々にサカイ系がヨッテ系を圧倒してきたものと考えられるのではなかろうか」（p.153）とする[*5]。また彦坂（2005）では、原因理由文の全国分布を示すGAJ（国立国語研究所編『方言文法全国地図』33図など）は、ヨッテ類の後でサカイ類が伸張したと解釈できるとする。

しかし、少なくとも四〜六代目の笑福亭松鶴の落語においては、これらの先行研究が指摘するような新旧関係、すなわち例えば四代目がヨッテ（ニ）を多用し、五代目、六代目となるにつれてサカイ（ニ）が増えるというような実態を示さない。四代目から六代目では生年に50年ほどの開きがあるにもかかわらず、この状況にあることは少々わかりにくい。この調査範囲で偶然に捉えられる現象に過ぎないのか、あるいは、近代大阪語においては、各接続辞の勢力配置は、大局的な歴史的前後関係とはまた別な、異なった事情において捉えられるべきものなのであろうか。

ここで、現代大阪語における原因理由文に関して、共時的なあり方に言及した諸研究を参照してみる。

[*5] ただし、金沢（1998）は近代大阪語においてサカイ（ニ）がヨッテ（ニ）を圧倒していく流れを捉えつつも、両表現の使い分けには判然としない面があることを指摘し、「全く異なる語形（表現）が、ほとんど同一の機能を持つものとして同時代に（それも比較的長い期間）並立し得たのかという点にも、依然として釈然としない」（p.165）思いを抱かざるを得ないことを述べている。

(a) 理由を表す助詞 「サカイ（ニ）」と「ヨッテ（ニ）」がある。若年層はもっぱら「カラ」を使うが、「シ」もある。(平山1997：51)

(b) 「雨が降るから」のカラに当たるのは、中心部ではサカイ・サカイ
ニが最も優勢で、(中略)中心部でもサカイ以外にヨッテを使うことも多く、ノンデ・モンデ・ンデ・デを使う所は周辺部に案外多い。(楳垣1962：56)

(c) サカイ（ニ）とヨッテ（ニ）は全く勢力伯仲して用いられる。この両者には男女・老幼・地域・あるいは理由・原因の主観性客観性等の上から何らの区別もみられず、両者全く同じ機能に用いられている。ノンデ（ンデ）は、前二者に比べて、理由・原因のさし方がそれ程強くない。(山本1962：483)

つまり現代という軸においては、サカイ（ニ）とヨッテ（ニ）を始めとして、その他、カラ・ンデ・デ類が位相・地域を異にして使用され、各語形がそれぞれの事情の下で並列している状況にあるということである。特に（c）にあるように、サカイ（ニ）とヨッテ（ニ）の並列に関しては、共時的には、その使い分けについてははっきりしたものではなかったということのようである。そうであるとすると、前節で見た三代にわたる松鶴落語の状況も、近・現代大阪語の実態をそのまま映すものであった可能性もまた高いといえる。

3.2.2 他の噺家の場合

参考までに、他の噺家の使用状況について示してみる（表3）。調査には『二十世紀初頭大阪口語の実態―落語SPレコードを資料として―』平成二年度一般研究（B）報告書（研究代表者・真田信治）掲載の29話（明治36～大正15年頃録音）を用いた（以下、「明治末～大正期落語」と称する）。噺家、生年は表中に示すとおりであり、明治後期から大正期の大阪落語の実態が概観できる資料内容である。なお同資料には四代目笑福亭松鶴が収載されるが、本章の調査と演目は重複していない[*6]。

表3　噺家別、原因理由文の使用状況

噺　家	生年	録音年	カラ	サカイ(ニ)	デ	ノデ	ヨッテ(ニ)	(他)	(計)
曾呂利新左衛門	1844	1903〜1911	26			6	27		59
			44%	0%	0%	10%	46%	0%	100%
桂文枝(二代目)	1844	1911	2			2			4
			50%	0%	0%	50%	0%	0%	100%
桂文団治(三代目)	1856	1912頃		3	1	3		1	8
			0%	38%	13%	38%	0%	13%	100%
桂文三(三代目)	1859	1903	2			1			3
			67%	0%	0%	33%	0%	0%	100%
桂枝雀(初代)	1864	1903〜1923	1	10	2	1		1	15
			7%	67%	13%	7%	0%	7%	100%
林家染丸(二代目)	1867	1923	4	8	1	4	1		18
			22%	44%	6%	22%	6%	0%	100%
笑福亭松鶴(四代目)	1869	1907〜1926	2	7		2	2	1	14
			14%	50%	0%	14%	14%	7%	100%
桂文雀	1870	1923	6	8		1			15
			40%	53%	0%	7%	0%	0%	100%
(計)			43	36	4	20	30	3	136
			32%	26%	3%	15%	21%	2%	100%

＊6　調査演目を噺家別に示すと次のとおりである。馬部屋・盲の提灯・後へ心がつかぬ・鋲盗人・恵比須小判・日と月と下界旅行・動物博覧会・絵手紙（以上、二代目曾呂利新左衛門）・近江八景/小噺・たん医者・近日息子（二代目桂文枝）・倹約の極意（三代目桂文団治）・天神咄・魚売り（以上、三代目桂文三）・亀屋左兵衛・蛸の手・きらいきらい坊主・煙管返し・いびき車・芋の地獄・さとり坊主（以上、初代桂枝雀）・日和違い・電話の散財（二代目林家染丸）・一枚起請・いらちの愛宕参り・魚尽し・平の蔭・理屈あんま・やいと丁稚・浮世床（以上、四代目笑福亭松鶴）・長屋議会（桂文雀）

この表から、サカイ（ニ）対ヨッテ（ニ）に緩やかな新旧関係が読み取れなくもない。特に、曾呂利新左衛門に一際ヨッテ（ニ）が多い点を重視すれば、それまで勢力を維持してきたヨッテ（ニ）が、明治末から大正期にかけては衰退期にあったと捉えやすくなる。

　しかし、より生年の新しい林家染丸、笑福亭松鶴（四代目、さらには表2に示した五代目）にヨッテ（ニ）を一定以上使用している事実がある。また、サカイ（ニ）がすでに江戸期から用いられてきたものであるにもかかわらず、上記調査範囲に使用がゼロの噺家もいる。サカイ（ニ）やヨッテ（ニ）を用いず、カラ・ノデを多く用いる噺家も多い。

　これらの事情をすべて勘案すると、この範囲で使用される各接続辞の全体を、単純に歴史的な推移の観点のみで捉えるのは難しいことがわかる。調査が落語資料に限られているという制約があるにせよ、原因理由文における接続辞の使用については、明治末〜大正期の頃から、個人差が大きいものであったという面を認めておく必要があると考える。

4. 五代目松鶴落語による音声資料対文字資料の使用状況
4.1 使用概況

　続いて録音資料と速記本という音声資料対文字資料の比較を行う。ここでは同一演目について録音資料と速記本との両方がある五代目笑福亭松鶴のみを調査対象とする。両資料における原因理由文の使用状況を、以下の表4に示した。

表4　五代目松鶴落語における音声資料と文字資料の差

	カラ	サカイ（ニ）	デ	ノデ	ユエ	ヨッテ（ニ）	（他）	（計）
音声資料	5	2	9	4		24	3	47
	11%	4%	19%	9%	0%	51%	6%	100%
文字資料	7	19	4	31	3	29	2	95
	7%	20%	4%	33%	3%	31%	2%	100%

最初に、先に各噺家の使用状況を示した表3と、表4のうち五代目松鶴の音声資料分の調査結果の比較から、五代目松鶴の特徴を明らかにしておく。一見して、次の点が特徴としてあげられよう。

・サカイ（ニ）の使用が少なく、ノデも少なめであること。
・ヨッテ（ニ）、デがかなり多いこと。

　特にヨッテ（ニ）の使用の多さについては、表3中において最も多く使用していた曾呂利新左衛門よりも使用率が高く、サカイ（ニ）の使用の少なさとともに注意すべき状況にあることが確認される。
　五代目松鶴が、原因理由文の使用に関してやや特殊な傾向を持つ者であることを念頭に置いた上で、音声資料の状況と文字資料の状況とを比較してみる。

・音声資料に比べて文字資料で使用率が高いもの
　　　　サカイ（ニ）・ノデ
・音声資料に比べて文字資料で使用率が低いもの
　　　　デ・ヨッテ（ニ）

　これによって明らかになるのが、五代目松鶴固有の特徴であるとした点がことごとく緩和される形で、文字資料である速記本は成っているということである。
　このことからは、速記本が松鶴以外の手によって成ったという見通しの適切さが改めて確認されよう。原因理由文については、言語条件（話者・筆録者／音声・文字）によって容易に使用状況が異なるものらしいということを3節で見た。また3.2の（ａ）～（ｃ）の諸先行研究では、文法的な用法上の使い分けが顕著なものではないことを指摘していた。そうであるとすると、用法上の存在意義がそれぞれでそれほど明確でないために、表現者の相違という言語条件の影響が直接に表れるものとして用いられていたと見ることができそうである。

4.2 演目別使用状況

前節で一括しているデータを、演目ごとに区別して示してみる（表5）。

表5　演目別使用状況

資料		カラ	サカイ(ニ)	デ	ノデ	ユエ	ヨッテ(ニ)	(他)	(計)
音声資料	天王寺詣り	3		6			6	2	17
		18%	0%	35%	0%	0%	35%	12%	100%
	船弁慶	2	2	2	1		14	1	22
		9%	9%	9%	5%	0%	64%	5%	100%
	くしゃみ講釈			1	3		4		8
		0%	0%	13%	38%	0%	50%	0%	100%
文字資料	天王寺詣り	7	2		7	3	3	1	23
		30%	9%	0%	30%	13%	13%	4%	100%
	船弁慶		16	1	11		22	1	51
		0%	31%	2%	22%	0%	43%	2%	100%
	くしゃみ講釈		1	3	13		4		21
		0%	5%	14%	62%	0%	19%	0%	100%

「くしゃみ講釈」のノデの使用について一まず除けて考えると[*7]、五代目

[*7] 「くしゃみ講釈」は音声資料の用例数が少ないこともあるが、ノデが見られる点において特徴的な演目である。同噺は速記本でもノデを多用しており、素材・話題の影響があることが想像される。例えば、次のように丁寧体で語る箇所でノデ使用が目立つ。

・（傍白）日が暮れると追い出されますので仕方なしに講釈小屋へ参ります。

（速記・くしゃみ講釈45・670下19）

傍白部分であることとともに、主節の述語部分で現実の世界にある事実を述べ、その事象に対応する理由として従属節がある。すなわち、本書の第7章で述べた「対象領域レベル」のうちの「事態命名のレベル」の用法であり、ノデが同レベルでの使用に傾くことも同章で見た。たまたま同噺の話題の影響で、それらの諸条件下で用いられる例が多く、用例数の偏りを生み出しているところがありそうである。

松鶴による音声資料は文字資料と比べて、原因理由文の使用傾向は比較的に似通っていることが見えてくる。すなわち、サカイ（ニ）が少なく、ヨッテ（ニ）が多いこと、デが目立つことなどの特徴が共通して見られるのである。

一方の速記本の方は、作品によって特徴が異なる。目立ったところを記すと次のとおりである。

・天王寺詣り：唯一ユエの使用がみられる。カラの使用も目立つ。
・船弁慶：サカイ（ニ）の使用が最も目立つ。速記本の他の演目に比べれば、ヨッテ（ニ）も多い。
・くしゃみ講釈：ノデの使用が目立つ。

このように速記本の方でややばらついた用例分布が認められることについては、速記本の成り立ちにおいて複数の者が関与していること、そして原因理由文がそれぞれ個人の特徴を反映しやすいものであって、それら個人の表現指向を映すがために生じたものであることが関わっているとみる。

さらに同一演目で音声資料と文字資料とを比較した場合も、同一内容を語るものでありながら、いずれも、似通った使用傾向を示すとは言いにくい状況にある。「天王寺詣り」は文字資料にのみサカイ（ニ）・ノデ・ユエを用いるなど隔たりが大きく、「船弁慶」も同様に文字資料でのサカイ（ニ）・ノデの使用が目立つ。ただ「くしゃみ講釈」は、サカイ（ニ）の少なさ、デ・ヨッテ（ニ）の使用の様子などの点において、比較的に音声資料と似た面がないと言えなくもない。もちろん、文字資料の方でノデの多用という事実がある[8]ので、その点をどう捉えるかで判断は変わってくるところではある。

「くしゃみ講釈」の速記本は、先にも見たように中浜氏が『上方はなし』の編集から遠ざかった後期に、執筆されたものである（2.2参照）。同時期には、松鶴自身が速記本の筆を取ったことが明記された集もある（2.1に引用

---

[8] 注7に述べたように、「くしゃみ講釈」中のノデの例には、ノデを使用する理由が見出せるものが多いが、それが表現者の個人差を超えて共有されるレベルのものだったのかどうかで、全例の分布の意味合いも変わってきそうである。

した編集後記v）・vi）参照）。その状況と、上に見る原因理由文の使用法とから、あるいは「くしゃみ講釈」も松鶴自身がその速記に関わっていた可能性もあるのではないかという仮説を立てることもできる。他の言語使用の状況などもあわせて、今後検討してみる価値がありそうである。

5. 類似表現の使用傾向より
5.1　注目点
　各表現形式の具体的な用い方から、資料の特徴を見てみる。ここでは資料としての特性、すなわち表現に関わった個人の特性が出やすいものとして、同一の内容でも二通りの表現が可能なものに注目する。具体的には、次のような、ノ・モノ＋断定の助動詞＋接続辞を取るものである。

　　・（お松）こちの人、晩のお菜にするのやよってに焼豆腐買うて来とう、
　　　　　　　　　　　　　　　　　　　　　　　　（速記・船弁慶26・663上16）
　　・（喜六）余り出たり這いったりするもんやさかいに、下駄で蹴ってやろうと、蹴りかけたら、隣りの藤助はんが這入って来て、
　　　　　　　　　　　　　　　　　　　　　　　（速記・天王寺詣り11・192上20）

このように、ノ・モノに断定ヤを介して接続辞が続く表現は、例えば次のようにノ・モノを除いて、ほぼ意味を変えることなく用言性述語を受ける形式に言い換えることができる。

　　・こちの人、晩のお菜にするよってに焼豆腐買うて来とう、　　　（作例）
　　・余り出たり這いったりするさかいに、下駄で蹴ってやろうと、　（作例）

もちろん両者が持つ意味合いが完全に等しいというわけではなく、例えばモノを介することによって従属節の内容を情意的に取り上げる効果が添えられることなどがあると考えられる。しかし、日本語として不自然になってしまうような、あるいは意味が大きく隔たるような違いは生じない。
　この点に注目し、いわば、活用語を述語とする従属節によっても表現でき

るものを、ノやモノによって非活用型の従属節で表現する方法を取る度合いが、どのように違うかという点から、資料の特徴をみることにする（以下、ノ・モノ＋断定＋接続辞の形を取る条件句を「非活用型従属節」と呼ぶ）。

5.2　非活用型の従属節を取る傾向から

　次頁の表6は、ノ・モノ＋断定＋接続辞の形を取る非活用型従属節の使用状況を示したものである。ここでは、笑福亭松鶴と明治末～大正期の噺家の状況（調査範囲等は3.2.2を参照）を合わせて示している。松鶴については、四～六代目の共通調査資料である「天王寺詣り」の調査結果を記し、また改めて五代目松鶴に限っては、音声資料と文字資料それぞれ（「天王寺詣り」「船弁慶」「くしゃみ講釈」）中の状況を示す形とした。

　表6のうちで特筆すべきことは、五代目松鶴落語のうち音声によるものにはこれらの該当例が全くないということである（表中網掛け部分参照）。例えば、同じ松鶴でも四・六代目には使用が見られ、表6に示すようにこの表現を使用する他の噺家も少なくない。活用型従属節への置き換えがきくために、五代目松鶴の指向として、この非活用型従属節の表現を用いなかった可能性がある。

　一方、同じ五代目松鶴落語であっても、文字資料（速記本）の方は事情が大きく異なる。対照的に、かなりの高頻度でこの形式を用いているのである。表6で調査対象とする明治末～大正期落語は29話であるのに対し、松鶴落語・速記本はわずか3話分と十分の一に過ぎない。それにもかかわらず、非活用型従属節使用数は、明治末～大正期落語中は全19例（ノ7例、モノ12例）、松鶴落語・速記本中には全17例（ノ6例、モノ11例）とほぼ等しく、単純に噺の数で比較すれば、約10倍もの頻度で用いていることになる[*9]。

　具体例を見てみる。実際に次のような対照的な表現例がある。

　[*9]　このことから、ノ・モノ＋断定＋接続助詞の用法には文字資料に馴染む、いわば書きことば性があるという捉え方も、一見、可能である。しかし、本論の以下に述べるとおり、「船弁慶」以外の演目「天王寺詣り」、「くしゃみ講釈」にはこの形式例は少ない。したがって、同表現に書きことば性があるという見方には立たない。

表6 噺家別、資料の種類別、非活用型従属節の使用状況

資料			カラ	サカイ(ニ)	ヨッテ(ニ)
明治末～大正期落語音声資料	の	曽呂利新左衛門			1
		林家染丸（二代目）	1	2	
		笑福亭松鶴（四代目）			1
		桂文雀		2	
	もの	曽呂利新左衛門	2		1
		桂文団治（三代目）		1	
		桂枝雀（初代）	1		
		林家染丸（二代目）	1		
		笑福亭松鶴（四代目）	1	4	
音声資料「天王寺詣り」	の	笑福亭松鶴（四代目）		2	
		笑福亭松鶴（五代目）			
		笑福亭松鶴（六代目）			
	もの	笑福亭松鶴（四代目）		1	
		笑福亭松鶴（五代目）			
		笑福亭松鶴（六代目）		2	
五代目松鶴	の	（音声資料）			
	もの				
	の	（文字資料）		1	5
	もの			9	2

・(お松) うちらが暗いよってに、仕事してんね思てしゃべってたら、まーまー、着物着替えて座ってるわ。　　（音声・船弁慶155・3報告書Ⅱ）
・(お松) 内らが暗いもんやさかい、仕事してるのやとばっかり思てたら着物着替えて仕事場に平太張ってるワ。　　（速記・船弁慶26・661下20）

これはつまり、その従属節が活用型でも、非活用型でも表現可能であった

ところで、五代目松鶴自らの音声による語りにおいては活用型を用い、それを文字に記録する速記本では非活用型の方の表現を選択していたということである。

　さらに注意されるのが、速記本中で非活用型従属節を取る17例のうち、15例までが「船弁慶」中で用いられていた（他「天王寺詣り」「くしゃみ講釈」に各1例）ことである。このことは、「船弁慶」の速記本の成り立ちにおいて、何らかの特別な事情—例えば、この表現方法を好む速記者が書いたなど—が関与していたことを疑わせよう。

　以上の検討においても、原因理由文が個人差を映しやすい表現であるということの一端が明瞭に現れているといえる[*10]。

6. 近代大阪語における原因理由文の特徴と五代目松鶴落語の資料性

　以上の検討を通じて明らかになったところを振り返っておく。

　まず、原因理由文固有の特徴として、この表現には、文字資料（速記本）の方で使用される頻度が高くなるということがあった。表現を整えようとする意識のもとで出現しやすいものだということであろうか。速記の過程において、速記者自身の判断によって表現が選ばれている箇所が増えることを意味するものであり、この点は他の表現とはやや相違することとして注意する必要がある。

　また、表現者（噺家・速記者）個人によって、この原因理由文は使用傾向が異なりやすいという点も顕著であった。それは、四～六代目の松鶴同士、ならびに明治末～大正期の噺家全体の録音資料においても観察され、また五代目松鶴の速記本（における速記者）においても見出されるものである。

　五代目松鶴の音声による語りについて言えば、ヨッテ（ニ）を多用する者としては特異とも言える位置にあり、また活用型の従属節をノ・モノ＋断定

　[*10]　速記本のうち「くしゃみ講釈」に、この非活用型従属節の例が少ないという点は、音声資料で五代目松鶴が1例も用いていないという事実を勘案するにつけ、この話が松鶴自身の速記によって成ったものかもしれないとする4.2に示した仮説を支持するといえる。

＋接続辞という非活用型にして表現する方法を取らない点でも特徴的であった。

　速記本も五代目松鶴を写したはずのものでありながら、各演目によって使用する接続辞は大きく異なっていた。そのことに関わっては、例えば、「船弁慶」がノ・モノ＋断定＋接続辞の非活用型従属節の多用傾向を示したり、「くしゃみ講釈」が音声資料と類似する傾向を示したり、速記者の推定に寄与すると思われる興味深い事実があった。

　ところで、このように、原因理由文が表現者の個人差を示しやすい表現であるという捉え方については、落語という話芸を調査対象としたことによって得られた、いわば条件付きの見解としておく必要はある。しかし、3.2に引用した現代大阪語の口頭言語について報告される実態と通じる内容であることも、また事実であり、原因理由文について検討していく上で重要な観点になるものと考える[*11]。

　本章は、笑福亭松鶴という限られた言語資料において、音声によって語られた音声資料と、それに基づいて筆録された文字資料（速記本）の比較を出発点とした考証であった。ここで得た、断片的な知見のそれぞれについて、どの程度、普遍的なそれと連続性をもっているのか、今後、他資料の状況を見ながら検証する必要がある。

　[*11]　本文でも述べたように、基本的には「表現者の個人差（位相差）を反映しやすいこと」と「文法的な用法差が少ないこと」とが表裏にあるところで、原因理由文の特徴が実現していたものと見る。同じことに関わって、第7章でも論じている。

VII
おわりに

終　章

条件表現史研究から 日本語史研究へ

　以上、本論において明らかにしてきたことのうち、重要と考えることの中から一部を取り出し、それが日本語史のいかなる問題へと連続するのかを考えてみる。やや思い切ってその展開先をイメージすることによって、今後、さらにどういった方向での検討が可能性として広がるのか、その見通しに関わるところを、整理しておきたい。

1. 条件表現の変化とその意味
1.1 〔一般性〕の捉え方に関わって
　第Ⅰ部では、本書の目的を示すとともに、これまでの条件表現研究において関心が払われてきたことを中心に、現在、どの段階まで明らかにされているのかを確認した。

　史的変遷を対象とするもののうち体系性を問題とする研究においては、これまで、条件表現における已然形＋バの位置づけ方、あるいはその位置づけ変化を軸として、検討が重ねられてきた。ただ、各研究者の研究対象とした時代や変化の段階に応じて、分析の際に取るべき方法が異なるため、条件表現の体系の捉え方、あるいは下位分類の設定のしかたにおいて、研究者間で少なからぬ相違が存在していた。例えば、前件と後件の生起関係に見出される「恒常性」「普遍性」（本書の〔一般性〕に該当）をどのように位置づけるかということや、あるいは、仮定条件を完了性・非完了性と細分化して捉える際に何を基準とするかということなどにおいてである。

　一方で、現代語の条件表現においては、例えば、後件に対する前件の構造的相違に応じて接続辞が使い分けられることや、さらにその表裏のところで

各接続辞には後件に対する前件の意味関係を明示し分ける機能が備わることが明らかにされている。また地理的な分布のさまに現れるさまざまな併存のしかたから、標準語で観察される各接続辞の均衡は、1つのありように過ぎないことを教えられる。

　こうしたことを踏まえ、本研究においては、〔一般性〕に着目しつつ、前件と後件の生起関係を特徴づけることにも対応できる方法として、前件の時制ということに分類基準を求めることとした。内省の利かない時代の使用例を検討対象とする以上は、前件の提示のしかたに関わる細かな意味特性は問題とし得ない。そういった中で、〔一般性〕という、ややもすると恣意的に捉えられがちな特質を、客観性をもって括り出せる点で、効果的であることを期したものである。なお、言うまでもないことであるが、前件の時制による分類は、条件表現の方法を直接に説明する原理としてのものではなく、分析のための「補助線」としてのものであった。他のアプローチでなければ明らかにならないことも、当然あると考える。

1.2　中世から近世にかけて起きた変化

　その方法によりつつ、中世以前の条件表現と、近世以降のそれとを比較観察し、基盤部分において起きていた大きな変化、すなわち、かつての条件表現が「前件の未確定・確定を活用形で表現し分け、以下に順当な内容を続ける」方法であったものが、近世以降は「接続辞が、後件に対するところの前件の関係のあり方を表現し分ける」方法になるということを、まずは確認した。古代語では各活用形が固有に文法的機能を有していたものが、近代語では特定の辞的形式と結びつくことで文法形式として機能するようになる。活用語全体にわたって起きた、大きな変化が、条件表現においてはこのような形で現れ、捉えられるということである。

　その際に、最も直接的に関与していた現象が、前件で〔一般性〕を帯びた表現を行う、すなわち「非特定時」を表す例を急激に増加させるということである。かつての条件表現の特徴は、話し手が実際に体験したり、あるいは実感を伴うような具体的なできごとに対応したものが多かったことに現れる。それに対して、「非特定時」のことがら、中でも実際のできごとの繰り返し

などではない、思考内で設定したことがらについて、因果関係を見出し、表現していく方法が、かつてと比べて増加するのである。いわゆる仮定条件・確定条件の別も、また事実的条件文（偶然確定）や原因理由文（必然確定）といった領域も超えて、条件表現の全領域に及んで、この方法による表現に重心をずらしていたのであった。

　この変化は、接続辞の別を問わないものであり、さらに条件表現全体の変化へと連動する。その中でも際立っていた已然形＋バによる「非特定時」の増加傾向は、大きく次の二つの事象も同時に引き起こすことを意味していた。

（a）　已然形＋バは、コンテクスト次第で原因理由文（必然確定）・仮定的条件文（恒常条件）のいずれとも解釈できる場合があった（例参照）。この表現は、具体的なできごとに対応した表現ではない、思考内で一般化して捉える表現が増加した言語環境においては、同一表現であっても仮定的条件文としての運用傾向を高める。結果、原因理由文であることを明示したければ専用形式を使用せざるを得なくなる傾向が強まることと相乗効果を起こしながら、次第に、已然形＋バの内実が「已然」形から「仮定」形へと、スライドする。
　　　（例）「雨降れば客なし」
　　　　…【具体的なできごとにみる因果関係】中心の環境下では…
　　　　　　→「雨が降っているので客がいない」＝原因理由文
　　　　…【思考内で一般化した因果関係】多用の環境下では…
　　　　　　→「雨が降れば客は来ないものだ」＝仮定的条件文
（b）　已然形＋バが本来担っていた機能のうち、「已然」形をバが受けて、蓋然性の確定した事態を取るという意味合いが薄れることにより、もともとのバの役割のうち、前件に対して順当に起こるはずと考えられることを後件に続ける機能のみが結果として浮上する。

　この変化の中で、仮定的用法の領域では、「未然」形の活用形の機能変化を下敷きとしながら、前件の成立ののちに引き続いて起こることを続けるものとしてのタラや、前件の事実性が成り立つことを仮定するナラなど、後件

との関係を、それぞれ独自に意味づける接続辞の発生が促され、育っていったのである。

　思考内で因果関係を把握する方法に基づく条件表現の広がりは、仮定的条件文のみに止まらない、条件表現の全領域に及ぶものである。事実的条件文における已然形＋バが［一般事態の継起的用法］で維持され、タレバがタラの形式を獲得すると同時に「非特定時」の表現領域に広がっていたこと、あるいは原因理由文が「発話時以降」「非特定時」の前件を取る傾向を強化したことなど、いずれもその表れであった。そして、タレバという已然形を取っていた事実的用法が、見た目は未然形であるタラを発生させることには、接続辞というものが、「已然」形を受ける意味合いの稀薄化と引き換えに、後件との意味関係を明示する役割のみ求められるものとなったことが現れている。原因理由用法でも、後件との関係を細分化して示す方法としてのユエ（ニ）やニヨッテなどの新興の接続辞が多用される。いずれも同じことを背景とするものであり、起こるべくして起こった変化であったのである。

1.3　従属節の構成法に見る変化

　こうして、思考内で因果関係を把握する方法に重心が傾くことで、各接続辞は後件との意味関係を明示する機能をもっぱら担うものとして、その役割は明らかなものとなる。そしてそれは、已然形＋バという従属節が、かつては有していたはずの自立性という点において、変化を及ぼしている可能性があるのであった。

　例えば、事実的条件文では、独立性を持った個別のできごとをそれぞれ前件と後件に並列させる方法であり、それは緩やかに時制の一致という傾向となって現れていた。ところが、近世期の使用例には、後件（主節）で発話時における話し手の捉え方が示される表現文で、後件に先立って存在する事実について前件がタレバで受ける形式のものが増加していた。やがて、近世後期にはこれらのタレバはタリャを経てタラへと姿を変えるという実情もある――そしてそのタラは「非特定時」の内容を受ける例を増やす――が、それらはもはや発話時から見た時制を独立して表現するのではなく、後件に先行することを表すことが機能の中心となっていると理解される。

同じことが、原因理由文でも観察される。中世期までは、そもそも「発話時以降」のできごとを原因理由として前件に取る頻度が限られていた。仮に「発話時以降」のできごとを原因理由に取る場合には、原則として推量の助動詞などを用い、発話時に出来していない事態であることを明示する方法であった。ところが、近世期には取り立てて推量の助動詞類を伴うことなく、未実現の事態を思考内で設定して原因理由として前件に取る例が急増している（前件「発話時以降」かつ後件で意志・命令表現を取る例の急増は、また別枠の、新たに広がった表現として区別すべきものであった。第4章4節参照）。この場合、前件では、生起時を明示する自立性は求められていない代わりに、原因理由として用いられていること、すなわち後件成立のために必要な条件を明示することだけが求められていると捉えられるのである。
　これらの已然形＋バの領域で広く観察される変化の根底には、従属節が、主節との相対的な関係性を強め、自立性を弱めるという構文史上の大きな変化があったことが考えられた。他にも、自立性を失った慣用的な用法、「聞けば」「そういえば」「もしかしたら」などが条件表現中に広い範囲に及んで用いられていたことも、同じ事情のもとで起きた現象として捉えることができる。これらが広く発達できた前提として、かつて節と節が、あるいは文と文が、緩やかに自立性をもって並列していたのに対し、近世期以降、相互に緊密な関係において、文としての一体的まとまりが強められる流れがあったのではないかということである。
　阪倉（1970）では、古代文が「切れめが曖昧で、切れるがごとく、またつづくがごとく」の「開いた構造」を持つのに対して、近代文は「中間に断裂もなく、かなり緊密な縒り」を持った「閉じた構造」に特徴があるとされる。新しい表現文の特性は、「表現内容を、纏った一体の事がらとして明確に提示する」ものとして捉えられている。
　前件（従属節）は、後件（主節）との意味関係を特定的に示すことがその機能の中心となった接続辞にまとめられることによって、主節によって統括される「纏った一体の事がら」を構成する一部としての性格を強める。これらの使用例に認められる変化から、従属節の自立性の稀薄化が、古代語に比べた場合の近世期以降の特徴として、あったのではないか。こうした表現法の

終章　条件表現史研究から日本語史研究へ　　441

変化の中で、バと相対するところでナラ・タラ・トやユエ（ニ）・ニヨッテなどの発達が促されていたのではないかと捉えてみたものである。

　以上のことは、条件表現に起きたいくつかの変化に通じることとして、広く説明が可能であることを指摘したものであるが、構文史上の問題として捉えていっていいことなのか、今後も継続して、検討を加えなければならない。例えば、事実的条件文や原因理由文に見る時制に関わる表現方法の変化は、従属節における時制表示の方法において起きた変化が現れているだけなのではないのか、また、「聞けば」「そういえば」の発達は、慣用が生んだ、別枠で捉えるべき問題ではないのかなど、さまざまな問いへと連続していくものと考えている。あるいは、仮に構文史上の問題であるとしたら、他に起きたどのような変化を説明するものであるのかなど、新たな視点を持つことによって、これまで見過ごされてきた変化や現象に形を与えることができるかもしれない。まずは、こうして現象に広く通じる説明を試みることが、国語史の記述を多角的に進めることにつながるものと考える。

1.4　阪倉（1958）の再理解

　ここで、改めて阪倉（1958）の見解について検討する。次に、阪倉氏の主張の骨子となるところを、再度、引いてみる。

ⅰ）古代語における仮定条件表現が、事実の生起そのことを前件として提出し、それに導かれる事態を個別的に推測するものであつたに対して、近代語のそれは、「あり」といふ存在を意味する要素をふくんで、前件が一つの事実として提出されるかたちをとることによつてもうかがはれるやうに、仮定条件表現そのものが、恒常仮定的性格をおびるにいたつたことを意味する。

ⅱ）近代語における仮定条件の表現といふのは、現に問題とする一つの事態の背景に、つねに一般性をもつた因果性を予想するといふ発想の形式をとるにいたつたといふことである。

ⅲ）二つの事態のあひだに因果性を認めるといふことは、もはやそれを、

単に「語る」ことではなくて、「説明する」ことであつた。偶然確定や偶然仮定の段階においては、その表現は、なほ二文が並列的に結びついてゐるに近く、前件には、一往の中止的陳述が存する（例略）。文の統一のためには、その陳述が、後件の陳述に呼応しつつ、あひともに、さらに大きく、この文全体の陳述によつて統括されなければならないのである。必然仮定の表現においても、この関係はなほ、相似たものである。これらに、いはゆる条件表現における「時の呼応」が認められるのは、そのためである。しかるに、必然確定をへて、さらに恒常仮定、恒常確定の段階においては、前件における条件の陳述は、後件の述語に吸収されてしまひ、文末の述語における陳述が、やがてこの文全体の陳述を決定する。（中略）表現の論理化といふことは、少なくとも今の場合、かういふ事実と結んでかんがへられねばならない。すなわち、もとかうした性格をもつた恒常確定の表現形式が、仮定条件表現にも用ゐられるやうになつたところに、一つ、近代語における表現の論理化といふ事実が結果したわけなのである。

ⅰ・ⅱ）ともに、已然形＋バの仮定表現への参与という問題について、当該の表現の「かたち」「〜といふ発想の形式」に特徴を見出しながら、その変化に解釈を与えるものである。本書は、各接続辞の用法別の使用頻度を実際に調べる方法から、思考内で因果関係を捉えた表現の増加という現象を指摘した。接近法は異なるものの、基本的な部分で大きく重なると言ってもよいであろう。

ややその解釈を定めにくいのが、ⅲ）である。ⅲ）の指摘の要諦は、前件（従属節）と後件（主節）とで「時の呼応」を示さない恒常確定が仮定表現に用いられるようになったところに「表現の論理化といふ事実が結果した」という点であろう。この部分は、本書で得た見方を踏まえれば、次のように捉え直せるのではないかと考える。

古代文の順接の条件表現は、未然形＋バは蓋然性が未確定の事態を受け、已然形＋バは確定、もしくは確定扱いが可能な事態を受ける。「前件＋後件」により、前者は、定まっていない、これから起こるであろうことについて、

後者は起きたこと・起きるものとしてあることについて因果関係を捉える。そして、その前者の典型である偶然・必然仮定条件は後件で推量形を取り、後者の偶然確定条件では過去形を取ることなどによって「時の呼応」を示した。いわば「(前件と後件の：矢島注) 二文が並列的に結びついてゐるに近く、前件には、一往の中止的陳述が存する。文の統一のためには、その陳述が、後件の陳述に呼応しつつ、あひともに、さらに大きく、この文全体の陳述によつて統括されなければならない」構造ということである。

　その後継の表現であるタラやナラは、近世の段階で、すでに後件に推量を取るなどの呼応関係を定型的に示すことはなかった。同時に、ナラ・タラ・ト等の各接続辞は、後件に対する前件の関係のあり方を表現し分ける方向で発達していた。つまり、主節に対置するところの従属節の相対的相違を示すことが、各接続辞の存在意義となっていたのである。

　こういう構造のことを、阪倉氏は「前件における条件の陳述は、後件の述語に吸収されてしまひ、文末の述語における陳述が、やがてこの文全体の陳述を決定する」と捉えていたのではないか。もちろん、この部分は「恒常仮定、恒常確定の段階」について言うものではある。が、そもそも当論考は、現代に続く条件表現の特質について「仮定条件表現そのものが、恒常仮定的性格をおびるにいたつた」という性向を指摘するものでもある（上記のⅰ）参照）。ということは、前件と後件とに「時の呼応」が見えない恒常確定・恒常仮定の特徴は、すなわち、現代へと続く条件表現についての指摘でもあることになろう。

　以上を要すれば、つまりⅲ）は、古代文と近代文とで、文の構成法に、取り分け主節に対する従属節のあり方について、変化があったことを見据えられた議論だったと理解できるのではないか。本書において、前節に指摘した従属節の主節に対する位置変化として想定したことを、すでに見通されていた議論だったと読むことができるのではないかということである。

　以上の第1節の検討は、中世末期を境にして起きた「条件表現のしくみの移り変わり」として、以下のように取りまとめることができる。

・古代語：［前件の「未然」形、「已然」形単位での活用形
　　　　　の機能］［＋バ］［(＋順当性を持った後件)］

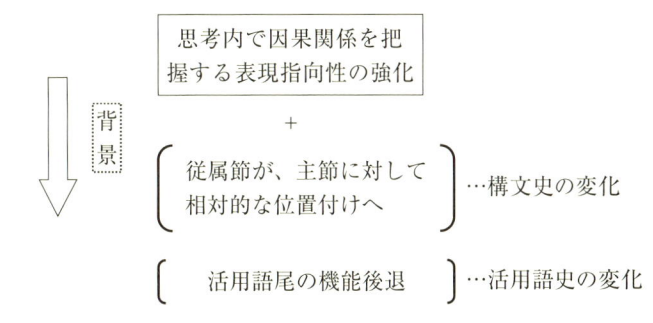

```
         ┌─────────────────────┐
         │  思考内で因果関係を把  │
    ⇓ 背景│  握する表現指向性の強化 │
         └─────────────────────┘
                   ＋
         ⎧ 従属節が、主節に対して ⎫
         ⎨                    ⎬ …構文史の変化
         ⎩ 相対的な位置付けへ    ⎭

         ⎧   活用語尾の機能後退   ⎫ …活用語史の変化
         ⎩                    ⎭
```

・近世語：［〔前件＋接続辞〕＋後件］
　　　　　※接続辞バ・タラ・ナラ…／ホドニ・ニヨッテ…は、
　　　　　　前件と後件の関係を明示する機能

2. 近世期以降に顕著となる変化
2.1 上方語らしさ、大阪語らしさの獲得

　近世期以降、現代に及ぶ流れの中で、上方・大阪語は、近世後期に至るまでは中央語の位置にあり、それ以降は、漸次、江戸・東京語にその地位を譲り、地域語としての位置づけへと代わる。そのことによって起きていたと理解すべき変化の側面もあった。

　第Ⅲ部の検討によって、上方・大阪語が、江戸・東京語に比べて、まずは概括的にいって仮定的条件文・事実的条件文ではタラを次第に多用すること、原因理由文では、かつて各接続辞が示した呼応する構文レベルの相違を後期上方語以降は示さなくなることなどにその特徴が現れることが明らかとなった。それまでの上方語の方法であった各接続辞を複数併用する原理は、むしろ後期江戸語、さらには東京語の方に受け継がれ、そのまま現代標準語に連なっている[1]。逆に、近世後期以降の上方・大阪語は、一見するとその煩瑣な複数表現の使い分け原理を手放し、単純化する方向に舵を切ったかに見える。そうすると、この、上方・大阪語が複数形式の併存の原理を失うこと（タラへの一極化、原因理由辞の構文レベルでの使い分けの喪失など）は、中央語としてのあり方から地域語にその位置づけを変えていくことと、何らかの関係性

において捉える必要があることのように考えられてくる。

　中央語であるということは、さまざまな方言話者が活発に出入りし、文化的にも政治・経済的にも交流の中心に位置づくことである。さまざまな言語的使用の特性を有する話し手に、そこで用いられる言語は共有されることが必要であり[*2]、それはすなわち、中央語には、当該の時代の規範が、結果的に伴うことにつながろう。同時にまた、異質な各地域言語の接触・混交の中で生じる共通語にふさわしい性格として「分析的傾向」（田中1965参照）を帯びることになることも、つとに指摘されるところである。

　そして、上方語は、近世後期のある段階以降、それまで備えていた中央語

[*1] 江戸・東京語で各接続辞の併用原理を維持する傾向が強いことについては、仮定的条件文・事実的条件文は第5章末尾に付記した「江戸・東京語における条件表現の接続辞について（参考）」、原因理由文については第7章末尾「江戸・東京語における原因理由文の接続辞について（参考）」を参照。なお、野村（2007）は、「（豊臣秀吉の天下統一により）奥州から九州までのすべての領地支配者が、京・伏見・大阪へ引きずり出されました。彼らはそこで、ミヤコの人士や各地のブケたちとの交際を始めなければなりませんでした。（略）その時、彼らの「教養」は、その交際を多少なりともスムーズにしたものと思われます。そしてその後、彼らは集団で江戸に移転します。領地は各地にあっても、彼らは江戸に参勤交代をしなければなりません。秀吉時代に上方で鍛えられた彼らの言語は、今度は江戸の山の手の武家屋敷地区に集積します。それはさらに近代の「標準語」に引き継がれ……。このような流れがあるからこそ、現在の「標準語」は、むしろどの方言にも増して、狂言やキリシタン資料や抄物の言語に近く感じられるのだと思います。」とする。狂言やキリシタン資料の言語と基盤部分を共有して近世期の文芸言語が成ると考えると、野村氏の考え方においては、本書で観察した条件表現の方法の連続性（近世中期上方の様相が、そのまま後期江戸語に引き継がれる面が見出せること）は、偶然ではない、理由のあることとして理解できることになる。

[*2] 上方語に代わって中央語の位置についた江戸語に関わっては、小松（1985）に、天保期頃（あるいはそれ以降）の江戸の人口構成に占める江戸以外の他所出身者が3割近くを占めることや市街地の拡大に伴い関東方言との活発な交流の中で育つ面があったこと、また「武家と町人の言葉の交流」があったことなどを指摘している。さらに、「都会語としての江戸語の印象」について語る「和歌山藩付家老の侍医」のことばを引き、「下賤の者」であっても「見知らぬ人に丁寧なもの言いで道を教える」ことなど「都会の言葉らしい特徴」が見られたことを紹介している。

としての特質をいくつか失うことになる。例えば、その経済的な位置づけ変化が、町を構成する人々の生活・交流形態に大きな変移をもたらしたであろうし、そのことは、言語のあり方に対しても小さからぬ影響を与えたことが考えられる。

次は、上方語が、中央語から地域語へとその位置づけを変えつつあったとされる十八世紀後半〜十九世紀前半の大坂の町人社会の様子について、乾（2002）が島之内菊屋町を主たる研究対象としつつ、指摘することである。

- 18世紀後半はいわゆる田沼時代または宝暦—天明期といわれ、江戸時代後半への幕藩制転換期ともされた時期である。しかし大坂町人社会においては、（略）自立からようやく継承へと動き始めた町人社会が、さらに家の維持・存続を重視するような時期に移行し始めたと考えているものである。(p.182)
- （宝暦〜天明期の大坂は：矢島注）借家層を含めて家の定着・継承への強い指向を確認することができるのである。(p.200)
- （菊屋町の化政期の動向として「都市における地域共同体がさらに強化される」ことにより：矢島注）まったく縁類者をもたない他所出身者などの流入定着をいちじるしく困難にしていったのでなかろうか。(p.278)

大坂の社会的位置づけの変化が、人々の交流のあり方にも影響し、方言話者がそれまでほど活発には交わらない状況を生じている。タラへの一極集中、原因理由辞の構文レベルでの使い分けの喪失の傾向というものは、何代にもわたって、同じ顔ぶれで社会を構成する環境で、それぞれの接続辞が持つ微細な使い分けを維持することよりも、特定形式・特定方法による効率的な使用が重視された結果と解釈することもできる。文化的・人的な交流が活発でない言語文化においては、そのありようを形成し、特徴づけていくのは、もっぱら人々の地域に根差した日常会話である。気心の知れた人同士の会話で求められる効率性[*3]が、前件と後件との細かな関係づけ維持への指向を弱めた可能性があるのではないかという捉え方である。

ただし、上方・大阪語の条件表現は、一方向に単純に整理されていくだけ

ではなく、例えば、仮定的用法でタラの強い勢力拡大が見える一方で、打消条件句をはじめラ変・形容詞条件句では、旧来のバを維持する強い傾向を示す。また、ナラ条件句の表現内にはタラに直に移行した領域もある一方で、(ノ+)断定+タラ(例、「(クルマに)乗るんやったら、飲むな」)と、新たな使い分けの方法を得てもいる。原因理由辞もただ種類が減るわけではなく、各文体の特質に応じて使用頻度が異なり、位相的な特徴が前面で観察されるようになる。現代標準語とは、また異なった意味合いと均衡において「分析的傾向」が担保されているとも言えるのである。

このあたりに関わって、本研究と同じく、近世以降の上方語から現代大阪語の表現史を研究する金沢(1998)は、複数の文法事項の歴史を広く記述した上で、「「近代大阪語」の変遷の様子を総体的に捉えた場合、そこに一つの統一的な軸(傾向)を想定するのは不可能ではないかという気がする。分析的な傾向もあればそれに反する動きもあり、進取性があるかと思えば保守性が表に立つ場合もある。いくつかの側面が、全体的に統合された形で総合的方向を持つというより、それぞれの側面がそれぞれの方向を持ちながら、個々の言語表現の情況に応じて独じた対応(変化・不変化)をするというのが、総体としての「近代大阪語」における「変遷」の実相ではなかったのだろうか。言い換えれば、異なった複数の性格が混在する「多様性」こそが、「近代大阪語」の変遷の様相を説明する最も適切なキーワードとなるのではないかと思われる」と捉える。

そういったことを踏まえると、本書で見たことも、「分析的傾向」にはさ

---

*3 タラが仮定的条件文で使用域を広げる初期の段階で観察されたのは、話し手が独自に設定を行う[想定]と捉えた表現群であり、「他でもなく」と話し手が主体的・意図的に取り立てる[焦点化]の特徴を見出せるものであった。当為表現のうちで「〜たらいい」「〜たらいかん」とタラを構成要素とした評価的複合形式を取って、いち早く文法形式としての用法を示したのも、話し手から聞き手への働きかけの意図がうかがえる表現である。このように、自己の認識や意見を強く押し出したり、主張したりする表現でタラの拡大が促進されるという興味深い一致が随所で確認された。それは、地域語にその位置づけを変えることと何らかの必然性があることなのかどうか、さらに検討してみたい課題である。

まざまなレベルのものが含まれると、まずは理解する立場から捉えるべきであろう。条件表現の接続辞の「使い分けの喪失」という捉え方も、標準語のあり方と比較してのものであり、別な形での「分析的傾向」は維持されていたのであった。少なくとも、複数形式の使い分けを淘汰・喪失する「単純化」、あるいはそれを維持・発達させる「分析化」などの一方向性の変化などではなかったものである。

　そして、このような、それまでの流れとは明らかに異なった向きを持つ変容への舵切りこそが、上方・大阪語の社会的位置づけの変化によって起こったものと考えるのである。それまでの、条件表現史の変化としてあった「分析化」の流れ——バを中心としたシンプルな方法から複数接続辞を使い分ける方法へ——と一直線では結び得ない、明らかに異質な方向に、近世後期以降の上方・大阪語は向かっていた。この方向転換に大きく関与するのが、上方・大阪語の置かれた立場の変化だったのではないかということである。

　上方・大阪語の近世後期に起きた社会的位置づけの変化により、同言語は、それまでとは大きく異なった言語環境に転じる。そこで求められるのは、中央語としてではない、地域語としての環境が育てる言語としての体系である。その言語環境で不必要な使い分けは淘汰され、必要なレベルの「分析的傾向」を育てる。本書がみた、条件表現の変化は、上方・大阪語が、新たな社会的位置づけに移るという条件を加えられた上で、いかにして近・現代語としての特徴を有するに至るのか、それまでの原理が大きく揺さぶられた、その変動期のさまを映し出したものだったのではないかと考えるのである。

　もちろん、これは、上方・大阪語の極めて限られた範囲のことがらについてあてはまる一解釈に過ぎないものである[*4]。今後続くであろう研究の、

＊4　『方言文法全国地図』を参照するとわかるように、アスペクト表現・可能表現・推量表現など、むしろ地域語においてこそ多様な使い分けを維持する表現は多い。彦坂（2011b）でも「地方語の総合的表現、中央語の分析的表現の面」についての捉え方や、あるいはその型から外れるものの捉え方について考察されている。それらの知見に基づきつつ、さらにまた細かな使い分けを指向するものとしないものとを弁別しながら、それぞれの傾向が有する意味について検討していく必要がある。

第一歩としての意味合いに止まるものであることは改めて言うまでもない。

2.2 接続詞的用法や当為表現の発達

こうした構文の質的な変化、あるいは地域語としての上方・大阪語らしさを獲得する動きと並行して、近世期以降の条件表現は、ソレナラやダカラなどの接続詞的用法や、ネバナラヌなどの当為表現を著しく発達させる。これらにおいては、指示詞や打消の助動詞、そして接辞などのそれぞれの構成要素の和として表現が組み換え自由に用いられるのではなく、一体的なまとまりをもつものとして、語彙化・文法化を経て用法が一般化するものである。時代、あるいは地域ごとにおいて、当該の表現のそれぞれの一体化の度合いに応じて、条件表現史と連動する様相を変え、また、それとは距離をおく一単位として変化の様子を変える。

そのまとまりをなすという特徴が、それぞれの地域性を反映した形式をそのまま固定使用する傾向を生み出しもし、さらにまた、その一体性と使用頻度の高さによって中央語からの影響を反映しやすい状況を生じるなど、条件表現の全体とは趣の異なった一面を見せる。ただし、その基盤は、条件表現全体の中の一部をなすことにあり続ける。語彙化・文法化した形式であるからこその特徴として捉えていくべき面と、母体である条件表現全体の中で位置づけていくべき面とをあわせもつ表現群であったといえる。

ところで、近世以降には、先に触れたように、非条件的な用法とするべき表現(「聞けば」「そういえば」「もしかしたら」など)が広く多用される事実があった。接続辞を用いる従属節がもはや従属節として機能していないという点では、接続詞的用法や当為表現も、それらと同様である。繰り返しとなるが、これらが広く発達できた前提として、構文の質的変化があり、それによって、この種の複合形式が文法化したり、非条件的用法が広まったりしやすい環境が準備され、定着が後押しされた可能性があることを押さえておきたい。かつて節と節が、あるいは文と文が、緩やかに自立性をもって並列していたのに対し、近世期以降、相互に緊密な関係において、文としての一体的まとまりが強められる流れがあった、すなわち従属節が自立性を弱め、主節の相対的な位置づけに変化したという全体としての状況があったことが、これらの

表現群を育てる環境として意味があっただろうということである。

2.3 　中央語から地域語へ──社会的位置づけの変化と影響力の発信源の交代と──

　上方・大阪語の、中央語から地域語への移行ということに関わって、語彙化・文法化を経て条件表現の体系から自立しつつある接続詞的用法や当為表現などの推移に、興味深い事実が見出せた。例えば、接続詞的用法のソレデハ、当為表現のテハイケナイなどの禁止表現は、いずれも後期江戸語以降の江戸・東京語で高頻度に使用される形式である。上方語は、必ずしもこれらの表現形を活発に用いる状況はなかったのであるが、上方語が地域語へとその位置づけをずらしつつある段階以降に、これらの形式（あるいはそれを上方系に改めた形式）を用いるようになる。上方語の使用を詳細に検討しても、これらの形式を上方語内部の事情において使用する理由が見出せない以上、これらは江戸・東京語での使用の影響によるものだと考えたものである。

　これまでも、江戸語がその成り立ちにおいて、その段階で中央語であった上方語の影響を受ける面があったことは指摘されてきたところである（田中1983、松村1986他）。実際に、本研究で取り上げた条件表現も上方語で見られた複数の接続辞の併用方法の基盤は、江戸語に色濃く受け継がれていた。しかし、その立場は、近世末期以降に逆転するのである。その結果として、明治二十年代の大阪語資料には、それ以降も受け継がれていく東京語の方法が、すでに条件表現の広い用法にわたって入り込みつつあることが確認されたのであった。

　本論中で、杉本（1988）の「すくなくとも二十世紀（明治三十三年＝一九〇〇）の初頭までで、東京語が日本の標準語の資格ありと認定され、全国民的にもほぼ合意を得るまでに基礎がかたまってきた」という記述を引いた。その標準語の成立は明治中期以降であり[*5]、標準語の影響が全国に明瞭に、実質的に話しことばにまで及んでいくのは、昭和期以降であるとされる[*6]。し

　[*5]　上田万年博士の「標準語に就きて」（『帝国文学』1）が明治28年、標準語の普及に大きな節目となった小学校令が明治33年、それを受けた国定教科書の第一期が明治36・37年であった。

かし、本書の検討は、遅くとも明治中期には、中央語としての江戸・東京語が地域語に対して影響力を及ぼす位置にあったことを示していた。少なくとも、十九世紀後半以降の大阪語の検討に際しては、その観点を自覚的に取り入れた分析が必要であると考える。

3. 言語資料・位相の問題

　文献資料を調査対象とする言語研究の場合、そこに写し込まれている言語には、文字として記録する作業を介することで、その資料の成立目的や事情に応じて、言語使用に何らかの傾きが生じていることも自覚しておく必要があるであろう。

　例えば、近松浄瑠璃で、各曲の成立順に並べた場合、仮定的用法の接続辞はそれぞれの詞章の成立期によって、あるいはその台本執筆姿勢によって、各接続辞の使用が大きく左右されるものであることを示していた。落語資料では、同じ噺家による同じ演目でありながら、速記本にリライトされたものと実際に音声で語られるものとでは、条件表現の方法において新旧の対立で捉えられる相違が見え、また、同じ演目でも噺家が違えば、特に原因理由の接続辞の使用傾向が大きく異なる様子があることなどを観察した。

　そもそも、文献資料に見出す言語は、何らかの加工を経た架空の存在物である。各資料においては、受け手の理解に際しての負荷を軽減するためには、一々、登場人物について個の人間としての特徴づけをすることはむしろ不要であり、ステレオタイプの表現を用いる必要がある。そこで記される表現は、生の一回性の談話をそのまま再現するのではなく、いわば社会的に共有された「知識」から外れないものであることだけが求められる。第Ⅵ部の「言語

　＊6　加藤（2007）は、大正12（1923）年の関東大震災による被災住民の移動、大正15（1926）年のラジオ放送開始を契機とする標準語の生の音声による享受が発端となり、その後の太平洋戦争へと続く軍国主義・国粋主義の担当に伴う強制的教育の色彩の強まりにおいて、標準語の強制的な受け入れが起こっていくことが整理される。戦時体制下の頃であっても、したがって、「標準語風の話し方を、全国の国民がスムーズに受け入れるようになった」とはいえ「皆がそのように「話すようになった」わけではない」ことが指摘されている。

資料と条件表現」で行った検討は、表現者（浄瑠璃作者や落語の噺家など）が、その登場人物に対してどのような役割を与えようとしたか、享受者にどのような「知識」が共有されていると想定し、表現者自身、どう認識していたか、それをその文芸ではどう表現しようとしていたかを具体的に明らかにしようとする作業であった。言い換えれば、当時の人々に共有されている、各文芸の枠内で使用可能な「知識」としての言語像の輪郭を明らかにするものでもあったといえる。

　その「知識」に当たる言語像をつないで、それを遠くから眺めたときに何らかの連続性が見出せるとしたら、そこに、特定の個の表現活動を超えて、広く共有されるところで実現する言語変化を見出すことは可能であろう。条件表現としての情報は、特に歴史的な研究においては、そもそもそれぞれの目的のもとに成る書記言語に求めざるを得ない現実の問題がある。そうである以上、まずは適切な資料を選択した上であれば、かなう限り多くの調査を行い、俯瞰的に状況を把握することによって、言語の歴史記述を試みていくべきであろう。第Ⅱ～Ⅴ部は、その見方に立ち、位相によって使用状況が異なるところを超えて、同時代において広く共有されていたであろう部分に着目し、概括的に変化を追うことを目指した研究であったといえる。

　第Ⅵ部では、表現者個人レベルで、接続辞の使用に偏向があることにも触れた。個々の接続辞の使用法の検討から、歴史記述に厚みを加えることができることも、あるいは資料の成り立ちに関与した人の推定などを可能にすることも、本文で言及したところである。資料研究との連携の中で、明らかにできることは、まだまだ少なからずある。今後、大いに展開の余地がある領域と考えている。

4. おわりに――その他に残された課題を整理しながら――

　本書は、条件表現史を究明するために、まずは順接条件に限定して検討したものである。当然、逆接条件の領域で起きたことを視野に入れることで、初めて明らかになることがあるはずである。

　また、調査資料として写実性を含んだ口語資料を中心としたことで、考察が限られた範囲に止まらざるを得ない面を残した。特に、中央語・地域語の

問題を考える際に、汎地域的に共有されていたであろう言語、例えば知識人によって用いられていた講義体の言語などがどのような役割を果たしていたのか、考察をより正確なものとするためには、ぜひ、検討を加えなければならない。変化の際の橋渡しとして、あるいは、変化を推し進める直接の要因として機能していた面がないのかどうか、本書では、その存在が果たしたかもしれない役割に言及するに止まり、十分な検討に及び得なかったところにある問題として、明記しておく。

　そのことに関わって、日本語における江戸・東京語の位置づけについても、さらに明瞭にしていく必要があろう。本書で江戸・東京語としたものは、本書の方針から意図的に選定した資料を通じて得たものであった。それは、当然のことながら、江戸・東京という地域に根差した方言による発話を、文芸資料中に描きなおした言語から捉えた一断片にすぎない。本書で検討対象とした言語が、江戸・東京語全体像のどの部分に位置づくものであるのか[*7]という問い（それは上方・大阪語についても、同時に当てはまる問いである）は、さらに今後、さまざまな課題の検討を通じて明らかにしていく必要がある。

　本書で江戸・東京語として捉えようとした言語は、当然、書きことばとしてどうあるべきか模索されて手に入れる標準語[*8]とは一線が画されるものである。その別物であるはずの江戸・東京語が、すでに明治中期の段階で、あたかも後代における標準語のごとく、地域語たる大阪語に影響を与える存在としてあったということが重要なことだと認識している。具体的に、どのような言語的交流があったことによって、これらの影響関係が成立するのか、広く調査を加えた上で、さらに考えていきたいところである。

　[*7]　江戸語、近代東京語の多種多様な層にわたる言語の総体に関わって、あるいは東京語の成り立ちの把握に関わるさまざまな可能性について、田中（1983）、森岡（1991）、飛田（1992）、國學院大學日本文化研究所（1996）、土屋（2009）などに優れた研究や議論の蓄積がある。それらに導かれつつ、さまざまな視点からの調査と考察を加えながら、さらに追究していきたいと考えている。

　[*8]　ここでいう標準語とは、「国民国家に通用する共通語という点で、言文一致体＝口語体は話し言葉を超越した書き言葉という性格を持っている」（金水他2006）などに沿った理解、認識に基づくものである。

課題が多い、まさに緒に就いたに過ぎない研究であることを改めて認識・確認しつつ、稿を閉じることとしたい。

参考文献

※以下、単行の論文の中には、その後にまとめられた著書に所収されたものもあるが、引用に際して初出年を示す必要があった論文はそちらを記した。

秋元実治（2002）『文法化とイディオム化』ひつじ書房
有田節子（1993）「日本語条件文研究の変遷」益岡隆志編『日本語の条件表現』くろしお出版
有田節子（2007）『日本語条件文と時制節性』くろしお出版
アンドリュー・ガーストル（1998）「義太夫没後の近松―『国性爺合戦』『関八州繋馬』―」『岩波講座歌舞伎・文楽第八巻　近松の時代』岩波書店
井島正博（1996）「相対名詞または格助詞による時の副詞節」『山口明穂教授還暦記念国語学論集』明治書院
井島正博（2005）「中古語存続助動詞の機能」『国語と国文学』82-11，東京大学国語国文学会
井島正博（2007）「中古語完了助動詞の体系」『国語と国文学』84-8，東京大学国語国文学会
井島正博（2011）『中古語過去・完了表現の研究』ひつじ書房
乾宏巳（2002）『近世大坂の家・町・住民』清文堂出版
岩崎卓（1994）「ノデ節、カラ節のテンスについて」『国語学』179，国語学会
岩崎卓（1995）「ノデとカラ―原因・理由を表す接続助詞―」宮島達夫・仁田義雄編『日本語類義表現の文法（下）複文・連文編』くろしお出版
岩崎卓（2001）「ノデ・カラ節事態と主節事態の時間的前後関係について」『京都光華女子大学研究紀要』39
楳垣実（1962）「近畿方言総説」楳垣実編『近畿方言の総合的研究』三省堂
大木一夫（2010）「古代日本語動詞の活用体系―古代日本語動詞形態論・試論―」『東北大学文学研究科研究年報』59
大鹿薫久（1997）「〔書評〕小林賢次著『日本語条件表現史の研究』」『国語学』191，国語学会
大島留美子（1990）「噺本に見られる条件表現の様相（上）―仮定条件・偶然条件」『専修国文』47
大島留美子（1991a）「噺本に見られる条件表現の様相（中）―必然条件・偶然必然

不定・恒常条件―」『専修国文』48
大島留美子（1991b）「噺本に見られる条件表現の様相（下）―主要な表現形式について―」『専修国文』49
奥村彰悟（1996）「江戸語における「ないければ」―洒落本における打消の助動詞を用いた条件表現―」『筑波日本語研究』創刊号
奥村彰悟（1998）「江戸語における形容詞型条件表現の変化―助動詞「ない」との関連―」『筑波日本語研究』3
奥村彰悟（1999）「江戸語における「へ」格・「に」格―『浮世風呂』の登場人物別使用傾向―」『筑波日本語研究』4
小田勝（2010）『古典文法詳説』おうふう
春日和男（1980）「推量表現」国語学会編『国語学大辞典』東京堂出版
加藤正信（2007）「昭和前期における地方の言語生活と標準語・共通語の問題」加藤正信・松本宙編『国語論究13　昭和前期日本語の問題点』明治書院
金沢裕之（1991）「明治期大阪語資料としての落語速記本とSPレコード―指定表現を中心に―」『国語学』167，国語学会
金沢裕之（1993）「明治期大阪語の順接確定表現〈補遺〉五代目笑福亭松鶴の場合」『岡山大学文学部紀要』20
金沢裕之（1994）「明治期大阪語の仮定表現」『国語と国文学』71-7，東京大学国語国文学会
金沢裕之（1998）『近代大阪語変遷の研究』和泉書院
金田弘（1969）「ない―打消〈現代語〉」松村明編『古典語現代語助詞助動詞詳説』学燈社
木下正俊（1972）『万葉集語法の研究』塙書房
京健治（2003）「否定過去の助動詞「なんだ」に関する一考察」『語文研究』96，九州大学国語国文学会
金水敏，他（2006）「《座談会》ステレオタイプとは何か」『文学』7-6，岩波書店
久木田恵（1990）「東京方言の談話展開の方法」『国語学』162，国語学会
草野清民（1901）「草野氏　日本文法　全』冨山房　1995年勉誠社より再刊
久保田篤（2002）「江戸語における動詞連用形の一用法について」『国語と国文学』79-11，東京大学国語国文学会
久保田千砂子（2000）「近世期の接続詞の変遷について―「それならば」への移行―」『東アジア日本語教育・日本文化研究』2，東アジア日本語教育・日本文化研究学会

黒木邦彦（2007）「中古日本語のトキ節に見られる文法的特徴」『語文』88，大阪大学大学院文学研究科日本文学・国語学研究室

言語学研究会・構文論グループ（1985）「条件づけを表現するつきそい・あわせ文（3）―その3・条件的なつきそい・あわせ文―」『教育国語』83，教育科学研究会国語部会

國學院大學日本文化研究所編（1996）『東京語のゆくえ』東京堂出版

国立国語研究所［山崎誠・藤田保幸］（2001）『現代語複合辞用例集』国立国語研究所

小西いずみ（2000）「東京方言が他地域方言に与える影響―関西若年層によるダカラの受容を例として―」『日本語研究』20，東京都立大学国語学研究室

小西いずみ（2003）「会話における「ダカラ」の機能拡張―文法機能と談話機能の接点―」『社会言語科学』6-1，社会言語科学会

小西いずみ（2007）「方言における原因・理由の接続詞概観」方言文法研究会編『全国方言文法辞典《原因・理由表現編》』2004-2006年度科学研究費補助金研究成果報告書

小林賢次（1967）「条件表現形式としての『なら』『たら』の由来」『国文学言語と文芸』54，東京教育大学国語国文学会

小林賢次（1976）「院政時代における仮定表現―今昔物語集をとおして―」『佐伯梅友博士喜寿記念国語学論集』表現社

小林賢次（1979）「中世の仮定表現に関する一考察―ナラバの発達をめぐって―」『中田祝夫博士功績記念国語学論集』勉誠社

小林賢次（1983a）「狂言台本における仮定条件の接続詞―「サラバ」から「ソレナラバ」へ―」『国語学』132，国語学会

小林賢次（1983b）「恒常条件の表現から仮定条件の表現へ―虎明本狂言の分析をとおして―」『国語と国文学』60-10，東京大学国語国文学会

小林賢次（1987）「順接条件の接続助詞「ト」の成立と発達―狂言台本を中心に―」『上越教育大学国語研究』創刊号

小林賢次（1996）『日本語条件表現史の研究』ひつじ書房

小林賢次（1999）「完了性仮定と非完了性仮定の分類について―補説・大蔵虎明本狂言の「タラバ」―」『人文学報』301，東京都立大学人文学部

小林賢次（2002）「順接の接続助詞「ト」再考―狂言台本にみる近代語条件表現の流れ―」『国語と国文学』79-11，東京大学国語国文学会

小林賢次（2004）「『浮世風呂』におけるト・バ・タラ」『日本語教育学の視点―国

際基督教大学大学院教授飛田良文博士退任記念―』東京堂出版
小林賢次（2008）『狂言台本とその言語事象の研究』ひつじ書房
小林千草（1973）「中世口語における原因・理由を表わす条件句」『国語学』94，国語学会
小林千草（1977）「近世上方語におけるサカイとその周辺」『近代語研究』5，武蔵野書院
小松寿雄（1980）「上方語資料」国語学会編『国語学大辞典』東京堂出版
小松寿雄（1982）「近代の文法Ⅱ（江戸篇）」『講座国語史4　文法史』大修館書店
小松寿雄（1985）『江戸時代の国語　江戸語―その形成と階層―』東京堂出版
阪倉篤義（1958）「条件表現の変遷」『国語学』33，国語学会
阪倉篤義（1970）「「開いた表現」から「閉じた表現」へ―国語史のありかた試論」『国語と国文学』47-10，東京大学国語国文学会
阪倉篤義（1975）『文章と表現』角川書店
阪倉篤義（1993）『日本語表現の流れ』岩波書店
坂梨隆三（1982）「近代の文法Ⅱ（上方篇）」『講座国語史4　文法史』大修館書店
坂梨隆三（1995）「いけねへ・いかねへ・いかれねへ」『築島裕博士古稀記念国語学論集』汲古書院
坂梨隆三（2006）『近世語法研究』武蔵野書院
坂原茂（1985／2007）『日常言語の推論』東京大学出版会
真田信治（1983）『日本語のゆれ　地図で見る地域語の生態』南雲堂
真田信治（2001）『関西・ことばの動態』大阪大学出版会
渋谷勝己（1988）「江戸語・東京語の当為表現―後部要素イケナイの成立を中心に―」『大阪大学日本学報』7
清水康行（1982）「今世紀初頭東京語資料としての落語最初のレコード」『言語生活』372，筑摩書房
清水康行（1984）「東京落語資料の問題点若干」『国文学解釈と鑑賞』49-1，至文堂
清水康行（1986a）「二十世紀初頭の東京語子音の音価・音訛―落語レコードを資料として―」『築島裕博士還暦記念国語学論集』明治書院
清水康行（1986b）「二十世紀初頭の東京語母音の音価・音訛―落語レコードを資料として―」『松村明教授古稀記念国語研究論集』明治書院
清水康行（1988）「東京語の録音資料―落語・演説レコードを中心として―」『国語と国文学』65-11，東京大学国語国文学会
清水康行（1998）「速記は「言語を直写」し得たか―若林玵蔵『速記法要訣』に見

る速記符号の表語性―」『文学』9-1，岩波書店
白川博之（2009）『「言いさし文」の研究』くろしお出版
杉本つとむ（1988）『東京語の歴史』中公新書
鈴木泰（2012）「日本語史における条件＝時間＝理由関係の表現方法とムード・テンスの変化」『日本語文法』12-2，日本語文法学会
鈴木義和（1986）「接続助詞「と」の用法と意味」『国文論叢』13，神戸大学国語国文学会
鈴木義和（1992）「提題のナラとその周辺」『園田学園女子大学論文集』26
鈴木義和（1993）「ナラ条件文の意味」『日本語の条件表現』くろしお出版
鈴木義和（1994）「条件表現各論―バ／ト／タラ／ナラ―」『日本語学』13-9，明治書院
諏訪春雄（1991）「近松八行本から七行本へ」『論集近世文学1 近松とその周辺』勉誠社
高木千恵（2004）「若年層関西方言の否定辞にみる言語変化のタイプ」『日本語科学』16，国立国語研究所
高梨信乃（1995a）「非節的なXナラについて」『複文の研究（上）』くろしお出版
高梨信乃（1995b）「スルトイイとスレバイイとシタライイ」宮島達夫・仁田義雄編『日本語類義表現の文法（上）』くろしお出版
高梨信乃（2002）「評価のモダリティ」宮崎和人・安達太郎・野田春美・高梨信乃『モダリティ』（新日本語文法選書4）くろしお出版
高梨信乃（2010）『評価のモダリティ―現代日本語における記述的研究―』くろしお出版
高橋太郎（1983）「動詞の条件形の後置詞化」渡辺実編『副用語の研究』明治書院
高山善行（2002）『日本語のモダリティの史的研究』ひつじ書房
田窪行則（1987）「統語構造と文脈情報」『日本語学』6-5，明治書院
田島優（1998）『近代漢字表記語の研究』和泉書院
田中章夫（1957）「近代東京語命令表現の通時的考察」『国語と国文学』34-5，東京大学国語国文学会
田中章夫（1965）「近代語成立過程にみられるいわゆる分析的傾向について」『近代語研究』1，武蔵野書院
田中章夫（1967）「江戸語・東京語における当為表現の変遷」『国語と国文学』44-4，東京大学国語国文学会
田中章夫（1969）「近代東京語の当為表現」『佐伯梅友博士古稀記念国語学論集』表

現社
田中章夫(1983)『東京語―その成立と展開―』明治書院
田中章夫(2001)『近代日本語の文法と表現』明治書院
田中章夫(2002a)「否定条件の先行する二重否定形の動向―江戸語資料を中心として―」『国語と国文学』79-11,東京大学国語国文学会
田中章夫(2002b)「近代語における否定条件句」『近代語研究』11,武蔵野書院
田中寛(1994)「条件表現と基本文型」『日本語学』13-9,明治書院
田中寛(2004)『日本語複文表現の研究―接続と叙述の構造―』白帝社
田中寛(2010)『複合辞からみた日本語文法の研究』ひつじ書房
田野村忠温(1990a)『現代日本語の文法Ⅰ』和泉書院
田野村忠温(1990b)「文における判断をめぐって」『アジアの諸言語と一般言語学』三省堂
土屋信一(2009)『江戸・東京語研究―共通語への道―』勉誠出版
戸田学(1997)「上方落語―全国共通語としての変貌考」『国文学解釈と教材の研究』42-7,学燈社
中井幸比古(2008)「京都方言の形態・文法・音韻(1)―会話録音を資料として(1)―」『方言・音声研究』1,方言・音声研究会
中沢紀子(1996)「『版本狂言記』における原因・理由を表わす表現―「程に」と「によって」を中心として―」『国語国文論集』25,学習院女子短期大学国語国文学会
中沢紀子(2004)「連体修飾節にみられるウ・ウズル」『筑波日本語研究』9
中沢紀子(2006)「江戸語にみられる否定助動詞ヌとネエの対立」『日本語の研究』2-2,日本語学会
中島悦子(2007)『条件表現の研究』おうふう
長友千代治(1979)「近松正本の性格―近松の用字法ということ―」『愛知県立大学説林』27
中野伸彦(2001)「江戸語の「～ばいい」」『山口大学教育学部研究論叢』51-1
永野賢(1952)「「から」と「ので」とはどう違うか」『国語と国文学』29-2,東京大学国語国文学会
永野賢(1988)「再説・「から」と「ので」とはどう違うか―趙順文氏への反批判をふまえて―」『日本語学』7-13,明治書院
中村幸彦(1982-1989)『中村幸彦著述集』中央公論社
仁科明(2006)「「恒常」と「一般」―日本語条件表現における―」『国際関係・比

較文化研究』4-2，静岡県立大学国際関係学部
野村剛史（2006）「明治スタンダードと言文一致—スタンダードを中心に—」『言語・情報・テクスト．東京大学大学院総合文化研究科言語情報科学専攻紀要』13-1
野村剛史（2007）「「抄物」の世界—室町時代の言語生活—」東京大学教養学部国文・漢文学部会編『古典日本語の世界　漢字がつくる日本』東京大学出版会
野村剛史（2011）『話し言葉の日本史』吉川弘文館
野村雅昭（1994）『落語の言語学』平凡社（引用は2002年刊ライブラリー版による）
野村雅昭（2001a）「口語資料としての明治期落語速記」『早稲田大学大学院文学研究科紀要』第3分冊46
野村雅昭（2001b）「明治期落語速記の表記」『日本語史研究の課題』武蔵野書院
野村雅昭（2003）「落語の江戸語・東京語」『国文学解釈と鑑賞』68-4，至文堂
野村雅昭（2004）「明治期落語速記の人称詞と用字意識」『国文学研究』144，早稲田大学国文学会
ハイコ・ナロック（2005）「日本語の文法化の形態論的側面」『日本語の研究』1-3，日本語学会
橋本四郎（1959）「動詞の未然形」『女子大国文』15，京都女子大学国文学会（引用は『橋本四郎論文集　国語学編』1986年（角川書店）所収論文による）
蓮沼昭子（1987）「条件文における日常的推論—「テハ」と「バ」の選択要因をめぐって—」『国語学』150，国語学会
蓮沼昭子（1993）「「たら」と「と」の事実的用法をめぐって」益岡隆志編『日本語の条件表現』くろしお出版
蓮沼昭子・有田節子・前田直子（2001）『日本語文法セルフマスターシリーズ7条件表現』くろしお出版
花薗悟（1999）「条件形複合用言形式の認定」『国語学』197，国語学会
浜田麻里（1991）「「デハ」の機能—推論と接続語—」『阪大日本語研究』3
彦坂佳宣（2005）「原因・理由表現の分布と歴史—『方言文法全国地図』と過去の方言文献との対照から—」『日本語科学』17，国立国語研究所
彦坂佳宣（2007）「仮定条件法の全国分布とその特徴」『安達隆一先生古稀記念ことばの論文集』自家版
彦坂佳宣（2011a）「条件表現からみた近世期日本語の景観—『方言文法全国地図』と国語史・近世方言文献の対照から—」金澤裕之・矢島正浩編『近世語研究のパースペクティブ』笠間書院

彦坂佳宣（2011b）『伝播類型の視点からみた日本語形成史の試論的研究』平成22年度科学研究費補助金（基盤研究（C））研究成果報告書（研究代表者・彦坂佳宣）

日高水穂（1999）「秋田方言の仮定表現をめぐって―バ・タラ・タバ・タッキャの意味記述と地域的標準語の実態―」『秋田大学教育文化学部研究紀要』54

日高水穂（2008）「「そこに車を止めればダメです」―標準語と方言の意味のずれ―」『月刊言語』37-10，大修館書店

飛田良文（1992）『東京語成立史の研究』東京堂出版

平山輝男編（1997）「大阪方言の特色」『日本のことばシリーズ27大阪府のことば』明治書院

福嶋健伸（2000）「中世末期日本語の〜テイル・〜テアルについて―動作継続を表している場合を中心に―」『筑波日本語研究』5

福嶋健伸（2011a）「中世末期日本語の〜ウ・〜ウズ（ル）と動詞基本形―〜テイルを含めた体系的視点からの考察―」『国語国文』80-3，京都大学文学部国語学国文学研究室

福嶋健伸（2011b）「〜テイルの成立とその発達」青木博史編『日本語文法の歴史と変化』くろしお出版

福島直恭（1999）「連接母音aiの長母音化に関する社会言語学的一考察」『国語学』196，国語学会

福田嘉一郎（2006）「条件表現の範囲―古典日本語の接続助詞バをめぐって―」益岡隆志編『条件表現の対照』くろしお出版

舩木礼子（2007）「京都市方言の原因・理由表現」方言文法研究会編『全国方言文法辞典《原因・理由表現編》』2004-2006年度科学研究費補助金研究成果報告書

本田康雄（1994）『浮世風呂・浮世床―世間話の文学』平凡社

本田康雄（2006）「式亭三馬の生活と言語資料」『国語論究12　江戸語研究―式亭三馬と十返舎一九―』明治書院

前田勇（1949）『大阪弁の研究』朝日新聞社

前田直子（2009）『日本語の複文―条件文と原因・理由文の記述的研究―』くろしお出版

益岡隆志（1991）『モダリティの文法』くろしお出版

益岡隆志（1993）「日本語の条件表現について」益岡隆志編『日本語の条件表現』くろしお出版

益岡隆志（1997）『複文』くろしお出版

益岡隆志（2007）『日本語モダリティ探求』くろしお出版
松尾弘徳（2003）「狂言台本における二重否定の当為表現―大蔵流虎明本・版本狂言記を中心に―」『語文研究』95，九州大学国文学会
松下大三郎（1924）『標準日本文法』紀元社
松下大三郎（1928）『改撰標準日本文法』紀元社／中文館書店／勉誠社
松下大三郎（1930）『標準日本口語法』中文館書店／勉誠社
松村明（1986）『日本語の世界2　日本語の展開』中央公論社
松本修（2000）「「全国ダメ・アカン分布図」を読む―不可能からよくない、さらに禁止・当為表現へ―」『国語語彙史の研究』19，和泉書院
丸山岳彦（2001）「従属節の機能レベル―文の階層構造と従属節の分布―」『さわらび』10，文法研究会
丸山岳彦（2002）「文の階層構造とテモ節の分布」国語学会2002年度春季大会要旨集
三上章（1953）『現代語法序説』刀江書院（のち、三上章（1972）『現代語法序説』としてくろしお出版から復刊）
三上章（1959）『新訂版現代語法序説』刀江書院（のち、三上章（1972）『続・現代語法序説』としてくろしお出版から復刊）
三田純一編（1972）「別冊『上方はなし』解説」三一書房
三井はるみ（2009）「条件表現の地理的変異―方言文法の体系と多様性をめぐって―」『日本語科学』25，国立国語研究所
南不二男（1974）『現代日本語の構造』大修館書店
南不二男（1993）『現代日本語文法の輪郭』大修館書店
宮島達夫（1964）『国立国語研究所報告25　現代雑誌九十種の用語用字　第三分冊　分析』秀英出版
村上謙（2006）「近世前期上方における尊敬語表現「テ＋指定辞」の成立について」『日本語の研究』2-4，日本語学会
村上謙（2009）「近世上方における尊敬語化形式「テ＋指定辞」の変遷」『日本語の研究』5-1，日本語学会
村上謙（2010）「明治大正期関西弁資料としての上司小剣作品群の紹介および否定表現形式を用いた資料性の検討」『近代語研究』15，武蔵野書院
森岡健二（1988）「素描・言文一致体の成立するまで」『文体と表現』明治書院
森岡健二（1991）『近代語の成立　文体編』明治書院
矢島正浩（1999a）「一八世紀初頭上方文献における意志・推量の助動詞の諸形式の

用法」『国語国文学報』57，愛知教育大学国語国文学研究室
矢島正浩（1999b）「意志・推量の助動詞からみた近松世話浄瑠璃の文体」佐藤武義編『語彙・語法の新研究』明治書院
矢島正浩（2000a）「近松世話浄瑠璃における指定表現―詞章内の使用状況の推移から―」『国語国文学報』58，愛知教育大学国語国文学研究室
矢島正浩（2000b）「近松世話浄瑠璃における指定表現ナリの用法上の不統一性について」遠藤好英編『語から文章へ』「語から文章へ」編集委員会
矢島正浩（2002a）「形容詞・打消の助動詞を受ける条件句―近世中期のあり方をめぐって―」『国語国文学報』60，愛知教育大学国語国文学研究室
矢島正浩（2002b）「疑問詞疑問文末ゾの使用よりみた近松世話浄瑠璃」『日本近代語研究』3，ひつじ書房
矢島正浩（2003a）「条件表現史研究が抱える問題」『国語語彙史の研究』22，和泉書院
矢島正浩（2003b）「近世中期上方語における原因・理由表現」『国語と国文学』80-7，東京大学国語国文学会
矢島正浩（2004a）「条件表現における未然形＋バの衰退―近世期上方資料の使用状況から―」『国語国文学報』62，愛知教育大学国語国文学研究室
矢島正浩（2004b）「条件表現の変化を促したもの―已然形＋バの位置づけに着目して―」『国語学研究』43，東北大学大学院文学研究科「国語学研究」刊行会
矢島正浩（2004c）「言語資料としてみた近松世話浄瑠璃の文体」『江戸文学』30，ぺりかん社
矢島正浩（2005）「条件表現の史的研究における「恒常性」―検証方法に関する一試案―」『日本近代語研究』4，ひつじ書房
矢島正浩（2006a）「落語録音資料と速記本―五代目笑福亭松鶴の仮定表現の用法から―」『国語国文学報』64，愛知教育大学国語国文学研究室
矢島正浩（2006b）「近代関西語の順接仮定表現―ナラからタラへの交代をめぐって―」『日本語科学』19，国立国語研究所
矢島正浩（2007a）「五代目笑福亭松鶴落語における原因・理由表現の用法」『愛知教育大学大学院国語研究』15
矢島正浩（2007b）「近世中期以降上方語・関西語における当為表現の推移―条件表現史との関係から―」『国語国文』76-4，京都大学文学部国語学国文学研究室
矢島正浩（2008a）「近世中期以降上方語・関西語における「評価的複合形式」の推

移」『国語と国文学』85-2，東京大学国語国文学会
矢島正浩（2008b）「近世中期以降上方語・関西語における打消条件句の推移」『国語語彙史の研究』27，和泉書院
矢島正浩（2008c）「「なめたらあかん」―条件表現史からみる否定的当為表現の推移―」『月刊言語』37-10，大修館書店
矢島正浩（2009）「条件表現史における文化・文政期」日本文芸研究会第61回研究発表大会・発表資料
矢島正浩（2010a）「ソレデハの発生・発達史に見る文化・文政期」『文芸研究』169，日本文芸研究会
矢島正浩（2010b）「条件表現史における事実的用法タラ発生の位置づけ」第7回蛍池言語研究所公開研究発表会・発表資料
矢島正浩（2010c）「【リレー連載】第17回私が勧めるこの一冊 阪倉篤義著『文章と表現』」『日本語学』29-11，明治書院
矢島正浩（2010d）「近世期以降の当為表現の推移」『日本語文法』10-2，日本語文法学会
矢島正浩（2010e）「上方・大阪語における接続詞的用法ソレナラ類の推移」『日本語の研究』6-4，日本語学会
矢島正浩（2011a）「時間的・空間的比較を軸にした近世語文法史研究―ソレダカラ類の語彙化を例として―」金澤裕之・矢島正浩編『近世語研究のパースペクティブ―言語文化をどう捉えるか』笠間書院
矢島正浩（2011b）「〔書評〕高梨信乃著『評価のモダリティ―現代日本語における記述的研究―』」『日本語の研究』7-4，日本語学会
矢島正浩（2012a）「条件表現史上における原因理由文の変化の意味」『国語国文学報』70，愛知教育大学国語国文学研究室
矢島正浩（2012b）「ナレバの使用から読み解く条件表現史」日本語文法学会第13回大会発表予稿集
山口堯二（1972）「一般条件法の性格」『愛媛大学法文学部論集 文学科編』4
山口堯二（1980）『古代接続法の研究』明治書院
山口堯二（1981）「接続形式の分析化―判断の対象化を中心に―」『国語と国文学』58-5，東京大学国語国文学会
山口堯二（1995）「文法（史的研究）」国語学会編『国語学の五十年』武蔵野書院
山口堯二（1996）『日本語接続法史論』和泉書院
山崎久之（1963）『国語待遇表現体系の研究 近世編』武蔵野書院

山田潔（2001）『玉塵抄の語法』清文堂出版
山田孝雄（1908）『日本文法論』宝文館出版
山根為雄（1985）「近松の正本考」『女子大国文』97，京都女子大学国文学会
山根為雄（2004）『近松正本考』和泉書院
山本俊治（1962）「大阪府方言」楳垣実編『近畿方言の総合的研究』三省堂
湯浅彩央（2001）「江戸語における打消表現・当為表現のヌ系からナイ系の変遷について―話者と聞き手の社会的関係・親疎関係からの一考察―」『名古屋・方言研究会会報』18，名古屋・方言研究会
湯浅彩央（2002）「関東地方における当為表現―史的変化・分布からの一考察―」『論究日本文学』77，立命館大学日本文学会
湯浅彩央（2007）「国語教科書における当為表現の変化―明治から昭和二〇年代にかけて―」『論究日本文学』86，立命館大学日本文学会
湯浅彩央（2009）「近世期尾張方言における当為表現」『名古屋・方言研究会会報』25，名古屋・方言研究会
祐田善雄（1975）『浄瑠璃史論考』中央公論社
湯澤幸吉郎（1936）『徳川時代言語の研究』刀江書院（1962年風間書房より再版。本書の引用はこちらによる）
湯澤幸吉郎（1954）『江戸言葉の研究』明治書院
吉川泰雄（1971）「「善くば」「為ずば」などの濁音形について」『金田一博士米寿記念論集』三省堂
吉田金彦（1971）『現代語助動詞の史的研究』明治書院
吉田永弘（2000）「ホドニ小史―原因理由を表す用法の成立―」『国語学』51-3，国語学会
吉田永弘（2007）「中世日本語の因果性接続助詞の消長―ニヨッテの接続助詞化を中心に―」青木博史編『日本語の構造変化と文法化』ひつじ書房
吉田永弘（2011）「タメニ構文の変遷―ムの時代から無標の時代へ―」青木博史編『日本語文法の歴史と変化』くろしお出版
李淑姫（1998）「大蔵虎明本狂言集の原因・理由を表す接続形式について―その体系化のために―」『筑波日本語研究』3
李淑姫（2000）「キリシタン資料における原因・理由を表す接続形式―ホドニ・ニヨッテ・トコロデを中心に―」『筑波日本語研究』5
李淑姫（2001）「文の焦点から見たホドニとニヨッテ―大蔵虎明本狂言集を中心に―」『筑波日本語研究』6

本書と既発表論文との関係

I　はじめに
序　章　本書が目指すこと
　　　　書き下ろし。
第1章　条件表現研究史
　　　　1節・2節は、矢島(2003a・2005)に基づき、加筆・修正した。3節・4節は書き下ろし。

II　条件表現の変化を促したもの
第2章　仮定的条件文に起きた変化
　　　　矢島(2004b)、矢島(2010b)を発展させ、改めて執筆した。
第3章　事実的条件文に起きた変化
　　　　矢島(2010b)に基づき、改めて執筆した。
第4章　原因理由文に起きた変化
　　　　矢島(2012a)に基づき、一部、表現に手を加えている。

III　近世期以降の変化
第5章　タラの拡大――ナラ領域への進出をめぐって――
　　　　矢島(2006b)に基づき、調査資料を増やした上で、加筆・修正した。
第6章　打消条件句の推移とその特殊性
　　　　矢島(2002a)を改稿した矢島(2008b)に基づき、一部、考察を補った。
第7章　原因理由文の推移とその意味
　　　　矢島(2003b)に基づき、調査資料を本書の対象とするものに改めて、大幅に加筆・修正を施した。

IV　接続詞的用法の発達
第8章　上方・大阪語における接続詞的用法ソレナラ類の推移

　　　　　矢島（2010e）に基づき、一部、表現に手を加えた。
第9章　後期江戸語における接続詞的用法ソレデハの発達
　　　　　矢島（2010a）に基づき、一部、表現に手を加えた。
第10章　上方・大阪語／江戸・東京語におけるソレダカラ類の発達
　　　　　矢島（2011a）に基づき、一部、表現に手を加えた。

V　当為表現の推移
第11章　上方・大阪語における二重否定形式当為表現の推移
　　　　　矢島（2007b）に基づき、調査資料を増やした上で、加筆した。
第12章　上方・大阪語における「評価的複合形式」の推移
　　　　　矢島（2008a）に基づき、調査資料を増やした上で、加筆・修正した。
第13章　上方・大阪語／江戸・東京語における当為表現の推移
　　　　　矢島（2010d）に基づき、一部、表現に手を加えた。

VI　言語資料と条件表現
第14章　言語資料として見た近松世話浄瑠璃
　　　　　矢島（2004c）に基づき、一部、表現に手を加えた。
第15章　落語録音資料と速記本――五代目笑福亭松鶴の条件表現の用法から――
　　　　　矢島（2006a）に基づき、加筆・修正した。
第16章　原因理由文の用法に見る五代目笑福亭松鶴落語
　　　　　矢島（2007a）に基づき、一部、表現に手を加えた。

VII　おわりに
終　章　条件表現史研究から日本語史研究へ
　　　　　矢島（2010c）の一部を踏まえながら、書き下ろした。

※本書は2011年度に東北大学大学院文学研究科に提出した博士（文学）学位論文「上方・大阪語における条件表現の史的研究」に基づきつつ、加筆・修正したものである。

あとがき

　本書は、近世期以降の上方・大阪語における条件表現について、その歴史を記述し、表現法の原理がどのように移り変わったのかを検討したものである。平成23年度に東北大学文学研究科に博士論文として提出した「上方・大阪語における条件表現の史的研究」に基づく。約10年に及んで、中世期以前から近世期以降、さらに現代までの移り変わりについて観察してきた。そこに認められる変化は、何に連なることで、そういう形で現れたのか。そのことを問い続け、追究してきた検討の試みを記してみたものである。

　変化には、さまざまな起こり方がある。ある文法形式が、実際の使用において、特定の用法ばかり高頻度で用い、別の用法はほとんど用いなくなる変化も、その中の一つである。特定形式の頻用（あるいはその逆）は、その形式を含む同表現領域の全体像に、必ず変化をもたらす。全体像の変化は、その内部を構成する文法形式一つひとつの用法変化を余儀なくし、さらには他の文法表現の用法変化へと連動し……。次々と連なる連環が、大きなうねりとなって実現していく。

　条件表現の変化を追いながら感じていたのは、まさしくそのことであった。已然形＋バを、ある特定の用法でしきりに用いるようになることは、条件表現全体の変化と一体のものであり、さらにその変化が、従属節史を含む構文史にも、また活用の働きの歴史にも、さらには時制史などにも連なっている。まさに日本語の変化という全体の中に位置づけられるべきものであるということが、検討が進むほどに実感されてきた。

　そういったことへのイメージは、考察を重ねる中で、少しずつ得られたものであり、本書の各論をなす単行論文を著した段階で、等しく認識できていたわけではない。そのため、本書をなすにあたり、かつて論じたことを、改めて新しい視点で捉え直し、調査をし直さなければならないところも少なくなかった。各論の検討をし直す過程で、気づくところがあった点は、可能な限り書き改めている。一つの総体的な姿に再構成する中で、他の章で行う考

察の方向性や深度との調整、あるいは、議論のわかりやすさ、効率上の必要から、割愛せざるを得なかった考察もある。一度、世に問うた形に対して、手を加えることについてはいろいろな異見があるかもしれない。しかし、こうして得た各章には、まとめを得るために、現時点で必要と認識する情報に整え直したものが配置できたと考えている。その意味で、もし仮に、旧稿で論じたことに触れていただく機会があるような際には、改訂を経た本書の記述内容のほうを参照していただければ幸いである。

　各章の論述においては、努めて変化の背景にあるもの、日本語史の問題へと連続しているであろうことがらについて、考察を試みている。取り分け、終章においては、本来、この範囲の検討から指摘できるはずの枠を超え、やや踏み込みすぎた観のある領域にまで言及している。

　言語の変化に関わって、安易に言語内外の事情と結び付けた解釈に向かうべきではないという指摘は、もちろん正論だと思う。さまざまなことが複雑に絡み合って起こる変化について、ともすれば検証不能な、特定事象との関係のみを指摘したところで、どれほどの意味があるのか、確かに十分に警戒しなければならないことである。

　一方で、可能性を指摘することで、いくつか無関係に散らばっていたことがらが、関連のある現象として結びついたり、それがきっかけで、視界の悪かった関係性が鮮明になって、言語研究を思いがけず進めてくれることもあるように思う。本書に対する異論を検討することで、新たな発見につながることもあるだろう。そんなところに、少しでも役割があることを願いながら、いささかのオーバーランを敢行してみている。ご批正を請う次第である。

　東北大学在学中も卒業後も、加藤正信先生、佐藤武義先生、遠藤好英先生、村上雅孝先生には、国語学という学問の奥深さをご教示賜り、また終始、温かい励ましをいただいた。集中講義でお世話になった山口佳紀先生、北原保雄先生にも、非礼を顧みず、拙論を見ていただくなどという勝手をお願いしたこともあった。いまも、朱を入れていただいた原稿を折に触れては引っ張り出し、論文を書くということの「肝」について思いを新たにしている。

　愛知教育大学に着任してすぐ、藤田保幸・佐藤貴裕・山本真吾諸先覚と、毎週、何時間もともに過ごさせていただけた環境は、いまにして思えば幸い

なことであった。研究の面白さや、資料研究の重要性に関わって、たくさんのことを学ばせていただきながら、その後の研究姿勢に、決定的に強い影響を受けたように思う。

　小林賢次先生には、折に触れて直に教えをいただいた。ときには論文にお書きになっていない、感覚的に把握しておいでのことや、具体的な調査方法に関わることなど、貴重なお話をお聞かせいただいた。上方語を現代語にまでつなげて捉えることをはじめ、俯瞰的に捉える視点は、金澤裕之氏によって導かれたものである。第Ⅳ～Ⅵ部の研究へと射程が広がったのは、タイミングよく発表等の機会を与えてくださった釘貫亨・小林隆・小野正弘先輩各位のおかげであった。そして、とことん、議論に付き合ってくれた畏友・揚妻祐樹氏の存在なくしては、この形での本書はあり得なかったものである。研究会を通じて知り合ったたくさんの優れた研究者たちからは、常に刺激と力とを与えられてきた。今、こうして振り返ると、お世話になった方の顔が、次々と浮かんでくる。ここにお名前を記し尽くすことのできないお一人お一人も含め、こうして数多くの方々のおかげをもって本書が成ることに思いをいたしつつ、この場を借りて、心より感謝申し上げたい。

　全体を取りまとめるなどという発想も意向もなかった筆者が、こうして一書に整えてみようと考えるにいたったのは、病床にいた母の励ましになればと思ったからであった。完成を楽しみにしてくれていたのに、生前に形に成して謝意を伝えることができなかったことが悔やまれてならない。好きなことを意のおもむくままにやらせてくれた両親と、そして、いつも支えてくれた家族に、本書をささげたい。

　出版にあたっては、笠間書院の重光徹氏にひとかたならぬお世話をいただいた。瑣末な相談ごとにも快く応じて下さり、数々の適確な助言をいただいたことに感謝申し上げる次第である。

　本書は、平成24年度科学研究費補助金（研究成果公開促進費）の交付を受けた。記して謝意を表する。

2012年12月
矢島正浩

事項索引

※「事項索引」のうち「語句」に関わるものは、原則として片仮名表記とした（現代仮名遣いによる）。
※繰り返し使用される項目については、本書の主題・主旨との関係において重要性がある箇所を中心に示した。

●あ

アカン　325, 335, 343, 344, 349-351, 361-364

●い

イカン　325-327, 335, 343, 344, 349-351, 361-364, 367-369
イケナイ　361-364, 367, 368
威信形　304
已然形　55, 120, 121, 138, 146, 154, 440, 445
已然形＋バ　38-42, 54-58, 72, 76-83, 89-92, 100-123, 125-127, 152-157, 225, 365, 439, 440, 445
一語化　248, 266, 276, 306
〔一般事態の継起的用法〕　98
〔一般性〕　20, 31, 32, 36, 37, 64, 68-70, 104, 338, 406, 437

●う

浮世物真似　12
打消条件句　193-213, 313-315, 326, 412

●え

エエ　340
SP盤レコード　393
江戸語　264, 283, 284, 451
江戸・東京語　9, 11, 189, 240, 262, 264, 303-306, 365-370, 451, 452, 454
江戸・東京語資料　13, 14, 16, 17

演説体　302

●お

大阪語　3, 9, 188, 263, 303-305, 368-370, 445, 451
大阪落語資料　391
音数律　383, 384, 389

●か

階層構造　45, 130
階層レベル（従属節）　52, 218-222
活用型条件句　67, 97, 127, 163, 194, 216, 249, 354, 400
活用語尾の機能退化・後退傾向　92, 121, 156, 439, 445
仮定形＋バ　39-41, 58, 205, 212, 315, 333, 439
仮定的条件文　44, 56-58, 61-94, 97, 153-158, 439
仮定的用法　56-58, 61-94, 161, 193, 439
カナワン　325, 345
歌舞伎狂言本　230, 231
歌舞伎台帳　230, 231
上方・大阪語　3, 9, 264, 303-306, 365-370, 445-449, 451, 454
上方・大阪語資料　11-16
上方語　3, 9, 184, 229, 264, 445, 451
カラ　52-54, 228, 241, 290, 291, 300, 303
勧告表現　313
完了性仮定　29, 30, 33-36, 39, 47, 56,

事項索引　473

68,79,88,165,174,184,402
完了性未然仮定　20,24-26,28,30,38,39
完了ヌ　381

●き

機能語　320
京都語　10-12
教養層の通用語　263,369
［許容］　331,340-342
［禁止］　332,344-346,353
禁止表現　313,347
近世後期資料　15,16
近世中期資料　14

●く

偶然確定　21,23-25,28-30,56,65,95,120,154,155,173,439
偶然仮定　24,25,27,28,30

●け

形態変化　247,322
形容詞条件句　205-207,210,212
戯作　12
原因理由表現　57
原因理由文　43,52-54,56-58,125-158,215-242,287-292,415-433,439
原因理由用法　56-58,440
言語資料　373,391,415,452
顕在的威信　262
現象レベル　220,222
現然仮定　21,22,28-31

●こ

語彙化　234,248,296,300,305,450
語彙的意味　232
講義体　454
講義物　280,301
恒常確定　23-25,27-30,38,152-155,443
恒常仮定　20,24,25,27,28,30-32,37-39,444
恒常条件　29-32,39,56,64-67,90,152-155,365,439
拘束格　21
肯定的当為表現　309,353-370
構文史研究　8
語源意識　187,266,276
滑稽本　231,320
［個別事態の継起の用法］　98
［個別性］　64,338,406
［固有領域］　246,266

●さ

サカイ（二）　38,226,230,291,421-428
サレバ　296

●し

シ　241
C類　131,146,221
シカレバ　296
思考内で把握する因果関係　83,90,93,137,138,146,155-157,439,445
事実的の条件文　44,56-58,80,95-123,154,155,255-257,341,439,440
事実の用法　56-58,95-123,173,256,440
時制の助動詞　100-103,105,106,120,132,133
時制表示　100-106,112,120
事態命名レベル　220,222,427
七行本　384
七五調　384-389
実情仮定　163,167,184
詞的性格　150
辞的性格　150
終助詞の用法　235-237
従属節　8,440-445
従属節の自立性　64,106,111,119,121,152,157,219,234,440,441,445,450
［従属的修飾用法］　99,108-110,176

474

主節　　　8,440-445
主体領域のレベル　　131,220,222,226-228,241,242,409
周辺的な原因理由辞　　241
状況設定　　164,168,184-188
条件表現　　8,57,437-445
［焦点化］　　177-187,258,448
浄瑠璃　　230,373-390,452

●す

［勧め］　　331,336-342,348-350

●せ

舌耕文芸　　12
接続辞　　55-58,437-453
接続詞の用法　　179,188,233-237,243-306,450,451
［設定］　　174,185-187
［前提］　　174-187

●そ

ソウシタラ　　246-257
［想定］　　176,180,185-187,448
速記本　　394-399,405,412-421,425-433,452
ソヤサカイ　　299,300
ソヤカラ　　300
ソレジャニヨッテ　　306
ソレダカラ　　285,297,302,306
ソレダッタラ　　257
ソレデハ　　246-248,251-254,259-284
ソレナラ　　245-264,266-272,275-277,283,284
ソレナラの事実的用法　　249
ソレナレバ　　253,271,292
ソレヤッタラ　　246,257-259

●た

対象領域のレベル　　220,222,226-228,241,408
ダカラ　　237,299,300

タナラ　　33,35,75,166
タラ　　33,44,73,75,87-89,91,95,112,113-117,121-123,161-191,349,375-380,384-388,440,445,448
タラバ　　39,375-380,384-388
タラ＋イカン・アカン　　343-351
タラ＋ドウ　　336,339
タラ＋ヨイ　　336,339-342,349-351
タラ＋ヨカロウ　　336-338,349
タラ用法　　197,198,200-202,209-212
タリャ　　95,112-117,256,341,440
タレバ　　95,105-107,112-117,121-123,256,341,440
断定＋タラ　　161,172-178,186-188,190,191,400-405,412
談話機能　　236,237

●ち

地域語　　187,229,238,264,304,369,445-452
〔知識系〕　　408-413
中央語　　9,10,184,187,229,233,238,262,264,272,284,304,326,368,445-452
中央語史研究　　9,10
［重複領域］　　247,266

●て

テイル　　88
〈適当〉　　331-342,349
テハ　　344,345,356,361,366
デハ　　189-191,261,272,365
テレビ放送　　392

●と

ト　　41,44,91,111,112,118,320,361,406-412
当為判断　　83,309,331
当為表現　　194,203,212,309-370,450,451
東京語　　262,299,304-306,368,369,

事項索引　　475

445,451
東国語 272,358,366
［同時的・自動的な継起用法］ 99
「時の呼応」 24,443,444
「特定時」 69,98,101-104,115,120,122
「閉じた構造」 441
ト用法 197,203

●な

ナ 197,321,324-326
ナイケレバ 359
ナイ＋デハ 356
ナカッタラ 201
ナケレバ 318,359
ナラ 33,44,67,87-89,91,161-188,
    248,375-381,383-388
ナラバ 38,39,248,375-381,383-388
ナラ用法 197-200,202,207-209,212,
    213
ナラン 326,335,345,361-364
ナルマイ 326
ナレバ 22,67,127,216-218,288
ナンダラ 193,201,202,213

●に

二重否定形式 312-328
二重否定の当為表現 194,309-330,347,
    350,353
ニャ 197,321,324-326
ニヨッテ 125,141,226,230,289

●ね

ネバ 197,321,324-326

●の

ノデ 52-54,228,241,424-428
ノナラ 87,164,168,182
ノ＋断定＋タラ 162-167,181-183,191,
    200,207,209
ノ・モノ＋断定＋接続辞 429,430

●は

バ 44,55,58,445
働きかけ性 331,342,348-351
ハ行本 384
「発話時」 70,78-81,98,129,134-137,
    153,173
「発話時以降」 70,78-81,98,129,135-
    138,141-152,156-158,440,441
「発話時以前」 70,73-78,98,129,132-
    138,154
バ＋ヨイ 336-338,340-342,347
反事実的条件文 73-75,341
反実仮想 34,35,39,74
〔判断系〕 409-413
判断レベル 131,220,222,409

●ひ

B類 130,221
非活用型従属節 430-433
非活用型条件句 67,96,127,163,167-
    180,189,190,216,249,271,331,399-
    405
非完了性仮定 29,30,34-36,39,47,
    56,68,87
非完了性未然仮定 21,24-26,28,30
〔非許容〕 332,343-349
非条件的レアリティー 48
非条件的用法 99,107,113-119,121,
    176,179,183,233-239,450
必然確定 21-25,28-30,38,39,42,43,
    56,64-66,77,92,152-155,238,439
必然仮定 24-28,30,38,444
否定的当為表現 309,313,330,353-
    370
「非特定時」 65,70-73,81-86,90-94,
    98,103,122,123,129,134-137,153,
    155,156,210,438-440
「評価的複合形式」 313,329-351,354
評価のモダリティ 329,330
表現・伝達レベル 131,220,223

表現レベル（主節）　　64, 218-229, 232, 238-242, 406
標準語　　44, 47-51, 88, 89, 186, 262, 281, 304, 369, 445, 446, 451, 454
標準的文体　　262, 282, 301
「開いた構造」　　441

●ふ

複合辞　　330, 351
〈不適当〉　　330-335, 343-351
文化・文政期　　262, 264, 271, 275, 283, 284, 368
「分析的傾向」　　2, 229, 446-449
分析的指向　　367
分析的な表現　　188
文法化　　194, 238, 309-312, 320, 322, 326-328, 347-351, 358, 450
文法化の度合い　　311, 347
文法的意味　　232, 233

●へ

ベイ　　358
［並列的用法］　　99, 107, 110, 111, 114, 121, 123

●ほ

傍白　　301, 302, 410
ホドニ　　41, 42, 125, 144, 146, 157, 220, 226-232, 238, 445

●ま

［前置き］　　176, 180, 183, 185, 187
「枕」　　118, 301, 302, 410
マシ　　35, 39, 55, 74

●み

未然形　　55, 439, 445
未然形＋バ　　54-56, 74-79, 84, 85, 89, 90, 197-199, 205, 212, 315, 374, 378-389, 445

●も

モダリティ　　35, 53, 130, 149, 150, 198, 222, 275-277, 337
モノナラ　　33, 86

●ゆ

ユエ　　64, 141, 226-228, 230-233, 288, 292, 428, 442

●よ

〔様相〕　　204-213
ヨッテ　　226-228, 232, 237, 291, 422-428

●ら

落語資料　　12, 452
落語速記資料　　259, 391-433
ラジオ放送　　392, 394, 452
ラ変条件句　　205-213

●り

理由を表さない用法　　234

●れ

連用形＋ハ　　315, 382, 383

●ろ

録音資料　　392, 394, 396-398, 405, 413, 415, 420, 421, 425, 432

●わ

ワルイ　　335, 345, 363

●ん

ン　　197, 316, 321, 324-326
ンカッタラ　　193, 203, 213

事項索引　　477

書名・人名索引

●あ

Akatsuka, Noriko　76
秋元実治　238
天草版平家物語　227
有田節子　43, 44, 46, 47, 269
アンドリュー・ガーストル　390

●い

井島正博　102, 120
乾宏巳　447
岩崎卓　52, 148

●う

上田万年　304, 451
浮世風呂　278-280
楳垣実　193, 423

●お

大木一夫　92
大鹿薫久　32-34
大島留美子　43
御国通辞　9
奥村彰悟　278, 359
小田勝　149

●か

春日和男　158
加藤正信　393, 452
金沢裕之　15, 162, 170, 201, 227, 231, 259, 393, 399, 422, 448
金田弘　201
鎌田栄吉　303
上方はなし　393, 398, 399, 416-420, 428

●き

紀海音　387
木下正俊　25, 28-30, 33
鳩翁道話　281
京健治　201
金水敏　454
近世上方語辞典　316, 361, 369

●く

久木田恵　305
草野清民　21
くしゃみ講釈　395, 415, 427-429
久保田篤　339
久保田千砂子　272
黒木邦彦　120

●け

言語学研究会・構文論グループ　76

●こ

口語法調査報告書　200
國學院大學日本文化研究所　454
国立国語研究所　330
五代目笑福亭松鶴　391-433
古典語現代語助詞助動詞詳説　237
小西いずみ　237, 299, 300
小林賢次　2, 20, 22, 29-43, 47, 55, 61, 68, 82, 88, 95, 112, 161, 165, 173, 189, 252, 255, 272, 337, 365
小林千草　54, 218, 227, 231, 232, 291, 422
小松寿雄　9, 278, 373, 446

●さ

阪倉篤義　1, 19, 23-28, 30-32, 35-42, 55, 63, 68, 84, 93, 441, 442

坂梨隆三　　334, 369, 378
坂原茂　　154
真田信治　　15, 161, 423

●し

渋谷勝己　　361, 362
清水康行　　391, 393, 395, 398, 420
春色辰巳園　　356
白川博之　　235, 236

●す

杉本つとむ　　12, 304, 451
鈴木泰　　94
鈴木直枝　　284
鈴木義和　　167, 408
諏訪春雄　　384

●そ

雑兵物語　　272, 273, 289, 366

●た

太陽　　302, 303
高木千恵　　193, 333
高梨信乃　　167, 330
高橋太郎　　164
高山善行　　149
竹田出雲　　390
竹本義太夫　　389
竹本政太夫　　389
田島優　　398
田中章夫　　9, 310, 354, 368, 446, 451, 454
田中寛　　44, 408
田野村忠温　　163-165, 174, 408

●ち

近松浄瑠璃　　373-390

●つ

土屋信一　　454

●て

天王寺詣り　　395-397, 415, 421-428

●と

唐詩選国字解　　281
戸田学　　399, 416
虎明本狂言　　227, 231

●な

中井幸比古　　323, 326, 328
中沢紀子　　148, 221, 227, 278
中島悦子　　64, 67
長友千代治　　375
永野賢　　52, 221, 228
中浜静圃（四代目桂米団治）　　416-419, 428
中村幸彦　　12
難波みやげ　　388, 389
奈良朝文法史　　237

●の

野村剛史　　369, 446
野村雅昭　　12, 393

●は

ハイコ・ナロック　　322
橋本四郎　　55
蓮沼昭子　　44, 51, 97, 115, 118, 345, 366
花薗悟　　310, 347
浜田麻里　　282

●ひ

彦坂佳宣　　52, 229, 422, 449
日高水穂　　367
飛田良文　　454
平山輝男　　423

●ふ

福嶋健伸　　88, 137, 153, 339
福島直恭　　278, 279

書名・人名索引　　479

福田嘉一郎　　55,74
船弁慶　　395,415,428,430,432

●へ

平家物語（覚一本）　　13,65,71-74,78-85,100-104,132-145,148-150,153,156-158,202,217

●ほ

方言資料叢刊　　323
方言文法全国地図　　2,50,326,366,369,449
本田康雄　　12,14

●ま

前田勇　　161,316,361
前田直子　　44,48,49,53,76,106,107,109,110,221,229,235
正木直彦　　303
益岡隆志　　45-47,97,197,219,220,222,408
松尾弘徳　　310,365
松下大三郎　　20-37,69,84
松村明　　9,10,237,451
松本修　　312
丸山岳彦　　221
丸山平次郎　　260

●み

三上章　　45,52
三田純一　　398,416
三井はるみ　　11,49,50,199
南不二男　　45,52,130,146,221
宮島達夫　　176

●む

村上謙　　13,172,173,402

●も

森岡健二　　263,281,454

●や

保教本狂言　　227,231
山口堯二　　8,32,38,91,147,149,299
山田潔　　312
山田孝雄　　21,237
山根為雄　　375
山本俊治　　301,423

●ゆ

湯浅彩央　　310,326,327,354,368,369
祐田善雄　　384,390
湯澤幸吉郎　　151,201,316,381

●よ

吉川泰雄　　382
吉田金彦　　201
吉田永弘　　65,125,127,136,144,151,152,218
四代目笑福亭松鶴　　421-425,430-432

●り

李淑姫　　221,227

●ろ

六代目笑福亭松鶴　　399,416,421,422,430-432
ロドリゲス『日本大文典』　　358

著者略歴

矢島正浩（やじま　まさひろ）

1963年、長野県出身。東北大学大学院文学研究科博士後期課程単位取得退学。博士（文学）。現在、愛知教育大学教育学部教授。

主な著書・論文
『近世語研究のパースペクティブ―言語文化をどう捉えるか』（共著　笠間書院、2011年）
「近松世話浄瑠璃における形容詞連用形のウ音便化について」『国語学』147（国語学会、1986年）
「近世前・中期上方語における形容動詞文―ナ終止・ジャ終止の表現性をめぐって―」『国語学』176（国語学会、1994年）
「疑問詞疑問文における終助詞ゾの脱落―近世前・中期の狂言台本を資料として―」（加藤正信編『日本語の歴史地理構造』明治書院、1997年）

上方・大阪語における条件表現の史的展開

2013年2月28日　初版第1刷発行

著　者　矢島正浩
装　幀　笠間書院装幀室
発行者　池田つや子
発行所　有限会社　笠間書院
東京都千代田区猿楽町2-2-3　［〒101-0064］
NDC分類810.25　　電話　03-3295-1331　Fax　03-3294-0996

ISBN978-4-305-70685-0　Ⓒ YAJIMA 2013　　　　　藤原印刷
乱丁・落丁本はお取り替えいたします。　（本文用紙・中性紙使用）
出版目録は上記住所または下記まで。
http://kasamashoin.jp